"十五"国家重点图书出版规划项目

社会工作经典译丛 **Social Work Classic Series**

主编 隋玉杰 副主编 范燕宁

社会工作直接实践理论

第三版

Theories for Direct Social Work
Practice (Third Edition)

[美] 约瑟夫·沃尔什（Joseph Walsh） 著

章军 译

中国人民大学出版社
·北京·

主编简介

隋玉杰，中国人民大学社会工作系副教授，博士生导师。首届全国社会工作者职业水平评价专家委员会委员、中国社会工作教育协会副秘书长暨老年社会工作专业委员会主任委员、北京市社会工作者协会常务理事、国家开放大学特聘教授。担任全国多地十余家实务机构的顾问。作为专家组成员参与了民政部和前国家人口和计划生育委员会推动社会工作职业化、专业化的多项工作，包括民政部《老年社会工作服务指南》（MZ/T 064-2016）行业标准的制定工作。主要研究领域为老年人服务需求综合评估与社会支持、心理健康、临终关怀与丧亲服务、社会工作职业化与专业化。主持了多项国家社会科学基金项目、北京市社会科学基金项目，以及民政部、国务院发展研究中心、联合国教科文组织、亚洲开发银行等组织机构的十余项招标和委托课题。

副主编简介

范燕宁，北京大学哲学硕士（1988），香港理工大学社会工作专业硕士（MSW，2007），首都师范大学社会学与社会工作系主任、教授、博士生导师。中国社会工作联合会专家委员会委员、中国社会工作教育协会常务理事。北京市海淀睿博社会工作事务所所长、2016年度中国十大社会工作人物之一。主要教学、研究、社会服务方向为：当代社会发展理论与社会问题、社区矫正、青少年社会问题等。代表性作品有：《矫正社会工作研究》（范燕宁、席小华主编，中国人民公安大学出版社，2009）、《社会问题：事件与解决方案》（第五版）（扎斯特罗著，范燕宁等译，中国人民大学出版社，2010）、《社区矫正社会工作》（范燕宁、谢谦宇、罗玲等编著，中国人民公安大学出版社，2015）。

总　序

社会工作正面临着前所未有的发展契机。

所谓契机，一是大的社会背景为社会工作的发展提供了舞台。随着改革的深入，中国在取得举世瞩目的成就的同时，如一些社会学家所言，也出现了"发展困境"的苗头或"类发展困境"的现象。新千年，政府在工作报告和政策文件中明确提出要关心弱势群体、加强就业和社会保障工作。与社会工作传统的工作对象，如贫困者、残疾人、妇女、儿童、老年人相关的一系列政策法规纷纷出台。这些都为开展社会工作提供了良好的政策环境。

二是社会工作专业本身已经步入组织化、规范化的轨道。中国社会工作联合会、中国社会工作教育协会等组织开始发挥行业指导和自律的作用。此外，经过多年的酝酿，2004年劳动和社会保障部办公厅制定的《社会工作者国家职业标准》在上海出台，明确了社会工作者的专业人员地位，一改多年来社会工作人员师出无名的状况，同时也为社会工作者在专业上不断发展提供了方向和路径。社会工作职业化、专业化有了突破性进展，在政府认可上迈出了坚实的一步。

进入新千年后，许多迹象表明，社会工作正在朝着进入新的发展时期的方向迈进。

然而，社会的需要和认可也给社会工作带来了挑战。社会工作是否已经拥有了完备的知识储备，成了一个羽翼丰满的专业，能发挥社会所期待的作用呢？

在今天，对中国的许多社会工作者来说，社会工作发展伊始弗莱克希纳提出的问题"社会工作是一个专业吗？"仍是个具有挑战性的问题。弗莱克希纳之所以断言社会工作不具备一个专业的资格，是因为他认为社会工作不是建立在科学知识的基础上的。按照格林伍德提出的著名观点，成为一个专业应该具备五个特性：拥有自己的理论体系、具有权威性、得到社会的认可、有专门的伦理守则以及专业文化。其中排在第一位的就是专业知识的建构。

应当说，自1986年国家教育委员会同意北京大学、中国人民大学、吉林大学等高校设置社会工作与管理专业以来，中国社会工作理论与实务知识的建构已经有了可喜的收获。然而，在总体上，社会工作的专门知识仍然十分匮乏，对国外的社会工作仍缺乏系统的介绍，而本土的理论仍未形成。拿知识建构的领军团体社会工作教育界来说，情况也不容乐观。中国社会工作教育协会开展的中国社会工作教育发展状况调查的结果表明，以在学术期刊上公开发表论文的数量、出版专著数、编写教材数、承担课题数等数据来衡量，社会工作教育院校教师的科研情况总体上水平不高。在这一形势下，社会工作教育却在经过十几年的缓慢发展后，在世纪之交进入了高速扩张期。据中国社会工作教育协会统计的数据，截至2000年，协会的团体会员只有32个，到2003年12月已经达到148个。近80%的会员是在2000年之后的三年新加入的。于是有了这样的景象，一方面是知识提供和传输上的不足，另一方面是跨入社会工作之门的莘莘学子嗷嗷待哺。这便有了策划和出版社会工作经典译著的最初动因。我们希望通过这一系列书籍能够较为全面地介绍在西方已有上百年历史的社会工作专业的核心知识，为建立中国自己的社会工作知识体系做参考。

在整体结构上，"社会工作经典译丛"由三类书籍构成，即社会工作的基础理论、社会工作的基本方法和社会工作的价值观。这也是基于对社会工作知识体系构成的基本共识。具体来讲策划这套书主要有以下几点考量：

其一，完整性。整个译丛力图完整地呈现社会工作作为一个学科的全貌。译丛精选了社会工作理论、人类行为与社会环境、社会政策、个案工作、小组工作、社区工作、社会工作督导、社会工作研究和社会工作伦理等方面的书籍，全面涵盖了社会工作专业知识的三大组成部分，即基础理论、工作方法和价值。考虑到价值观方面的教学一直是专业教育中非常重要的一部分，也是专业教育中的难点，所以本套丛书特别精选了再版7次的专门用来帮助学生认识伦理问题和困境，并适当加以处理的有关社会工作伦理的专著。其中涉及的保密原则和隐私权问题、当事人的知情权和自决权问题、临终关怀问题、艾滋病问题等在中国的社会工作实践中已经出现，由于处理不当而引发的争端和法律诉讼也曾见诸报端。这方面的论述相信不仅对于社会工作学生，对于社会工作从业人员也不无借鉴作用。

其二，经典性。所选书籍都是广受好评的教材或论著，对社会工作的知识有精到的描述和评说。作者都是各自领域的专家和知名学者，有着丰厚的积累，在书中详细展现了与所述主题相关的专业知识，特别是融合了许多最新研究成果和实务动态，对读者来说极具参考价值。这些书在许多国家都被社会工作教育者采用。几乎每本书都再版过多次。经过了使用者的检验和编写者的不断完善，这些书非常适合做社会工作专业教学的配套教材使用。

其三，适切性。为了能更好地配合教育部高等教育司组织制定的对社会工作专业主干课程教学的基本要求，译丛所选择的书籍基本都是社会工作专业主干课程的教材或论著。各书的框架也多与国内教学所要求的主体结构相契合，更能配合教学用途。

其四，实用性。一方面，所选书籍在内容的编排上注重方便读者使用。受以实证为本的工作方法的影响，大部分书籍穿插了与所涉及内容相关的研究结果和案例讲解，将理论与实践相结合。在语言上也大多深入浅出，贴近读者，减少了他们在消化吸收知识上的障碍。另一方面，书籍所涉及的内容也多是国内社会工作界涉足和关心的领域。如通才社会工作实务模式，操作层面的社会工作方法，社会政策的研究、分析与应用，身为社会工作教育和高层次管理人员开展督导的方法，等等。书中推荐的一些专业网站更可以帮助读者找寻更多的资源，丰富对书中相关内容的理解和把握。

其五，时代性。丛书中的每本书都是近两年来的最新版本，书中的内容涉及社会工作实务领域的一些最新发展，整套书如同一个多棱镜折射出社会工作学科的发展现状。大到社会福利体制管理上的变革，小至一些新的工作方法的使用，都有鲜明的时代特点。比如其中谈到的管理型卫生保健制度，个案管理，基因技术对社会工作的影响，网络技术对社会工作的影响，以实证为本的实践，私人执业，充实生活性质的社会工作，等等。一些实验性的工作方案在书中也有所介绍。这些无疑会拓展读者的视野。

2003 年的一场"非典"像是对整个社会运行机制的一次检测，留下了许多宏观层面的问题，有待社会工作者去思考和解决。比如，社会危机处理机制、弱势群体保障机制、社会捐赠机制、基层社区的疾病预防和康复机制、志愿者的动员与使用机制等。而 2004 年的马加爵杀人案则给开展微观层面的社会工作提出了许多问题。比如，如何更有效地建立个人的社会支持系统、如何筛查处于危机边缘的人、如何提供更有效的危机防范与干预方法等。

德国著名哲学家恩斯特·卡西尔在《人论》中说："当领悟了一门外语的'神韵'时，我们总会有这样的感觉：似乎进入了一个新的世界，一个有着它自己的理智结构的世界。这就像在异国进行一次有重大发现的远航，其中最大的收获就是学会了以一种新的眼光来看待我们自己的母语。"歌德也说过："谁不懂得外国语，谁也就不了解本国语。"我们希望"社会工作经典译丛"的面世能起到这样的作用，让读者能有一次异国社会工作之旅，看到社会工作在专业发展比较成熟的国度里的情况。虽然译丛中谈到的都是国外社会工作的状况以及他们的问题与处理方法，但对我们反观自身、处理中国的问题应当说不无启示。

译丛的策划得到了中国人民大学出版社潘宇博士，首都师范大学教授、博士生导师范燕宁和中华女子学院教授刘梦的鼎力相助。在甄选书籍的过程中，笔者同她们进行了反复的讨论，最后确定的书目是笔者与她们共同斟酌的结果。丛书的译者队伍也都是各高校的教师，有较丰富的社会工作专业积累，为翻译质量提供了保证。在此对上述参与本丛书策划和翻译等工作的人员一并表示衷心感谢。

虽然参与本丛书的人都倾尽了心力，但仍难免挂一漏万，希望广大读者对不当之处能给予指正。

隋玉杰

2004 年 10 月 14 日

译者序

在社会工作理论教学的过程中，虽然我们知道社会工作理论包括直接干预理论和间接干预理论，但目前我们看到的社会工作理论译著和著作都把这两者放在一起，给人一种既宏观又微观的大杂烩的感觉。这时，我们欣喜地看到这本社会工作直接干预理论，立刻觉得有必要将其翻译出来，以后再翻译一本社会工作间接理论，这样我们对于社会工作理论就会有一种更加清晰而且层次分明的感觉。

本书确实也简明扼要、内容丰富而且好学易用。本书包括了简明而全面的 11 个主要临床实践理论，这些理论是社会工作者在个人、家庭和团体的评估、计划和干预任务中经常使用的。这些理论大致按历史发展顺序来呈现。每个理论章节都按照同样的大纲进行组织，每章结尾都有总结性的理论大纲，对于教师和学生系统地比较理论可能特别有用。

接着，我想从政治和文化的角度对社会工作（包括这本书）做一个说明。第一，社会工作专业面对资本主义固有社会问题（资本统治、贫富分化）持一种改良主义的态度。这样造成的结果是，社会工作在发挥巨大作用的同时，对资本主义政治体制本身的弊端却无能为力。我们可以看到，作为最发达、最富裕的国家，美国有世界上最先进的社会工作行业，但贫富分化、种族歧视、流浪、吸毒等社会问题却最为触目惊心。尤其面对新冠病毒，美国政府束手无策，美国社工也无能为力，充分显示了这种社会政治构架的弱点。第二，社会工作追求的是社会公平（正义），以爱心去关怀弱势群体的福祉，为他们争取权利，而本书中的大多数案例展示的是美国社会的中低层民众的种种真实生活问题，显示了"天堂美国"丑陋的一面。第三，社会工作主张文化和种族的多元主义（即各种文化和种族都是平等的），反对文化和种族中心主义，强调社工应有文化敏感性，要尊重案主的文化传统和种族身份，反对白人中心主义。应该说，社会工作的这些价值观基本上都是普世主义和理想主义的，因为其重要的哲学来源之一是乌托邦主义，这同样也是共产主义的思想来源。

然后，我想谈一下在学习和使用本书时的本土化问题。对此，我们可以运用辩证法中的"正反合"原则。第一，我们要以谦虚的态度认真学习各种理论，直到理解透彻和熟练掌握。第二，我们要以批判的态度询问：在中国实践这种理论会不会遇到什么障碍（尤其是文化传统方面）？能不能达到理想的效果？第三，我们需要思考：在发挥理论功效的前提下，考虑中国的社会文化传统，如何对此理论进行一些改造，或者增加一些使用说明和备注，以实现"拿来主义"的本土化的目标？

最后，我要向本书的编辑盛杰表示衷心的感谢，在翻译出版的各个环节，她都给了我许多的帮助和指导，在她的督促和努力下，本书才得以顺利出版。

章军

于中国人民大学

约瑟夫·沃尔什（Joseph Walsh）是弗吉尼亚联邦大学的社会工作教授。多年来，他一直是心理健康领域的直接服务从业者，先是在一家精神病院，后来在社区心理健康中心工作。他曾经为老年人和普通门诊患者工作，但主要是专门给精神疾病患者及其家属提供服务。自 1993 年以来，约瑟夫一直在弗吉尼亚联邦大学工作，教授通才实践、临床实践、人类行为研究和社会理论等课程。他持续为大学心理服务中心的案主提供直接服务，并曾在社区庇护所、俱乐部会所和集体住宅中工作。他在社会工作和其他公众服务相关期刊上广泛发表了与临床实践相关的论文，并著有其他七本书，其中三本书由 Brooks/Cole 出版：《通才社会工作实践干预方法》（2008）、《精神疾病患者的临床病例管理：基于关系的视角》（2000）和《社会工作者和精神药物与精神健康案主、家庭和提供者的有效合作》[2013 年第四版，与柯雅·J. 本特利（Kia J. Bentley）合著]。

《社会工作直接实践理论》包括简明而全面的 11 个主要临床实践理论，这些理论是社会工作者在个人、家庭和团体的评估、计划和干预任务中经常使用的。本书的目的是为社会工作专业硕士（MSW）课程的教师和学生（以及专业实践人士）提供一份参考资料，其中包含各种直接实践环境中使用的主要理论和干预策略。这本**理论**书也是学生在完成学业后可以长期使用的资源。

适合使用的课程

大多数 MSW 课程包括临床或直接实践，并要求学生至少选修一门或几门与直接实践有关的课程。涵盖实践理论的教科书，大部分是在社会工作专业之外发展起来的，必须忠实于其来源，但也要忠实于社会工作的价值观及其对案主系统环境背景的理解。教师面临的一个挑战，是在这些课程中选择合理数量的理论：不要太多以至于只允许一个概述，也不要太少以至于学生只能获得有限的实践技能。《社会工作直接实践理论》所涵盖的理论范围，旨在为学生提供一个较为广阔的实践领域视野，同时允许学生深入学习材料。

本书可能适用于 MSW 基础课程**和**二年级课程。它提供了有关社会工作实践理论和技术的最新实用信息，可以用于初级和高级实践。这本**理论**书也可能适用于各种直接实践选修课（如社区心理健康实践、危机干预和医疗保健社会工作），因为材料并不是针对特定环境设置的。本书包含的理论相对较少，同时课程可以在一到两个学期内完成，这两点应该对教师很有吸引力。

本书的内容和组织（包括第三版的更新）

如前所述，《社会工作直接实践理论》包括 11 个主要理论；更具体地说，它涵盖了 10 个理论和 1 个实践模型。这个实践**模型**在第十一章有详细的描述，它是一组用于与某些特定类型案主工作的技术。我在本书中加入了一个模型（动机访谈），因为它在当今的直接实践中具有巨大的知名度和影响力，并且适用于许多实践理论。（第二版的另一个模型，即人际关系疗法，已经被删除。）

　　本书以两章开篇，旨在引导读者认识到基于理论的直接实践的重要性，以及对社会工作专业使命至关重要的理论要素。这些要素包括价值观、对优势的关注、案主赋权、灵性和评估个人实践的能力。下面的 11 章是从历史的角度来组织的，**大致**按照理论的发展顺序来呈现。第三章（本版的新增内容）着重于以人为本的理论，尽管该理论今天并不经常以其纯粹的形式加以实践，但它确立了社会工作者/案主关系的重要性，并且在所有理论观点中都具有实践意义。第四至六章致力于心理动力学理论，包括自我心理学、客体关系理论（更加强调关系理论）、家庭情感系统理论（虽然不是精神分析理论，但它是从精神分析理论中衍生出来的）。第七至九章专门介绍认知行为理论，包括行为理论、认知理论和结构家庭理论（我认为这与认知行为方法是一致的）。第十至十二章重点介绍几种"较新的"理论或方法，包括解决方案聚焦疗法、动机访谈和增强治疗，以及叙事理论。本书的最后一章，专门讨论综合性的危机干预理论，因为它借鉴了本书中前几章的技术，来组织针对危机中的案主的快速反应。

　　每个理论章节都按照以下大纲进行组织：

- 理论关注的焦点
- 主要倡导者（过去和现在）
- 起源与社会背景
- 有关个人本性的观点
- 自我结构或人际结构概念（如果适用）和其他主要概念
- 人类发展概念（如果适用）
- 问题的性质
- 改变的性质
- 干预的目标
- 评估和干预策略（包括社会工作者/案主关系的性质）
- 如何解决案主的灵性问题
- 关注社会正义问题
- 案例说明
- 有效性和实用性的证据
- 批评
- 话题讨论和课堂活动
- 附录（包括每个理论的大纲）

总结每一章内容的理论大纲，对于教师和学生系统地比较理论可能特别有用。

为了将人类行为与社会环境中的直接实践联系起来，每一章都着重关注理论如何在人类和文化多样性的背景下处理人类发展问题。除了这个主题，本书还探讨了理论如何解决灵性和社会正义的问题。每章的总结概括了每种理论的有效性和实用性。

研究生几乎总是非常积极地学习实践方法。他们在专业发展上投入大量的时间和金钱，只用几年时间就掌握了复杂的材料。他们还参与实习活动，期望能够进行直接的实践干预。作为这些学生多年的导师，我知道他们总是对获得广泛的实用干预技术的前景感到兴奋。我希望这本书能够成为一种资源，满足他们的需求，并且其编排能使材料生动活泼。

我是一名长期的直接服务从业者，一直热爱阅读和尝试各种直接干预的方法。我喜欢这样想：当我试图掌握理论和模型，以及选择似乎能很好地适用于不同案主群体的方法时，那么我就是正在开发一种个性化的实践方法，但是仍然基于我们专业的传统。我希望这本书能够帮助社会工作专业学生走上同样的发展之旅。

非常感谢雅基·科科伦（Jacqui Corcoran），作为同事和朋友，她在几个章节上提供了很大帮助。我出色的学生 R. J. 阿里（R. J. Arey）、埃丽卡·埃斯卡兰特（Erica Escalante）、琳达·福勒（Linda Fowler）、瓦莱丽·霍尔顿（Valerie Holton）和辛西娅·卢卡斯（Cynthia Lucas）为五个案例说明提供了素材。埃米·瓦尔德毕利希（Amy Waldbillig）和玛丽·斯特宾斯（Mary Stebbins），在第一版和第三版中担任我的研究助理，提供了可靠的服务。我非常感激他们。

以下专业人士阅读了本书的草稿，并提出了很好的改进建议：费里斯州立大学的杰拉尔德·马修斯（Gerald Matthews）；辛辛那提大学的加里·帕坎（Gary Paquin）；马歇尔大学的乔迪·戈特利布（Jody Gottlieb）；阿肯色州立大学的查尔斯·乔伊纳（Charles Joiner）；西佛罗里达大学的德博拉·鲁加斯（Deborah Rougas）。我要感谢第二版的评论者：新英格兰大学的谢利·科恩·康拉德（Shelly Cohen Konrad）；波特兰州立大学的丹尼尔·科尔曼（Daniel Coleman）；西肯塔基大学的加里·L. 维拉里尔（Gary L. Villareal）。我还要感谢第三版的审稿人：鲁斯特学院的杰玛·贝克利（Gemma Beckley）；弗吉尼亚联邦大学的伊丽莎白·克拉默（Elizabeth Cramer）；霍华德大学社会工作学院的鲁比·古尔丁（Ruby Gourdine）；劳伦森大学社会工作学院的西尔维·格拉齐亚尼（Sylvie Graziani）；肯恩大学的莫琳·V. 希姆切克（Maureen V. Himchak）；弗吉尼亚联邦大学的琳达·洛夫（Linda Love）；霍华德大学的安德里迪亚·马普森（Andridia Mapson）；佐治亚大学的贝齐·冯克（Betsy Vonk）。

简要目录

第一章　　　关于理论的思考 / 1

第二章　　　社会工作理论与实践的视角 / 16

第三章　　　以人为本的理论 / 29

第四章　　　自我心理学 / 49

第五章　　　以客体关系为焦点的关系理论 / 76

第六章　　　家庭情感系统理论 / 101

第七章　　　行为理论 / 130

第八章　　　认知理论 / 151

第九章　　　结构家庭理论 / 178

第十章　　　解决方案聚焦疗法 / 205

第十一章　　动机访谈和增强治疗 / 225

第十二章　　叙事理论 / 245

第十三章　　危机理论与干预 / 269

参考文献 / 293

主题索引 / 329

目录

第一章　　**关于理论的思考** / 1

一、什么是理论？ / 2

二、什么是实践理论？ / 3

三、理论的功能 / 5

四、所有实践理论中的治疗因素 / 6

五、为实践选择理论 / 7

六、批判性思考 / 9

七、有关理论和实践评估的社会工作研究 / 10

八、总结 / 14

九、讨论的话题 / 15

十、课堂活动的设想 / 15

第二章　　**社会工作理论与实践的视角** / 16

一、界定社会工作直接实践 / 16

二、社会工作实践的价值基础 / 17

三、以优势为导向的实践 / 18

四、实践的风险性和保护性框架 / 19

五、多样性和多元文化主义 / 21

六、案主赋权 / 22

七、直接实践中的灵性 / 25

八、总结 / 27

九、讨论的话题 / 27

十、作业的设想 / 28

第三章　　**以人为本的理论** / 29

　　一、起源与社会背景 / 30

　　二、主要概念 / 32

　　三、问题和改变的性质 / 35

　　四、评估和干预 / 35

　　五、灵性和以人为本的理论 / 37

　　六、关注社会正义问题 / 38

　　七、案例说明 / 39

　　八、有效性的证据 / 43

　　九、对理论的批评 / 44

　　十、总结 / 45

　　十一、讨论的话题 / 46

　　十二、课堂活动/角色扮演的设想 / 47

　　十三、理论大纲 / 47

第四章　　**自我心理学** / 49

　　一、起源与社会背景 / 50

　　二、主要概念 / 52

　　三、问题和改变的性质 / 57

　　四、评估和干预 / 58

　　五、灵性和心理动力学理论 / 63

　　六、关注社会正义问题 / 64

　　七、案例说明 / 64

　　八、有效性的证据 / 69

　　九、对理论的批评 / 71

　　十、总结 / 71

　　十一、讨论的话题 / 72

　　十二、课堂活动/角色扮演的设想 / 72

　　十三、理论大纲 / 73

第五章　　**以客体关系为焦点的关系理论** / 76

　　一、起源与社会背景 / 77

　　二、主要概念 / 80

　　三、发展的概念 / 84

四、问题的性质 / 86

五、改变的性质 / 87

六、评估和干预 / 87

七、关注社会正义问题 / 90

八、案例说明 / 91

九、有效性的证据 / 95

十、对理论的批评 / 96

十一、总结 / 97

十二、讨论的话题 / 97

十三、课堂活动/角色扮演的设想 / 98

十四、理论大纲 / 98

第六章　　**家庭情感系统理论 / 101**

一、起源与社会背景 / 102

二、主要概念 / 104

三、问题和改变的性质 / 109

四、评估和干预 / 109

五、灵性和家庭情感系统理论 / 113

六、关注社会正义问题 / 114

七、案例说明 / 114

八、有效性的证据 / 124

九、对理论的批评 / 126

十、总结 / 126

十一、讨论的话题 / 127

十二、角色扮演的设想 / 127

十三、理论大纲 / 128

第七章　　**行为理论 / 130**

一、起源与社会背景 / 131

二、主要概念 / 132

三、问题和改变的性质 / 133

四、评估和干预 / 136

五、灵性和行为理论 / 139

六、关注社会正义问题 / 139

七、案例说明 / 140

八、有效性的证据 / 146

九、对理论的批评 / 147

十、总结 / 148

十一、讨论的话题 / 148

十二、角色扮演的设想 / 149

十三、理论大纲 / 149

第八章　　**认知理论** / 151

一、起源与社会背景 / 152

二、主要概念 / 155

三、问题和改变的性质 / 157

四、评估和干预 / 158

五、灵性和认知理论 / 165

六、关注社会正义问题 / 165

七、案例说明 / 166

八、结合认知和行为干预 / 170

九、有效性的证据 / 172

十、对理论的批评 / 173

十一、总结 / 174

十二、讨论的话题 / 175

十三、课堂活动/角色扮演的设想 / 175

十四、理论大纲 / 176

第九章　　**结构家庭理论** / 178

一、起源与社会背景 / 179

二、主要概念 / 181

三、问题和改变的性质 / 187

四、评估和干预 / 188

五、灵性和结构家庭理论 / 192

六、关注社会正义问题 / 193

七、案例说明 / 193

八、有效性的证据 / 198

九、对理论的批评 / 200

十、总结 / 201

十一、讨论的话题 / 201

十二、角色扮演的设想 / 202

十三、理论大纲 / 202

第十章 **解决方案聚焦疗法 / 205**

一、起源与社会背景 / 205

二、主要概念 / 207

三、问题和改变的性质 / 208

四、评估和干预 / 209

五、灵性和解决方案聚焦疗法 / 214

六、关注社会正义问题 / 214

七、案例说明 / 214

八、有效性的证据 / 218

九、对治疗的批评 / 221

十、总结 / 221

十一、讨论的话题 / 222

十二、课堂活动/角色扮演的设想 / 222

十三、治疗大纲 / 223

第十一章 **动机访谈和增强治疗 / 225**

一、起源、社会背景和主要概念 / 226

二、问题和改变的性质 / 228

三、评估和干预 / 229

四、灵性与动机访谈和增强治疗 / 235

五、关注社会正义问题 / 236

六、案例说明 / 236

七、有效性的证据 / 239

八、对治疗的批评 / 241

九、总结 / 241

十、讨论的话题 / 242

十一、角色扮演的设想 / 242

十二、治疗大纲 / 242

第十二章　　**叙事理论** / 245

一、起源与社会背景 / 246

二、主要概念 / 249

三、问题和改变的性质 / 251

四、评估和干预 / 253

五、灵性和叙事理论 / 257

六、关注社会正义问题 / 257

七、案例说明 / 258

八、有效性的证据 / 262

九、对理论的批评 / 264

十、总结 / 265

十一、讨论的话题 / 266

十二、角色扮演的设想 / 266

十三、理论大纲 / 267

第十三章　　**危机理论与干预** / 269

一、起源与社会背景 / 270

二、主要概念 / 271

三、评估和干预 / 275

四、灵性和危机理论 / 286

五、关注社会正义问题 / 287

六、有效性的证据 / 287

七、对理论的批评 / 289

八、总结 / 289

九、讨论的话题 / 289

十、角色扮演的设想 / 290

十一、理论大纲 / 290

参考文献 / 293

主题索引 / 329

第一章

关于理论的思考

我品尝一种从未酿造过的酒，
用的是珍珠镶嵌的大杯；
并非莱茵河畔所有的酒桶
供应的酒都能这样甘美！*

　　每年八月，当我的研究生开始在教室课堂和实践领域进行新一年的学习时，我都会给他们布置一项任务，帮助他们熟悉自己的实习机构。"向你所在机构的直接社会工作者询问他们实践的理论基础。换句话说，他们在与案主合作时使用了什么理论?"我还要求我的学生询问他们的机构是否有"官方"理论，或者社会工作者是否根据各种不同的理论观点进行工作。我总是很好奇地想从学生那里了解这个领域正在发生的事情，以及服务于不同类型案主（如临终关怀案主、精神疾病患者、有行为问题的儿童和违法者）的社会工作者是否倾向于某些实践理论。

　　学生们给课堂带来了各种各样的回应。有些学生被安排在认同某一特定理论的机构中，如客体关系或辩证行为理论，但这是很少见的。只要从业者能够产生积极的结果（以及产出，如所见案主数量、接收情况、终止和接触时间），大多数机构就会支持其社会工作者的一系列理论视角。然而，令我担忧的是，"他们不使用任何理论，他们只是为了获得结果而做他们必须做的事情"这样的言论并不少见。〔当然，对纯粹的循证实践（evidence-based practice，EBP）模式的忠诚可能与这种职位立场是一致的。〕我知道，直接从业者在研究生院毕业后可能不会积极地思考理论问题，这可能对他们的工作效率和有效性

---

　　* Dickinson，E.（1927）．*The Pamphlet Poets*．New York：Simon and Schuster．

没有影响。我曾经在一家心理健康机构工作过四年，几乎没有任何临床督导，并且很难说清楚我是如何与案主打交道的。然而，令我感到不安的是一些学生偶尔的回应，他或她的主管导师认为"那些把时间浪费在谈论抽象概念而不是完成任务的学术模型毫无用处"，或者"理论家不知道现实世界中发生了什么"。

也许大学里有相当数量的教师，他们似乎在"现实世界"之外的领域里工作。但我一直既是一名实践者，也是一名教授。我相信，所有直接从事社会工作的实践者，都是在理论的基础上开展工作的。他们可能并不总是能够清晰地表达自己的观点，但他们"自动"学会、吸收并修正了如何与案主合作的想法。他们以对人类行为的假设和假设知识为导向，包括对问题性质和变化性质的信念。由此，他们制定不同策略来帮助各种类型的案主解决他们的困难。因此，我很担心那些对理论持有敌对态度的实践者。在我看来，如果对与案主打交道的方法不加以检查，从业者就会受到他或她的情绪、态度和个人反应的过度影响。至少，坚持一个或几个理论观点会鼓励从业者在接近案主时更加系统化。一个对案主主动反应多于被动反应的实践者，可能会以效率低下甚至可能对案主福利造成危险的方式行事。

当然，社会工作专业对循证实践的推动，确实促进了系统地选择干预措施而不依赖于特定理论基础的过程。我们将在本章后面更全面地考虑这个问题。

本章的目的是介绍实践理论的几个定义，描述它的功能，考虑所有理论的共同元素，并考虑从业者如何评价实践理论的价值。我们会回顾接下来的各章将要描述的许多实践理论。

一、什么是理论？

几年前，我在一个社会科学理论的博士生研讨会上，使用了一个不同寻常的开场练习。我向学生们提出挑战，要求他们在第一节课和第二节课之间，找到一个或几个既容易理解又**不枯燥乏味**的**理论**定义。这总是一项艰巨的任务，学生不可避免地失败了，至少就第二个标准而言是这样。我一直觉得社会工作实践中的理论思想应该是相当简单的，但显然我错了。它通常以对社会工作者疏远、过于抽象和不切实际的方式来定义，而社会工作者却必须能够将其应用到实践之中。因此并不奇怪，一些从业者会对这些理论产生敌意。下面是我的学生列出的从最简单到最复杂的定义。

- 试图解释超出事实性理解的事物。
- 对令人困惑的混乱经历的有序解释。
- 对事件或行为的推测性但系统的解释。

- 通过逻辑论证联系起来的一组命题，用于解释或预测某些现实领域或现象类型。
- 一组关于变量之间关系的陈述，用于系统地理解行为、事件或环境，并对其发生原因进行解释。
- 一组已被假设、推测或证明彼此之间存在关系的变量或特征。

我不得不承认，最后一个定义让我也迷茫和失望了。在本章的后面，我们将研究社会工作实践理论的组成部分。但是就上述定义而言，也许有必要回顾一下几种**类型**的理论（Bisman & Hardcastle，1999）。**个案理论**解释了一个人的行为（例如，一个配偶施虐者）。社会工作者经常发展关于他们的个体案主的行为原因的理论。**中观理论**解释了一系列的案例或事件（例如，失业的酗酒男人虐待配偶的行为）。随着时间的推移，从业者在与某些特定类型的案主打交道时会有经验，他们也会发展这些理论。**宏观理论**试图解释所有的事件和案例（如弗洛伊德的性心理发展理论或皮亚杰的认知发展阶段理论）。就其解释力而言，在过去 30 年左右的时间里，宏观理论在社会科学领域已经失宠。弗洛伊德、埃里克森、吉利根、科尔伯格、皮亚杰、斯金纳等人提出的人类行为的普遍理论仍在社会工作学校中教授，这些理论仍然有助于从业者对人类一生中行为及其原因的一般理解。尽管如此，如今人们对人性和人类行为的无限多样性以及没有任何人类发展的原则可以适用于每个人的观点有了更大程度的认同。

二、什么是实践理论？

实践理论代表了以上所定义的理论的一个子集，并且仅限于对个人、家庭和群体进行干预的观点。实践理论的一个有用的定义是关于人性的一系列连贯的观点，包括健康、疾病、正常和异常的概念，它们为干预的行为和理由提供了可验证或确定的解释（Frank & Frank，1993）。还有许多其他定义，但是这个定义适合作为反思理论及其与社会工作干预的相互关系的基础。当然，有许多理论可以应用到直接实践中，而社会工作者在决定哪一种或几种方法能够很好地为他们的案主服务时，应该会感到很有挑战性。在临床实践中使用任何理论（有说服力）的价值在于，它为社会工作者提供了一个框架：（a）预测和解释案主行为；（b）在案主和问题领域之间进行概括；（c）为干预活动带来秩序；（d）确定有关实践情况的知识差距。

尽管理论有其用途，但是过分严格遵守实践理论也存在潜在的危害。因为所有的理论都必然简化人类的行为（它们都从看似无穷无尽的变量中选择有限数量的变量，而这些变量可能会影响案主的生活），所以它们都持还原主义立场，可能会变得非人性化。坚持一个理论可能会创造出自我实现的预言（实践者会倾向于看到他或她在关注或寻找的东西），并蒙蔽了实践者对行为的其他不同理解。

社会工作者如何选择理论应用于实践？一个人的选择可能会受到以下各种理性和非理性因素的影响（Turner，2011）：

- 理论的研究支持（即记录其有效性的文件证据）。
- 对理论能产生积极结果的信念（也许在机构要求的背景下，时间和金钱的支出最少）。
- 有用的干预技术的提供情况。
- 与实践者的价值观、知识、技能和世界观的一致性。
- 个人习惯。
- 同事或主管上司的使用情况。

前面提到过，一些实践者无法阐明他们的理论基础。他们依然可能是有效的实践者（曾经是深思熟虑的过程可能已经变成了不假思索的自动行为），但是所有的实践者都会从批判性地思考他们的工作中获益。

理论与干预技术的关系

重要的是要强调理论和干预技术不是一回事。理论是抽象的，包含了一些概念，这些概念向社会工作者提出哪些干预策略可能对案主有效。干预策略是社会工作者为帮助案主实现目标而采取的具体行动。然而，从业者的工作理论和干预之间应该保持一致性。例如，自我心理学理论认为，深入了解案主应对生活挑战的方式，通常有助于他们的目标实现。从这个理论概念衍生出来的一种干预策略是"个人-情境反思"，社会工作者通过这个过程提出问题来激发案主的自我反思。相比之下，行为理论认为，当一个人的行为模式被调整时，案主的改变就会发生。干预策略可能包括，设计一个环境计划（例如在教室或家庭中），以奖励（鼓励）某些积极行为并惩罚（消灭）其他消极行为。

5　　然而，理论与干预之间的关系可能很复杂，因为不同理论提出的干预策略之间存在重叠。也就是说，并不是每个理论观点都包含一套**独特的**干预策略。这一点经常让学生感到困惑（所以请仔细阅读本段两次）。一个自我心理学家和一个行为主义者可能都会与案主一起使用放松技能训练，尽管他们使用这种技术的理由会有所不同。自我心理学家可能希望提高案主的反思能力，而行为主义者可能正在帮助案主管理与任务相关的焦虑。在本书中，读者将很容易看到这种干预策略之间的重叠。在每一章中，我们都将会讨论相同的技术如何具有不同的用途。

上述观点可以用另一种方式加以澄清（见图1.1）。在我看来，大多数社会工作者倾向于采用一个基本的理论进行评估。也就是说，如果自我心理学、认知理论或其他理论"适合"从业者对人性的假设，他或她就会倾向于从那个角度评估案主。例如，如果我认为无意识过程会影响心理功能，那么即使我从行为主义的角度开始练习，我也很难完全忽略这种假设。然而，当我与药物滥用的案主合作时，我的实践**模型**（针对某些特定类型案主的指导策略）可能会严重依赖于行为主义方法。我可能认为这些案主由于拒绝接受并需要严格限制，无法对"反思"干预做出有效的反应，所以我把我"首选"的理论观点放在一边。我的实践模型可能包括禁欲行为技术的教学。我可能希望在这些患者终止使用药物后，再对他们进行反思性干预，但我可能不认为这对他们的康复是必要的。我对个体案主的实践策略将基于我的模型，但当我考虑到这个人的特定的个人和环境特征时，就会个性化了。一位案主可能会接受自助干预，而另一位则不会接受。最后，我的具体干预将包括案主和我自己为实现他或她的目标而开展的活动。

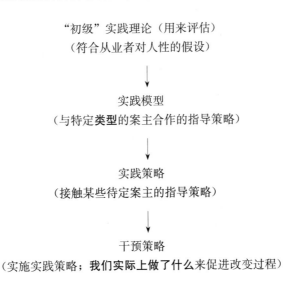

"初级"实践理论（用来评估）
（符合从业者对人性的假设）

实践模型
（与特定**类型**的案主合作的指导策略）

实践策略
（接触某些待定案主的指导策略）

干预策略
（实施实践策略；**我们实际上做了什么**来促进改变过程）

图 1.1 理论与实践的关系

总而言之，我们的案主和机构设置的性质可能会指导我们的实践策略和干预措施，就像指导我们的理论偏好一样，即使我们永远不能完全放弃这些偏好。

三、理论的功能

理论之所以重要，是因为它直接影响着社会工作者的实践方式。它具有以下功能（Nugent，1987；Polansky，1986；Tzeng & Jackson，1991）：

■ 简化复杂现象，并将从业者的注意力集中在案主生活中与探索相关的思想、感受、行为和事件上。

■ 帮助社会工作者建立因果关系，从而预测会影响案主未来行为的因素。

■ 简化可以实现干预目标的任务选择过程。

■ 指导社会工作者在潜在有效干预方案中做出选择。

■ 防止不合理的程序，因为对"超越自我"的思想体系的承诺增强了专业的自律。

■ 动员良好的跨专业实践，因为有效协调多个服务提供者的工作的能力取决于对自己的理论基础和他人的理论基础的理解。

■ 使社会工作者的知识发展从一种实践状态积累发展到下一种实践状态，促进案主的某种程度的泛化。

我以前的一个学生曾经就音乐理论的功能做了一个有用的说明。她写道，音乐理论的元素包括音符、琴键、音程、和弦与时间。音乐家利用这些知识选择音符，并以不同的节奏将它们组合在一起，以探索音乐理念。然而，音乐理论并不是音乐。这个理论是一种描述音乐和理解如何演奏的方式。它解释了为什么有些音符和和弦的组合似乎运作良好，而其他组合效果却不好，并为音乐系的学生提供了写新歌的想法。同样，在社会工作中，理论也提供了一个镜头，通过这个镜头，从业者可以描述和理解世界，促进对接下来可能发生的事情的洞察，以及促进从业者进入案主的世界并协助其积极改变这个世界的进程。

四、所有实践理论中的治疗因素

这本书描述了 10 种理论和 1 个实践模型，还有许多其他的理论被社会工作者使用。为什么会有这么多理论？它们都有本质上的不同吗？一些作者试图找出并确定所有有效干预措施共有的"治疗性"因素。他们的出发点是这样一个假设：因为有这么多的实践理论，而且所有这些理论似乎都对至少一些案主有帮助，所以有效性可能并不那么依赖于特定的理论和技术，而更多依赖于从业者的个人素质和工作方法。我们将在这里考虑其中的几个。在一项全球专业助人者的研究中，发现了以下这些有效干预的共同特征（Frank & Frank，1993）：

■ 案主与从业者建立了一种富有感情和充满信任的关系，并认为从业者有能力和充满关怀。这种关系是疏离感的解药，可以提高案主的士气，增强案主坚持面对并战胜困难的决心。

■ 干预的形式或其他"特殊"设置可以帮助案主感到安全，并引发对帮助的期望。

■ 干预措施要基于可理解的（对案主而言）原理和程序，包括对人性的乐观看法。从业者的解释符合案主的世界观，从而帮助案主理解他或她的问题。

■ 干预需要从业者和案主的积极参与，他们都相信这些干预是改善功能的有效手段。案主能够获得新的学习机会和成功的经验，从而提高他或她的掌握感。

这些作者得出的结论是，从业者与案主有效互动的能力很大程度上取决于他或她对自己使用的任何理论和干预措施的信心。他们还强调，案主的情绪唤起（经历适度的焦虑）是所有行为和态度改变的先决条件。

米勒、邓肯和哈布尔（Miller，Duncan，& Hubble，2005）最新的研究与上述关于有效实践的共同要素的断言是一致的。这些研究人员从他们的直接实践研究中得出结论：(a) 治疗联盟和 (b) 从业者持续关注案主对干预的看法这两个因素对积极结果的影响最重要。他们指出，案主的特征（问题的性质、动机和参与的性质）占治疗结果的 40%，治疗联盟的质量占了另外的 30%。从业者的指导理论或模型占 15%，剩下的 15% 是安慰剂效应。这些研究人员指出，共同目标的存在、对使用方法的共识以及情感纽带是最能预测积极案主结果的因素。作为这个过程的一部分，实践者应该定期征求案主关于干预过程的反馈和意见。此外，从业者对**某些**实践模型的忠诚，但不是任何**特定**模型，与积极的结果相关。最后的一项发现，支持社会工作者使用他或她感到舒适和忠诚的理论观点或干预模型。

在 21 世纪初，美国心理学会的一个工作组开始通过实证研究评估从业者/案主关系在确定干预效果方面的重要性（Norcross & Wampold，2011）。经过一系列荟萃分析后，一个专家小组得出结论：几个关系变量是**明显**有效的（个体、青年和家庭治疗方面的联盟；团体治疗中的凝聚力；共情；收集案主反馈意见），其他是**可能**有效的（目标共识、相互合作和积极关注）。另外三个关系因素（一致性/真诚性、修复联盟破裂和管理反移情）被认为是**有希望的**，但没有足够的证据证明其有效性。工作组对这些研究结果抱有非常强烈的信心，因此建议所有的实践研究都要明确地解释从业者的行为和素质，因为在确定有效性时，这种关系明显地与离散干预措施相协调。

五、为实践选择理论

如果一个特定的理论不能确定临床结果，那么社会工作者怎样——或者社会工作者应该怎样——选择在他们的实践中使用的理论？这个问题没有唯一的答案，也没有统一接受的适用标准。在这本书中，我没有提出一套特定的理论选择或评价标准，因为任何标准都偏向某些理论固有的假设，而不是其他理论。一些社会工作者认为，一种理论只需要有助于组织他们与案主的工作；而另一些社会工作者则认为，它应该为案主提供具有实证效果

的一系列干预策略。然而，人们普遍认为，用于实践的"好理论"应该具有以下特征
（Goldstein，1990；Payne，2005；Polansky，1986；Witkin & Gottschalk，1988）：

- 连贯（内部一致）。
- 适用于从业者的当前案主。
- 全面（能够直接指导各种案主的实践活动）。
- 简约（相对简单易用）。
- 可测试，能够接受评估审查（有各种各样的方法来执行此操作）。

社会工作者做出选择的另一个重要标准是，他们使用的理论应该促进或至少允许他们
与案主一起追求社会正义活动。这个问题将在第二章详细讨论。

（一）折中主义：赞成和反对

许多社会工作者将自己描述为"折中主义者"，这意味着他们会根据案主的具体情况
利用各种理论。可以说有三种折中主义（Borden，2009a）。首先，**技术**折中主义仅仅是基
于其先前证明的有效性而应用某个程序，例如在循证实践中（稍后讨论）。这些实践者基
本上对理论不感兴趣，而是对某些类型的问题采用某些干预措施。其次，**共同因素**方法基
于社会工作者的以下假设，即所有理论都通过类似的潜在过程发挥作用。如前所述，这些
实践者关注的是主要思想流派所共有的核心要素。最后，**理论整合**代表了一些实践者的以
下努力，即根据其案主的特定问题，利用一系列的理论。虽然这种灵活性是一个人实践的
积极方面，但要真正掌握超过三种到四种理论可能是很困难的（Turner，2011）。此外，
一些理论包含了互不相容的假设（例如客体关系和叙事理论）。

佩恩（Payne，2005）总结了在理论选择中支持和反对折中主义的观点。折中主义具
有以下积极方面：案主可以从管理问题的一系列想法中获益；有效性与理论选择没有直
接关系；几种理论可能包含共同的因素；有些理论并不适用于所有的实践情境。折中主
义的消极方面是，试图使用许多理论的实践者可能对其中任何一个理论都没有掌握。这
个过程可能会导致实践者失去一个共同的实践核心，他或她的案主可能会受到损害。这
本书采取的方法是，一个社会工作者将通过掌握几个他或她感到舒适的理论来很好地服
务于其实践。

（二）机构文化对理论选择的影响

所有实践者都生活在由他们的学校、机构和专业协会所代表的专业"文化"之中。
从专业教育学校毕业并在一个机构就业后，社会工作者对理论和实践的看法可能会发生
变化，变得与身边的同事相似。卫生管理领域的研究表明，专业人员的干预行为很大程

度上会与其雇佣机构的普遍做法相一致（Westert & Groenewegen，1999）。也就是说，他们倾向于以产生或维持积极同伴强化的方式行事。例如，在我自己的职业生涯中，在接受了一份新工作之后的一段时间，我从一个认知主义实践者变成了一个客体关系爱好者。

　　在某些情况下，实践者可能会被鼓励去寻求有关理论和实践的新知识，但在另一些情况下，他或她将缺乏时间（所有的文书工作都要做！）和激励去超越现状。影响社会工作者理论选择的机构特征包括主管的偏好、接触某些理论而非其他理论、专业发展的行政支持水平、鼓励社会工作者承担风险的程度，以及该机构的重点项目评价和案主成果研究。

　　面对许多可能的观点的选择，以及受到机构文化因素的影响，社会工作者最好应该依靠批判性思考技能来指导理论的使用。

六、批判性思考

　　批判性思考可以被定义为有目的、合理、目标导向和对其结果进行评估的思考（Gambrill & Gibbs，2009）。批判性思考能力对社会工作者至关重要，因为在使用理论和干预策略时，经常会依赖许多无法"证明"为真或假的断言。从业者必须对自己理论的有效性有信心，因为在社会工作实践中很难得到确凿的事实。

　　对于临床社会工作者来说，批判性思考能力的培养是非常重要的，因为他们每天都沉浸在非结构化的问题中，目标、信息的相关性以及他们所做出的决策的影响都不清楚。社会工作者必须对理论基础的假设进行反思，并愿意考虑其他思维模型和工作方式。当解决方案不明显时，他或她必须是灵活的、持久的，并且当结论违背常识惯例时，他或她必须愿意自我纠正。批判性思考者的其他特征如下（Bromley & Braslow，2008；Sharp，Herbert，& Redding，2008）：

- 愿意质疑一个人对理论和实践的基本假设。
- 努力追求（一种难以捉摸的）客观性（寻找反对和支持干预方案的证据）。
- 能够想象和探索替代方案。
- 理解社会和文化背景对人类行为的重要性。
- 能够区分事实问题与价值问题（事实可以通过测试解决；价值观是建立在信念基础上的，是无法检验的）。
- 在推断因果关系或进行概括时保持谨慎。

批判性思考看起来似乎是大有裨益的，但是它也是有代价的。它的好处包括澄清一个人工作的基本假设，提高决策的准确性，在实践者、同事和案主之间共享理解，以及在澄清一个人的价值观对实践的影响方面提供指导。它的代价是需要时间（在实践中这是一种稀缺的资源）和努力，需要容忍被怀疑，并且承认错误可能会对一个人的自我价值产生负面的影响。批判性思考也需要勇气，因为它可能导致与同行和机构实践指南的分歧。

批判性思考的原则表明，临床社会工作者应始终对检查他或她对理论和干预策略的使用持开放态度。如果社会工作者觉得受到机构文化的限制而不能参与这一过程，他或她也可以运用其他资源，例如书籍和以研究为基础的期刊（用于自我发展）、外部监督、与其他机构的从业者的非正式支持系统、与以前的教授联系，以及参与专业协会。

七、有关理论和实践评估的社会工作研究

我们现在更正式地考虑社会工作实践的有效性。这些研究发现并不总是直接与理论相关，而是与可能并不是某一种理论特有的干预方法有关。在本书的每一章中，我们将回顾实践者和研究者为了证明这些特定理论观点的有效性所做的努力。

在过去的50年里，社会工作干预措施以及其他专业人员提供的干预措施的有效性测试方法也在不断发展。在20世纪50年代和60年代，非特定的理论和策略被应用于异质案主群体，并被用来检验影响的证据（Conte，1997）。个案研究在专业文献中很常见。尽管个案研究的信息丰富，但它们很少基于结构化的研究设计。

那么，关于有效的社会工作实践我们知道些什么呢？费舍尔（Fischer，1973，1976）在40年前发表的两篇文献综述在专业学术界引起了轰动，他认为没有证据可以支持个案工作的有效性。后来对44项研究的分析得出结论，由于研究方法缺乏严谨性，有效性很难确定（Reid & Hanrahan，1982）。研究人员建议，社会工作者应该增加他们的干预措施的结构化（即更好地指定组成部分和步骤），以便更好地开展有效性研究。

汤姆林森（Thomlinson，1984）通过对社会工作文献的广泛回顾，为这一问题做出了贡献。他没有着手确定任何一般干预策略是否有效，而是确定有效实践的特定组成部分。他发现，有效的社会工作者能够调整他们的理论和实践，以适应案主提出的问题，适当地引导案主进行干预，明确选择干预的目标，并且遵守时间限制（不一定是短期的）。

科科伦和维德卡-谢尔曼（Corcoran & Videka-Sherman，1992）后来指出，在门诊心理健康环境中，有效的社会工作者倾向于提供积极的干预措施，重点是探索、建模、建议、强化和任务分配。他们的结论是，坚持某一特定理论似乎与有效性无关；重要的是社

会工作者的干预，而不是行动背后的理论。他们承认，在实践效果方面仍有许多工作要 *12* 做，并呼吁使用对照组、无偏样本和长期案主进行更多研究。

有关社会工作成效研究的另一项荟萃分析，包括 1990 年至 1994 年间进行的 45 项研究（Gorey，Thyer，& Pawluck，1998）。研究人员试图通过社会工作者的理论取向来比较实践的有效性。研究人员发现，在理论取向方面，分析结果没有发现总体上的效果差异。这些理论取向主要是认知/行为理论，但是也包括社会心理理论、精神分析论、问题解决取向、以任务为中心和系统方法等。然而，他们确实（相当明显地）发现，关注个体案主改变的理论框架在改变案主行为方面最为有效，而且系统和结构框架能够最有效地改变个体案主的目标系统。作者呼应了许多实践研究人员所表达的观点——社会工作者的干预程序需要具有更大的特异性，以促进未来对结果有效性的研究。

心理学领域规定了严格的实践有效性标准。美国心理学会的一个工作组提出了一份评估直接实践的建议清单（Crits-Cristoph，1998）。该项目的目标不是支持某些干预措施，而是通过确定有实证支持的干预措施来促进对从业者的教育。"完善的"治疗的标准包括：（a）至少有两个组的比较实验，证明其疗效优于药片、安慰剂或其他治疗，或者在实验上等同于另一种已经确立的治疗方法；或者（b）一系列至少包含 9 个单一受试者的实验，与药片、安慰剂或其他治疗方法相比证明具有疗效。其他的标准是：（c）使用治疗手册（指导从业者的行动和干预持续时间的结构化方案）以最大限度地提高特异性；（d）清楚描述样本特征；（e）至少由两名不同的调查人员证明其有效。

美国心理学会确定**最佳实践**的标准，包括两项显示干预措施比候补名单对照组的结果更加有效的实验，符合上述所有标准的一项或多项实验，但重复性实验除外，或者至少三项单一受试者设计——使用指导手册和清晰的抽样程序。不那么严格的标准是：如果只有一项研究符合"完善的"标准，所有研究都是由一名研究人员或一个研究团队进行的，或者唯一的比较却没有治疗对照组（这需要独立研究者进行两项研究），那么干预将被认为**可能有效**。

（一）循证实践

在过去的 20 年中，临床社会工作者必须展示并证明他们的工作成效。这种**循证实践**（EBP，即以证据为基础的实践）的趋势，与社会工作越来越重视对案主和第三方付款人的问责制有关，也与社会工作专业希望进一步扩大该职业的知识基础有关。循证实践意味 *13* 着治疗结果研究证明了一种针对特定疾病的某种治疗方法是合理的（Cournoyer & Powers，2002；Roberts & Yeager，2004）。泰尔和沃达斯基（Thyer & Wodarski，2007）对这个问题的看法非常强烈，他们提倡道德规范，强调社会工作者有责任只使用经过实证检验的干预措施。

在社会工作中，循证实践指的是使用各种研究数据库来指导干预措施以促进案主改变的过程（Vandiver，2002）。简而言之，社会工作者面临的问题是："你有什么证据表明你的干预措施对你的案主有效果？"实施循证实践有三种方法，包括（按优先顺序）社会工作者使用正式的实践指南、专家共同认可的指导方针，以及当某些案主问题没有合适的指导方针时，采用自我导向的方法。实践指南的目的，是为社会工作者提供有组织的知识，这些知识基于一定程度上能证明其在达到相关结果方面具有有效性的证据（Rosen & Proctor，2002）。

循证实践的分层模型包括 6 个"知识层次"（Rosenthal，2004）：

- 对精心设计的对照研究的系统评价或荟萃分析（包括所有可用的摘要和评论）。
- 精心设计的个体实验研究。
- 定义明确的准实验研究。
- 设计良好的非实验研究。
- 一系列案例报告或专家委员会报告，并进行严格评估。
- 具有临床经验且广受尊敬的权威专家的意见。

对于有意使用循证实践的社会工作者来说，使用实践指南涉及的步骤包括评估、诊断，以及选择针对目标开发、干预计划、结果测量建立和评价的特定诊断的实践指南。

所有的社会工作者都希望使用已经被证明有效的干预手段，但是为了确定循证实践模式而进行的努力一直存在争议，原因有很多（Beutler, Forrester, Gallagher-Thompson, Thompson, & Tomlins, 2012；Chambless, 1998；Rosenthal, 2004）。大多数研究方法无法检验临床干预中的关系因素，这些因素被认为是许多理论的基础（Miller, Duncan, & Hubble, 2005）。同样，社会工作者的个人特征也经常被忽视，例如他们在特定问题领域的经验和执行特定干预措施的总体能力。在研究方法上，存在着对认知和行为策略的偏好。然而，斯图尔特和查布利斯（Stewart & Chambless, 2009）指出，尽管迄今为止大多数被证明有效的干预措施是认知或行为干预，但这部分是由于研究中其他干预的代表性不足。此外，由于每个临床干预案例都具备复杂性，定性研究人员通常不相信也不努力推广其干预的结果（O'Connor, 2002）。

14　　对循证实践的另一个批评是，干预手册（许多研究中使用的书面实践指令）的使用可能会限制从业者对其独特的案主情况的自然反应能力（Stewart, Stimian, & Chambless, 2012）。事实上，从业者关注这些实践指令的密切程度并不总是很清楚，因为他们可能对干预过程中出现的挑战做出不同的反应。在相关的批评中，在机构环境中复制研究协议并不总是切实可行的。也许最重要的是，诊断类别（抑郁症、广泛性焦虑障碍等）的研究很少能准确地捕捉案主病情的性质。循证实践改编自医学护理模式，但是在社会科学中，从业者却必须非常谨慎地假设两个案主只是"相似"，即使他们拥有相同的诊断结论。诸如案主的社会支持、社会经济状况、痛苦程度、动机和智力等变量可能是比诊断更重要的反应预测因素。

那么循证实践和理论实践之间的关系是什么呢？循证实践的一些支持者认为理论是多余的，因为社会工作者只需要关注最有可能提供预期结果的干预措施。其他人则强调，循证实践是还原主义的，它简化了案主的个性、诊断的性质、从业者的技能水平、从业者实际提供的干预范围，以及理论取向在决定结果中的作用（Miller，Duncan，& Hubble，2005）。将循证实践纳入心理健康实践的相关议题，确实指出了其局限性和理论的重要性：

■ 社会工作者必须精通个人与环境的评估和诊断，以便他们选择的干预措施与确定的问题能够相互匹配。（评估总是以理论为基础。）（Gambrill，2010）

■ 循证实践必须根据案主的文化、兴趣和环境进行调整和个性化（Zayas，Drake，& Jonson-Reid，2011）。

■ 在制定实践议程时，必须考虑消费者和专业人员的观点，以便考虑现实世界的资源问题、服务访问和消费者的独特性等现实问题（Gambrill，2010）。

■ 共病障碍的流行以及可能提供干预措施的各种情况表明，循证实践必须考虑到这些复杂问题的表现和设置。（循证实践并不像处理"单一"疾病那样处理共病障碍，而是需要理论来解决这类案主面临的许多问题。）（Corcoran & Walsh，2010）

■ 干预知识必须比能够实施的特定循证干预更加广泛。（这种"知识"必须至少在一定程度上基于从业者的判断，这种判断可以通过坚持理论取向而形成。）（Nevo & Slonim-Nevo，2011）

从建设性的观点来总结一下，追随和怀疑循证实践结果的从业者之间的不同态度可能代表了对这个概念的误解。泰尔和皮诺蒂（Thyer & Pignott，2011）对基于证据的**实践**（循证实践）和基于证据的**过程**（循证过程）进行了区分，认为基于证据的过程是一个更合适的概念，因为这要求社会工作者将最佳研究证据、他或她的实践经验以及对案主价值观的协同关注都整合起来。在他们的术语中，**最佳研究证据**是指临床相关的研究。**实践经验**是指社会工作者依赖于他或她在评估中积累的技能，了解每个案主的独特表现以及潜在干预措施的风险和收益。**案主价值观**是指每个案主对专业处置的偏好和期望。雷格尔和格兰西（Regehr & Glancy，2010）补充说，基于证据的过程应该包括社会工作者对机构授权和限制以及在更广泛的社会环境中可用资源的关注。因此，基于证据的实践中使用的系统性文献综述不需要被视为关于社会工作者应该或不应该做什么的建议，而是作为研究对干预的说明的总结，以便社会工作者在做出实践决策时将相关信息以及其他参考因素考虑进来。

（二）改进理论和实践研究的途径

综上所述，临床社会工作者参与有关其实践效果的研究是有可能的。这些机会大部分来自研究人员和实践社会工作者之间的合作原则（Jackson & Feit，2011）。这些策略可能包括发展大学/机构关系，在这种关系中，社会工作者可以控制所提供的干预，研究人员可以作为设计专家发挥作用。此外，通过评估社会工作者的个人特征以及个人的行为，可以解开"从业者与干预策略"的难题。许多社会工作者有过这样被告知的经验："你有完美的个性去和这类案主一起工作！""考虑到你的性格，也许你不应该和这种类型的案主合作。"我们都拥有一定的天赋和个性特征给我们的实践带来的限制。监控社会工作者/案主关系可能是将这个变量考虑在内的一种有效方式。霍瓦特（Horvath，1994）的工作联盟清单提供了一个这样做的例子。案主和社会工作者通过一系列的间隔点测量完成这个包括36个项目的问卷，以提供他们对亲密关系、目标取向和任务焦点的看法的比较数据。最后，在评估研究中发现，策略（一种考虑一系列案主和从业者因素的干预方法）可能是一个比理论或特定干预技术更具相关性的变量（Beutler et al.，2012）。决定从业者治疗策略的特征，则包括诸如案主的优势和局限、社会支持水平、问题的严重性等因素。在要求案主具有同质性的时候，这些变量可能在研究中非常重要。

关于自我指导的实践，可以通过在大多数机构设置中应用单一系统或预实验设计来评估自己的干预措施来实施。所需要的只是一名社会工作者，他或她必须具有所有本科和研究生课程所教授的基础研究方法的背景。任何理论观点、策略或干预都可以通过这些方法进行评估。这样做可以帮助社会工作者提高在与案主、主管和管理人员建立他或她的干预实践时的质量。

八、总　结

本章的目的是界定理论，探讨其与社会工作实践的关系，思考社会工作者如何选择理论进行实践，并回顾当前关于理论和实践评估的专业思想。最后，我们来谈谈谁最适合为社会工作实践发展理论。

与实践相关的理论，可能最好由直接与案主打交道的机构的社会工作者开发和发展（Polansky，1986）。直接从业者每天都沉浸在这个行业的"战壕"中。试图给具有挑战性的案主带来改变，总是会引发人们质疑并改进有时似乎不足以应对这些挑战的想法和实践。一旦社会工作者达到了一定的专业水平，有用的新想法的主要来源就变成了这个人的案主。大学可能更适合作为社会工作等专业的知识库而不是这些新知识的创造者。从业者和研究人员在实践现场测试理论时建立的伙伴关系，可以成为一个建设性的因素，帮助致力于理论并推进其应用的社会工作者开发新知识。

我们的"理论思考"在一般意义上并不十分完整。在下一章中，我们将考虑几个对社会工作者所使用的理论特别重要的问题，这些问题与其他专业人员所提出的问题不同。

九、讨论的话题

1. 想想在你的生活中，有一个朋友或熟人帮你解决了一个私人问题。这个人的方法对你有什么帮助（验证、对抗、积极倾听、具体建议或其他什么）？这对你自己解决问题的过程有什么影响？把对你有帮助的和对你同学有帮助的东西进行比较。

2. 社会工作者在临床实践中往往倾向于强调"从业者-案主关系"的重要性，但并不是所有的实践理论都同样重视这一因素。你认为帮助关系的哪些要素（如果有的话）是普遍重要的？

3. 社会工作者通常在非常低调，甚至单调乏味的机构环境中工作。有些从业者甚至根本就没有办公室，而是在小隔间甚至他们的汽车里工作。考虑到这一点，你如何看待这一章中的以下断言，即干预"设置"的性质是案主的治疗因素？

4. 评估临床干预时，是否应该要求案主说明他们是否实现了目标，以及在何种程度上实现了目标？干预结果是否可以在案主和案主群体中推广？

5. 本章中的资料表明，并不是所有社会工作者都参与批判性思考过程。假设批判性思考是有用的，那么在机构中如何正式和非正式地支持它呢？

十、课堂活动的设想

如本章第一页所述，请向你所在领域机构的各种临床工作人员询问其实践的理论基础。他们在与案主合作时使用了哪个或哪些理论？为什么？它是否随着时间而改变？该机构是有一个"官方"的理论，还是社会工作者可以自由使用各种理论观点？

■ ■ ■ ■ ■ ■

第二章

社会工作理论与实践的视角

这并非真的演出，

但它们却这样进行着。

我的邻居在我看来

是马戏团里的一群动物。*

本书所描述的大部分实践理论是在社会工作之外发展起来的。其他行业的从业者和社会工作者使用它们的次数一样多。然而，在不同的专业群体中，这些理论的**使用方式**可能会有所不同，这取决于他们所服务的案主群体、实践环境，以及最重要的是，取决于他们的专业的**价值视角**。事实上，有时候人们会说，不同职业的区别更多地取决于它们的价值基础，而不是其他的定义特征（Dolgoff，Loewenberg，& Harrington，2008）。

当然，这是一本面向社会工作者的书，因此，我们有必要考虑一下，在接下来的章节中，社会工作者是如何或应该怎样以符合他们职业使命和价值观的方式来使用这些理论材料的。在这一章里，我们将回顾界定社会工作专业的几个特征，包括其**价值**基础，尊重**多样性和多元文化主义**，强调**优势和赋权**观点，关注案主生活中的**风险和复原机制**以及案主的**灵性问题**。在整本书中，对于每一种理论，都将考虑（并且在一定程度上评估）它们促进或者削弱这些专业关注的方式。

一、界定社会工作直接实践

社会工作直接实践可以有多种定义。这里给出的定义，由作者和弗吉尼亚联邦大学社

---

* Dickinson，E.（1927）．*The Pamphlet Poets*．New York：Simon and Schuster．

会工作学院的其他教师共同提出，代表了获取该行业广泛范围的努力。社会工作直接实践是将社会工作**理论**和**方法**应用于**解决**和**预防**个人、家庭和群体所经历的心理社会问题。这些问题可能包括挑战、残疾或损伤，包括灵性、情感和行为障碍。社会工作实践以社会工作专业的**价值观**为基础，并通过**赋权**遭受压迫或易受问题影响的案主，促进社会和经济公正。直接实践的基础是在心理社会背景下应用人类发展理论，并侧重于人类多样性和多元文化主义的问题。社会工作者帮助案主进行心理和人际关系的改变，增加他们获得社会和经济资源的机会，并保持他们已经获得的能力和优势。评估总是包含社会和政治制度对案主功能的影响。干预措施则可能包括治疗、支持、教育和倡导活动。

通过这个有效的工作定义，我们现在可以更充分地考虑价值观、优势、风险性和保护性、多元文化主义和赋权等概念。

二、社会工作实践的价值基础

所有职业都信奉明确的价值基础，这些价值基础旨在定义其目的并指导其成员的行动。**价值观**是关于什么是正确和良好的原则，而**伦理**则是关于什么是正确和**正义**的原则，或社会工作者为了维护他们的价值观而应该遵守的行为准则（Dolgoff，Loewenberg，& Harrington，2008）。

在不同的生活角色中，人们可能会遵循几种不同的价值观，这些价值观通常是一致的，有时也会发生冲突。**个人价值观**反映了我们对什么是正确的和什么是对人有益的所秉持的信念和偏好。**社会**价值观反映了一个群体的成员就什么是正确的和什么是良好的所达成的共识，这些共识通常是通过政治谈判达成的。**职业价值观**专门指导一个人在其职业生涯中的工作。职业道德是社会工作者在与工作过程中遇到的其他人的关系中的义务，包括案主、其他专业人员和一般公众。社会工作的价值观和伦理观旨在帮助从业者认识到道德上正确的实践方式，并决定如何在特定的专业情况下正确行事。社会工作者经常会面临伦理困境——例如，围绕着保密性和参与强制干预的问题。

《美国全国社会工作者协会伦理守则》（National Association of Social Workers，NASW，2008）"旨在指导社会工作者的日常职业行为"。根据该守则，社会工作专业的主要任务是"增进人类福祉，帮助满足所有人的基本人类需要，特别注意那些脆弱、受压迫和生活在贫困之中的人的需要和权利"（p.1）。职业的六大核心价值观涉及**服务、社会正义、人格尊严和个人价值、人际关系、诚信**和**能力**的重要性。该守则进一步指出，社会工作者应该挑战社会不公，他们应该"追求社会变革，特别是与受压迫的个人和群体一起并代表他们"（p.6）。这可以通过社会变革活动来实现，特别是针对脆弱和受压迫的个人和

20

团体，围绕贫困、失业和歧视等问题进行工作。社会工作者可以帮助他们的案主开发满足生活所需的外部资源。他们应该努力确保其案主能够获得所需的信息、服务和资源，机会均等，并切实地参与决策。

在社会工作直接服务提供领域首次倡导社会正义活动的是伯莎·雷诺兹（Bertha Reynolds，1885—1978），这个行业的先驱者之一。作为一名直接服务从业者，她坚信社会工作者应该首先为工人阶级和其他受压迫的群体辩护，这些群体的需要超越了这个年轻行业对个人和家庭的关注。1938 年，由于主张社会工作工会化和组织相应的政治活动，并公开表达了对民权问题的关注，伯莎·雷诺兹丢掉了一个在史密斯学院很有声望的教师职位。然而，现在她的视角在这个行业中已经司空见惯了。

社会工作者在理论选择上维护职业价值观的主要意义在于，从业者的实践活动应该促进职业的使命。在整本书中，我们都将参考这一背景下的核心价值观。

三、以优势为导向的实践

优势导向的实践意味着社会工作者应该根据他们的天赋、能力、才华、可能性、愿景、价值观和希望来评估所有的案主（Saleeby，2008）。这种观点强调了人类的适应力，即人们在克服逆境和应对生活挑战时积累的技能、能力、知识和洞察力。它指的是案主在遇到困难时坚持不懈的能力。

这个行业最重要的作家丹尼斯·萨利贝（Dennis Saleebey）在这一主题上断言，社会工作者（以及其他提供帮助的专业人士）历来受到一种缺陷导向视角的指导，这种观点与人文主义价值观相悖逆。这种"问题导向"视角鼓励对心理社会功能进行个体而非生态的描述，这与社会工作的"人在情境中"的视角相悖。萨利贝补充说，为了形成一种更"平衡"的优势视角，有几个负面假设需要调整，其中包括以下观念：

- 人就是问题所在（而不是人与环境的互动）。
- 存在固定的、不可避免的、关键的和普遍的人生发展阶段。
- 童年创伤总是会导致成人产生精神病理学问题。
- 有一些社会条件、人际关系和制度关系是如此有害，以至于它们总是会导致人、家庭、团体和社区的运作出现问题。
- 应该遵循疾病模型及其原因和解决方案的线性观点。

在我看来，萨利贝对于社会工作从业者如何接近他们的案主的陈述过于苛刻。此外，问题驱动的社会工作（和其他职业）的重点部分，是由医疗管理机构和保险公司的报销标准所决定的。尽管如此，他的工作还是很有建设性的，为社会工作者提供了积极的概念，以便更充分地识别案主的优势。优势实践的主要原则包括：

- 问题可能成为挑战和机遇的源泉。
- 从业者可能永远无法了解案主潜力的"上限"。
- 从业者和案主之间应该进行协作，而不是遵守传统的社会工作者/案主层次结构。
- 每个环境都包括可以动员起来帮助案主改变的资源（其中许多是非正式的）。

社会工作者关注案主优势的一种方式，是在评估过程中关注以下问题（Bertolino & O'Hanlon，2002）：

- **治疗历史**。过去的哪些治疗有用，哪些没有用。
- **个人历史**。身体、心理、社会、灵性和环境资源；这个人如何应对压力和挑战。
- **家族历史**。支持性关系。
- **社区参与**。文化和种族影响、社区参与、灵性和教会参与、社区资源和其他社会支持。
- **就业和教育**。成就、技能和兴趣。

当一些案主向社会工作者寻求帮助时，这个问题可能已经困扰了他们，以至于他们忽略了自己的资源。当社会工作者站在优势的角度工作时，不管理论取向如何，他们都会发展出一种优势意识，并将其公开地传达给案主。例如，如果一个案主似乎有一个坚实的社会支持系统，他或她需要被提醒，这种力量对调整来说至关重要。你可以更进一步地进行干预，询问案主为发展这些优势所使用的资源。案主可能会被问："你的丈夫会说什么让你成为一个好伴侣？""你的朋友为什么喜欢和你在一起？"社会工作者必须进一步留意案主在其他方面的优势，比如工作、爱好和消遣。社会工作者也可以直接询问案主的优势："你擅长什么？""你最好的品质是什么？""别人怎么说你做得好，或者你有什么优点？"

当案主谈论他们面临的挑战和问题时，他们的所有想法和感受都需要得到验证。只有这样，他们才会被问及他们可能拥有的适应力素质。社会工作者可以询问案主生活中尽管存在问题但仍完好无损的方面，并探索在这些领域中可以利用的资源。问题可以进一步集中于个人或家庭素质或优势，它们的发展是处理所呈现问题的结果。最近的一项研究综述发现，当人们能够在一个主要的压力源之后找到并表达他们的资源时，他们会经历较少的抑郁和更大的幸福感（Helgeson，Reynolds，& Tomich，2006）。

四、实践的风险性和保护性框架

风险性和保护性框架为社会工作者确定和加强案主优势并减少风险影响提供了基础。这个框架最初是在其他学科（如心理学和教育学）中开发的，它考虑了风险性和保护性机制之间的平衡，这些机制相互作用，以确定案主的能力，以适应压力生活事件（Gest & Davidson，2011）。**风险性**可以理解为个人或环境中增加问题发生可能性的风险。一个风险性影响的存在并不一定意味着负面的发展结果，但它增加了发生的可能性。**保护性**影响涉及个人、社会和机构资源，以培养能力和促进成功的发展。它们降低了遇到问题的可能性，增加了案主从压力中反弹的可能性（Fraser，2004）。保护性指的是不存在明显的发育延迟或严重的学习和行为问题，以及对适合一个人的年龄和文化的发展任务的掌握，尽管暴露在逆境中（Werner & Altman，2000）。

社会工作研究人员扩展了风险性和保护性框架，将其组织为"风险性和保护性生物心理社会框架"（Greene，2008）。由此，案主的生物体质、心理状态和社会环境等方面的影响都得到了考虑。科科伦和尼科尔斯-凯斯博尔特（Corcoran & Nichols-Casebolt，2004）更具体地指出，这两种影响都可以根据案主的个人特征、家庭、社区、社会支持网络、灵性状态、学校、收入和就业状况，以及是否存在歧视和隔离进行评估。这个框架非常适合社会工作对赋权的强调和基于力量的观点。优势观点是保护性影响和韧性概念的基础，因为人们不仅能够生存和忍受，而且能够战胜困难的生活环境。

在风险性和保护性概念中，存在某种风险性或保护性影响可能会增加其他风险性和保护性影响的可能性。例如，一种令人厌恶的育儿方式加上糟糕的监控会增加孩子与不正常的同龄人交往的风险（Ungar，2004）。如果父母被环境压力压得喘不过气来，比如失业、缺乏交通和医疗照顾，或者住在不安全的社区，他们提供持续温暖和养育的能力可能会受到损害。这种现象也有保护作用。父母提供情感上的支持，并以一致的规则和监督环境构建的青少年往往会与有着相似家庭背景的同龄人交往。支持性的养育反过来又会影响孩子的性格，因为他或她会去学习控制情绪，发展认知和社交能力。系统交互也会从孩子的特征的角度发挥作用。如果一个孩子有适应能力，比如社交技巧、有效的应对策略、智力和自尊，他或她就更有可能吸引高质量的看护。这个过程的另一个例子是与婴儿早期看护人形成的依恋模式。这种依恋模式会持续存在于其他关系中——例如，与老师的关系。

尽管风险性机制和保护性机制如何协同工作的确切性质尚不清楚，但假设有不同的机制。两个主要模型是加法模型和交互模型（Pollard，Hawkins，& Arthur，1999）。在**加法**模型中，保护性影响对抵消风险性的负面影响具有积极作用。在**交互**模型中，保护性影响在风险性存在时发挥缓冲作用。有时，风险性和保护性机制是相反的。例如，在个人层面上，难相处的性格是一种风险性影响，而容易相处的性格是对社会功能问题的保护性影响。虽然在评估和干预中使用风险性和保护性机制的专门知识并不容易，但社会工作者对这些平衡因素的关注可以维持对案主改变的优势和可能性的导向。

虽然确切的行动机制难以确定，但数据已经开始积累，4 个或 4 个以上的主要风险性影响因素可能会压倒一个人，并对适应构成威胁（Epps & Jackson，2000）。此外，风险性因素与问题行为的关系似乎比保护性因素更强。虽然有些人发现风险性越大，结果越差

（Appleyard，Egeland，van Dulmen，& Sroufe，2005），但其他人则认为风险性并不是以线性、加速的方式起作用的（Greenberg，Speltz，DeKlyen，& Jones，2001）。也不是所有的风险性因素在权重上都是相等的。风险性、保护性和结果之间的联系是复杂的，涉及整个生命周期中条件的变化。

24

五、多样性和多元文化主义

社会工作专业的一个特点是致力于为不同的、服务不足的和边缘化的人群工作。在20世纪初，玛丽·里士满（Mary Richmond）和简·亚当斯（Jane Addams）都为贫困的内城人口制定了工作原则，尽管方法不同（Specht & Courtney，1994）。然而，直到20世纪60年代和70年代，社会工作文献中关于少数族裔文化案主实践的文章数量才有所增加（Harper & Lantz，2007）。这种文献是由两种社会发展所推动的。美国的人口变化表明，有色人种，包括非裔美国人、美国原住民、拉美裔美国人、亚太裔美国人，**最终**占人口的比例将超过白种美国人。这种趋势肯定还在继续。社会全球化也引起了人们对专业实践的国际性的关注。社会工作专业的成员很清楚，一些传统的实践方法对少数族裔案主没有帮助，事实上可能会对他们造成伤害。

多元文化主义，或社会工作者从各种案主文化的角度理解和工作的能力，代表着更普遍的"自我意识"的进步，这一直是该行业的一个特征。文化能力视角的发展是基于这样的原则：少数族裔案主（包括不同种族、民族、性别、年龄、移民身份、地理背景、性取向、残疾等）有自己的寻求和接受援助的方式，应该得到尊重（Fong & Furuto，2001）。

文化能力需要一种接近案主的方法，在这种方法中，"假设很少，直到真相大白"（Dorfman，1996，p. 33）。在李（Lee，2002）的社会工作教育模型中，能力的两个维度，包括文化知识和文化敏感性，是提供有效的跨文化干预的主要因素。**文化知识**是指从业者对其案主的文化背景、种族经历、历史经历、价值观、灵性信仰、世界观信仰、资源、习俗、教育经历、沟通方式、思维方式、应对方式、以往求助经历等具体知识的获取能力。**文化敏感性**是指社会工作者对跨文化直接实践的态度和价值观，以及他或她有效干预不同文化成员的能力。

一些文化的成员由于提供者"缺乏对文化问题的意识、偏见或不会说案主的语言，以及案主对治疗的恐惧和不信任"而经历治疗障碍（U. S. Department of Health & Human Services，2001）。此外，尽管助人专业人员朝着循证实践的方向发展，但对不同种族人群的精神障碍治疗结果的研究仍然不足。虽然一些学者和从业者竭力在文化上适应循证实践从而正在使这一状况发生改变（Bemail & Rodriguez，2012；Zayas，Drake，& Jonson-

25

Reid，2011），但是到目前为止，相对而言，很少有文化敏感服务的模式被测试过。

社会工作者必须认识到，完全"了解"另一种文化是不可能的。然而，社会工作者对跨文化帮助情况的胜任反应包括高度的跨文化知识和敏感性。除了获得关于不同案主的相当多的特定文化知识，合格的从业者还必须表现出对案主的开放、共情和关怀，并能够对案主维持知情和共情的回应。当社会工作者对跨文化帮助情况做出有效的反应时，他或她可以从知情的角度做出合理的实践判断，在跨文化帮助的情况下保持开放和敏感，通过共情与个体案主进行联系，并一直意识到他或她自己的个人经历可能会扭曲判断力。

我们现在开始讨论社会工作实践中案主赋权的问题，这个过程可以帮助案主利用他们现有的优势来实现他们的目标。

六、案主赋权

社会工作从业者希望能提升各阶层案主的能力或**权力**，以解决他们的生活问题，以符合专业的价值观和使命。权力可以理解为以下内容（Lee，2001）：

- 积极的自我价值感和能力。
- 影响一个人生命过程的能力。
- 与他人合作控制公共生活各个方面的能力。
- 能够访问公共决策的机制。

许多案主并没有——或者认为他们没有——拥有权力，无论是对他们自己，对他们重要的另一半，还是对他们所在的机构和社区。这种无力感是生活中许多问题的根源。它可以被内化，导致习得性无助和与社区的疏远。实践的赋权取向代表了社会工作者通过积极影响案主的价值感、社区成员感和在其环境中创造改变的能力，来对抗案主生活中实质性的疏远、孤立和贫困。

案主可能在**个人层面**（思维模式、感觉和行为模式的改变）、**人际**层面（更有效地管理他们的关系）或**环境**层面（改变他们与更大系统交互的方式）（Gutierrez，Parsons，& Cox，2003）获得赋权。直接从业者通常更倾向于处理案主的个人和人际关系问题。在个人层面的赋权是一个过程，通过这个过程，案主可以掌握和控制他们的生活，并对他们的环境有批判性的理解。

赋权包含三个主题（Parsons，1991）。首先，这是一个**发展的过程**，可以经历从个人成长到社会变革的连续体。其次，它是一种**心理状态**，包括案主对自己能力的信念、对社会环境的控制和理解。再次，它可能涉及案主**从压迫中解放出来**，这是一个他或她提出的问题开始教育化和政治化的过程。从某种意义上说，赋权是一种政治概念，这在很大程度上取决于案主和从业者对干预的态度。佩恩（Payne，2005）认为，直接实践层面的赋权倾向于不去解决社会结构不平等的问题。

社会工作者可能认为这个概念与大型系统（组织和社区）的实践更相关，但实际上它对**所有**级别的干预都有影响。从"人在环境中"的视角来看，即使是最"个人"的问题，如生理和心理疾病，也有可能包括帮助病人创造一个有利于康复的环境。在每一个赋权实践的案例中，社会工作者都帮助案主意识到他们自身和他们周围的冲突，这些冲突压迫或限制了他们，并帮助案主更好地从这些约束中解放出来。

社会工作者以"人在环境中"的视角看待人的功能，很好地促进了案主的赋权。要使这一过程有效，社会工作者必须掌握有关组织如何运作的理论知识，并且必须以使他们有能力与案主打交道的方式赋予自己权力。机构（行政或专业间）对社会工作者的权力来源可能造成案主/工作者的权力差距，从而破坏赋权实践的目标。

社会工作者应该在他们的案主中评估赋权过程的各个方面，包括案主目标的性质，以及与这些目标相关的案主的自我效能、知识、能力和采取行动的意愿（Cattaneo & Chapman，2010）。社会工作者对赋权的具体行动没有帮助案主更多地参与他们的社区（无论如何定义）和感觉更有能力在那里施加控制的总体方向重要。**认知控制**的概念已经被发现与减少心理压力和增加社会行动有关（Zimmerman，2000）。赋权可以通过使用本书中描述的**任何**实践理论来实现，尽管有些理论比其他理论更有利于这个过程。

社会工作直接实践在一定程度上有助于人们发展成为独立的问题解决者和决策者。为此，从业者必须与案主建立积极的关系，并帮助他或她管理呈现的问题。社会工作者应该争取同事关系，这意味着放弃专家角色，与案主建立更平等的关系，让他们在影响他们生活的决策中拥有"最终决定权"。从业者必须愿意向案主传授必要的知识和技能，以便案主为自己制定干预措施。从业者还必须愿意帮助案主学习获取外部资源的技能，如果他们愿意，还必须愿意参与社会变革活动。并不是所有的案主都应该接受针对所有这些领域的干预，但是如果需要，社会工作者应该有能力发起这些变革活动。

27

（一）赋权实践的局限性

赋权已经成为社会工作领域的一个主要实践概念，但由于以下原因，在实践中可能难以实施（Payne，2005；Richardson，1994）：

■ **一些案主更喜欢社会工作者是一个"专家"**，并依靠他或她的指导来寻求解决问题的方法。

■ **社会工作者可能会对其呼吁建立案主/工作者伙伴关系**以及对案主进行超越当前问题的变革活动的教育**感到不安**。事实上，一些从业者认为，为案主提出与他们当前问题没有直接关系的目标和活动是不道德的。

■ **社会工作者不能赋权他们的案主，除非他们自己在服务行业的同龄人中也具有权力**（尊重和影响）。从长远来看，该行业在促进案主利益方面的地位一直是学术界关注的话题（Ehrenreich，1985）。

■ **赋权所依据的价值观有时可能会发生冲突**。自决、分配正义和合作参与有时可能相互冲突（Carroll，1994）。例如，一个利益集团（例如大学里的残疾学生）的自决意识可能导致主动篡夺大学管理者的权力。对不同社会群体的成员来说，赋权未必是一个双赢的主张。

■ **一些从业者可能会通过强制干预来赋权**。例如，一个机构的从业者的工作假设是，赋权取决于一个人的功能水平，因此当患有严重精神疾病（和判断力差）的人被迫服用药物以提高其思想清晰度时，强制被认为是赋权的（Strack，Deal，& Schulenberg，2007）。在这个特定的例子中，强制可能是合理的，也可能是不合理的，但它指出了一个挑战，即确定哪些行为确实是赋权的，哪些行为可能是无效的。

（二）赋权与研究

从赋权角度进行的实践研究与传统方法不同，传统方法中专业人员是"专家"，并且控制过程。赋权研究涉及"与"而不是"做"，并强调社会工作者/案主合作（Cattaneo & Chapman，2010）。从这个角度来看，实践研究使用案主作为参与者，而不是研究设计、责任、实施和利用领域的"主体"。赋权研究的一个例子可能是社会工作者与精神疾病患者咨询中心成员进行会谈，讨论提升有效性的可能方法。成员将被邀请参加项目的设计、数据收集活动以及做出关于如何使用结果的决定。目前，在社会工作中，除了叙事疗法（见第十二章），赋权研究并不多见。叙事疗法本质上是公开协作的。

几项定性研究表明了社会工作者在运用赋权实践时所面临的挑战。在以社区为基础的服务环境中，对 28 名案主和社会工作者（包括管理者）进行的研究中，一线工作者接受了关于他们对赋权过程的看法的采访（Everett，Homstead，& Drisko，2007）。研究人员发现，在帮助案主更多地参与他们自己的问题解决活动的过程中，社会工作者有时会经历角色冲突，他们在"专家权威"角色和"合作者"角色之间来回变换。他们经常受到案主明显无力改变自己生活的挑战，在应对组织障碍和有限的工作角色时，他们有时也会有同样的无力感。作者的结论是，为了使赋权实践有效，这个过程必须在组织的所有级别上得到正式的重视和表达。在另一项对 145 名案主和专业人士的研究中发现，有时候双方对赋权实践的看法并不相同（Boehm & Staples，2002）。案主对赋权活动的实际的、有形的结果更感兴趣，而社会工作者对赋权案主的过程更感兴趣，较少关注具体的结果。

总之，赋权的概念对于指导各级社会工作实践是有用的。尽管它有局限性，但它有潜力帮助案主群体通过实质性的人际关系和社区联系发展更安全的生活。社会工作者的行动

总是可以由对案主控制其生活能力的关注来有效地推动。

七、直接实践中的灵性

灵性一词有许多定义，但通常可以理解为一个人对存在于自我之外的意义、目的和承诺的寻找和坚持（Barker & Floersch，2010）。可以这样说，对于这个概念有两种截然不同的观点（Frankl，1988）。一种观点认为，我们创造了生活中有意义的东西；也就是说，没有我们必须遵守的"客观"或外部意义来源。意义在我们心中浮现，反映了我们的兴趣和价值观。一个例子是一个人选择将她的一生奉献给帮助受虐待儿童的工作，她意识到这样做满足了个人的喜好，这对社会也很重要。另一种观点认为，至少有些意义反映了独立于我们存在的现实。**发现**客观存在的意义成为我们面临的挑战。一些宗教团体相信有一个神圣的计划和一套关于至高无上的存在和行为准则的正确信念，人们应该按照这个计划生活。我们可以同时持有这两种观点，因为我们可以根据自己的喜好，客观地考虑某些目的和其他目的。

灵性（或存在）意义可以归纳为四类，它们可能重叠（Frankl，1988）。**信仰系统**可以是宗教的，也可以是世俗的。一个基督徒可以相信浸信会的教义，因为它是神圣的起源，或者因为黄金法则（你希望别人怎么对待你，你就怎么对待别人），纯粹是出于人道主义考虑。**社会关注**包括对社会事业的承诺。一个人可以表现出这样的承诺，例如，在各种类型的志愿者服务中的承诺，对某些受压迫群体的生活质量改善或对环境的关注的承诺。**创造性追求**包括艺术、音乐和文学，但也可能包括一个人的工作方法（例如，开发创新的机构计划）。给一个人的生活带来意义的创造性追求的经验，也包括在这个范畴之中。例如，有些人在对一段音乐做出反应时，会觉得自己很有活力。**希望**包括对苦难的蔑视。当一个人经历了巨大的自我怀疑或绝望，但意识到他或她足够重视生命，坚持克服逆境的时候，这就到达了存在的最前沿。

灵性上的忧虑帮助人们处理因死亡、隔离（或与他人疏远）、自由（和做出选择所涉及的责任）以及对自己在世界上的地位的担忧而产生的焦虑（Yalom，1980）。对所有人来说，面对这些问题都是一个挑战。尽管我们可能不会每天处理这些问题，但它们会影响我们如何安排生活。

一些情绪体验提供了我们正在与存在主义担忧做斗争的信号（Lazarus & Lazarus，1994）。最明显的是，**焦虑**源于对一个人的身份、未来福祉或生死攸关的担忧的不确定威胁。焦虑是由努力保持与他人的联系而引起的，我们常常感到生命脆弱的本质对我们构成了威胁。**负罪感**来自我们认为违反重要社会行为准则的想法或行为。当我们没有按照一个重要的价值观行事时，我们就会感到内疚，这是一种"道德缺陷"。一个信教的人如果犯了罪（sin）可能会感到内疚，而一个社会工作者（不一定是信教的）如果对案主服务不好也可能会感到内疚。**羞耻感**与负罪感相似，但更具体地说，它指的是未能实现个人（而非社会）理想。一个相信机会均等的白人，当他对一个非裔美国人家庭搬到他的社区而做出负面反应时，可能也会感到羞愧。同样重要的是要强调，当人们以肯定灵性自我的方式行事时，他们会体验到积极的情绪，例如**幸福**和**快乐**。一位表现出色的"人类家园"志愿者可能会从对社区的贡献中体验到巨大的快乐。

30

将灵性融入直接实践

灵性问题不适合在所有实践情况下与案主一起解决（Coates & Schiff，2011）。对于那些全神贯注于正在寻求实际帮助的紧急情况的案主，这种关切可能并不合适。与此同时，当案主被焦虑、内疚和羞愧所困扰，或者表现出倾向于在理解和解决个人困境时超越自我和当前状况的倾向时，人生目的问题可能适合进行干预。灵性问题应该作为对**所有**案主进行多维评估的一个部分，因为一个人的当前问题和需求很可能会导致与广泛的生活问题做斗争或挣扎其中。

在临床实践中运用灵性主题方面，社会工作者面临四方面的挑战：
- 了解他或她自己存在的问题及其对实践的影响。
- 在广泛的意义范围内考虑案主的功能（即与案主当前和最终关注点保持一致）。
- 鼓励案主在适当的时候披露存在的问题。
- 帮助案主确定意义和目的，以指导他们做出促进成长的决策。

在灵性层面，理论指导的干预可以增加案主对三个问题的关注。他们可以鼓励案主**主动投入建设性的生活活动**（而不是被动），鼓励案主**从外部寻找**问题的解决方案（而不是专注于内部情绪），并鼓励案主**关注自我之外的事情**（Lantz & Walsh，2007）。

有趣的是，社会工作的从业者往往会感到不舒服或不够格与案主讨论灵性问题。这可能部分是因为不愿冒险将自己的价值观强加给案主。幸运的是，这种不情愿在今天并不像过去那么普遍。在1992年对弗吉尼亚社会工作者、心理学家和辅导员（Sheridan，Bullis，Adcock，Berlin，& Miller，1992）进行的随机调查中，发现受访者在自己的生活中重视宗教或存在维度。虽然他们在实践中在不同程度上处理了这些问题，但许多人对这样做的潜在滥用表示保留，特别是在强加他们的信念方面。然而，最近的一项全国性研究调查了社会工作者在儿童和青少年的实践中对宗教和灵性的态度和行为，得出了不同的结论（Kvarfordt & Sheridan，2007）。大多数受访者认为宗教和灵性与这一群体有关，并采用了各种各样的以灵性为基础的干预措施。然而，在最近的一篇文献综述中，谢里登

（Sheridan，2009）发现，在这方面，大多数从业者并不依赖于具体的道德准则，他们报告说，在他们的社会工作教育中很少涉及宗教或灵性问题。

尽管如此，灵性，正如这里所定义的，是每个人生活中自然的一部分，并且得到了社会工作者和其他从业者更大的关注（Crisp，2010）。虽然在所有的实践理论中都没有明确地解决这个问题，但它总是可以被纳入评估和干预的过程中。本书将在每种理论的背景下讨论社会工作者与案主解决灵性问题的可行性。

八、总结

本章重点介绍了社会工作专业视角中至关重要的直接实践方面，包括对职业价值的关注、优势取向、风险和适应力影响、多样性和多元文化主义、赋权和灵性。我们将看到，在接下来的章节中提出的所有实践理论都可能以与社会工作视角相一致的方式被使用，但是每个从业者必须亲自发现他们在特定环境下的工作效果如何。这些理论大多是在社会工作之外发展起来的，因此我们的任务之一就是考虑如何实施这些理论，以符合社会工作实践的价值观和优先事项。

九、讨论的话题

1，将社会工作实践的特点与心理学、精神病学和护理学等其他专业所进行的直接实践相比较。社会工作与其他职业有何相似之处，又有何不同之处？社会工作职业（和其他职业）的价值观有什么不同？

2. 讨论社会工作者可能无意或有意处理案主灵性或宗教生活的各种方式，这些方式在道德上是不合适的。如何避免这些陷阱？相反，描述社会工作者可能会建设性地参与案主生活的这些方面的情况。

3. 案主生活中的哪些特定领域是社会工作者可以用来评估其优势的？为了达到这个目的，你可能会问些什么问题，或者你可能会做些什么观察？

4. 考虑各种类型的案主，他们可能会来一个机构接受干预。从生理、心理、社会和精神层面，推测案主（或家庭或团体）生活中可能存在的风险性和保护性因素。你如何将它们纳入干预计划？

5. 为了实现赋权的目标，一些社会工作者认为，在干预过程中，社会工作者和案主应该是平等的伙伴。这对你意味着什么？你同意吗？在什么情况下合作伙伴的概念可能并不适用？

十、作业的设想

（学生可以就以下主题撰写论文或准备讨论要点。）

1. 考虑一个青少年案主，他因为在学校里的反抗行为而被推荐去咨询，他的问题是没有完成家庭作业，甚至没有按时上课。案主住在廉租房里，有一个单身失业的母亲和年迈的祖母。社会工作者**可能**将哪些社会正义活动纳入干预计划？与任何可能的社会干预相比，干预的哪一部分将用于个人和家庭咨询？

2. 许多亚裔美国案主遵守传统的家庭规范，母亲负责抚养孩子，父亲负责挣钱养家。此外，妻子通常会听从丈夫的意见和决定。在与这种类型的夫妇共事时，你会有什么偏见吗？你如何利用文化敏感性和文化意识来控制你的偏见，并有效地与这样一个女性和她的家人合作？

第三章

以人为本的理论

他的劳动是一种颂歌，
他的懒惰是一首乐曲；
哦，就像蜜蜂的享受
三叶草和中午！*

　　以人为本的理论（person-centered theory，PCT）结合了一个关于人性和发展的观点，这个观点可能比本书中提到的任何其他理论都更加乐观，更加强调潜能。它是由心理学家卡尔·罗杰斯（Carl Rogers）在 20 世纪中期开发出来的，并且从那时起，被许多其他理论家，尤其是直接实践者所遵循。PCT 假设所有人都有自我实现的内在动力；换句话说，他们的自我形象倾向于寻求并保持与他们有机衍生潜能的一致性。此外，一个人变得越自我实现，他或她将与他人一起生活得越和谐。PCT 显然与社会工作的价值观是一致的，这就是为什么它在这个专业中保持着很高的地位，尽管它的假设可能受到批评。

　　PCT 提出，所有人都有办法超越其经验的限制，并通过与共情、接纳的从业者保持一致和可靠的关系，努力实现更大的自我实现。在实践中，社会工作者不向案主提供一套结构化的干预措施，而是创造了一种关系，在这种关系中，案主感到肯定并受到鼓励，去找到他或她自己解决问题或应对生活挑战的方法。社会工作者接受并肯定案主体验的主观领域，而不是试图解释它。正如我们将要看到的，PCT 包含的概念相对较少，因为罗杰斯认为人类的潜力太大，无法进行分类。从这个角度来看，无论何时从业者采用一套正式 的理论原则，他或她都限制了对人类复杂经验开放的可能性。尽管从业者需要具备特定的

---

* Dickinson，E.（1927）. *The Pamphlet Poets*. New York：Simon and Schuster.

知识和人际交往能力，但从业者从来不是任何案主情况的"专家"。

PCT 包括对人性的积极假设、尊重人类经验的绝对独特性，以及对社会工作者倾听和共情案主的需求的欣赏。这显然是一种人文主义的观点。尽管如此，一些人仍然批评 PCT 提供"必要但不充分"的干预条件（Camiin，1995），因为它根本不是指令。此外，在这个强调时间限制和循证实践的时代，PCT 被认为是难以研究的，因为它对社会工作者如何促进案主改变的问题含混不清。

PCT 的拥护者表示，它适用于许多类型的案主问题和挑战。例如，除了有普遍成长问题的人，精神疾病患者在其象征世界中感到被边缘化和被误解，他们通常会对这种方法做出积极反应（Traynor，Elliott，& Cooper，2011；Prouty，1998）。女同性恋、男同性恋、双性恋和变性案主在很大程度上也接受这种方法，因为其肯定和接纳的性质（Living-stone，2008；Davies，2000）。这一理论也被纳入了各种各样的表达性艺术干预措施中，这些干预措施适用于所有年龄的人，他们可能无法进行言语交流（Luke，2011）。

一、起源与社会背景

在 20 世纪 40 年代和 50 年代，卡尔·罗杰斯通过四本主要著作发展出以人为本的理论（PCT）：《问题儿童的临床治疗》（1939 年）、《咨询和心理治疗：实践中的新概念》（1942 年），《当事人中心治疗》（1951）和《心理治疗和人格》（Rogers & Dyniond，1954）。随着《个人形成论》（1961 年）出版，罗杰斯进入了一个新的职业阶段，他开始将他的理论应用于超越直接实践的问题，包括教育、社区团体发展、冲突解决和社会正义活动。罗杰斯的态度与他那个时代流行的心理动力学思维形成了鲜明的对比。在这种思维中，人们被认为本性上就会与自己和他人发生冲突，而干预的重点是帮助人们尽可能地适应一个社会世界。在这个社会世界中，合作虽然不是自然状态，但却是人们必要的生存之道。罗杰斯认为，作为追求自我实现的存在，人们有一种与自己和环境和谐相处的自然倾向。

35 罗杰斯出生于芝加哥一个有着严格基督教价值观的家庭（Thorne，1992；Rogers，1961）。小时候，他对科学农业产生兴趣，但最终他在威斯康星大学主修历史。然而，在结婚后，他决定从事牧师职业。罗杰斯反对他儿童时期那种保守的基督教，并在纽约的联合神学院寻求博雅教育。尽管如此，由于难以接受主流的基督教正统教义，两年后他还是转学到附近的哥伦比亚大学学习临床和教育心理学。在那里，罗杰斯对和孩子们一起工作产生了兴趣。在获得博士学位之后，他在罗切斯特防止虐待儿童协会的儿童研究部工作了12 年（1928 年到 1940 年）。

在 20 世纪 20 年代和 30 年代，美国的心理治疗以精神分析思想为主导，这种思维强调使用特定的技术来维持对案主访谈的控制，并指导他们接受治疗师选择的目标。很少有从业者关注案主和治疗师的"此时此地"的关系。罗杰斯最初是那些支持解释性治疗的人之一，其主要目标是帮助案主（包括儿童及其父母）深入了解他们过去和现在的行为和动机。然而，在罗切斯特工作期间，他开始认识到促进积极心理成长的有利环境的重要性。罗杰斯不断发展的思想很大程度上受到了他的社会工作同事伊丽莎白·戴维斯（Elizabeth Davis）和弗雷德里克·艾伦（Frederick Allen）的影响，他们曾在宾夕法尼亚大学"功能性"社会工作学院师从杰茜·塔夫脱（Jessie Taft）。罗杰斯后来受到"叛逆的"精神分析学家奥托·兰克（Otto Rank，也在宾夕法尼亚大学工作）和约翰·杜威（John Deway）的教育哲学思想的影响。下面将逐个详细描述这些影响。

杰茜·塔夫脱是宾夕法尼亚大学社会工作学院的院长。在她的领导下，功能学派在20世纪30年代出现了，这是对当时的心理动力学理论家的一种反应，后者倾向于把人看作无意识的黑暗力量和早期看护人严厉的限制性影响的牺牲品（Dorfman，1996）。功能主义者对人持乐观态度，声称他们并不是由过去塑造的最终产品，而是能够在现在和将来的环境资源背景下不断地重新创造自己。功能理论认为，社会工作者/案主关系提供了可以促进案主成长的环境。治疗不是社会工作者**对案**主所做的事情，而是**与案**主的关系，并且不再强调诊断、探索案主过去和解释的过程。

奥托·兰克因其激进的思想而被逐出弗洛伊德的核心圈子后，对美国心理治疗的发展产生了重大影响（Kramer，1995）。兰克假设每个人都有一种先天的"创造性意志"，并认为生命的本质是不断地自我发展的过程。"意志"是生命的主观体验，它可以表现在创造性的生活中，也可以表现在神经质的症状中。焦虑是生活中必不可少的组成部分，是所有人类选择的基础。治疗的目的不是消除痛苦，而是帮助案主与自己及其矛盾和焦虑进行更深层次的接触。人们可以帮助他们"拥有"以前未被承认的痛苦部分，而不是将其转移或投射到别人身上。干预帮助案主更加了解和接受自己，并更加深思熟虑地评估和澄清其存在的意义。所有情绪——积极的和消极的，建设性的和破坏性的——都被认为是一个人必须面对、修通、接受和融入整个人的发展的表达。罗杰斯承认，当他于1936年邀请兰克在罗切斯特主持一个研讨会时，这些想法引起了他的极大共鸣。

对罗杰斯理论的第三个主要影响，是约翰·杜威的实用主义和教育哲学（Westbrook，2010）。杜威关于合作的看法，帮助罗杰斯发展了他的观点，即自我实现的人应该与他人和谐相处而不是冲突争斗。杜威坚持认为，人本身就是社会存在，对社会问题的关注必须利用人类行动的指导，以实现为他们创造满意生活的目标。解决社会问题的适当方法，应该始终是经验性的，与对问题的审查、相关事实的收集以及对可能解决方案的富有想象力的考虑相关联。

关于一个令人满意的生活的本质，杜威写到了经验的协调（解决个人和社会内部的冲突），从单调乏味中释放出来，享受多样性的乐趣，以及意义的扩展（个人在文化中丰富

36

地欣赏他或她的环境）。这种人类进步所必需的社会条件是一种民主的生活方式，建立在合作习惯、公共精神，以及组织化的、能创造性地满足需求的自我意识的社区基础之上。为此，杜威拒绝接受这样一种观念，即儿童的教育应该仅仅为公民生活做准备。相反，学校应该被视为公民社会的延伸，鼓励学生充当社区成员，在与他人合作中追求自己的兴趣。教育应以教师提供的文化资源为指导，促进自主学习。

在罗切斯特任职期间，以及随后在俄亥俄州立大学（1941—1945）、芝加哥大学（1945—1957）和威斯康星大学（1957—1962）的学术生涯中，罗杰斯发展了他的自我实现理论，并强调实践者在支持这一过程中的作用。罗杰斯心理治疗思想的三个发展阶段大致可以归纳如下（Zimring & Raskin，1992）：

■ 20 世纪 40 年代，强调案主陈述中的感受与内容，以及在没有解释的情况下接受这些感受的重要性。

■ 20 世纪 50 年代，接受案主对他或她的情况的观点，认为其是有效的，并对这种遭遇给予具体、真实和无条件的积极关注。

■ 20 世纪 60 年代，以人为本理论和治疗的临床应用。

37
随着时间的推移，罗杰斯治疗方法的名称也在不断演变：首先是"关系治疗"（1939年），接着是"非指导性治疗"（1942 年），然后是"以案主为中心的治疗"（1951 年），最后是"以人为本的治疗"（20 世纪 70 年代）。值得注意的是，罗杰斯是第一个使用"案主"（来访者或当事人）而非"患者"的社会服务从业者，旨在促进案主与从业者之间的非神秘化和平等的关系。

具有讽刺意味的是，虽然罗杰斯的思想在他一生中得到了专业实践人员的欣然接受，他本人也在 1946—1947 年担任美国心理学会主席，但以人为本的理论和治疗却从未得到学术界心理学家的广泛尊重。他的思想被认为是模糊的，他的治疗被认为没有系统性，他对理论的蔑视也在他的学院里对他产生了不利影响。尽管如此，以人为本的理论和治疗仍然非常受咨询和社会工作专业的欢迎，会议和出版物源源不断，甚至还有一本专门研究其思想的期刊——《以人为本和体验式的心理治疗》。

二、主要概念

PCT 源于以人为本的治疗；也就是说，罗杰斯对干预的发展先于其对人类行为的理论验证。出于这个原因，我们将首先探索罗杰斯多年来发展起来的人类行为理论（Maddi，1996），在本章后面的"干预"一节中，我们将讨论他的治疗理念。

（一）与实现倾向相关的概念

每个人都是一个独特的生物有机体，天生具有固有的、有机的潜力，并且理想地努力追求一种生活，在这种生活中，他或她的"自我"意识与这些潜能是一致的。换句话说，所有人都天生就有一个基因蓝图，在他们的生命历程中，根据社会和环境情况的不同，还会添加特定的物质。所有人的核心倾向是实现他们的内在潜力，罗杰斯称之为**自我实现**。[这一点及其一系列含义，也出现在库尔特·戈尔茨坦（Kurt Goldstein）和亚伯拉罕·马斯洛（Abraham Maslow）的著作中。]此外，所有的潜力都有助于维持和提升生活。尽管如此，在自我概念出现之前，人们并不会有意识地知道实现倾向。因此，许多人经常发现很难在他们自己经验的直观基础上鉴别实现倾向。

罗杰斯故意没有提出任何种类的有机潜能，认为它们是无穷无尽的，并强调任何这样做的尝试都会导致对人性的一种不恰当的狭隘认识。真正了解另一个人是不可能的，因此对一个人的潜力范围进行假设必然是简化的。然而，从某种程度上说，一个人的行为表达了他或她的偏好和能力，可以说这些行为阐明了他或她的潜力的性质。请记住，罗杰斯对理论体系持怀疑态度，因此他的人类发展理论代表一种"开放的"思想体系，这是有道理的。

如果一个人长大后被重要他人包围，他们为他或她提供无条件的积极关注（温暖的接受，不管他或她的思想、感情和行为），即使重要他人并不总是同意他们，这个人也会有一个发展先天潜能的环境。相反，如果一个人周围的重要他人提供**有条件的**积极关注（也就是说，不赞成或拒绝其某些自然倾向），那么这个人可能会发展出一种与他或她的基本本性不一致的自我意识。在后一种情况下，这个人将会内化**价值条件**——他或她只有在以某种与自然努力不一致的方式行动、感受和思考时才会被他人接受。在这种情况下，这个人可能会形成两种防御，一是否认（一个人的思想、感情和行为的有效性），二是扭曲（将无意识的冲动转变为一种对自己和他人更容易接受的形式）。PCT 声称，有条件的积极关注代表着社会，无法促成人类发展的最佳条件。

作为这个过程的一个简单例子，一个人可能在某些类型的抚养关系下拥有一种内在倾向（和天赋），并最终决定进入社会工作职业。（这里需要强调的是，一个人的潜力与特定的职业选择无关；相反，它们反映了人们对广泛生活方式的倾向。）如果这个人的重要他人（包括父母，当然还有朋友和老师）和环境条件（例如社区和文化）支持这种努力，那么这个人实际上可能成为一名社会工作者，并以这种方式体验一种自我成就感。如果一个人的努力没有得到支持，因为重要他人持有严格的价值观，反对个人喜欢的生活方式，为了满足这些价值条件，这个人可能会进入另一种让他或她感到无法满足的职业。

38

PCT 在人性观方面是非常积极的，因为自我实现的趋势和过程并不必然会使人与他人产生冲突。与维持和改善自我生活相一致的东西也与维持和改善他人生活相一致。当人们接受自己的时候，他们会更加欣赏和接受他人。当然分歧和误解肯定会出现，但当它们被直接处理后，猜疑就会减少，人们可以合作地生活在一起。然而，重要的是要强调，自我实现倾向并不是为了减少紧张。相反，生命的前进不断地把一个人推入具有挑战性的环境，从而产生焦虑并增加紧张感。然而，PCT 对焦虑有一种建设性的看法，因为这种感觉为人们克服障碍提供了动力，成功地处理这些障碍将会促成更大程度的自我实现。

（二）与自我相关的概念

人们对自己是谁产生了一种有意识的感觉，这被称为**自我概念**。PCT 将自我简单地定义为"我对当下自己存在的概念化"（Thorne，1992，p. 29）。它是一个有意识的、流动的、正在展开的自我，在你的一生中会经历不同定义的自我。（事实上，它与叙事理论所提出的自我概念非常相似，这将在第十二章讨论。）固有的潜能是由遗传决定的，但自我概念是由**社会**决定的，其实质部分基于个人对他人赞同或反对的经验。**积极关注**是指一个人对得到他人的认可感到满意；**积极的自我关注**是这个概念的一个更内化的版本，代表一个人对他或她的行为的个人满足感。对积极关注和积极自我关注的需求，是争取自我实现的努力的一部分。因此，人格的核心倾向是有机体以有助于维持和增强生命的方式实现或发展其潜能的内在尝试，包括实现自我概念，这是一个完整的人的心理表现。自我概念有意识地促进了自我实现倾向的具体表达方式。

（三）一致性和功能完备的人

当自我概念包含了一个人所有的潜能时，就会体验到作为一个**功能完备的人**的特征的**一致性**。在和谐一致的状态下，人们尊重和珍惜自己的一切表现，意识到所有关于自己的事情，并且对新的体验保持灵活和开放的态度。它们以一种没有防御性的方式发挥功能。理想生活方式的特征包括以下方面：
- 体验的开放性，具有情感性和反思性的特质。
- 按照自己的价值观和能力生活，具有灵活性、适应性、自发性和归纳性思维。
- 有机的信任（让自己做决定，而不是基于别人的意见）。
- 体验自己的自由发挥。
- 创造性（能够根据环境挑战产生新的、有效的想法、行动和事物）。

相比之下，非理想生活方式的特点是防御性，根据一个先入为主的计划生活，无视一个人的身心自我，感受被操纵，满足他人的期望，并生活在有条件的价值下。非理想生活方式的特征可能是**不一致**，即自我概念与实现趋势之间的不匹配。

PCT 对一致性和功能完备的人的描述代表了一种理想的状态，当然，很少有人可以完全做到。大多数人可能会在他们最亲密的朋友、亲戚和同龄人中体验到有条件的价值，而不是无条件的积极关注，因此他们生活在一种介于理想和非理想生活方式之间的某种状态之中。然而，PCT 认为，当一个人积极地为促进自我实现的条件而奋斗时，这就是一个人的心理和生理健康的标志。

三、问题和改变的性质

问题或生活挑战是由一个人的自我概念和他或她的内在潜力之间存在的令人不安的不一致引起的。换句话说，一个人的自然努力被限制在有条件价值下的生活所阻碍。这些挑战无处不在，但有些人会选择寻求公众服务专业人员的帮助来解决它们。案主意识到问题，但可能不清楚其来源和可能的解决方案。当一个人发展出更大的一致性时，改变就发生了，这可能是由专业干预、个人反思、个人支持的使用或外部环境的改变造成的。

四、评估和干预

以人为本的治疗（我们将其称为"PC 治疗"，以避免与支持它的理论混淆）的目的，是增强案主相对于当前挑战的一致性。这种治疗方法与社会工作的"人在环境中"的视角高度兼容，可以用于那些寻求帮助或被转介的案主，他们通常会出现各种情绪和行为问题。这可能不适用于那些只寻求某种身体或物质援助的人，尽管这些人也可能正在经历心理或社会的不协调。对于那些智力上不能接受共情、无条件积极关注和从业者一致性这三个基本条件的案主来说，这也是不合适的。（有关这个主题的更多信息，请参阅本节后面的"干预"部分）。一些社会工作者可能会认为这种方法可以部分地使用，主要是作为一种与所有类型案主的关系发展策略，但是在这种情况下，这样做并不能真正算作是 PC 治疗。

（一）评估

PC 治疗从业者首先需要评估案主是否有能力采用这种方法（Wilkins & Gill，2003）。罗杰斯断言，如果两个人有心理接触，案主体验到不一致，案主至少可以最低限度地感知到从业者的共情，那么就有足够的条件进行建设性的改变。PC 治疗具有内在的关系，因此必须评估案主是否能够相互关联。（针对儿童的以人为本的艺术疗法也是如此。）除此之外，PC 治疗没有一个正式的评估方案。开始干预时，社会工作者首先告诉案主，他或她就在那里，准备帮助解决案主正在经历的任何问题。然后，社会工作者以接纳和共情的方式倾听和回应，并且不打算诊断、判断、指导、尝试解决、自称准确地知道什么是"错误"，或声称对案主的问题有明确的答案。（当然，可以理解，在许多情况下，社会工作者需要记录诊断结果，以使案主有资格获得服务。）

41 ## （二）干预

一般特征

在以人为中心的干预中，"作为治疗师的人"是最重要的因素。当然，许多人认为，它对社会工作者/案主关系的适当性质的阐述是该理论最持久的贡献。在整个互动过程中，社会工作者专注于尊重和培育案主自我概念的碎片化方面，同时塑造一种完整的整体感。更具体地说，社会工作者展现出以下特征（Rogers，1957）：

■ **共情**。从业者从案主的角度在认知和情感两个层面理解问题，并将这种理解准确地反映给案主。社会工作者接受案主对问题的表述，并确认他或她的主观经验的有效性而不做解释。

■ **无条件积极关注**。社会工作者毫无保留地展示对案主及其处境的重视。这种立场与案主对其生命中重要他人的期望（提供有条件的价值）背道而驰。社会工作者认为案主是在努力实现自我理想，并且没有在这种努力上附加任何条件。

■ **一致性或真诚性**。通过展示真诚性，社会工作者传达一种真诚希望了解并与案主合作的信息。当案主不断地交流自己的感受、想法和行为时，社会工作者会模仿案主的一致性。此外，社会工作者诚实地和非防御性地回答问题。所有这些品质都要求社会工作者具有高度的自我意识和自信心，并且不要隐藏在专业或专业知识的面具后面。如果缺少任何这些元素，社会工作者会向案主发送一个可能不一致而且令人困惑的信息。

干预的过程

在干预的过程中，从业者并没有在 PC 治疗中加入特定的干预技术。但是，上述条件的建立，提供了一个便利的环境，使案主能够进行更开放和真实的反思，以实现更大的一致性。当这个过程成功时，它的展开过程如下所示（Rogers，1986a）。

案主和社会工作者有目的地聚集在一起，以解决案主的问题。案主处于一种不一致的状态，其特征是令人烦恼的想法、行为和感受。社会工作者在这种关系中是一致的。这意味着，除了前面列出的品质，社会工作者可以是客观的（不受主观道德判断的影响），并拥有高水平的心理知识（关于人类行为及其物理、社会和生物决定因素）。

在他们的互动过程中，社会工作者表现出对案主的无条件积极关注和共情理解，并接受案主对当前情况的看法是有效的。社会工作者不是指导性的，也不会在口头上支配这种互动。案主感知这些规则，因此，他们越来越自由地表达自己的想法和感受。所表达的最重要的感受是关于自我与他人的关系。作为对被接受和肯定的感觉的回应，案主越来越能够更清楚地区分他或她的感受和感知的重要对象。案主能够体验到过去被否定或扭曲的感受，并且这些感觉逐渐让他或她意识到自己的潜力，以及它们与自我概念之间的不协调。案主的自我概念开始重新组织，以便更符合他或她的经验。然后，案主对他或她的生活经历的反应，在价值条件方面开始减少，而在评估对自我实现的内在努力方面则更多。不断发展的自我变得与理想的自我更加一致。

当案主变得更加和谐一致时，他或她将会更开放地体验，具有更少的防御性，变得更现实、更客观。案主更真实地感知他人，他或她的行为变得更具表现力和创造性。别人会认为他更成熟、更社会化。

结束干预

由于其非结构化的性质，在 PC 治疗中没有正式的结束方案。如果经验是成功的，案主将达到他或她对当前状况感到满意的程度，并向从业者提出结束干预的话题。如果案主对治疗过程不满意，并向从业者提出这个问题，社会工作者会以与其整体方法一致的方式做出回应，鼓励案主处理这些感觉，并做出是否继续治疗的决定。如果机构要求干预有时间的限制，社会工作者将随着干预的进展提醒案主这一事实，这样案主就会明白结束即将来临。

五、灵性和以人为本的理论

PCT 的演变非常具有讽刺意味，因为在罗杰斯的一生中，他一直反对将其与任何宗教或灵性上的影响相结合。在 PCT 中，罗杰斯也没有给宗教（定义为对特定教条或信仰体系的承诺）留位置，因为他的核心是反教条主义，无论是在宗教方面还是在一般的"理论"概念方面。罗杰斯成长于一个强调人类天生的罪恶（"原罪"）的基督教徒家庭，但是他却拒绝接受这种观点，即使他为了牧师职位而继续学习。罗杰斯直到成年后才发现，自我实现作为一种基本的有机体驱力与许多**灵性**概念是一致的，灵性概念的定义是一个人有可能超越自己的不和谐状态去实现某种理想的潜能。他的现象学方法，强调肯定案主的现实，进一步认识到每个人的独特性，以及他或她以独特方式寻找生命意义的需要。当然，罗杰斯认识到他的许多案主会在灵性领域找到自我实现的方式，也许是"宗教"领域，罗杰斯肯定会尊重这些选择。

事实上，PC治疗可以被看作是存在主义的，伴随着案主对意义的追求和对自我的超越，"就像"向着另一个自我的超越。罗杰斯本人后来也认识到了这一点，当时他写道："我意识到这种（治疗关系的）描述具有神秘性。很明显，我们的经验涉及超验的、难以形容的和灵性的内容。我不得不相信，我和许多其他人一样，低估了这种神秘、灵性维度的重要性。"（Rogers，1986b，p. 200）。用他的一位传记作者的话来说，"罗杰斯的作品中的灵性线索在他的大部分职业生涯中一直是隐蔽的，甚至是被否定的，最终并不是作为一个神秘的维度出现，而是作为对自我实现和潜能的信念的结果，带来转变的力量"（Thorne，1992，p. 106）。

当代以人为本的理论家也强调了这一点。一位作者指出，PC治疗是一种生活哲学，适合那些寻求生命意义而不受传统宗教思想启发的人（van Kalmthout，2008）。另一位作者指出，PC治疗融合了存在主义理论的四个独特要素，包括对自由和选择的现象学探索、对生存挑战的鉴赏、对人类的基本关系的理解，以及对人类作为寻求意义的生物的理解（Cooper，2003）。这位作者最后指出，对其存在主义基础的关注可以帮助PC治疗从业者对其案主产生更深层次的共情。

六、关注社会正义问题

虽然PCT是作为向个人提供有效治疗的一种手段而发展起来的，但其对人性的积极看法和对案主赋权的强调使其与社会工作专业对社会正义问题的关注相一致。它利用人们会自然地努力与社会环境相一致来实现这一目标，因为人们认识到需要处理社会环境所施加的限制，这些限制妨碍了便利的生活。PCT还对教育、医学、商业、政治和其他职业领域的事务也产生了重大影响（Kirschenbaum & Henderson，1989）。

例如，PC治疗影响了圣迭戈西方行为科学研究所（San Diego's Western Behavioral Sciences Institute）正在进行的工作，在1963—1968年期间，罗杰斯是该研究所的积极成员（Farson，1965）。该研究所的工作前提是，在适当的条件下，人们是可以信赖的，而且它致力于改善影响人们生活的环境。它开展了关于发展社区领导者的研究，其前提是所有人都有潜力成为有效的领导者——当他们的潜力被以人为中心的促进者挖掘出来的时候。该研究所还研究了能够使人们摆脱贫困，在学校做得更好，减少种族紧张局势的条件。它组织了伊斯兰教与西方之间的媒体对话，旨在改善跨文化关系。

　　简而言之，PCT 为促进人们增强其与他人和谐生活的内在欲望的条件提供了理论基础。在加利福尼亚州拉霍亚人类研究中心（Center for Studies for the Person in La Jolla）工作期间，罗杰斯探索了这些可能性，该中心的工作始于 1968 年并一直持续到他去世。他的最后几年致力于将他的理论应用于政治压迫和社会冲突的情况，他走遍世界各地，帮助组织政治领导人的峰会。例如，他召集了北爱尔兰有影响力的新教徒和天主教徒、南非的黑人和白人、巴西的统治者和争取民主的公民以及美国各个领域的消费者和供应商，让对立双方进行谈判。他 85 岁时的最后一次旅行是去苏联，在那里他发表演讲并举办密集的研讨会，以加强美苏关系。

　　PCT 对于与个人、团体和家庭一起实践的社会工作者来说绝不是"行动呼吁"，但其对自我实现的积极假设和人们共同生活的愿望，为在宏观层面解决问题的案主和社会工作者提供了建设性的基础，这种活动与该理论的观点非常一致。

七、案例说明

　　在以下两个案例中的第一个案例中，社会工作者在与一个对他来说相当具有挑战性的案主打交道时，努力保持自己的一致性。第二个案例讲述了一个社会工作者从以人为中心的角度领导一个支持小组的故事。

（一）预科学生

　　李丹（Dan Lee）是一名 28 岁的单身美籍华裔男学生，正在努力争取进入医学院。他来到大学心理咨询中心寻求帮助，以解决与这项任务相关的焦虑和紧张情绪，以及一些持续的家庭冲突。李丹很难集中精力学习，而且有可能因为没有通过一门必修课而无法继续上医学院。具体来说，他全神贯注于从几个朋友、他的妹妹和他的母亲那里感受到的个人蔑视。李丹告诉社会工作者，他在学习如何让这些重要他人更负责任地对待他方面需要帮助，这样他才能更专注于自己的学习。

　　李丹是两个孩子中的老大（他的妹妹 22 岁），父母是一对在中国台湾长大的夫妇，他们在孩子出生之前就搬到了美国。他的父亲是外科医生，母亲是家庭主妇，他们在李丹 7 岁时离婚。从那以后，他和他的妹妹一直与他们的母亲住在一起，只是偶尔和他们的父亲联系一下。李丹已经将家庭和文化的价值观内化了；他明白，自己需要为母亲和妹妹的幸福承担主要责任，同时也要为自己获得较高的社会地位。他努力成为一个好儿子和好哥哥，但坚定地认为其他人应该总是屈从于他的指示。他相信自己在做出关于他的母亲和妹妹的决定时总是"正确的"（关于他们住在哪里，他的母亲如何度过她的时间，以及他的妹妹应该做什么样的朋友和职业选择）。关于他的朋友，李丹觉得无论什么时候发生冲突或误解，总是"他们的错"。他举了一个例子，说他的一个朋友在两次预定的社交活动中迟到超过20分钟。第二次，他要求他的朋友为自己的麻木不仁道歉，当朋友没有这样做从而让李丹满意时，这段关系就此结束了。这种关系中断在他的生活中很常见。李丹的家人和朋友经常不接受他的劝告，因此他想向社会工作者学习如何更好地帮助这些人，让他们看到他在做决定时始终总是"理性的"和"正确的"。

社会工作者斯潘塞（Spenser），很同情李丹并同意帮助他解决他的问题，尽管他没有对案主的具体目标表明立场。斯潘塞是一名白人男性，比李丹年长好几岁，但他理解李丹成长于其中的价值体系。他喜欢李丹，欣赏他的智慧、寻求帮助的动机以及表达自己担忧的能力，但他很快发现，这位案主在对待他人的态度上表现出了惊人的僵化。尽管如此，他还是认可李丹对当前问题的看法。每次见面时，斯潘塞都能轻松地与案主进行实质性的交谈，这让李丹回想起他的各种竞争压力，以及帮助家人过上安全高效生活的愿望有多么困难。然而，没过多久，李丹就开始质疑斯潘塞的非指导性反馈："我想知道你认为我应该在这里做什么。""我怎样才能接近我的妹妹，让她不会对我的意见这么有戒心？""我告诉我妈妈她不应该这么频繁地和爸爸说话，但她还是坚持这么做。我怎么才能让她停下来呢？"

李丹显然处于一种不协调状态，难以平衡他对个人发展的渴望与照顾两个成年家庭成员的愿望。李丹似乎已经内化了与家庭责任相关的有条件的价值，并且可能由于他在这么年轻时就这样做了，他在帮助家庭的方法上变得非常死板。他的防御姿态包括歪曲他人的动机，将其视为反对意见而不是表达他们自己的个人倾向。在认识到李丹的僵硬死板是一种防御方式时，斯潘塞帮助他思考了别人对他的行为可能不是故意反对的可能性，而是反映了意见的差异。也许李丹可以奖励自己的善意努力，认识到一个人对别人的影响不可能是绝对的。斯潘塞的做法是非指导性反馈，包括这样的陈述："你认为你知道什么对你妹妹最好，但她告诉你她有自己的观点，你很难让她走自己的路，也很难相信自己尽了最大努力来恰当地引导她。""当你母亲说应该由她决定她和你父亲在一起的时间时，你想知道她是否不尊重你。""你是一个高度负责任的人，并且你想要成为一个好儿子和好哥哥，你甚至很难想象，你妹妹对职业选择的看法会与你不同。"

斯潘塞总是耐心地回应李丹，提醒他："这是一个非常困难的情况，你正在尽最大努力为你的家人做最好的事情，令人沮丧的是，你无法找到方法来帮助他们理解你关心他们。""看到其他人走向你认为对他们不利的方向，会让你感到很痛苦。""你强烈相信，某些人应该做你所建议的，即使他们不同意。"尽管斯潘塞认为这些共情的、非指导性的回应反映了他的积极关注，但李丹对社会工作者越来越感到沮丧。"我以为你是专业人士。我以为你受过帮助别人的训练。为什么你不能想出一些新主意让我试试呢？"

随着时间的推移，李丹继续保持他那僵化的观点。案主尝试从别人的角度考虑他自己的处境，但他最后总是回到他"理性"而其他人"非理性"的立场。他指责社会工作者没有能力，不能够具体地回答他的问题。经过 6 个月的例行会谈后，他提出终止的想法："也许我应该去见另一位顾问。"斯潘塞感到沮丧，因为他无法帮助李丹拓宽视野，让他明白在什么是"理性"或"正确"的问题上存在着人际差异，也不能解决他无法区分意见分歧和不尊重的问题。当案主提出终止的话题时，斯潘塞回答说："你很难听到我说我没有具体的答案给你，你想知道是否有其他顾问可以提供这些答案。我不能代表其他从业者，但我在这里再说一遍，你对家人和朋友的关注是合理的，我会继续努力帮助你考虑，如何以真正符合你家庭职责和你个人目标的方式与他们接触。"

斯潘塞维持其非指导性方法，并且利用他自己的主管的反馈，以确保他是这样做的。但斯潘塞希望李丹最终会察觉到他对别人的影响力是有限的，他们可能会尊重和欣赏他，即使他们不同意他的建议，最基本的是，人们对于什么对他们最好会有不同的想法。李丹从未公开表示，他对他人适当行为的看法是"正确的"，但随着时间的推移，他报告说，与妹妹、母亲和同龄人的冲突减少了，他的学习习惯和成绩提高到他被医学院录取的程度。经过为期一年的每周干预，李丹最终决定因医学院的繁忙日程安排而终止治疗，在他们最后一次见面时，他对斯潘塞说："我不知道我从治疗中得到了多少，但我知道你努力提供帮助，我很感激。"

斯潘塞和他的主管一起回顾了他的干预治疗，他认为他为 PC 治疗提供了三个必要的条件，尽管他自己的一致性受到了案主强大的防御能力的考验。斯潘塞很遗憾他对案主感到如此沮丧，尽管他觉得他已经成功地控制住了自己的情绪。此外，尽管李丹一直对干预的质量心存疑虑，但他还是与斯潘塞会面了整整一年，并最终表现出行为改善的迹象。李丹似乎达到了一种更高层次的一致性，尽管他自己并不清楚。

（二）支持小组

阿莉（Allie）和萨拉（Sarah）是社会工作者，也是在大都市的社区心理健康中心工作的朋友。她们都有兴趣与患有严重精神疾病的人一起工作，并自愿花时间通过全国精神病患者联盟的当地分会为这些人的家庭成员提供支持小组。每个星期一晚上都会在当地教堂进行 90 分钟的开放式会谈，目的是向与会者提供关于精神疾病及其对家庭功能的影响的信息，以及让参与者可以获得相互支持的场所。每周有 6～10 名成员参加会谈，其中大多数是定期参加者。该小组成员的推荐来自当地分会的助理主任。当一个新成员加入时，阿莉和萨拉会提前得到通知，但是在他或她出席会议之前她们从未见过这个人。

支持小组以非正式方式进行。阿莉和萨拉都是 PC 治疗的实践者；她们每周都提醒小组，成员们负责内容，她们作为领导者的角色是提供有关精神疾病的信息，在需要的时候邀请嘉宾主持，并促进交流沟通，以便每个人都有机会参与讨论。从以人为本的角度来看，这些成员在进行个人和家庭调整以便为其生病家人提供适当支持环境方面遇到了特殊的挑战，但是他们也对这些情况有丰富的经验，以及很多相关的优势。参与者需要有关精神疾病的信息（例如诊断的含义、药物和其他干预措施的作用、有关康复的风险和保护因素），以及关于如何照顾自己和家庭成员的新想法（包括机构限制的艰巨任务）。尽管如此，他们仍然了解自己处境，因为他们亲身体验了这种经历。阿莉和萨拉都刚刚 30 岁出头，没有那种自己家庭中有精神疾病患者的直接经验。她们不希望团体的关注超过成员本人表达的范围，她们也不想"探究"任何可能是"无意识"的问题。

阿莉或萨拉每次都试图提出一些引导性的评论，为会议设立一种建设性的基调。"我们再一次通过提供相互支持的氛围，帮助你们解决和应对精神疾病方面的挑战。我们有与精神疾病患者一起工作的经验，但没有作为家庭成员的特殊专业知识。我们希望你们能将我们视为促进者，在这里帮助你们，以你们认为有帮助的方式彼此交谈。我们确实可以获得有关精神疾病及其治疗的信息，并将尽最大努力为你们提供这些资源。"

团体领导或者说促进始终是一个具有挑战性的过程。阿莉或萨拉努力通过干预措施让所有成员参与小组活动，关注他们的教育和支持需求，鼓励他们表达感受，澄清他们的担忧，并评论小组的进程（成员之间的互动的平衡和基调）。她们的活动旨在加强交流和互动模式，并建立积极的凝聚力。她们注意到成员们在许多类型的群体中倾向于扮演的角色（安抚者、垄断者、孤立者和消极成员），并进行观察，以帮助所有参与者感觉他们的贡献是相等的。

小组成员往往每周都进行富有成效的互动，但联合领导者总是忙于平衡他们的互动。一些成员公开对其家庭成员的预后持悲观态度，阿莉和萨拉在承认这些人的特殊挑战的同时，确保其他人能够自由地报告他们更令人鼓舞的经历。一些成员沉默不语，联合领导者会试图把他们拉出来，特别是如果他们是新成员的话。成员偶尔会对阿莉或萨拉发怒。有一次，一名成员对阿莉对另一名参与者的共情反应感到不安，喊道："你怎么知道她在面对什么？你不知道我们的生活是什么样的。你不可能懂。"你可以理解阿莉非防御性地回应说："不，我不确切知道你的生活究竟是什么样的。我知道你们都在努力奋斗，而且我也知道生活在如此紧张的环境中是多么令人沮丧。"总的来说，成员们似乎很享受被理解、接受和肯定的经验，他们不断回到小组，直到他们认为他们对支持和教育的需求得到了满足。除了定期向成员询问该小组满足其需求的程度，没有任何正式的评估。

八、有效性的证据

尽管目前关于以人为中心的理论和治疗的研究相对较少，但人们普遍认为，从 20 世纪 40 年代开始，卡尔·罗杰斯对心理治疗研究的贡献是革命性的。在此之前很少有人进行实践研究。本节将讨论罗杰斯及其同事所做的研究，然后将讨论 PCT 的当前研究状况。

（一）关于以人为本的理论与治疗的具体研究

PC 治疗的研究可以分为四个时期（Bozarth，Zimring，& Tausch，2002）。最初，在 20 世纪 40 年代，罗杰斯开始有兴趣比较指导性和非指导性干预的过程和结果，根据对会谈录音带和记录的观察，使用评判员对从业者和案主的谈话进行评分。在此期间进行的数十项研究发现，非指导性治疗与患者的自我理解、积极感受、自我探索程度和自我概念的提升呈正相关关系。在接下来的十年（第二个时期），以案主为中心的治疗（client-centered therapy，CCT）研究更直接地关注以案主为中心的关系以及从业者对案主的内部参照框架工作的有效性。其中几项研究使用对照组，根据咨询师评分、独立观察者的观察和自我报告，确定是否可以在案主自我感知的变化中检测到差异。虽然研究结果基本上是积极的，并且在心理治疗研究中使用的对照组是新颖的，但是这些研究后来被批评在方法上不健全（例如缺乏随机化和使用有偏差的样本）。当时另一项主要的回顾性研究比较了成功和失败的治疗师的工作，发现差异在于治疗师是否热情，以及主观理解来访者生活的努力。

从 20 世纪 50 年代末开始，并持续到未来 30 年（第三个时期），PCT 研究人员测试了三种核心从业者态度对案主变化的影响。虽然这项工作大部分集中于 PC 治疗本身，但它最终包含了各种各样的理论观点。例如，罗杰斯和他的同事进行了一项雄心勃勃的为期六年的研究（1957—1963），研究的对象是精神疾病患者的 PC 治疗效果。这是罗杰斯关于干预的最后一个主要研究项目，尽管没有发现它与其他方法有显著差异，但一些积极的结果测量与核心条件（一致性和共情）相关。在 20 世纪 60 年代，罗杰斯的兴趣超越了心理治疗，他后来在美国的研究倾向于在各种实践理论的背景下考察治疗师提供的条件。然而，PC 治疗研究在美国以外更为广泛，这三个条件的相关性继续得到支持。

到了 20 世纪 90 年代（第四个时期），研究人员对研究不同疗法的**特定**成分更感兴趣，这些成分可以解释它们的有效性。换句话说，越来越多的人认为，核心条件对于案主的改变可能是有用的，甚至是必要的，但还不够。到目前为止，PC 治疗仅在十几项结果研究中得到了考察，主要针对的是那些经历过酗酒、焦虑症、人际关系困难、抑郁症、癌症和精神分裂症的患者。这种干预一直被认为是有效的。

（二）关于从业者/案主关系重要性的研究

50 如第一章所述，美国心理学会已经系统地评估了从业者/案主关系在决定干预效果方面的重要性（Norcross & Wampold，2011）。对治疗特异性的强调使得 PC 治疗作为一种"完全"干预处于不利地位，因为它被认为在理论上过于笼统。工作小组选择强调治疗师及其技术的作用，并淡化案主变量的作用。尽管如此，一个专家小组在一系列荟萃分析后得出结论，几个关系变量是**明显的**而且**可能**是有效的，它们都与 PCT 的主张一致（关于这些变量的讨论，请参阅第一章）。

一些研究治疗结果中关系变量的研究者试图完善 PC 治疗的三个核心条件，并阐明新的关系概念（Kirschenbaum & Jourdan，2005）。例如，共情的概念可能比罗杰斯的表述更复杂，并且可能在不同类型的案主和干预的不同阶段看起来不同。此外，人们普遍认为一致性是罗杰斯最不成熟的概念（例如，它对治疗师自我揭露的影响），并被整合到其他概念方案中（Cornelius-White，2002）。一个较新的概念，即"治疗联盟"，已经被发展出来，虽然它的定义各不相同，但它结合了案主与实践者的情感关系、案主有目的地在治疗中工作的能力、从业者对共情的理解和参与，以及案主/从业者就目标和宗旨达成的一致性。然而，仍然存在一个共识，即有效的关系对干预结果具有实质性贡献，而不依赖于特定类型的治疗。

总结 50 年来的 PCT 和 PC 治疗研究，已经发现案主与实践者之间的关系，结合案主资源（治疗外变量），约占成功干预变异的 70%，特定技术仅占变异的 15%（Miller，Duncan，& Hubble，2005）。也就是说，有效的干预主要取决于案主/从业者关系的性质，并结合案主的资源，干预技术对结果的贡献可能相对较小。

九、对理论的批评

PCT 因许多理由受到批评。最直接的是，没有办法测试其主要假设，即所有人都具有与生俱来的自我实现倾向。事实上，关于自我实现倾向的争论似乎涉及循环推论（Maddi，1996）。PCT 假设天赋潜能决定了行为，但只有通过观察一个人在一段时间内促进他或她的一致性感觉的行为才能证明这种展开过程的存在。PCT 也被认为过于简单，因为它假设仅只有两种人：功能完备的人和功能不完备的人。有人可能会断言，人格类型可能是一个连续体，但 PCT 没有具体说明这个连续体的中间点，因为它希望避免对人类行为采取还原论的观点。此外，罗杰斯认为，一个人将自我实现倾向与他人公开分享，将会促成一个和谐的生活环境。这个观点被一些人看作是过分天真的，他们指出世界上冲突的普遍存在（May，1982）。就罗杰斯而言，他并没有否认世界上存在冲突（他甚至承认"邪恶"的概念），但他认为这是因为人们生活在任意价值条件下，将来可能会改变。

　　PC 治疗也因过于简单化而受到批评。例如，虽然积极的社会工作者/案主关系可能对案主的成功至关重要，但以人为本的从业者不会分析其他理论中阐明的任何关系因素，如移情、反移情和无意识的作用。罗杰斯反驳说，他并不否认任何这些现象（和其他现象）的存在，但他说，它们会自然而然地成为治疗互动的一部分，而不需要特殊的概念状态。例如，罗杰斯非常尊重无意识的力量，但他觉得（就像我们在第八章中讨论的认知理论家一样），这种影响在以人为本的关系中会逐渐浮出水面。其次，以人为本的实践者可能会忽视社会工作者/案主关系中固有的权力差异，尽管他们希望建立平等的立场（van Belle，1980）。这些权力的不平衡可能会干扰案主体验相互关系和向从业者真正开放的能力。对于社会工作而言，最重要的可能是，PC 干预不会**积极**关注外部事件对案主生活的具体影响，也不会引导案主注意解决这些问题的必要性（Masson，1989）。非指导性的 PCT 从业者会争辩说，这些因素并不是治疗应该关注的地方，而自我实现的案主将能够自己识别和管理外部挑战。

　　对 PC 治疗的其他一些批评表明，为什么在过去的 30 年里 PC 治疗作为一种独特的疗法已经失宠。对于许多案主来说，这可能太没有指导性了，他们寻求并需要对自己的感受、想法和行为的积极反馈。这些人可能来自尊重和渴望权威的文化，他们可能会被 PCT 弄糊涂。此外，机构工作和第三方服务支付的现实往往要求从业者对干预的长度和过程施加限制。一些作者已经为这个问题提供了可能的解决方案，指出以人为本的从业者应该高度重视其他理论观点和实践，并在必要时，将案主转移到一个更适合其需求的互补的干预方法上来（Cooper & McLeod，2011）。

十、总　结

　　PCT 显然对社会工作直接实践和心理治疗领域的发展产生了重大影响。这种干预作为一种完全实现的实践方法仍然存在，并且它的许多要素已经很自然地融入其他实践理论中，以至于人们有时候将它的影响视为理所当然。总而言之，PCT 和 PC 治疗在直接实践中起到了以下重要作用：

- 将人视为天生就有无限潜能和自我实现倾向。
- 确立治疗关系对治疗效果的重要性。
- 培养倾听和理解的艺术，并展示这些品质对案主的治疗效果的影响。
- 引入**案主**这一术语，而不是**患者**，以向寻求帮助的人传达更大的尊严、尊重和权力。
- 揭开心理治疗过程的神秘性，将其视为人与人之间的相遇，虽然这种相遇总是具有挑战性，但并不需要掌握一系列概念和具体技术。
- 开始对治疗过程和治疗结果进行科学研究。

对于当代 PC 治疗的追随者而言，纯粹主义者和那些试图在实践中做出调整的人之间存在着冲突，他们认为从本质上来说，PC 治疗是无法被提炼完善的，而那些试图在实践中做出调整的人，主要途径是增加焦点。过程-经验从业者认为，当案主在一个会话中的情感体验水平很高时，就会发生变化，并且从业者应该帮助案主在那些时候关注身体感觉，以此来发现新的意义（Haimeri，Finke，& Luderer，2009）。人们还努力将 PC 治疗与以解决方案为中心的疗法相结合，因为后者的面向未来的技术可能有助于提高案主对其潜力的认识（Cepeda & Davenport，2008）。此外，众所周知，流行的动机性访谈和增强疗法主要也基于 PCT，尽管它们采用了额外的指导性技术来帮助案主去解决他或她的矛盾心理（Miller & Rollnick，2013）。

无论一个人是不是 PCT 的"纯粹主义者"，罗杰斯对正统的不信任对任何社会工作者来说都是一种有用的品质。正如他在去世前一年写的那样："我们（以人为本的从业者）代表性不足，部分原因是我们对学术思想构成了威胁。我们支持体验式和认知性学习的重要性。这种学习涉及被经验改变的风险，对于那些世界是理性结构的人来说，这可能是可怕的。"（Rogers，1986b，pp.257-258）对于所有的社会工作者来说，以卡尔·罗杰斯为榜样，保持好奇和开放的心态，并努力避免由于对复杂的、可能是非人性的理论教条的忠诚而局限于以案主为中心的思想是值得的。

53 十一、讨论的话题

1. 你相信人类拥有独特的、由生物学决定的潜能吗？如果是这样，它们可能包括什么（即使 PCT 没有指定任何内容）？

2. 你认为自我实现倾向的观点是正确的吗？

3. 你认为哪种案主能从 PC 治疗中获益？什么样的案主可能不会受益？这些差异告诉你这种方法对社会工作实践的普遍适用性有何影响？

4. 向案主提供共情和无条件的积极关注有哪些限制（如果有的话）？

5. 对你来说，PCT 的主要优势和主要局限是什么？

6. 你对评估 PC 治疗的有效性有什么想法吗？

十二、课堂活动/角色扮演的设想

1. 列出一系列学生很难表现出共情的案主类型。在小组（以及后来的课堂讨论）中，提出一些关于社会工作者如何最大限度地发挥他或她对这些案主建立共情态度的能力的想法。

2. 为学生在该领域工作的各种案主制定小组角色扮演方案（包括案主、社会工作者和观察者），社会工作者在谈话期间的任务是确定案主的一个或多个潜力。这些潜力是如何显现的？社会工作者对它们的真实性有多自信？

3. 在小组中进行角色扮演，模拟以案主对他人和社会工作者的愤怒为特征的互动。在这些角色扮演中要使用四个参与者，这样两个观察者就可以帮助社会工作者考虑如何接受案主的方式，并在他或她的强烈负面体验中表现出对案主的积极关注。

4. 小组讨论社会工作者必须为 PC 治疗中的关系带来的一致性特征。如何提高这种一致性的质量？在大组讨论中，将每个小组的观察结果与其他小组的观察结果进行比较。

十三、理论大纲

54

焦点	每个人天生都在追求自我实现
主要倡导者	卡尔·罗杰斯，纳塔莉·罗杰斯，詹姆斯·博扎思，尤金·简德林，戴维·凯恩
起源与社会背景	奥托·兰克和意志治疗 杰茜·塔夫脱和功能性社会工作 约翰·杜威和教育 基督教
个人的本性	自我会持续努力，以实现与有机体的潜能的一致性
主要概念	有机体的努力奋斗
发展的概念	自我实现 无限潜能 价值条件 实现倾向 积极关注 积极的自我尊重

问题的性质	不一致
改变的性质	案主放弃防御，自我形象与内在潜能更加一致
干预的目标	由案主设立；社会工作者试图帮助案主实现更大的一致性
社会工作者/案主关系的性质	从业者的共情、一致性和无条件积极关注 案主能够获得以上三个条件
干预原则和技术	共情 无条件积极关注 一致性 促进
评估的问题	没有指定

第四章

自我心理学

灵魂优越的瞬间
与她单独——相会，
其时朋友——和凡间的时刻
已经无限隐退——[*]

自我心理学是本书中讨论的最古老的实践理论，于 20 世纪 40 年代出现在美国。它与精神分析、关系和客体关系理论（第五章的主题）以及自体心理学一起，都属于**心理动力学理论**。所有心理动力学理论都强调心理社会（或性心理）发展阶段和无意识心理过程对人类行为的重要性。在 20 世纪 20 年代和 70 年代之间，心理动力学理论在社会工作专业中占据主导地位。然而，在过去的 50 年里，新理论的支持者越来越多地抨击它们，理由是在当今鼓励更具体的问题解决过程的实践环境中，它们被认为过于抽象、无结构和不切实际（Hale，1995）。反过来，心理动力学实践的支持者认为，许多较新的理论相对肤浅，没有意识到人类行为的复杂性。支持者还断言，自我心理学在短期干预的适应性方面表现出了灵活性（Schames & Shilkrit，2011）。

自我心理学和许多关系理论都被归类为心理动力学。本章的重点是自我心理学，它关注的是心理社会环境中的个体，而下一章所述的关系理论，则更关注人际关系及其对个体功能的影响。

心理动力学理论家最初将心灵描述为由三个部分组成：本我、自我和超我（Fenichel，
1994）。简而言之，本我代表了内在的驱力；自我是思想的一部分，使驱力适应社会可接

---

[*] Dickinson，E. (1927). *The Pamphlet Poets*. New York：Simon and Schuster.

受的渠道；超我代表良心，或内化的价值体系。自我心理学是作为一种人类行为理论发展起来的，它关注的是自我的作用，而不是心灵的其他两个组成部分。你的"自我"在很大程度上（但并非完全）是你关于"你是谁"的概念。是"你"以合理一致的方式思考、感觉和行动。你所做的一切都是为了反映、计划和行动，使你或多或少能"适应"你生活的环境。更正式地说，自我是人格的一部分，负责协调内部需求和社会生活需求（见图 4.1）。它是认知发生的地方，但无意识的心理过程也会影响有意识的思维。当我们试图管理我们的人际关系和其他冲突时，**防御**（或应对）机制，即无意识的现实扭曲，经常会发挥作用。案主的个人成长或解决问题的潜力并不总是需要关注无意识的过程，但是给予他们这种注意，往往能最大限度地发挥他或她改变的潜力。

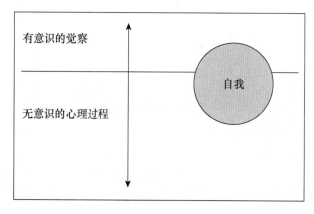

图 4.1　自我

一、起源与社会背景

19 世纪末，社会工作在美国成为一种职业，因为慈善组织会社和"友好访问员"试图解决东北部城市中日益突出的贫困、疾病和犯罪问题（Lubove，1965）。这是一个进步的时代，其特点是广泛关注城市化和工业化对一些公民的负面影响。随着社会工作作为新职业的重要性日益增加，许多社会工作成员（虽然不是全部）开始寻求其作为一种职业的合法性。为此，它的先驱们试图建立一个能使其与众不同的知识基础。这项工作最著名的早期成果是玛丽·里士满的《社会诊断》（Mary Richmond，1917），其中详细介绍了与案主合作的系统方法，同时关注他们的个人和环境情况。应该强调的是，当时其他著名的社会工作者，如简·亚当斯（Jane Adams，1910），选择不去推动职业化的转变。

美国的社会发展状况，最终导致这个年轻职业在 20 世纪 20 年代采用精神分析理论作为评估和干预个人和家庭的基础（Ehrenreich，1985）。弗洛伊德（Sigmund Freud）的里程碑作品《梦的解析》于 1899 年出版，标志着精神分析理论的到来。弗洛伊德的观点在他 1939 年去世之前一直在发展，该理论在描述无意识思维过程和防御机制在决定人类行为中的重要性时具有革命性。他的童年性行为理论（广泛定义）在他所处的压抑的欧洲社会中既卑陋又充满吸引力。直到第一次世界大战之后，美国人对分析思想还知之甚少。那时，这个国家在政治上变得更加保守。随着美国经历了急剧的经济增长，战前对广泛社会变革可能性的进步信念消失了。人们对集体社会运动的兴趣减少了，对个人及其情感和寻欢作乐活动产生了更大的兴趣。这个国家开始接受弗洛伊德的观点。

在战后年代，社会工作的"职业"仍在使其努力专业化，以便使案主、州立法机构、基金会以及其他资金来源和机构权力合法化。人们已经注意到，社会工作一直在寻找一个确定的知识体系，以便使其活动有章可循。分析理论似乎非常适合这项任务。它提供了一个全面的案主评估系统，对中产阶级人士（社会工作者及其资助者）具有吸引力。它对人际关系动态的关注，可以帮助社会工作者更清楚了解他们在干预过程中的角色。分析理论还将社会工作对环境条件的兴趣缩小到家庭内部的问题（尽管自我心理学后来扩展了这一点），这与社会工作从改革活动中更广泛的退缩是一致的。

精神分析实践在美国的发展，反映了不断变化的社会条件和社会工作发展的价值基础。自我心理学理论源于精神分析，始于 20 世纪 30 年代（Goldstein，1995；Fenichel，1994）。它的发展与一些理论家建立正常发展心理学的愿望有关，与社会科学中强调适应能力而非病理学的新人文主义思想的影响有关，与美国实用主义（或实用性）的社会价值有关。

自我心理学最初是在职业之外发展起来的（Hartmann，1958），但反映了社会工作专业的变化。"纯粹的"精神分析在社会工作**诊断学派**中得到了体现，在这一学派中，评估和治疗计划，独立于案主的偏好和环境的约束，被认为是最合适的。新的**功能学派**认识到，干预应该是由案主驱动的（协作的），社会工作者需要根据服务环境的现实（和限制）来塑造他们的技术，包括时间限制（Furman，2002）。通过自我心理学的发展，社会工作专业的思维方式从重视无意识在心理活动中的作用转向更加强调案主的优势和适应性。这部分是对弗洛伊德过分强调驱力的一种反应，并强调了自我在促进健康的社会功能方面的作用。

埃米·戈登·汉密尔顿（Amy Gordon Hamilton）是第一个将精神分析理论（包括移情、防御和解释）的元素纳入个案工作实践的社会工作学者。她最终断言自我心理学比精神分析更符合社会工作价值观，因为它强调个体的健康功能（Hamilton，1951）。她还重申了社会工作对环境的传统关注，表明不仅要了解人格的结构和动态，还要对环境或社会治疗有所了解。汉密尔顿是第一个使用"人与情境"这一短语来界定社会工作作为一种公众服务职业的显著特征的人。她用这个概念来强调"内在心理"和"目标"之间的相互作用，交叉点是社会工作者的主要领域。

霍利斯（Hollis，1964）后来帮助扩展了社会工作对个人与环境之间相互作用的理解。虽然她将对"情境"的理解局限于案主与案主的重要他人（家人和朋友）之间的互动，而不是更广泛的社会政治问题，但她确实阐明了社会工作者可以干预案主环境的一些方式。其中包括咨询其他专业专家，推荐资源，让案主做好利用资源的准备，争取社会支持，代表案主影响他人，以及代表案主直接访问资源。

在过去 40 年中，尽管自我心理学和其他心理动力学理论面临着越来越激烈的理论竞争，但由于有关人性的新观念、为不同人群提供优质服务的挑战以及对专业人员使命的态度的改变，它们仍然被社会工作专业继续使用。戈尔茨坦（Goldstein，2008）是近期最著名的自我心理学家之一，他认为该理论将继续对社会工作者有用，只要它广泛认识社会现实对案主生活的影响，减少社会工作者和案主之间传统的等级关系，充分利用优势角度，帮助被压迫者发展更强的认同感，并适应不同人群的需求。

二、主要概念

下面的主要假设构成了自我心理学概念的基础（Hauser & Safyer，1995）：

- 自我功能包括有意识和无意识的过程。
- 人有好几个与生俱来的驱力。
- 人天生具有适应环境的能力，这种能力通过学习和社会心理成熟进一步发展。这是知识和能力的动力。
- 社会对心理功能的影响很大，其中许多是通过家庭单位传播的。
- 由于人-环境以及内心冲突，社会功能问题可能发生在任何人生发展阶段。

所有这些要点将在下面详述。

（一）驱力

自我心理学认识到三种与生俱来的人类驱力，包括精神分析理论提出的趋向**快乐和攻击**（当一个人的幸福受到威胁时）的驱力，以及趋向**掌控和胜任**的驱力（White，1963）。**掌控**是指一个人影响他或她的环境的能力，而**胜任**是一个人对这种能力的主观感受。趋向快乐和攻击的驱力不可避免地使人们与社会规范发生冲突。它们必须被引导到适当的出口以便实现，因此有时可能会令人感到沮丧。然而，掌控和胜任的驱力被认为是无冲突的，代表了在一个人和谐地存在于环境中的天生倾向。它依据一个人的天赋、对发展任务的掌控、源于个人目标的动机以及天生寻求关系的取向，在人的整个一生中不断演变。承认这种驱力与社会工作的优势视角是一致的，因为它假设所有人都拥有寻求功能性胜任时可资利用的天赋。

（二）情感生活的意义

心理动力学理论认识到情感生活的重要性，并关注其有意识和无意识的方面。在自我心理学中，一些有意识的思维是驱力的产物，情绪也会从中产生。我们本质上是寻欢作乐者和"感受者"，而思想是我们决定如何满足驱力的手段。防御机制源于我们变得沮丧时需要控制冲动，正如我们在社会世界中经常做的那样，冲动必须始终转换为可接受的行为。此外，当我们只关注自己的意识过程时，个人成长并不总是可行的。我们需要探索我们的思想和感受，以更好地理解我们的基本驱力。通过揭示我们通常不在意识中的想法和感受，我们可以促进自己的改变能力。通过这种方式，我们可以更好地理解我们的冲动，并将它们引向合适的满足来源。

一些理论家已经详细阐述了情感生活的过程。马加伊（Magai，1996）认为，情感特征构成了人类个性的核心，并且所有人都拥有五种主要的情感，这些情感源自他们的神经生理基础。我们的个性是围绕这些"情感偏向"组织的，其中包括快乐、悲伤、恐惧、愤怒和兴趣/兴奋。这些情绪是本能性的，并以适应性的方式激活思维和行为。因此，情绪会影响认知。

两个例子可能有助于说明这些观点。个人或物质损失的经历可能会引发一个人的悲伤倾向。这将导致这个人短期的体力减弱、一般努力的减少，以及在努力恢复损失可能无效的情况下选择撤退。悲伤让人有时间来思考自己的需求和优先事项，并重新获得能量，以更集中地利用精力来专注于可实现的目标。她的悲伤表达也是其社交网络中的一个信号，供他人识别后提供更多支持。作为一个对比的例子，一个人的愤怒倾向于增加能量并激发行为，以便克服挫折。它的表达是向其他人发出信号，要求他们以回避或顺从的方式回应，这样她就可以解决她面临的问题。

情绪的社会理论断言，许多其他情绪是社会建构的，用以促进社会凝聚力。象征互动理论的创始人米德（Mead，1934）写道，情感是作为交流的符号而发展的。他相信我们天生对视觉线索比对口头线索更敏感。我们的情感表达特别强大，因为它们是通过视觉而非语言来理解的。情感表达是向他人发出的信号，告诉他们我们在某种情况下倾向于如何行动，其他人可以根据我们的感知倾向来调整自己的行为。如果一个年轻的大学生缺乏目光接触，倾向于俯视，与他人保持距离，这可能是她悲伤的表现。作为回应，其他人可能会选择提供支持，或者如果他们将她的表达解释为保持距离的渴望，则可以避开她。我们所有人都必须解释他人的情感表达，这个过程通常发生在我们的意识觉察之外。专注于情

60

感体验的实践理论，例如自我心理学，帮助案主更加了解他们如何表达自己和感知他人。

（三）自我及其功能

自我不是一个物理结构，而是一个描述人格的概念，它在我们的内在需求和外部世界之间进行谈判。它从出生开始就存在，是我们注意、专心、学习、记忆、意志和感知的源泉。自我的运作部分是无意识的，部分是出于我们的意识。在自我心理学中，过去和现在的经历都会影响我们的社会功能。驱力（趋向快乐和攻击）对情绪和思想的影响并没有被忽视，但有意识的思维过程会得到更多的重视。自我调解内部冲突，这可能是由于驱力受挫，但它也调解人与压力环境条件的互动。如果一个案主感到悲伤，他或她可能有与内部矛盾心理相关的冲突，或者，可能是与其他人存在冲突。自我心理学是一种发展理论，因此其原理支持在整个生命周期中关注自我发展。

以下是对主要自我功能的描述（Schamess & Shilkrit，2011；Goldstein，2008；Marcus，1999）：

- **认识外部环境**，指对外部世界的准确认知。这包括对时间、地点和人的定位，以及没有幻觉、妄想和胡乱联想。

- **判断**，是我们选择可能促进我们实现目标的行为的能力。在不同的情况下，我们的判断质量可能会发生变化。

- **认同感**是一个相当连贯一致的生理和心理的自我意识。这包括我们与他人保持适当心理界限（平衡参与和距离）的能力。

- **冲动控制**是指我们区分初级（驱力或冲动）和次级（计划的）心理过程，根据社会规范控制行为，并保持对行为或情绪的控制，以防止功能上的重大问题的能力。

- **思维过程监管**，与上述功能相关，是我们记忆、集中注意和评估情况以采取适当行动的能力。这反映了向次级过程思维的转变，它以目标为导向，但也以理性和现实为中心。

- **人际（对象）关系**是指两个相关的功能：（a）适当地管理关系以达到个人目标实现的能力；（b）将其他人视为独特存在的能力，而不是复制我们过去的重要他人。人们通常比其他人（家庭或其他亲密关系）更成功地管理某些类型的关系（例如工作或社会关系）。这一概念在客体关系理论（在下一章中讨论）中是最主要的，但自我心理学实践者对此也很感兴趣。

- **防御机制**是对现实的扭曲，使我们能够最大限度地减少焦虑。它们是所有人都经历过的，可能会也可能不会促进生产性的社会功能。这些将在下面更详细地讨论。

- **刺激调节**是我们筛选和选择外部刺激以保持关注相关生活问题的能力。当效率低下时，我们可能会变得不知所措，或者在某些情况下失去控制。

■ **自主功能**是保持注意、记忆或学习的能力。必须对这些功能的任何损害进行评估，以确定可能的生物来源。

显而易见的是，一些自我功能存在于我们的意识觉察之中，而另一些则不是。

（四）防御机制

自我心理学从业者对案主使用防御机制很敏感，因为这些机制的使用方式对一个人应对挑战的能力有很大影响。防御是无意识的、自动的反应，使我们能够将感知到的威胁最小化或将其完全排除在意识之外（Beresford，2012；Gray，2005）。它们是所有人用来保护自己不被焦虑压倒的应对机制。防御在不同程度上扭曲了现实，因为它们为我们提供了对特定情况的有意识的观点，这种视角偏向于帮助我们保持安全感。

人们可以以健康（适应性）和不健康（适应不良）的方式使用防御机制。当防御机制促进我们的适应性功能和目标实现并最小化内部和人际冲突时，它们就得到了恰当的使用。表 4.1 列出了常见的防御机制。

62

表 4.1　常见的防御机制

否认	否定一个人可能真正感知到的现实的一个重要方面。（患有厌食症的女性承认她的实际体重和节食习惯，但相信她这样做是为了保持健康。）
移置	将对一个人或某种情况的负面情绪转移到另一个人或另一种情况上。〔一名学生将其对她的教授（权威人物）的愤怒，转变成对她的男朋友的愤怒，后者是一个更安全的目标。〕
理智化	通过思考或谈论而不是直接体验来避免不可接受的情绪。（一个人和她的顾问谈到她很伤心，但没有表现出任何悲伤的情绪迹象，这使她更难理解悲伤对她生活的影响。）
内射	将另一个人的特征融入自我，以避免直接冲突。最初对另一个人感受到的情绪现在变成了对自我的感觉。（一个受虐待的女人会对自己感到愤怒，而不是对虐待自己的伴侣感到愤怒，因为她已经接受了他的看法，认为自己是一个不称职的照顾者。如果她不这么认为，她就会更担心自己所渴望的恋情可能会结束。）
情感隔离	有意识地在"安全"环境中体验一种情绪，而不是在"威胁"环境中第一次无意识地体验这种情感。（一个人在家庭成员的葬礼上不会感到悲伤，但是下一周在宠物死亡时会无法控制地哭泣。）
投射	将不可接受的想法和感受归咎于他人。（一个男人不想对他的女朋友生气，因此当他对她感到不满时，他会通过假设她对他生气而避免拥有这种情绪。）
合理化	使用令人信服的理由为自己的想法、感受或行为辩护，以避免认识到它们真正的潜在动机。（一名学生在应对错误例如考试中作弊时，会辩解说那是因为自己上周病得太厉害，没有做好准备。）

63	反向形成	用有意识的行为取代不必要的无意识冲动。（一个人不能忍受对他的老板生气，因此在冲突中，他说服自己，老板是值得忠诚的，他会尽他所能去做一个善良的人。）
	退行	恢复与早期发育阶段或功能水平相关的行为，以避免出现焦虑。这种行为可能有助于解决焦虑。（当一个年轻人无法掌握电脑相关任务时，他会发脾气，以此来发泄他的挫败感。那个受到惊吓的电脑技术人员原本不愿关注这一情况，但现在他站出来提供了帮助。）
	抑制	将不必要的想法和感受完全排除在意识之外（这样它们就不会以任何方式表达出来）。
	躯体化	将无法忍受的冲动转化为躯体症状。（一个无法表达负面情绪的人会经常肚子痛。）
	升华	将冲动从社会不可接受的目标转变为社会可接受的目标。（一个愤怒、好斗的年轻人成为他学校辩论队的明星。）
	抵消	用一种补偿行为来消除不受欢迎的冲动。（一个男人因为对同事有好色的想法而感到内疚，他试图通过给妻子买一件特别的礼物来补偿她。）

一些防御机制彼此相似。**移置和升华**就是一个这样的例子。在移置中，对一个人或某种情况的不可接受的感觉被有意识地指向另一个人或情况。对**移置**目标感到愤怒比对**实际**目标感到愤怒更"可接受"。一个研究生可能会把她的沮丧情绪发泄在室友身上，而不是真正让她生气的教授身上。升华类似于移置，但被认为更具功能性，因为它直接提高了一个人的社会生活质量。它涉及将不可接受的冲动或感觉引导（移置）到社会可接受的渠道。其中一个例子是，一个积极进取的青少年成为学校辩论队的一名出色成员。

可以通过以下方式评估案主对防御机制的使用：

■ **灵活性与刚性**。这种行为可能适合也可能不适合社会环境。例如，有时候应该抑制愤怒（在会议上雇员对待老板），而在其他时候应该表达愤怒（在亲密的个人关系中感情受到伤害时）。一个僵化的防御性的人会在不充分考虑情境的情况下抑制或表达愤怒情绪，因此这种行为更有可能产生冲突。

■ **未来导向与过去导向**。防御机制应该促进当前和未来的适应性行为。当它们的使用基于过去不再影响案主的事件时，它们可能是适应不良的。例如，一名年轻的已婚社会工作者，因为担心找不到更好的工作而选择低薪的工作，这可能在他刚从大学毕业、没有什么工作经验的时候发挥了作用。但当这个人获得了硕士学位和更有市场价值的技能时，继续使用这种防御机制可能就不再适用了。这种合理化可能是由于害怕冒险。

■ **符合现实与扭曲现实**。所有的防御都会扭曲现实，但是人们会扭曲现实到一定程度，以至于他们失去了对环境的基本认识。一名高中生，因为担心即将到来的学期论文，可能会使用躯体化进行防御，并要求老师因其疾病而延期考试。更有问题的防御方式是，这名学生开始相信自己患了结肠癌，并要求住院接受紧急检查。

防御的复杂性：否认

否认在表 4.1 中定义为他或她对所面临的现实中一个重要方面的否定（可能是暂时的）。它是最常见的防御机制之一。否认是适应性的还是适应不良的可以由几个因素决定。首先是它的**时间**问题。当我们面对创伤性事件时，一开始否认它是很常见的。这可能会有所帮助，因为它使我们能够逐渐适应问题的严重性，避免不堪重负，并更仔细地考虑如何处理它。如果一个男人得知自己因多年滥用药物而患有可能危及生命的肝损伤，他可能会在一段时间内否认医疗报告的真实性，同时无意识地逃避事件对他未来的影响。但如果他几个月来一直继续否认医疗报告的真实性，并确信自己被误诊了，他就是以一种适应不良的方式在使用否认，因为他正在逃避治疗，并将自己的生命置于危险之中。

其次，当做与某事件有关的事情不可能的时候，否认可能是一种**积极**的应对策略，但是当理性行动可能富有成效的时候，那就是一种**功能失调**的策略。如果上述男性患有晚期肝病，无法得到治疗，那么他对病情严重性的否认不会影响他的死亡，可能会帮助他更平静地度过余生。然而，如果这种疾病是可以治疗的，他对其严重性的否认可能会导致不必要的死亡。

第三，防御的适应性取决于事件的哪个方面被否定。与上面的例子一样，这个人一直否认自己生病的事实是不具有适应性的，但是他否认疾病的**含义**（可能的死亡）可能会激励他去寻找任何可能延长他生命的治疗方法。那些最初被告知可能在几个月内死亡的病人，由于他们决心证明医生是错的，从而多活了几年，这样的事情并不少见。

三、问题和改变的性质

在自我心理学中，问题或挑战可能来自个人**内部**或个人与外部世界**之间**的冲突。也就是说，案主所经历的压力可能来自过度的环境需求（外部焦点）、不充分的自我运作（内部焦点），或者是对正常生活转变的反应（例如年龄和工作转变、为人父母、与重要他人的分离以及对健康问题的反应）。在以自我为基础的干预中，社会工作者帮助案主建立新的自我优势或更有效地利用现有的自我优势。改变体现为案主利用自我功能来增强自我理解，并更好地掌握挑战、危机或生活转变的能力。这些都是赋权活动。

干预的目标是通过自我发展（包括更多的自我理解），调整或改变环境条件，或通过在两个领域开展工作来提高个人自我能力与环境条件之间的契合度，从而提高案主的内在能力。社会工作者帮助案主获得新的解决问题和应对的技能，并通过对他们的优势、局限性和潜在资源的反思来获得洞察力（自我理解）。由此，案主可以对抗适应不良的防御，并加强适应性的防御。案主被赋予了知识或行动能力，以便更加积极主动地应对挑战。洞察力可以增强案主的凝聚力和专注力。他们应该在干预过程中提高自我指导的能力。

四、评估和干预

（一）评估

社会工作者通过询问案主以及他或她的重要他人，以及查看任何其他可用的数据源，来评估**每个**案主自我功能的优势和局限性。如果可能，应寻求病历或医学评估，以便评估可能影响某些自我功能的生理损伤的可能性，特别是刺激调节和自主功能。

评估案主的心理社会发展需要回顾过去的重要经历。自我心理学是一种发展理论，它假设我们所有人在成长过程中都经历了某些生理和情感阶段。人格发展的每个新阶段都建立在之前几个阶段之上。任何不成功的过渡都可能导致异常行为的发生，正如应对新挑战的问题模式所证明的那样。这些人在进入和适应后续阶段时会遇到困难。在精神分析理论中，弗洛伊德写过关于性心理阶段（口腔期、肛门期、性器期、潜伏期和生殖期）的论著，但自我心理学更关注的是外在环境和内部过程的阶段。其中最著名的是埃里克森（Erickson，1968）的心理社会发展阶段（见表4.2）。

66

表4.2 埃里克森的心理社会发展阶段

生命阶段	心理社会挑战	重要他人
婴儿期	信任对怀疑	母亲
童年早期	自主对害羞和怀疑	父母
学龄初期	主动对内疚	家人
学龄期	勤奋对自卑	邻居
青春期	自我认同对自我认同混乱	同伴
成年早期	亲密对孤独	父母
成年期	繁殖对自我满足	家人
成熟期	自我完善对厌恶和绝望	人性

作为这一理论的一个例子，许多年长的青少年挣扎于**自我认同对自我认同混乱、亲密对孤独**这两个发展阶段。第一阶段的共同挑战包括获得自信（对不安全感）、积极角色实验（对矛盾心理），以及对社会和职业成就的预期（对社交瘫痪）的问题。第二阶段的挑战包括发展亲密能力，而不是在家庭单位中感到社交空虚或孤立。青少年成功过渡到成人

角色将取决于他或她是否成功通过前面的发展阶段。

收集有关历史的信息可以帮助社会工作者确定案主是否可以从与特定阶段相关的新技能中受益。发展阶段理论的其他例子，包括莱文森（Levinson，1978）的男性发展阶段、科尔伯格（Kohlberg，1969）的道德发展阶段，以及吉利根（Gilligan，1982）的女性道德发展阶段。虽然所有这些对于理解情境中的人都是有用的，但社会工作专业欣赏所有人，特别是不同文化、种族和民族的成员之间的发展差异。关于人类发展还有很多需要学习的地方，社会工作者必须小心谨慎，不要古板地应用现有的发展理论。

（二）干预

社会工作者/案主关系

从理论角度来看，社会工作者/案主关系的质量对干预结果具有重要意义（Norcross & Wampold，2011）。然而，分析理论家的区别在于，他们对社会工作者/案主关系性质的关注是彻底的。（他们已经发展出更多关于这种关系的概念，甚至比以人为本的理论家还多。）在社会工作领域，珀尔曼（Perlman，1979）生动地阐述了无意识过程会如何扭曲社会工作者对案主问题及其关系的理解，反之亦然。

在基本层面上，工作联盟应该具有积极的情感纽带，其特点是合作、目标一致和某种程度的相互安慰。对于社会工作者来说，需要具备**共情**（能够准确、敏感地感知案主的感受，并将这种理解传达给案主）和**真实性**（以自然、真诚的方式进行联系）的技能。虽然这类似于以人为本的理论（在第三章中讨论过），但是自我心理学超越了这一点，它包括了社会工作者对关系的积极和消极方面的持续管理。事实上，对于一些在关系问题上寻求帮助的案主来说，随着时间的推移，检查社会工作者/案主关系可能是主要的干预手段！影响关系性质的案主因素包括自主性、动机水平、自我稳定性和文化因素（Sexton & Whiston，1994）。社会工作者可能受到挑战，特别是在长期干预中，要与案主保持可控的情感投入水平。如下所述，从业者还应该警惕移情和反移情问题。

移情和反移情

移情和反移情的概念在心理动力学理论诞生之初就出现了（Harris，2012）。它们提醒人们注意社会工作者/案主关系对干预的各个阶段的微妙影响。**移情**最初被定义为案主无意识地将情感、思想和愿望投射到从业者身上，从而代表案主过去的重要人物，如父母、兄弟姐妹、其他亲戚或教师（Levy & Scala，2012）。从业者实际上并不具备这些特征，但是案主表现得好像他或她拥有这些特征。这个概念逐渐扩展到更广泛地涉及案主对社会工作者的**所有**反应。这些反应可能基于案主过去与类似类型的人的互动模式，或者基于从业者的实际特征。

反移情最初被定义为从业者对案主的投射的无意识反应（Walsh，2011）。这个概念也扩展到涉及从业者有意识和无意识的需求和愿望对他或她对案主的理解的影响。它还指从业者对案主类型的有意识的态度和倾向（例如喜欢与孩子一起工作或厌恶老年人）。

移情和反移情不是奇异的想法（尽管这些术语听起来很奇怪）。它们存在于每一种关系中。我们对他人的体验不仅仅是客观的现实，还包括我们希望他们成为什么样的人，或者害怕他们成为什么样的人。在每次实践中都应该考虑这些反应，以了解它们如何影响社会工作者对案主的看法（反之亦然）。社会工作者对自己情绪反应的认识促进了干预过程，因为这有助于从业者更好地理解他或她所做决定背后的理由。

社会工作者可能经历的一些常见的反移情反应包括：害怕或急切地期待看到一个案主，在非工作时间过度思考案主，难以理解案主的问题（它们可能与社会工作者自己的问题相似），对案主感到厌烦或留下过度深刻的印象，因为非特异性的原因而对案主感到生气，被案主批评时感觉受伤害，为案主做他或她自己能做的事情，对讨论某些话题感到不舒服（Hepworth, Rooney, Rooney, Strom-Gottfried, & Larsen, 2012）。但是，只有当这些反应导致从业者的决策是基于他或她的感觉而不是案主的目标时，这些反应才有问题。以自我心理学理论为基础开始工作的从业者，应该在整个干预过程中监控自己和案主的移情和反移情，以确保这些反应不会干扰案主实现目标的过程。

干预策略

自我心理学干预最好被理解为一般策略而不是具体指令。对于寻求更明确干预指导的学生和年轻从业者来说，这一点有时令人沮丧。社会工作者需要根据案主的具体需求定制这些一般策略。

自我心理学包含两种基本类型的干预策略（Woods & Hollis, 2000）。在评估案主的自我功能相对完整性之后，从业者选择**自我维持**技术。这些技术可以帮助案主更清楚地了解他或她的动机和行为，然后动员起来解决目前的困难。它们包括**维持**（发展和维持积极的关系）、**探索/描述/宣泄**（鼓励案主的情绪表达以缓解其压力，以便更清楚地了解问题），以及**个人-情境反思**（解决目前的困难）。从业者还可以向案主提供**教育**，通常涉及环境资源和**直接影响**，特别是当案主处于危机之中，暂时无法对自我护理进行良好的判断的时候。

当案主体验到需要探索过去经验和无意识过程的不适应功能模式时，主要的**自我修正技术**是**发展性反思**。社会工作者通过探索案主的行为模式来促进案主的自我理解，为关系模式提供新的解释，使案主能面对适应不良的防御，并引导案主进入正确的人际关系体验。

下面将详细描述这些干预措施。

探索/描述/宣泄

社会工作者引出案主对关注领域的想法和感受，并帮助案主表达和探索它们。从业者使案主保持对主题的关注，但在其他方面允许案主驱动该过程。结果，案主得到了帮助：

■ 感觉不那么孤单和不知所措。

- 控制失能情绪。
- 将问题视为更易于管理。
- 有动力采取行动。
- 具有更大的希望、信心、动力和自我接纳。
- 更清楚地认识和理解他或她的情绪反应。
- 获得更大的洞察力。
- 减少防御性。
- 对社会工作者进行积极的移情。

对于一些具有相当自我力量的案主，当他们焦虑或处于危机之中时，这种干预可能也 *69*
足以解决问题。

维持

这是一种看似困难的干预策略，随着时间的推移，它在社会工作者/案主关系中变得越来越重要。社会工作者积极和共情地倾听案主，传达持续的善意态度（即使是沮丧或愤怒），表达对案主的信任，运用非语言方式传达兴趣，并切实地向案主保证他或她具有实现目标的潜力。这一过程可能具有挑战性，因为社会工作者必须微妙地平衡对案主的支持性和对抗性信息。该策略的目标如下：

- 促进信任关系。
- 培养社会工作者的关怀意识。
- 为关系异化提供解毒剂。
- 提高案主的士气和坚持的决心。
- 激发并保持对求助的期望。
- 创造一种支持性氛围，从而可以建设性地对抗。

个人-情境反思

通过这一策略，社会工作者首先促进探索/描述/宣泄，然后引导案主对与呈现的问题相关的思想和感受进行有针对性的详细审查。社会工作者可以采取以下措施：

- 发表评论，提出问题，提供初步解释，并提供非语言的沟通，以提高案主的反思能力。
- 引导案主讨论采取某些行动带来的利弊。
- 采取适度的指导性和结构化立场，**可能**包括对抗。
- 对案主的行为提供此时此地的解释。

通过这个过程，社会工作者可以提升案主评估情感、自我概念和态度的能力，使之了解他人或某些外部情况，深入了解他或她的行为的性质及其对他人的影响，并用更好的判断来考虑更广泛的问题解决方案。

建议和指导（直接影响）

没有实践理论主张社会工作者经常向他们的案主提供建议。该职业的价值观要求案主有责任解决自己的问题。尽管如此，社会工作者偶尔还是需要向案主提供一些建议，让他们了解自己的思维方式、感受或行为。这通常是暂时的，只适用于案主无法做出良好判断的情况，例如处于危机时期、具有精神病性或自我毁灭的想法。应该始终做到满足案主的需求，而不是从业者希望案主根据从业者的偏好行事。

社会工作者的干预可能包括陈述意见，强调案主正在考虑的行动方案，或者强烈警示案主。如果案主请求建议，社会工作者应该探究案主请求建议的原因。社会工作者可以选择拒绝该请求，转而进行更具反思性的讨论。如果可能的话，即使提供了建议，也应在反思性讨论的背景下直接给予影响；社会工作者可能会引导案主做出决定，而不是提供直接的建议。社会工作者当然应避免就重大人生决定（无论是结婚、辍学还是接受或离开某项工作等）提供建议，并经常与案主讨论给出建议的利弊。

局部化（结构化）

许多案主受益于社会工作者帮助他们将问题分解为可以按顺序解决的微小的"单位"。这对于那些感到不堪重负或难以专注于他们问题的案主尤其有用。社会工作者的行动包括集中案主的注意力，尽可能在他们的工作上设定时间限制，分配（相互发展的）任务到会谈之外去完成，并概括说明如何将计划和他们的时间结合起来。社会工作者还可以让案主参与上述策略的反思讨论，改善案主解决问题的取向。这些干预措施可以通过减轻不堪重负的感觉，提供行动焦点，并提供新的学习机会，使案主受益。通过分割化策略产生的成功，可以增强案主的掌控感和能力。

教育

大多数理论承认，从业者将会为各种目的充当案主的教育者。在自我心理学中，社会工作者可以向案主提供关于环境资源和案主的生理、心理或社会功能等相关问题的信息（例如饮食、放松、社会互动的益处或药物的作用）。社会工作者还可以教育案主他们的行为对他人的影响，以及他们环境中重要他人的需求和动机。这些干预措施通过增加案主的选择、问题解决活动的"知识储备"和他们的洞察力来帮助案主。在自我心理学中进行教育的方式与许多其他理论中的方式并没有根本的不同，除了这些从业者可能更倾向于促进对教育资源的反思性讨论。

发展性反思

这是自我心理学干预中自我修正的第二个"层面"独有的策略。社会工作者让案主参与有关他或她过去生活和关系的反思性讨论，目标是让案主更深入地了解他或她目前的自我和关系模式在过去的经历和关系中的起源。这是独一无二的自我心理学策略，社会工作者可能故意唤起案主的焦虑。这样做有时是必要的，可以帮助案主面对并经历可能被压抑的、与棘手的人际问题有关的令人不安的情绪，从而使他或她可以不再受其影响。在发展性反思中，社会工作者可以采取以下措施：

- 通过评论、提问和试探，探讨案主现在和过去经历之间的联系。

- 帮助案主更好地理解（解释）可能影响当前问题的过去问题，然后找到处理它们的方法。
- 适当地面对适应不良的想法、感受和行为。
- 将临床关系作为例子，讨论案主其他重要关系的性质。

该策略有助于案主识别长期存在的心理运作模式，包括防御及其有效性；重新思考过去的心理模式以及它如何影响当前的行为；深入了解源于非理性情感或人际冲突的行为模式；尝试新的思维方式和行为方式。

在讨论了自我心理学中几个更重要的问题之后，这些干预策略将被应用于两个案例。

结束自我心理学干预

鉴于自我心理学的评估和干预概念的抽象性，与案主确定合适的终点并不总是容易的，这不足为奇。这里提供了几个结束原则。第一，除了评估呈现的问题的解决程度，社会工作者还可以与案主一起审查作为干预重点的每个自我功能的状态（Walsh，2007）。重要的是与案主沟通，在关系结束后可以进一步加强自我功能。第二，社会工作者可以帮助案主设计持续自我反思的策略。

应该帮助案主审查与他或她呈现的问题相关的过去、现在和未来。案主最近的情况可以通过审查干预过程来处理。当下的情况可以通过案主的现状反映出来，聚焦于案主的新知识和技能。展望临床环境之外的成长机会有助于案主建设性地展望未来。

五、灵性和心理动力学理论

案主的灵性或存在问题可以在自我心理学和客体关系理论中得到解决（在下一章中讨论）。这两种心理动力学理论都假定存在驱力，其中之一就是掌控和胜任的驱力。从这种驱力的存在可以看出，人们努力去理解他们所处的环境，目的是找到对他们生活的满意感，并为他们的生活寻找方向。灵性问题是这一驱力的核心。

意义疗法是一种有用的存在主义/灵性视角，源自心理动力学理论（Frankl，1988；Lantz & Walsh，2007）。在这种实践方法中，**追求意义的意志**被概念化为掌握的驱力的一个方面。获得满足我们本性的东西是一种基本的、持久的趋势。我们都有这种天生的动力来创造或发现生命中的意义和目的，超越我们的物质存在和生存。许多人不经常反思他们的精神自我，因为承认超越自我的目的还包括对脆弱、责任和潜在损失的认识。一个人对痛苦、内疚和死亡的体验是普遍存在的，可以导致这种意志的压抑。

自我心理学和客体关系理论认为，我们利用各种防御机制来最小化焦虑对我们生活的影响。掌控和胜任的驱力和其他冲动一样，也受到同样的防御活动的影响。同样，寻求意义的动机可能会被压抑为无意识，结果是我们仍然没有意识到它的影响，而意识则被不那么具有威胁性的思想所占据。然而，这并不能令人满意地解决焦虑问题，因为我们可能会产生间接的痛苦症状。例如，案主的沮丧可能与他避免做出任何个人承诺的事实有关，因为他害怕随后失去这些关系。也许该案主曾经遭受过可怕的损失，因此压抑了追求意义的动机，并使自己脱离了发展新关系的机会。

使用自我心理学或客体关系理论的社会工作者可以从众多策略中进行选择，包括探索和宣泄、教育、直接建议、生活重构和反思，以帮助案主解决他们的灵性问题。从业者的任务，应该是帮助案主觉察到被无意识回避的精神冲动。虽然可以促进成长，但对于案主来说，这可能是一个痛苦的过程，因为精神上的忧虑很难被轻松处理。当然，是否干预这些心理问题，最终由案主自己决定。

六、关注社会正义问题

《美国全国社会工作者协会伦理守则》（2008）指出，社会工作者应该挑战社会不公正。这可以通过社会变革活动来实现，特别是对弱势和受压迫的个人和群体。自我心理学可以提供给家庭和团体，但从概念上讲，它更侧重于与个人合作。它关注案主系统与其环境之间的互动，但其最高度发展的概念却基于个人的特征。这一方面反映了它的精神分析理论根源，另一方面似乎也限制了它对集体社会变革活动的促进作用。虽然没有任何东西禁止自我心理学取向的社会工作者帮助案主参与更大的系统变革活动，但其理论中的任何内容都没有鼓励这些干预措施。

73 尽管如此，自我心理学仍然可以增强案主的能力。自我理解的增强以及对自己的优势、局限性和资源的更大认识（掌控感和胜任感的增强），可以解放那些被压迫和感到无力的人。此外，自我心理学的短期策略可以灵活地应用于不同背景的案主。图4.2总结了社会工作者在关注案主生活的特殊社会文化背景时必须注意的环境问题。因此，自我心理学在其社会正义活动方面并不突出，但它可以用来帮助案主朝着这样的目标前进。

七、案例说明

（一）愤怒的律师

下面的案例描述了一名患有精神病性障碍的女性杰姬（Jackie）。自我心理学通常被认

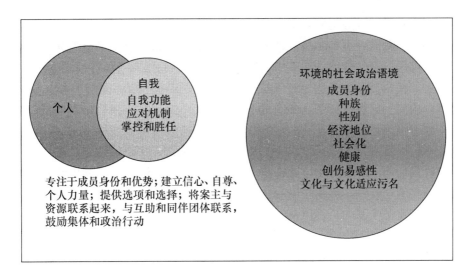

图 4.2　自我与环境：多样化的人群

为不适合患有此类疾病的人，因为这些案主通常需要接受具体的干预，如药物治疗、教育、社交技能训练等。但是，自我心理学强调案主/社会工作者关系的重要性，这使得它与那些有思维障碍的人一起工作很有用，他们通常对干预有着矛盾的态度。在这种情况下，案主的成功参与和她拒绝参与该过程之间是有区别的。

在 90 天的考察期中，杰姬已经从精神病院出院 45 天。在考察期结束之前，法律要求她接受精神卫生机构的干预。她是一名 40 岁的单身黎巴嫩裔美国女性，拥有法律学位，被诊断患有妄想症。做出这个诊断的依据是：一个人经历非奇异的妄想（涉及现实生活情况的错误信念），但是没有幻觉，并且除了涉及妄想的事件，还有很好的社会功能。杰姬的考察期处罚是她变得偏执和激越的结果，这严重影响了她的工作能力。在与邻居和警察发生一系列对抗后，她需要被家人强行送往精神病院。

杰姬在自我功能方面的缺陷包括糟糕的现实测试和判断能力（这种行为方式损害了她的职业和声誉）、对否认和投射的不适当使用（偏执狂的特征），以及冲动控制的问题（公开辩论）。她的优势包括精通业务（几个研究生学位和一次专注于少数族裔案主的法律实践）、良好的客体关系（有一个支持性的家庭），以及连贯的身份感。杰姬显然是一个不情愿的案主，对她的医生希望她服用药物感到愤怒。杰姬确信自己的认知是真实的，并且觉得大多数人不如她聪明，都是政府阴谋中不知情的爪牙。她明确表示，她来该机构只是因为法律授权。此外，她警告机构工作人员不要做任何可能成为诉讼依据的事情。

杰姬对自己处境的看法是被迫服从不公正的法律命令。出于这个原因，她觉得她只需要出席预定的会谈，并在剩余的 45 天内接受药物注射。她预期社会工作者将会试图说服她需要治疗，就像医院的其他人一样。显然，对她而言，权力不平等问题是她发展合作关系的主要障碍。它要求她服从社会工作者和机构的意愿。

然而，在1个月内，杰姬和她的社会工作者蒂姆（Tim）建立了稳固的工作关系。社会工作者依靠探索/描述/宣泄、个人-情境反思和支持来吸引案主。在了解杰姬对该机构的消极态度后，蒂姆鼓励她表达她对监禁和门诊承诺的负面情绪。除了定期的会谈，他什么都不问她。他们一起协商细节，并同意每两周会面一次，在中介机构和她家之间轮流进行。社会工作者很想让杰姬留在她的"地盘"上，这样她就可以放松下来，并对情况有更多的控制。通过这种方式，他还可以见到她的父亲和妹妹，并评估他们在杰姬治疗中的潜在作用。在他们的前三次访问中，蒂姆除了要求杰姬分享她激动人心的生活故事，没有做什么。她很高兴他这样做，感觉自己受到了尊重。蒂姆尽可能表现得没有威胁性。杰姬很快平静下来，停止了愤怒的长篇大论，开始重视这种新的关系，尽管她仍然不认为自己需要服务。

蒂姆避免参加她的药物治疗预约活动，以免卷入那些权力问题。他和机构代理医生达成协议，为了案主的利益，医生会自己承担"坏人"的角色，直到杰姬如他所愿服用她的药物为止。通过这种策略，杰姬可以继续将社会工作者视为支持者，并保持积极的移情。从长远来看，杰姬与两名工作人员合作得很好。

75 这位社会工作者很快邀请杰姬与他谈谈她职业生涯中的一些挫折，以及她如何努力解决这些问题。蒂姆认真倾听了她对别人迫害的描述，既不同意也不反对事件的真实性。他了解到她的家庭关系，以及她在考察期后打算如何寻找工作。蒂姆鼓励杰姬将重返工作岗位作为目标，然后思考她目前面临的挑战。杰姬开始觉得社会工作者真心想要帮助她，并没有打算像其他人那样，利用自己的权力进行强制性干预，比如转介职业咨询。他告诉她，当她的考察期结束时，他将会向有关当局报告她遵守法律规定的情况。

蒂姆没有急于采取各种干预措施。他允许这个多疑的女人有时间去了解他（分享他自己生活的一般细节），并测试他对她的兴趣的有效性。蒂姆使用宣泄技术，鼓励她谈论自己的家庭和事业。他引导她进行个人-情境反思，思考是什么让别人相信她患有精神疾病。蒂姆成为一个值得信赖的知己，而不是一个不诚实的人，因此杰姬变得愿意与他分享更多的个人关注。

当杰姬对蒂姆感到满意时，他开始提供其他干预措施，包括有关工作可能性的教育以及将她的个人目标分成更小的子目标。他试探性地提供了一些直接影响，例如就她如何最好地准备面试提供一点意见。在她的考察期结束时，杰姬决定继续留在心理健康机构接受服务。她仍然偏执，但不那么偏执了（部分由于药物作用），并且能够在有限的社会和职业范围内正常工作。在考虑人生重大决定时，她把社会工作者作为一个征求意见的平台（他没有给出任何建议），并继续服用药物，她认为这些药物可以控制她在应对新挑战时的焦虑。杰姬一直热衷于教会活动，但新的灵性感出现了，她希望帮助其他黎巴嫩裔美国人。她决定努力为该地区的黎巴嫩专业人士启动一个月度支持性讨论小组。杰姬最终找到了兼职工作，担任大学讲师和税务检查员。她与蒂姆会面的频率逐渐减少到每月一次。几年后，当他离开时，他将她转介给另一位机构从业者。

（二）创伤后应激幸存者

海蒂（Heidi）是一名 29 岁的已婚母亲（有一个 12 岁的儿子），她来到心理健康中心，希望缓解与工作和婚姻有关的压力。海蒂是一家杂货店负责记账的助理经理，她希望能更有效地工作，并有资格获得晋升。在评估过程中，社会工作者简（Jan）注意到了海蒂在结婚前的性行为史以及她在工作中的强迫性行为模式。她进一步注意到海蒂倾向于将问题理智化（严格的防御）。简还对案主的智慧、动力和韧性留下了深刻的印象。

为了与案主的既定目标保持一致，简提出了一种基于应对技能发展的行为干预策略。她们一致同意，海蒂（a）一回到家就会找一个舒适、僻静的地方，用来回顾审查她一天的工作；（b）与她的丈夫（他不愿来到中心）建立每天沟通的习惯，讨论他们的情绪、共同计划和养育子女的责任；（c）学习一系列放松活动。简开始通过教育和结构化实施这些策略。她还鼓励案主反思她的情感生活，因为简不想支持海蒂的理智化倾向。社会工作者帮助海蒂设计了一套定期锻炼的方案（步行）以减轻她的紧张情绪，她还鼓励案主更频繁地联系几个朋友作为社交渠道（海蒂不愿意和其他人接触）。

简估计海蒂将在 6～10 个疗程后取得显著改善（该机构允许最多 16 个疗程，除非获得特别许可），他们同意在六周后审查他们的工作。从她的自我报告中可以看出，海蒂在管理自己的工作职责方面进步很快。但她与丈夫的互动并不那么成功，尽管社会工作者花了很多时间帮助她排练策略以便更好地与他联系。简注意到，随着时间的推移，海蒂在会谈中变得更加放松，并且能更自由地分享个人信息，这是她们确立积极的工作联盟的证据。

然而，在她们的第四次会谈之后，海蒂的抑郁和焦虑增加了。简观察到案主分享的个人内容越多，她所体验的负面情绪就越多。海蒂最终承认，她实际上是她父亲长期性虐待的幸存者，这种性虐待从 5 岁开始一直延续到她的高中时代。她深刻地补充说，作为一个年轻女孩，她学会了压抑自己的情绪，以此来应对这种创伤。目前的干预措施重新唤醒了她的一系列情绪，她正在失去控制它们的能力（不良的刺激调控）。海蒂正在经历失眠、噩梦和注意力不集中。最令人不安的是，她开始体验到更多的虐待记忆。她越来越意识到父亲的行为，并被愤怒、绝望、羞耻、内疚和抑郁所淹没。她承认偶尔会有自杀意念。

简觉得她们的工作正处在一个转折点。海蒂曾寻求帮助来处理一系列问题，但又出现了另一组问题。在这种新的压力下，海蒂的判断开始受到影响，她的认同感变得混乱（感受到了父亲的强烈影响，尽管他并没有在场）。虐待记忆使她对其他人的信任度降低，尤其是男性，这对她日常的客体关系产生了负面影响。简认识到，为了让海蒂控制自己受虐史的影响，她需要探索自己的情感，而不是逃避。这样一来，在形成新的自我控制之前，海蒂可能会变得更加痛苦。社会工作者建议，并且海蒂也同意，她们一起扩大工作范围，在行为干预的基础上，使用自我心理学的个人-情境和发展性反思技术，以便案主能够面对和管理因虐待而产生的负面情绪。简还提议，日后将会把海蒂转介给由另一个机构的社会工作者领导的虐待幸存者小组。

新的扩展的干预目标包括增强海蒂的外部社会支持（包括与丈夫的沟通）、虐待历史意识、自我控制感、愤怒管理技能、管理负面情绪的能力，以及自尊。简首先帮助海蒂巩固了友谊和积极的家庭支持，作为当她感到不堪重负时可以利用的资源。当海蒂要求药物治疗时，简让她去咨询代理医生进行药物评估，并开了一种抗抑郁药。社会工作者还向该机构的同行评审小组提交了这一案例，要求延长护理时间，最终获得了最多 16 次额外会谈的机会。

海蒂和简一起平衡案主对养育和支持的需求，同时也兼顾案主面对虐待历史和家庭创伤的需求，并学习如何应对这些问题。从她的自我心理学理论框架出发，简鼓励一个循序渐进的反思过程，为海蒂提供指导，并建议限制她自我探索的节奏。简帮助案主放弃了一些防御策略并加强其他策略，建立了自己的个人优势，并继续发展应对压力的技能。鉴于该机构对服务提供的限制，她们每月进行三次会谈，为期 6 个月。大家一致同意，海蒂可以在遇到困难时每周给简打一次电话，询问她该怎么做才能让自己平静下来。

社会工作者需要与机构精神病学家、当地危机处理机构（海蒂进去过三次）的工作人员，以及精神病医院的工作人员建立联系，在那里她曾因自杀意念入院一次。简通过绘制海蒂自我报告的焦虑发作、自我伤害感、打电话和拜访朋友、与配偶交谈以及富有成效的工作日的频率图来监测海蒂的进展情况。干预有助于海蒂更好地了解她的需求、冲突和资源。这有时也会增加她的压力；海蒂的心理成长是不稳定的，但却是持续不断的。她能够对自己的人生目标以及与家人和朋友的关系做出更好的决定。

简将家庭和小组工作融入干预方案。她观察到海蒂越来越避免与丈夫分享她的感受。此外，海蒂和她的丈夫似乎有时会把注意力集中在他们的儿子身上，这很大程度上是为了避免彼此之间的关系。他们的儿子正经历着青春期常见的与父母分离的冲动，他对他们抵制他的改变感到沮丧。在 3 个月的临床关系中，海蒂同意简的建议，让她的丈夫来参加了几次婚姻咨询。简了解到海蒂和她丈夫已经形成了回避亲密关系的相处模式。海蒂和丈夫的关系有所改善，他们可以在诊所的支持气氛中更公开地谈论自己的需求和感受。海蒂发现丈夫比她想象的更支持她。尽管如此，在治疗接近尾声的时候，她还是决定离开他，据称这是为了测试她照顾自己的能力，但同时也表明她在质疑自己对婚姻的承诺。

在海蒂的个人干预即将结束时，她参加了针对性虐待幸存者的小组活动，这是一个每两周会面一次的开放式团体。领导这个团体的社会工作者组织这个活动的宗旨是相互支持，而不是为 10 名成员提供有洞察力的发展经验。领导者向成员们提供了有关性虐待的普遍情况和他们对创伤的正常反应的教育材料。海蒂仍然在为自己需要面对虐待历史的现实和后果而苦苦挣扎，但她表示，这个群体让她感觉不那么孤独了。她在那里发展出了额外的支持关系。

当海蒂决定在 24 个疗程后停止治疗时，所有的干预都结束了。6 个月来，她一直在面对自己的虐待史，并了解到，她可以将这些事实融入自己的自我意识中，而不会压抑自己的所有情绪，在工作中迷失自己，或寻找其他人来拯救她。海蒂对自己和她的过去并不完全放心，但她学到了很多东西，现在想把精力集中在其他的生活追求上，包括她对独自生活的适应。简同意她想结束的愿望表明了海蒂的成长。案主已经准备在没有医生支持的情况下继续她的生活。她一生都在追随别人的脚步，现在却已决定要控制自己的生活了。

八、有效性的证据

心理动力学理论具有**个案研究**的悠久传统，作为评估干预过程和结果的手段（Lantz & Walsh，2007）。在个案研究中，从业者讨论案主、家庭或团体的特征，他们自己的想法和行动，案主系统是否得到了改善，过程是否进行了适当的处理。这些研究通常很有趣，很有指导意义，而且细节丰富。它们也往往缺乏外部的验证来源，除了有时来自案主的报告。这些文献包括数百个自我心理学理论家和实践者写的关于单个案例，或总结出的关于从他们自己的实践中得出的一系列案例的文章。许多自我心理学的支持者认为，这一传统提供了一个有效的方法来考虑其有效性，并进一步认为许多其他理论家在他们自己的结果研究中忽视了干预过程的复杂性。

第二章指出，个案研究方法对于一些从业者来说并不令人满意，他们认为这种方法过于主观而且缺乏普适性。过去半个世纪发展起来的理论更多地依赖于实验性、准实验性和结构化的单学科评估方法。评估自我心理学的一个挑战是，其相对非特定的干预策略使得难以确定从业者是否实际上严格地从该方法开始工作（尽管如我们将要看到的，这可能对其他理论也是如此）。从业者并不觉得这是一个问题，而是认为所有案主都是独特的，并且应该得到个性化的干预。值得注意的是，本书提到的一个最新理论——叙事理论，也将个案研究作为理论描述和评价的主要方法。

这里列出的只是个案研究的几个例子，在这些个案研究中，自我心理学被发现对不同的案主群体都有效。他们包括冲突中的夫妻（Uhinki，2001）和家庭（Nichols & Schwartz，2007）、精神分裂症患者（Leffel，2000）、酗酒母亲的孩子（Dingledine，2000）、少数族裔青少年（Gibbs，1998）、非裔美国成年人（Manning，Cornelius，& Okundaye，2004）、经历哀伤反应的成年人（Meuser，1997）、物质滥用障碍患者（Murphy & Khantzian，1996）、边缘型人格障碍患者（Clarkin，Levy，Lenzenweger，& Kernberg，2007）和群体（von Held，1987）、接受音乐治疗的精神疾病患者（Nolan，1994）、情绪和行为障碍儿童（Perris，1992）、遭受性虐待的儿童（Lovett，2007）、乱伦幸存者（Kramer & Akhtar，1991）、危机中的个人（Sands，1984），以及患有抑郁症的案主（Werner，1983）。

尽管如此，最近仍然有一些研究尝试使用实验设计来测试心理动力学干预的有效性。福尔克·莱瑟林（Falk Leichsenring）及其同事进行了几项关于心理动力学治疗的随机对照试验（RCT）和准实验性试验的荟萃分析，其中自我心理学是一种主要的研究对象。在一个项目中，莱瑟林（Leichsenring，2005）回顾了心理动力学疗法针对特定精神疾病的疗效的实证证据。在 1960—2004 年发表的研究中有 21 项随机试验为心理动力学疗法治疗抑郁症（4 项试验）、焦虑症（1 项试验）、创伤后应激障碍（1 项试验）、躯体形式障碍（4 项试验）、神经性贪食症（3 项试验）、神经性厌食症（2 项试验）、边缘型人格障碍（1 项试验）、C 组人格障碍（1 项试验）和物质滥用障碍（4 项试验）的效果提供了证据。

莱瑟林、拉邦和雷宾（Leichsenring，Rabung，& Leibing，2004）测试了短期心理动力学心理治疗（STPP）在特定精神疾病中的疗效。他们选择了 1970—2004 年发表的 17 项 STPP 研究，这些研究使用随机对照试验、治疗手册（确保干预措施的完整性和一致性）、经验丰富的治疗师以及可靠有效的诊断措施。STPP 对患者的目标问题、一般精神症状和社会功能产生了显著的影响。莱瑟林和雷宾（Leichsenring & Leibing，2007）随后回顾了 STPP 与认知行为疗法（CBT）或行为疗法（BT）相比在抑郁症中的疗效。只有进行至少 13 次治疗的研究才能包括在内。这样，有 6 项研究符合纳入标准。在所进行的 60 项比较中，有 58 项表明 STPP 和 CBT/BT 在抑郁症状、一般精神症状和社会功能方面没有显著差异。因此，STPP 和 CBT/BT 似乎是治疗抑郁症同样有效的方法。

最近，一组研究人员回顾了 STTP 对患有一系列常见精神障碍的成年人的最低治疗和非治疗控制的效果（Abbass，Town，& Driessen，2012）。他们查阅了 23 项研究，涉及 1 431 名随机患者，这些患者的症状包括躯体、焦虑、抑郁和适应障碍等问题。大多数疾病类别的结果表明，在中期和长期随访中，治疗组得到了显著的改善。在评论这些和其他研究时，希德勒（Shedler，2010）注意到了一个经常性的发现：与其他干预措施相比，自我心理学和相关干预的疗效不仅持续存在，而且还有随着时间的推移而增强的趋势，这来源于几个独立的荟萃分析。

虽然上述研究令人鼓舞，但自我心理学和其他心理动力学干预因缺乏足够的有效证据而继续受到批评。许多专业人士不重视评估的个案研究方法，大多数从业者同意应该对这些干预措施进行更多的比较研究。希德勒（Shedler，2010）在他对文献的回顾中反驳说，大量的研究支持了自我心理学和相关干预的有效性，而感知和发现之间的差异可能与一种偏见有关，这种偏见源于对过去精神分析之"傲慢"的挥之不去的学术厌恶。不管这是否属实，大多数人都同意，未来的过程研究应该关注自我心理学从业者和其案主之间的复杂互动，以及治疗效果的具体衡量标准。

九、对理论的批评

虽然自我心理学曾经是社会工作专业最广泛使用的实践理论，但在过去的 35 年里，自我心理学（以及所有心理动力学理论）受到了越来越多的批评（Rosen & Proctor，2002；Goldfried & Wolfe，1998；Conte，1997；Myers & Thyer，1997）。其中主要的批评包括：

- 理论侧重于模糊的概念（例如自我、驱力和防御机制）。
- 干预策略比较抽象，难以实施。
- 尽管强调人们对掌控和胜任的驱力，并且将防御机制视为适应性的，但这个理论似乎仍然是以缺陷为导向的。
- 自我心理学中常用的发展理论（例如心理性欲理论、心理社会理论和道德理论）没有充分尊重人类的多样性。
- 干预策略是开放式的，因此在当今时间有限的实践环境中是不切实际的。
- 如果没有更具体的指标，很难评估干预效果。从业者对个案研究结果的报告似乎是主观的。需要对前面描述的类型进行更多的控制性研究。
- 自我心理学可能无法充分促进对社会变革活动的追求。

为了回应这些批评，自我心理学的支持者近年来已经做出调整，特别是通过设计有针对性的短程干预方法来解决直接实践中的改变问题（Abbass，Town，& Driessen，2012；Goldstein & Noonan，1999）。

十、总结

自我心理学存在的时间比本书中其他任何实践理论都要长。作为一种心理动力学理论，它认识到无意识心理过程对人类行为的影响，并提出了一种全面的人类发展心理学。它的许多干预技术都致力于揭示无意识的思维过程，但其他理论技术则专注于"此时此地"。自我心理学对社会工作者/案主关系对改变过程的影响非常敏感，并强调案主反思自己的想法和感受的重要性，这是在面对挑战时发展掌控感和胜任感的一种手段。近年来，这一理论在某种程度上已经失宠，因为它在历史上一直是一种开放式的、抽象的方法，不容易进行实证检验。尽管如此，许多社会工作者仍然使用其概念来指导他们的评估，还有许多人发现其干预策略对许多类型的案主都有用。

十一、讨论的话题

1. 自我心理学认为，一个人当前社会功能的质量在一定程度上是他或她先前发展阶段的结果。从埃里克森的心理社会理论的角度来看，一个人在过去如何处理一个关键生命阶段的方式，可能会影响目前的行为，而个人往往没意识到这种影响。

2. 自我心理学对分析思维的一个主要贡献是提出了掌控和胜任驱力的概念。讨论这个驱力意味着什么，以及你是否同意它的存在。

3. 考虑每一种防御机制（或其中的一部分），并举例说明如何将其作为有效或无效的应对策略加以利用。

4. 简要描述两种类型的案主：一种案主的个人-情境反思可能是一种足够的干预，另一种案主则可能需要发展性反思来解决问题。这两种类型的案主有什么不同？

5. 建议和指导（直接影响）的干预策略似乎与自我心理学对反思技巧的强调背道而驰。讨论这种策略可能适用的临床情况的例子。

十二、课堂活动/角色扮演的设想

1. 向班级展示一个案例场景，将信息限制为案主的描述、他或她呈现的问题和代理类型。将班级划分为角色扮演小组，每个小组由三名学生组成——一个案主、一个社会工作者和一个观察者。给每个组分配一个、两个或三个自我功能（本我、自我和超我）。要求学生/社会工作者**仅**从为他们指定的自我功能的角度评估案主。之后讨论如何从案主那里获取信息来完成这项任务。在讨论过程中，询问其他小组的学生是否对评估各种自我功能有其他想法。

2. 在黑板上列出自我心理学干预策略。要求学生考虑每种技术（单独使用或与一种或多种技术组合使用）适用的案主类型。反过来，要求学生单独或组合讨论策略可能不适用的案主类型。学生对适用性的看法中可能出现了哪些一般性主题？

3. 从学生中引出各种可能适合自我心理学干预的问题情境。选择一个方案，将案主的相关背景信息写在黑板上。要求角色扮演小组的学生（同样是包括一个案主、一个或多个社会工作者和一个或多个观察者）尝试进行干预，重点关注干预策略的某些组合。随后在一个大组中讨论这个过程，包括哪些组合有效、哪些组合无效以及为什么有效。可以针对各种案主类型和干预策略的组合重复这种活动。

十三、理论大纲

焦点	自我：一种在一个人的内部需求与外部世界之间进行协商的心理结构 自我功能 无意识的思想 过去和现在的人与环境的互动
主要倡导者	哈特曼，埃里克森，霍利斯，戈尔茨坦
起源与社会背景	对弗洛伊德强调本能和最小化自我和现实功能的反应 扩展精神分析论以建立一种正常心理学的努力 社会科学与行为科学的发展 对适应能力的兴趣（优势视角） 美国文化（实用主义） 功能理论在社会工作专业中的兴起
个人的本性	自我包含适应的所有基本功能：注意、专注、学习、记忆、感知 自我调解内心冲突 掌控和胜任的驱力 生物心理社会发展阶段 生命周期事件的关键影响
主要概念	自我及其功能： ——现实验证 ——内部和外部刺激的整合 ——掌控和胜任 ——思维过程的方向 ——驱力（及其控制） ——防御/应对功能 ——判断 ——对世界和自身的感觉 ——客体（人际）关系 ——超我：良心

83

发展的概念	无冲突、自主自我功能的成熟 平均预期环境 心理社会阶段（埃里克森） 客体关系 应对和适应的过程 人与环境的相互关系
问题的性质	生活事件 遗传 健康因素 自我缺陷 适应不良的防御 内在能力与外在条件不匹配 适应不良的人际交往模式
改变的性质	自我掌控发展、危机、过渡情境 习得新的解决问题的技巧 情感上可修正的生活经验 更好的个人-环境契合度 冲突中和 反思和洞察力
干预的目标	调整防御机制 提高自我功能的适应能力 改变适应不良的人格特征和模式 提高个人能力和外在环境的契合度
社会工作者/案主关系的性质	真诚、共情、支持 积极移情的培养 注意反移情作用 利用关系来满足发展需要
干预原则和技术	自我维持 探索/描述/宣泄 维持 个人-情境反思 结构化 教育 直接影响 自我修正 发展性反思（以及上面的一些） 首先关注有意识的思想和感受 "使用自我"来提供反馈 环境利用

84

评估的问题	案主使用什么防御策略？ 防御策略有多有效？ 案主如何管理关系？ 问题在多大程度上是自我缺陷或者是与他人或环境的冲突？ 什么情况阻碍了案主处理问题的能力？ 案主的压力在多大程度上来自下列因素： ——目前的生活角色或发展任务 ——创伤性事件 ——缺乏环境资源或支持 案主有哪些内部能力和资源可以调动起来以改进功能？

资料来源：基于埃达·G. 戈尔茨坦（Eda G. Goldstein）的《客体关系理论和社会工作实践中的自我心理学》。

第五章

以客体关系为焦点的关系理论

灵魂选择自己的伴侣，

然后，把门紧闭；

对于神圣的大多数

不再显露意义。*

　　正如前一章所述，近一个世纪以来，社会工作者一直在使用心理动力学实践理论。这些理论多年来经历了相当大的演变，以便回应不断变化的社会价值观和人类功能的性质观念。精神分析之后是自我心理学，这又促成了客体关系理论、自体心理学和当代关系理论的发展。在本章中，我们将以自我心理学的材料为基础，以客体关系理论为重点，探讨关系理论，这是一个以关注人际关系在人们生活中的作用为特色的实践视角。

　　我们的首要任务是澄清**客体关系**这个词的含义。它几乎有一种机械的声音，但实际上，"客体"这个词指的是人，或是他们个性的一部分。对于社会工作来说，选择这个术语有点不幸，因为社会工作在提到人时会更加人性化。但是，除此之外，"客体关系"还有两个含义。它的一般含义是我们人际关系的质量。自我心理学把客体关系作为自我的一种功能，指的是我们在各种情境下与人保持有效关系的能力。然而，作为一种理论，客体关系更具体地指的是我们对他人和自我的内在态度，以及这些态度如何决定我们处理新关系的方式。客体关系理论关注我们关系的内部世界，并认识到在塑造我们的生活的过程中，这些关系可能比外部世界的关系更重要。一位理论家将这称为"个人情境的力量"（Goldstein，2001，p. 131）。该理论关注的是"外在的"（关系）是如何进入"内在的"

---

　　* Dickinson，E.（1927）. *The Pamphlet Poets*. New York：Simon and Schuster.

（对这些关系的持续态度），以及我们的需求如何在关系中得到满足或没有得到满足。客体关系理论还会注意关系对一个人与自我建立关系的能力的影响，即稳定地看待自我、自我感觉良好，并且在与他人分开时能够感到舒适。

客体关系理论提供了个人与家庭系统研究之间的桥梁。它代表了分析思维的转变，从关注驱力转向关注关系，以及给予每个关系相对权重。理论的核心问题包括客体的性质以及它们如何被内化（St. Clair，1999）。就像自我心理学一样，它也是一种发展理论，从展开客体关系的角度来看待人生阶段。客体关系理论对人类行为科学的贡献包括理解依恋、一个人的内心世界如何由他人的表现构成，以及平衡孤独和与他人共处之间的挑战（Goldstein，2001）。与社会工作专业一样，它认识到环境对人类发展和社会功能的影响，并重视人际关系而非独立观念。

一、起源与社会背景

客体关系理论的出现在很大程度上是精神分析思想自然演变的结果。当然，没有一个重要的实践理论是一成不变的。理论演变是一件积极的事情，表明许多从业者已经采纳了这个理论，并通过实践和研究，发现了它在某些案主群体和问题方面上的相对弱点和优势。正如前一章所述，精神分析最初侧重于驱力和一种相当悲观的人性观，其特征是持续的、不可避免的冲突。自我心理学代表了建立健康人类发展分析模型的努力。客体关系理论家，尽管他们的贡献各不相同，但他们都试图纠正对个人及其驱力的分析重点，并将关系的重要性放在首位（Flanagan，2011）。实践者对这些发展充满了热情，以至于客体关系被认为是一种独特的理论，而不是精神分析的发展。下面描述了客体关系理论发展的其他社会影响。

（一）早期养育的影响

87

有大量的研究致力于考察早期生活经历与身心健康之间的联系（Lally，2011；Gerhardt，2004）。这些研究表明，婴儿的负面经历，例如虐待、家庭冲突、贫困和情感忽视等，与成年后的健康问题密切相关，这些问题包括抑郁症、药物滥用和心脏病等。一个人早期环境的相关因素似乎改变了中枢神经系统结构的发育，这种结构控制着生理和心理应激反应（Farmer，2009）。这些结果发现倾向于支持特定互动关系（例如虐待、家庭冲突、贫困等早期负面经历）的影响将会持续终生。

你们中的许多人可能熟悉恒河猴养育实验的传统研究，以及在这个领域继续进行的研究（Suomi，2005；Webb，Monk，& Nelson，2001）。在其中的一些实验中，幼猴与母亲以不同的时间间隔分开，在另一组具有不同母亲的其他猴子中长大。在新环境下，成长晚期（3个月或6个月后）分开的幼猴表现出正常的行为。然而，那些成长早期分离的幼猴则显示出各种异常。出生1个月后分离的幼猴最初表现出极度抑郁和拒绝进食。一旦它们康复，就会表现出对其他猴子的依恋的强烈需求，并在社交分离期间表现出极度焦虑。出生1周后分离的猴子对与其他猴子的社会交往没有兴趣，而且当它们年龄变大后也并没有改变这一点。对这些猴子的尸检显示了大脑发育的变化。与主要照顾者分离的时间似乎对它们以后的发展影响很大。

这项研究在神经可塑性的概念或者神经系统被经验所改变的能力上对人类的发展有着明确的意义（Bryck & Fisher，2012）。人类可能有一个"机会之窗"，这是改变神经发育的关键时期，尽管这个窗口在神经系统的不同区域存在差异。例如，即使在生命的第二个十年，外部信号和内部生物学也都会影响神经系统的发育。尽管压力可以明显影响大脑发育，但在生命的头三年中，任何负面影响都是可逆的（Nelson，1999）。一项对2 600名本科大学生的研究发现，即使是在青春期后期和成年早期，令人满意的社会关系也与在面对急性压力时更强的自我活动和恢复行为高度相关（Cacioppo，Bernston，Sheridan，& McClintock，2000）。高水平的促肾上腺皮质激素释放激素（CRH）是长期孤独的个体的特征。至少在决定压力反应性和自我调节方面，与成年人建立稳定的情感关系，似乎至少与性格的个体差异同样重要。

总而言之，安全型依恋在塑造人类的压力反应系统方面发挥着关键作用。当婴儿开始与成人形成特定的依恋关系时，即使在引起婴儿痛苦的情况下，温暖而反应敏感的照护者的出现也能够缓冲或阻止应激激素的升高。相反，在潜在的威胁情况下，不安全的关系与较高的CRH水平相关。因此，一个人的客体关系在他或她的发展过程中至关重要。不过，必须强调的是，在这方面有很多东西需要学习。一些人遭受了严重的早期创伤，却依然成为有效的、高度功能性的青少年和成年人。婴儿和儿童具有弹性，有潜在的能力帮助他们克服早期生活的压力。

（二）依恋理论

依恋理论为理解生物学和社会经验之间的联系提供了一个有益的基础。在这里考虑一种亲子依恋模型，可能对我们是有用的（Shorey & Snyder，2006）。所有的孩子都寻求与父母的亲密接触，他们发展出适合他们所遇到的父母类型的依恋风格。安斯沃思、布莱哈尔和沃特斯（Ainsworth，Blehar，& Waters，1978）确定了三种婴儿依恋风格——**安全型**、**焦虑-矛盾型**和**回避型**。最近还提出了第四种依恋风格——**紊乱型**（Carlson，1998；Malm，1996）。

安全型婴儿的父母是敏感的和接纳性的。当母亲离开时，安全型依恋的婴儿表现得有些痛苦，但在她们回来时，婴儿会热切地迎接她们。安全型依恋的儿童不关心安全需求，因此可以自由地将他们的精力转向环境中与依恋无关的活动。不安全的婴儿，则必须将注意力集中在对表现出不一致或拒绝的父母的依恋上，而不是从事探索性行为。因为这些孩子只有表现得像不需要父母一样，才能保持与父母的亲近，所以孩子们可能学会不表达对亲密或关注的需要。

相比之下，焦虑-矛盾型依恋的婴儿，当他们的母亲离开时，就会心烦意乱。在他们的母亲回来后，这些婴儿继续痛苦，即使他们想要得到安慰和拥抱。这些孩子采用了**过度激活**策略。他们的父母虽然没有表示出明显拒绝，但他们的反应往往难以预测，前后不一致。由于潜意识里担心被照顾者遗弃，孩子们最大限度地努力维持与父母亲密的依恋关系，并对任何的威胁性线索和被拒绝迹象都保持高度的警惕。

在母亲离开和返回时，回避型依恋的婴儿都保持相对平静，似乎没有受到干扰。他们会抑制明显的痛苦表达，而不是在无法获得依恋者陪伴的情况下承受进一步被拒绝的风险，他们可能会放弃近距离观察的努力。

紊乱型依恋风格的特点是混乱和冲突的行为。这些孩子表现出同时接近和回避的行为。紊乱型婴儿似乎无法运用任何一致的策略来与父母建立联系。他们的矛盾和无序的行为反映了他们试图从被认为是可怕的父母那里获得某种安全感的最佳尝试。当孩子们感到害怕并需要安慰时，他们除了寻求同样令人恐惧的看护人的支持，没有别的选择。父母可能怀有敌意或恐惧，无法对孩子隐藏他们的忧虑。在更危险的情况下，孩子的焦虑和痛苦并没有减少，只是一个来源的压力被另一个来源的压力所替代。

尽管紊乱型依恋的儿童通常无法获得被照顾的感觉，但回避型和焦虑-矛盾型的孩子确实在满足他们的照顾需求方面取得了一些成功。

（三）当代客体关系理论

客体关系理论的最新发展包括关系理论的出现，这些理论的独特之处在于，它们认为精神生活的动力和组织者，首要的是"真实的"人际关系和社会经验，而不是"虚幻的"内在驱力（Perlman & Brandell，2010）。这些内容将在本章后面进行更详细的讨论。

现在我们来看一下客体关系理论的主要概念，这些概念都将在案主评估中被考虑到。这些定义来自弗拉纳根（Flanagan，2011）、戈尔茨坦（Goldstein，2001）和圣克莱尔（St. Clair，1999）。

二、主要概念

许多与自我心理学相关的概念也被用于客体关系理论。在本节中，我们将仅强调那些或者是客体关系理论唯一特有的，或者是在这一理论背景下以特定的方式使用的概念。

前面描述的**依恋**是客体关系理论中关键的概念。它假定，所有人都有一种与生俱来的生理需求，即为了体验健康的发展和满足他们的情感需求，都需要与他人建立依恋关系。令人满意的人类发展需要依赖正常健康的早期依恋。这与早期分析理论形成鲜明对比，包括自我心理学，后者更侧重于驱力而不是关系。正如前面所描述的动物研究所暗示的那样，可能存在一个关键时期，在这个关键时期，一个关键的心理创伤或者基因突变可能会导致长期的不良反应。

内射的过程就是对其他人的性格特征的心理"接受"。这有时被描述为自我心理学中的一种防御机制，类似于个体化。例如，如果一个孩子害怕有攻击性的父母，那么这个孩子可能会表现出（内向的）攻击性的特征，这样他就能更好地与父母相处，并且可以更好地控制和感觉安全。内射更具体地描述了一个过程，通过这个过程，当其他人（我们的照顾者）不在我们的身体附近时，我们能够将他们的意象带到我们的内心。当我们在有限的家庭或社区环境中前行时，我们可以保持父母关心的感觉。请记住，术语"内射"一词指的是这个活动的过程，而不是内容。

表征是内射的内容或结果。这是一种具有深刻情感共鸣的认知构建，类似于"心理意象"，指的是我们形成和坚持的其他人的内在形象，也许是有意识的，但往往是无意识的。这些意象的质量对于我们发展稳定或不稳定的客体关系至关重要。它们伴随着**影响**或者强烈的感情。一个例子是对父亲形象有强烈的内在感觉的个体，包括这样一个人应该表现的态度和行为（积极和消极）的范围。当遇到一个（可能年纪较大的）拥有这些品质的人时，具有这种表征的个体会体验到强烈的情绪。经常出现重大人际问题的人，处理其他人的一致性和准确表达的能力有限，并且在与他人发生冲突时，他们往往会感受到强烈的负面情绪。那些被父亲形象所吸引的个人，通常在他们面前经历强烈的积极情绪，当他们对那些人感到失望时，可能会变得极度愤怒和拒绝。

客体关系，如前所述，是一个人对他人和自我的内在态度的集合。这些都是在特殊性或者有问题的环境中，通过与重要他人的真实互动而发展起来的。我们与早期看护者的互动对于确定后期与他人的客体关系尤其重要。

"客体"一词可以用来指现实世界中的一个人，或者一个人对一个人或这个人的一部分的心理表征。内部客体与心理表征相同，但外部客体的情况并非如此。我有我已故的父亲的内在表征，也有我活着的母亲的内在表征，但我活着的母亲也作为一个外部客体存在。我和她有着真正的、持续的关系，即使我们住得非常遥远。一个客体的性质及其情感共鸣，部分基于个人的外部实际特征，部分基于我们对这个人的想法和感受。

　　部分客体是我们内化了的一个人的一个或几个特征，而不是"整体"的人。案主可能对个人的某一部分保持一种内在表征，这种表征往往是一维的（好的或坏的），而不是认为"整体"的个人既有优点也有局限性。在早期的发展过程中，案主可能将其母亲的关怀品质或其敌意品质内化为部分客体。对他人**分离出**部分客体可以帮助孩子避免失望和拒绝的感觉，将这个人视为"坏人"。这在儿童中很正常，但如果这种情况持续下去，它可以使人与他人的关系变得脆弱，甚至导致他们害怕（拒绝）。**完整客体**是对另一个人所有方面的内化。在这种情况下，案主能够整合与母亲、父亲或其他主要照顾者的满足感和挫折感的体验。这种将整个客体内化的能力代表着一种心理成熟的状态。

　　自我客体是一个人自身的内在表征。也就是说，我们将自己内化（全部或部分），以及我们将他人的经历内化。我们可能内化部分自我客体或整个自我客体，意味着我们可能会对自己产生积极、消极或者二者兼而有之（有时）的感觉。我可能会认同我的局限性（例如，有时会倾向于自私），并根据这个特征发展出一个消极的自我客体，或者我可能有一个更全面的自我表征。**真正的自我**是一种自我形象（或自我客体表征），我们在其中认识到我们拥有各种特征和需求，并且我们努力满足这些需求。相比之下，在**虚假的自我**这种自我形象中，一个人的个人需要被贬低和压抑，以尊重或服从他人。这个人围绕着顺从和取悦其他人的愿望来组织他或她的生活。真正的自我被压抑了，其中的含义是，这个人从来没有满足过自己的需求，甚至不能有意识地理解自己的需求。

　　最后，**客体恒定性**是一种成熟的心理状态，在这种心理状态下，我们能够对我们生活中重要他人保持完整的客体表征，即使与他们分离。经历客体恒定性的人即使与他人分开很长一段时间，也能保持关系。（考虑一下每隔几年才能见面的亲密朋友。）拥有了客体的恒定性，个人就可以在独处和与他人相处之间取得平衡，并且在任何一种情况下都能保持一种意识，即有人（或潜在的或有可能的）关心他们。

关系理论

　　近年来，人们将心理动力学、客体关系和人际理论观点整合到了广义的**关系理论**中（Borden，2009）。在关系理论中，人类的基本倾向（或驱力）是与他人的关系，我们的个性是通过在社会环境中与他人的持续互动而形成的。很少或根本没有注意到其他可能的驱力。认识和支持人类经验的多样性，避免对差异的病理化，扩大性别和身份的概念，都具有很强的价值。人们共同假设，所有的人类行为模式都是在关系生活的给予和接受中习得的，它们是在我们需要从他人那里得到关怀和为他人提供照顾的情况下，协调整合了我们的经验而发展起来的，因此它们都是适应的、合理的方式。与客体关系概念相一致的是，生活中的严重问题被视为是自我延续的，因为我们都倾向于保持人际世界的连续性和熟悉性。我们那些有问题的存在和联结方式，当它们出现时，就会被永久保存，因为它们保存了我们对自我的持续体验。新事物之所以具有威胁性，是因为它超出了我们的经验范围，在这种经验范围内，我们认识到自己是一个有凝聚力的、持续不断的生命体。也就是说，有问题的人际关系模式会重复出现，因为它们保留了我们过去与重要他人的联系。

关系视角为从业者提供了一种理解的语境，使他们努力将生物、心理和社会领域联系起来，并扩大他们关于所处环境中的人的概念。如果这听起来像是社会工作长期以来对"人在环境中"的关注，那么它应该就是！从这个意义上说，心理动力学思想似乎终于赶上了社会工作，尽管这种联系在文献中并不常见。然而，关系理论与社会工作的总体观点不同，它保留了分析和客体关系的概念，同时扩大了环境问题的范围。尽管如此，这种相似性是惊人的，关系从业者追求社会工作者熟悉的各种活动，包括短暂干预、案例管理、环境发展和倡导。

在关系视角的治疗中，干预的焦点始终是案主的主观体验和个人意义感。案主和从业者都积极参与到帮助的过程中，并且以有意识和无意识的方式相互影响。关系理论家鼓励社会工作者以自然、真实的方式与案主接触。这些从业人员进行自我披露，并鼓励案主定期评论干预过程。与传统的分析概念相反，关系型社会工作者在与案主交流时，可以自由地表达各种各样的想法和感受，以促进相互联系（Freedberg，2007）。然而，这并不意味着忽视了适当的边界。成熟的从业者能够保持清晰的自我意识和灵活的自我界限，以确保高水平的情感和认知整合对共情是有效的。

关系视角通过增加相互性丰富了共情的概念。使用共情式沟通参与相互关系的能力被视为案主成长和发展的目标，以及允许社会工作者/案主关系变化的机制。当前的社会工作文献反映出，在从业者在与案主产生情感联结的问题上应该在多大程度上存在不同观点，但普遍的共识是要求从业者保持中立、客观的人格和分离感。在关系理论中，从业者越是努力让自己的某些部分远离这个过程，他或她与案主的关系就越僵化、越缺少配合和真诚。社会工作者/案主关系存在被组织成主导和从属角色的风险。

关系理论结合了一种客体关系视角，更加注重自我发展的主体间性方面（Perlman & Brandell，2010）。这种主体间性是对自我和他人作为有着独特经验和差异的人的相互承认。案主逐渐能够认识到他人的独特性，培养敏感度和差异容忍度。通过关系干预，社会工作者能够帮助案主将他人视为一个独特的人，而不是重复他人的过去，从而使案主从过去客体关系的"拉力"中解脱出来。

在关系**文化**的视角下，社会工作者不断地评估关系背景，包括年龄、种族、文化和性别等多样性问题，以及它们对一个人在共情过程中使用自我的影响。科姆斯-迪亚兹和雅各布森（Comes-Diaz & Jacobsen，1991）通过分析直接实践中的民族文化移情和反移情的性质，为社会工作对这些问题的预防做出了巨大贡献（见表5.1）。基于上一章所讨论的关系概念，社会工作者和案主的这些共同反应与双方感知到的差异和相似性有关。然而，这些都是假设，只有通过公开的接触，双方才能意识到他们之间关系的性质，并开始相互理解。

93

表 5.1　民族文化移情与反移情问题

移情	
族裔间	族裔内
过分顺从和友好	无所不知，无所不能
否认族裔和文化	叛徒
不信任、怀疑，充满敌意	自动种族主义者
内心矛盾	内心矛盾
反移情	
拒绝	过度识别
极度好奇	我们与他们
内疚	距离感
怜悯	文化近视
富有攻击性	愤怒
内心矛盾	幸存者内疚

女权主义观点对关系理论的发展做出了巨大贡献。当然，女权主义指的是从一个以女性为中心的角度发展起来的一套广泛的关于人类经验的思想体系（Lengermann & Nieburgge-Brantley，2000）。在心理学理论中，精神分析和性别女权主义都是从男女对待关系的不同立场开始的（Tong，1998）。精神分析型女权主义者认为，女性的行为方式植根于她们独特的思维方式。这些差异在某种程度上是由生物学决定的，但也受文化和社会条件的影响。正如西方文化所理解的，女性行为具有温柔、谦逊、支持、共情、温柔、养育、直觉和敏感的特点。反过来，男性行为的特点是意志力、野心、独立、自信、理性和情绪控制。精神分析型女权主义者断言，这些差异是由早期的儿童关系发展而来的。因为女性是我们社会的主要看护者，年轻的女孩倾向于与她们的母亲发展持续不断的关系，这促进了她们对亲缘关系和上述其他女性行为的重视。对于年轻的男孩来说，母亲最终被认为是根本不同的，尤其是当他们面临社会压力开始履行男性角色时。这种与母亲形象分离的压力对男孩有着长远的影响，因为他们往往会失去学习亲密和联结的机会。在人际关系中，许多客体关系理论家似乎更重视分离而非亲缘关系，而女权主义思想家则在帮助平衡这一观念。

性别女权主义者倾向于关注分离（男性）和联结（女性）的价值观如何为女性带来不同的道德观念。卡罗尔·吉利根（Carol Gilligan，1982）阐述了一个过程，通过这个过程，女性在关系价值观的基础上发展出一种关怀伦理，而不是一种正义伦理。性别女权主义者认为，这些女性伦理与男性伦理是平等的，尽管她们在男权社会中往往被认为是低等的。

下面是来自客体关系理论的一些附加概念，这些概念是人类发展特有的，可能有助于澄清上述一些观点。

三、发展的概念

有许多客体关系理论家，因此要总结一下"这种理论"所说的关于人类发展的内容并不容易。在本章中，我们将考虑两位理论家的观点，他们对这一过程提供了一致但不同的描述：唐纳德·温尼科特（Donald Winnicott）和玛格丽特·马勒（Margaret Mahler）。温尼科特与关系理论更为紧密地联系在一起（较少强调驱力），而马勒的工作则植根于对人类发展更为严格的"阶段"取向。

94

（一）唐纳德·温尼科特

唐纳德·温尼科特是一位英国儿科医生，他对客体关系理论的发展做出了很大贡献。众所周知，他是一个富有同情心的人，他的理论工作比他同时代的一些人更有优势。他的观点与社会工作对婴儿发展动态的看法是一致的（事实上，他的第二任妻子是一名社会工作者）。他的贡献包括以下观点（Winnicott，1975）：

促进性环境是指能够灵活地适应婴儿的需要，而不是期望婴儿适应它的环境。这种环境由人和资源组成，这些人和资源认识到满足婴儿需求的首要性，从而使婴儿能够以健康的方式发展。这是一个公认的"流动"概念，它并没有具体说明在这样的环境中应该存在什么。

婴儿的全能是指婴儿的第一感知，在这种最初的感知中，自我和世界之间没有感知到的明显区别。这是一个正常的、功能性的阶段，婴儿生活在一个充满幻想的世界里，在一个兼性的环境中，他或她的需求一旦出现就能够得到满足。

足够好的母亲是另一个通用术语，在这个术语中，母亲或主要看护者被描述为主要关注孩子的福利，或专注于满足孩子的需求，而不是其他一切。这是一个兼性环境中的临时状态，因为好母亲最终会重新考虑和满足她的其他生活要求和需求。温尼科特并没有提到父亲的角色，但我们可以假设，**足够好的养育**这个词在当今这个充满各种"家庭星座"的世界中是适用的。温尼科特补充说，父母的养育应包括抱持孩子（给孩子一种安全感）、

95

引导孩子（培养孩子的独特感）、向孩子介绍其他人和物质客体（促进客体关联）等活动。温尼科特对客体关系理论最著名的贡献之一是**抱持的环境**的概念，这是一个安全的庇护所，儿童可以从中开始探索世界，并带着自信去冒险。

　　过渡客体是儿童所采用的一种物理客体，代表着内部客体关系和外部客体关系之间的中间步骤。这个客体给孩子一种感觉：即使在身体上和父母分开，在心理上父母和他或她仍然在一起。一个常见的例子是安全毯，尽管与母亲或父亲相关的各种材料都可以起到这样的作用。顺便说一句，过渡客体并不是万能的——它们特别适用于重视独立性的文化（Goldstein，2001）。

　　温尼科特写道，在一个兼性的环境中，孩子逐渐从依赖的状态转变为独立的状态。这一过程的阶段包括**绝对依赖**，其中孩子在与看护者的关系中是完全被动的。当孩子意识到他或她的分离时，他或她会进入一种**相对依赖**的状态——部分是由于身体成熟和移动感知。随着孩子与家庭成员和同龄人发展社交技能，他或她开始走向**独立**。**自我关联性**一词指的是孩子独处的能力越来越强。

　　温尼科特没有为自己的发展阶段设定明确的时间表。作为对比，下面将介绍玛格丽特·马勒的观点。

（二）玛格丽特·马勒

　　玛格丽特·马勒出生在匈牙利，她接受的培训是儿科医生（和温尼科特一样），不过她在获得医学学位后不久就开始从事精神病学工作。在移居到英国和纽约之前，她曾与欧洲许多早期的精神分析师进行过交流。马勒热衷于与儿童打交道，在她的职业生涯中，她关注的是引导儿童发展"自我"的过程。她最著名的作品是《人类婴儿的心理诞生》（Mahler，Pine，& Bergman，1975）。

　　分离和**个性化**这两个概念描述了一个婴儿在大约三年的时间里从完全依赖外部看护者的状态发展到客体恒定状态的过程。前两个阶段包括：**自闭**（出生到 3 个月），婴儿感觉到自我与外部世界之间没有差异；**共生**（1～5 个月），婴儿感觉到自我和"他者"之间的差异，但假定"他者"存在只是为了满足他或她的需求。分离和个性化的第三个也是最后阶段分为以下四个子阶段：

　　■ **分化**（5～8 个月）代表婴儿意识到他或她与"他者"的差异，并认识到自己与该人分开运作的能力。

　　■ **练习**（8～16 个月）是指婴儿运用其发展意愿，通过爬行等方式，在短时间内有意与重要他人分开的时期。

　　■ 在**和睦相处**（16～24 个月）中，孩子知道他或她可以与重要他人分开存在，但当孩子返回或寻求帮助时，他人可以满足孩子的需求。

■ **客体恒定性**（24～36 个月）是儿童发育的成熟阶段，在这一阶段，孩子已经内化了重要他人（客体）的形象，可以独处更长的时间，而不会感到被遗弃。

客体关系理论家对人类发展的具体阶段有不同的看法，但他们往往倾向于在一般过程上达成一致。对于读者来说，很明显的是，从业者不可能评估青少年或成人案主的婴儿和幼儿早期环境兼性的具体程度，或评估其发展在多大程度上是健康的。这一信息可能来自家庭历史，也可能来自其他提供者的记录，但在某种程度上它总是取决于案主的情感记忆。案主的需求将通过他或她与从业者的关系的性质进一步被发现。

我们已经注意到关系理论对这样一个观点的影响，即一个人的人际关系能力可能比他或她分离或个体化的能力更重要。此外，这些理论家认为，早年生活中许多重要的人际剥夺的生物学效应是可逆的。客体关系理论家普遍认为，一个健康的人总是寻求并保持安全的依恋关系，而成为"独立"的过程并不意味着有其他的含义（Mitchell，1988）。事实上，正如我们所看到的，在当代客体关系理论中，对关系重要性的关注变得更加明显。

四、问题的性质

健康客体关系的发展不是一个"全或无"的过程。当一个人与能够提供足够好的养育方式的看护者一起成长，并且在一个便利的环境中时，他或她将发展出相对完整和整合的客体关系。这个人将在一生中保持这种能力，能够发展和维持富有成效的、令人满意的人际关系。这个人可能会在生活中遇到严重的问题，并且会经历冲突的关系，但也将有能力管理人际关系问题。另一个人可能最初在一个令人满意的环境中长大，但在稳定的内部环境发展完整之前，外部环境很可能由于看护条件的突然变化而变得不那么令人满意。这个人在处理客体关系方面会取得"中等"的成功，在处理某些关系方面会出现问题，但可能不会有重大的可诊断性障碍。然而，如果一个人在看护和环境方面都经历了早期的剥夺，他或她就会变得不稳定、焦虑和恐惧，还有可能出现重大的情感和性格障碍。

客体关系差的人倾向于利用分裂的防御机制，这是他们长期关系冲突的根源。分裂，如前所述，涉及一个人在将他人视为"整体"（能够混合各种特征）之前，如何将其视为"好的"或"坏的"。分裂是幼儿的一种普遍防御（或应对）机制。这被认为是一种"不成熟"的防御，因为这通常是通过父母的形象向孩子表明，他或她可以被爱，但不是在任何时候都能得到满足。当一个人不能容忍对他人的矛盾或混合感情时，分裂就会在成年期出现。案主认为，一个"好"的人能够帮助他或她满足眼前的需求。案主不能容忍对一个被视为"好"的人的任何负面情绪。相反，案主会将任何使他或她感到沮丧或愤怒的人转变为"坏"的人。因此，案主感觉并相信其他人要么都是好人，要么都是坏人。他或她倾向于在理想化和贬低人之间交替。一旦一个人被贬低，案主可能就很难再对那个人产生积极的感觉。

在涉及客体关系差的人的直接实践中，分裂总会成为一个问题。一个"好"的人（例如社会工作者）在某种程度上让案主失望（除了表面的关系，这是不可避免的），就会变成一个"坏"的人。案主完全地，也许在很长一段时间内，改变了他或她对社会工作者的态度和行为。案主通常也会将自己"分裂"成好的和坏的两类，而无法将这些对自己的感知整合起来。因此，案主可能在某一天向社会工作者表现出积极参与干预过程，另一天则表现出冷漠或消极的方式。

客体关系严重受损的人，以及广泛利用否认、投射、分裂和**投射性认同**等防御机制的人（本章稍后讨论），经常与其重要他人发生冲突。他们不能把那些人的积极和消极的方面结合起来，从而交替地爱他们或恨他们。在严重的情况下，这些案主可能被诊断为人格障碍，他们与其他人的持续行为模式是僵化和不灵活的，导致人际关系的困扰（American Psychiatric Association，2000）。一些研究（例如，Diguer et al.，2004）已经证明了客体关系不良与某些人格障碍之间的关联。一旦被诊断出来，从业者通常会把他们的注意力从所呈现的特定问题转移到一般的人格模式上。

五、改变的性质

对于那些因客体关系根本受损而遇到问题的案主来说，首先，改变要求他们深入了解自己重复的消极人际关系模式。其次，他们必须修改他们的内部结构（客体），以便能够作为独特的个人而不是作为过去关系的代表来回应他人。第二项任务是通过启动新的关系，或以新的方式处理现有的关系来解决。案主必须分析和讨论他或她与社会工作者之间关系的想法、感受和行为，直到新的、更多功能的模式变得稳定为止。对儿童和青少年来说，洞察力不是改变的先决条件。通过环境调整和实践新行为，可以帮助年轻案主改变。

98

六、评估和干预

（一）社会工作者/案主关系

在客体关系理论中，社会工作者对实践关系的仔细、持续的监控至关重要（Goldstein，2001）。请记住，案主持续存在的问题，同将旧有关系模式动态回放到与新社会工作者的关系上有关。案主将倾向于与实践者表现出他或她的客体关系模式。例如，与权威人物对立的愤怒的人，迟早会对社会工作者采取同样的行动。这有助于实现目标，因为从业者可以在一个安全的环境中指出并与案主讨论这些动态。然而，这也确定了社会工作者会对案主的行为产生一系列的情绪反应，而这些行为必须得到建设性的管理。因此，应该非常关注实践关系中的移情和反移情的问题（Hoglend et al.，2011）。这对双方来说都是一种压力，需要清晰的结构、限制设置和偶尔的对抗。社会工作者有时会面临挑战，因此必须给案主提供一个接纳的、"抱持"的环境。

这种挑战的一个例子是许多案主使用投射性认同的应对/防御机制（Waska，2007）。这个机制提供了一个很好的例子，说明除了在意识层面上，人们可能如何在无意识中互动（在某种程度上的影响）。它也可以被认为是一种非语言沟通的形式。当案主无意识地体验到一种无法接受的情绪或冲动时（如绝望或愤怒），会将这种感觉投射到社会工作者身上，并以一种激发社会工作者自觉地体验这种情绪的方式行事。然后，案主有意识地（在口头上）认同社会工作者的感受，最终传达他或她的信息。

例如，一个童年期遭受过性虐待的幸存者，可能会感到绝望，觉得自己再也没有机会感到安全稳定，与那些不会让她成为受害者的男人建立关系。如果案主不善言辞，或高度压抑，她可能会表现得让社会工作者感到无助，无法帮助她。她可能会用颤抖的声音说话，表达矛盾的情绪，避免眼神接触，变得泪流满面，要求离开会谈，以其他微妙的方式散发出一种绝望的感觉。如果社会工作者承认他或她自己的无助感（这确实是社会工作者的感受），案主可能会承认她也有同样的感受。社会工作者需要警惕他或她在会话中的情绪状态是否反映了案主的情绪状态，并准备好应对这种情况，以帮助案主变得更有自我意识和表达能力。社会工作者也应该与主管一起处理这些情况，以区分他或她自己的情绪反应以及那些可能由于案主投射性认同而产生的情绪反应。

在客体关系理论中，关系管理是干预的核心，但现在我们将考虑一系列其他的评估和干预原则。

（二）评估

从客体关系角度评估案主的过程类似于自我心理学中使用的过程，只是更加关注客体关系的自我功能。为了保持这种专注，社会工作者必须为案主提供"治疗空间"（不要太快地迫使案主透露敏感关系的细节）。然后，从业者从案主报告（尽可能多）和家庭报告或其他可用信息中评估案主的分离-个体化水平。他或她还评估案主对特定防御机制的使用情况，这些机制对于有客体关系问题的人来说是常见的。社会工作者还应该测试案主对解释的开放性，以确定他或她是否愿意探索具有高情绪反应风险的重要关系的性质。

在评估案主的客体关系时，社会工作者应该着重关注以下几类问题：

■ 案主是与一些重要他人（如教师、雇主和朋友）保持积极的关系，还是大多数亲密的关系会产生冲突？

■ 关于案主的人际冲突，它们是根植于当前的现实，还是一个旧的关系被重复？案主是否倾向于像他或她与早年重要人物的互动那样，与现在的重要他人发生冲突？

■ 案主的行为是否似乎重复了早期经历？例如，如果案主觉得自己被忽视了，那么他现在是否正在与那些可能被忽视的人建立关系呢？

■ 案主的问题行为是否代表了通过重复旧创伤来努力控制旧创伤？例如，如果案主被一个主要看护人虐待，她是否会和其他虐待她的人发生关系，然后不切实际地试图证明她值得被爱？

■ 案主的行为在多大程度上准确地反映了童年时期发生的事情？案主对自己过去的记忆是否存在歪曲失真，需要纠正？

■ 哪些文化或环境条件正在影响案主寻求关系的行为？

在评估关系冲突时，可以用三个部分来描述：（a）案主表达的愿望、需求或意图；（b）来自他人的预期或实际反应；（c）案主自己对他人行为的认知、情感或行为反应（Luborsky & Crits-Christoph，1990）。

（三）干预

客体关系理论中使用的干预策略与自我心理学中使用的干预策略类似，但是更加强调维持和发展性反思。这两种策略尤其重要，因为在客观关系理论中，需要探索案主的人际关系历史和发展里程碑。这就要求社会工作者能够通过案主的焦虑、抗拒、对抗、情绪变化和对正式限制的测试来维持一种富有成效的关系。如果从业者能够与案主建立起一种"共情基础"，这种关系就能挺过这些可能的起起落落。这两种策略都在前一章中介绍过，读者可以在那里查阅回顾。

一些客体关系理论家已经确定了干预阶段（Goldstein，2001）。在早期阶段，社会工作者为案主提供一个抱持的环境，以重现积极的早期养育经验。无论案主在其生活中经历了什么冲突，它们都会在干预中反映出来。然后，社会工作者可以开始为案主塑造一种不同的"存在"方式，这可以帮助案主发展出一种更加一致的、完整的自我意识和他人意识。

从业者开始解释各种生活情境中人际交往的积极和消极模式，说明它们的起源、意图和影响。社会工作者以这种方式解释实践关系，向案主证明，关系可以在冲突和消极互动中存活下来。在中间阶段，社会工作者解释案主的适应不良的防御，例如分裂和投射性认同，帮助案主向内看，以了解他或她试图否认和投射的感受和态度。在最后阶段，帮助案主解决重大人际冲突并克服发展障碍。将临床关系的成功作为管理模型，指导案主与他或她的环境中的人员进行纠正体验。

作为这些干预措施的一部分，从业者和案主必须就其关系的限制达成一致。他们必须就会谈的频率、会谈期间或会谈间期任何负面案主行为的后果、打电话的频率以及如何管理危机进行协商。这必须小心地做，因为当案主的冲动或要求行为发生时（很有可能），社会工作者必须对其施加限制。从业者还应该干预环境，帮助案主将结构融入其日常生活。

（四）结束干预

从客体关系理论的角度来看，结束干预的过程可能包含自我心理学中不存在的一个组成部分。如果社会工作者与一个有严重关系缺陷的案主形成了建设性的工作关系，那么从业者应该与案主公开探讨结束的意义（Schemier & Klein，1996）。回顾案主的情绪反应，强调案主所取得的积极成果，可以使案主从关系中过渡的难度降低。社会工作者不应该假设结束对案主来说是困难的，而应提出问题进行讨论，以尽量减少困难的可能性。

七、关注社会正义问题

与自我心理学相比，客体关系理论更能够促进案主对社会正义相关目标的追求，因为它是关系型的，而不是个体导向的。在这个理论中，从业者总是关注案主系统与其环境之间的互动，尽管"环境"有时可能仅限于家庭和其他密切的人际系统。社会工作中的客体关系理论家并不认为，那些必须处理与贫困、失业和歧视有关的问题的，以各种方式受到伤害或压迫的案主，会因为客体关系不佳而经历这些问题。然而，就像自我心理学一样，客体关系理论关注的是小系统，社会工作者也不被鼓励向外（关系文化视角除外）寻找对案主功能的影响类型，这些影响涉及社会正义问题。但是，从积极的方面来说，如果遇到与不良客体关系有关的困难的案主需要接受帮助，他们应该提高管理生活各方面重要关系的能力，并更好地应对与上述环境问题相关的任何挑战。客体关系从业者面临的一个巨大挑战，是了解其他文化和种族背景的成员的人际关系过程是如何展开的，以便通过解决他们的人际关系问题来为这些案主提供支持。

八、案例说明

(一) 失控的孩子

　　卡罗琳（Carolyn）是一名15岁的白人青少年，据她的母亲说，她"总是遇到麻烦"。她被发现和几个朋友在高速公路旁放火焚烧干灌木丛后，被送到心理健康中心的一名社会工作者那里进行评估。没有人受伤，但是火势越来越大，消防部门花了几个小时才把火扑灭。卡罗琳因这起事件面临法律指控，并被少年法庭考虑可能判决监禁。在过去，卡罗琳因一系列小偷小摸事件而陷入法律困境。她的母亲也开始担心卡罗琳在搞滥交，可能还有卖淫。

　　卡罗琳是美国中西部一个大城市的中产阶级家庭的第三个孩子，也是最小的孩子（有两个哥哥）。她的父母抱怨说："她没有理由表现得像现在这样——她总是拥有她所需要的一切。"然而，卡罗琳从一年级起就经常与父母、学校老师和其他权威人士发生矛盾。她爱争论、喜怒无常、反对一切，而且在处理分配给她的职责时前后矛盾。她的父亲说："她是一个总生气、不开心、忘恩负义的孩子。"与此同时，卡罗琳是一个运动健将，精力充沛，社交能力很强。她有许多朋友，尽管他们中的很多人都和她一样有着消极的态度，并被认为是不良少年。卡罗琳智力一般，在学校表现不佳，没有明显的学习动机。她没有意识到她应该制定长远的目标。

　　社会工作者塔内莎（Taneisha），一位单身的非裔美国女性，她的工作角色是向法院提出咨询建议，无论她的立场如何，都会被纳入考虑。随着时间的推移，她可能有机会和卡罗琳合作，但这取决于法庭听证会的结果。在进行评估时，社会工作者了解到，卡罗琳的父母都是50岁，已经结婚30年了。她父亲是当地一家电视台的设备技术员，母亲兼职做房地产经纪人。他们报告说，他们的婚姻很稳定，他们试图把卡罗琳培养成一个负责任的人。尤其是她的母亲，觉得她和卡罗琳在一起的时间比和其他两个孩子在一起的时间要多，试图帮助她培养适当的价值观和兴趣。卡罗琳比她的两个哥哥分别小七岁和九岁。她与他们关系融洽，但部分由于年龄的差异，他们并不亲密。卡罗琳只有在节假日和家庭庆祝活动时才能见到她的哥哥们。

　　卡罗琳对她与父母的关系表达了不同的看法。她说她的母亲专横跋扈，永远不会让卡罗琳离开她的视线。卡罗琳指责，从她能记事的时候起，她的母亲就尽可能地把她留在家里。她说她父亲"还好"，但有点疏远。用她的话说，他工作时间很长，对她的生活也不太关心。卡罗琳补充说，她的父亲也不太关心她母亲的生活。她抱怨说，他们不工作的时

102

候大部分时间待在家里，却不怎么说话。

塔内莎了解到，卡罗琳的成长受到一个重大事件的影响。她的母亲非常想要一个女儿，在卡罗琳出生前三年，她生了一个死胎。这对家庭来说是一个创伤性事件。事件发生后，她母亲抑郁了一年。当她怀上卡罗琳的时候，她非常激动，但又很担心。她和丈夫在怀孕早期就知道了孩子的性别，她开始完全专注于安全怀孕和分娩。她辞掉了工作，待在家里。卡罗琳出生时，她的母亲欣喜若狂，然后成为一个忠诚但过度保护的父母。她的丈夫承认他的妻子一直迷恋着卡罗琳，不让她离开她的视线。事实上，她的丈夫对妻子的态度很生气，在感情上疏远了她。到目前为止，这种关系模式似乎就是卡罗琳生活中的家庭特征。社会工作者初步得出结论，卡罗琳对于受到的过度保护感到愤怒。由于这种经历导致的关系缺陷，她没有发展出处理亲密关系的能力。

塔内莎无法客观地了解卡罗琳早年的成长环境。然而，随着时间的推移，她逐渐了解了这位案主，她发现了这样一种模式：卡罗琳害怕接近或信任任何人，因为害怕被他们吞噬——害怕完全失去自己的身份。与此同时，卡罗琳感到空虚，被照顾者和朋友抛弃了，他们不能给她提供她所需要的安全感。卡罗琳经常描述她腹部的一个"洞"，这个洞让她感到痛苦，她试图用冒险、酒精和最近的性爱来填满这个洞。也就是说，尽管卡罗琳的许多问题行为都与当前的环境和她朋友的影响有关，但它们的根本原因还在于她无法与他人建立稳定的依恋关系或稳定的客体关系。当她与人友好但不亲近时，她倾向于认为他们是"好人"；当他们更接近她时，她倾向于认为他们是"坏人"。

有趣的是，这种模式并非源于缺乏父母的关注——恰恰相反！因为她母亲的善意但侵入性的存在，卡罗琳没有机会进行与其年龄相适应的独立运动。卡罗琳所处的环境在很多方面都是积极的，但她的分离需求却没有促进作用。卡罗琳逐渐把亲密等同于窒息。她的防御性包括一种强烈的愤怒，她用对立的行为表达了她的恐惧。

卡罗琳似乎对塔内莎产生了暂时的依恋。社会工作者没有使用发展性反思的干预技术，因为案主本身没有反思的天性。相反，她们专注于她目前的生活问题。然而，支持的技巧是很重要的，因为当卡罗琳与社会工作者越来越亲近，并被要求透露有关她生活的敏感信息时，她常常会变得焦虑、愤怒，并颠覆干预过程。塔内莎灵活地安排了案主的日程表，以适应案主的不确定性。她还允许卡罗琳带头为她们的会谈制定主题，只有在案主似乎不会做出消极反应的情况下，她才会采取对抗的态度。

通过个人-情境反思，塔内莎鼓励卡罗琳谈论她在当前生活中所经历的情感，而不是把责任推到其他地方。她帮助卡罗琳了解她的一些关系模式，并帮助她理解她在关系中的矛盾心理。社会工作者利用她们的关系来证明，当亲密关系问题出现时，卡罗琳是倾向于如何对他人采取行动的。塔内莎还提供了许多结构化的干预措施。她知道卡罗琳缺乏自信，不愿意接受任何挑战，于是鼓励案主去探索她的一些才能和兴趣，例如游泳和参观学校服务俱乐部。

社会工作者只和案主及其父母见过几次面。他们没有要求家庭干预，卡罗琳在法庭评估期间请求给予个人关注。在他们一起参加的会谈中，塔内莎小心翼翼地与冲突的家庭保持着积极的氛围。她指出了父母的关怀，并教育他们认识卡罗琳人际关系问题的本质。社会工作者鼓励家庭成员之间更公开地彼此交谈，并推动父母支持卡罗琳的健康活动。塔内莎表示，如果卡罗琳继续留在该机构，她愿意提供定期的家庭会谈。

这位社会工作者向专业人士推荐了一套建议，如果案主被安置在反映客体关系理论精神的社会机构中，这些专业人士将与案主一起工作。塔内莎强调了卡罗琳在人际关系方面存在的问题，同时也强调了她的优势。她指出，年纪稍大一些的女性榜样，加上支持性和对抗性的互动，以及同伴咨询的影响，更可能会让卡罗琳受益。简而言之，纠正关系可能会帮助卡罗琳打破她"接近—威胁—愤怒—发泄"的循环。最后，卡罗琳被判决在一所社会机构里服刑。塔内莎很失望，但她相信，通过适当的互动，卡罗琳可能会更好地理解亲密关系不会不可避免地导致身份的丧失。有了这样的理解，她的人际关系可能会改善，她的不良行为可能会减少。

（二）小组治疗干预

乔丹（Jordan）是一名 34 岁的单身无业白人男性，他和母亲一起寄住在姐姐和姐夫的家里。他抱怨自己情绪抑郁，自尊心差，与他人相处时感到极度不适。虽然他很聪明，关心别人，有一种迷人的自嘲的机智，但是乔丹很难建立和维持人际关系，也无法保住一份稳定工作。在他的评估过程中，社会工作者［一位年龄和他相同的已婚妇女，名叫泰（Tai）］了解到，只有当乔丹觉得自己可能会得到无条件的积极关注时，他才会与别人建立亲密关系。当意识到这不可能实现时，他就感到被背叛了，变得愤怒，并终止了这段关系。由于这些原因，他没有亲密的朋友，在工作时，由于人际关系的压力，他变得非常焦虑，最终他辞职了。为了满足自己的性欲，乔丹去找妓女，却又对这种隐秘的行为感到特别羞愧。他对自己的生活状况很不满意，于是去心理健康中心寻求咨询，看看自己是否能够变得更加独立。

泰诊断乔丹患有心境障碍和回避型人格障碍。案主透露，他父亲一直以来都很严厉和挑剔，虽然他的母亲在表面上更关心他，但她在家庭中是被动的。乔丹讲述了他成长过程中的许多例子，父亲强迫他从事一些可能适合孩子年龄的任务，但这些任务却超出了他的发展能力，例如在童子军会议上做一个简短的演讲。这时，孩子害怕得哭了起来，但他的母亲却静静地站在旁边。乔丹一直以来都感到没有安全感，低人一等，充满了自我怀疑。他总是怀疑别人的善意，并且按照他的家庭模式，他认为别人看不起他。从乔丹的角度看，他的哥哥和姐姐似乎比他适应得更好。

几个月来，泰一直在帮助乔丹朝着实现自给自足的目标前进，同时支持他寻求更好的社交技能、就业和大专入学机会。她提供了维持、个人-情境反思，以及最终的发展性反思等干预。她开始挑战乔丹，让他正视自己的愤怒，并认识到自己的适应不良的防御（尤其是分裂和投射）。不过，社会工作者小心翼翼，避免过于对抗。她意识到乔丹在被拒绝之前总是准备好拒绝别人，她不想因为这个原因而结束治疗。她没有安排他们在一起的时间，也没有把工作日程强加给案主。她希望乔丹能够控制整个过程，并按照他自己的节奏前进。

乔丹开始信任这位社会工作者，并在总体上变得更加自如。在几个月的时间里，他开始申请工作、参加面试、访问一所地区大学校园来调查兼职入学情况，这一切证明他取得了进步。尽管如此，在每一次采取主动行为时，他都会因为焦虑和害怕失败而丧失行动能力。泰把他介绍给了一位代理机构医生，医生给他开了小剂量的抗抑郁药物，帮助乔丹晚上睡得更好，稳定他的情绪，减轻他的焦虑。泰还给乔丹推荐了一个她参与联合领导的治疗小组。在一群人面前坦露心理问题对案主来说是一种创伤，经过几个月的考虑之后，他才决定加入小组。

正是在小组治疗中，乔丹取得了最大的进步。这是一个持续的、以关系为导向的小组，每周聚会一次，总共 16 周，其中包括四名女性和另外两名男性。所有成员都面临着不同的生活挑战，但他们都在亲密关系中遇到了困难。泰和她的女性联合领导者采用非指导性方式进行干预，提出问题并发表评论，促进了个人-情境和发展性反思。他们帮助小组营造了一种相互支持的气氛，但本着发展性反思的精神，有时也提倡对抗，以便在成员中制造焦虑，使他们面对自己的主要防御。乔丹最初并没有被要求和其他人一起参加，但是在他进入这个小组后不久，他发现自己的人际交往能力和舒适度都比他想象的要高。

这个小组遵循戈尔茨坦（Goldstein，2001）的三阶段模型。在早期阶段，社会工作者为小组成员提供一个抱持的环境，让他们重现积极的早期养育经验。联合领导者解释成员之间人际互动的积极和消极模式，说明它们的起源、意图和影响。社会工作者试图通过自己的行为为案主树立榜样，让关系能够在冲突中生存下来。在中间阶段，从业者解释成员的适应不良的防御（分裂和投射），帮助他们理解他们试图否认的感觉。在最后阶段，社会工作者强调每个成员与其他成员的关系代表了对早期模式的纠正经验。领导者也开始将成员的小组内经历推广到他们的其他生活冲突中。

在参加小组的过程中，乔丹对大多数成员产生了积极的感情，甚至成为一个成员的朋友。在小组结束的时候，他正在社区大学上课，为将来成为一名电工做准备。有趣的是，当小组结束时，他经历了一次"复发"。凑巧的是，当时正好泰意外地离开了这个机构，去接受另一份工作。乔丹很不高兴，他指责社会工作者和成员一起度过所有时间，现在却甩手不再关心他们。对乔丹来说，这是一次尴尬的结束性会谈，但泰自信，复发将是短期的，案主将能够在其他人的支持下，化解自己的愤怒，并将注意力转移到剩下的职业工作上。

九、有效性的证据

在上一章中，我们总结了以客体关系为主要类型的心理动力学理论有效性的一些研究成果。在这里我们将更具体地回顾客体关系理论有效性的证据。尽管在大规模研究验证方面存在局限性，但客体关系理论已经成功地应用于那些在实现目标方面面临各种问题和挑战的案主。文献表明，其干预措施对以下样本是有效的：年轻人（Lindgren，Werbart，& Phillips，2010）、具有对立违抗性障碍的儿童（Bambery & Porcerelli，2006）、抑郁症患者（Van et al.，2008）、酗酒母亲的成年女儿（Dingledine，2000）、接受美沙酮治疗的患者（Wood，2000）、慢性孤独症患者（Coe，1999；Feldman，1998）、寄养儿童（Metzger，1997）、遭遇过性虐待的贫民区儿童（Josephson，1997）、遭受过虐待的儿童幸存者（Ornduff，1997）、群体环境中的精神病患者（Takahashi，Lipson，& Chazdon，1999）、青少年罪犯（Loftis，1997）、遭受过性虐待的妇女（Burns，1997），以及边缘型人格障碍患者（Levine，2002）。基于客体关系理论的干预措施在多元文化背景下也得到了有效的应用，例如运用于来自波多黎各的案主（Rosario，1998）。

虽然大多数关于客体关系干预有效性的报告都是基于个案研究，但也有一些报告是基于包含大量案主的研究。在一项测试前/测试后的研究中，23 名患有边缘型人格障碍的患者接受了为期 12 个月的以移情为中心的心理治疗，结果发现他们的自杀、自残倾向以及医疗和精神服务使用率明显下降（Clarkin et al.，2001）。另一项前实验研究跟踪了 20 名接受短程治疗的患者，以考察他们的**客体关系质量**（quality of object relations，QOR）在临床干预期间是否会提升（Schneider，1990）。在接受、终止和 6 个月后，对案主的表征复杂性和情感投入能力分别进行了测量。在所有数据收集点，QOR 的改善和积极的治疗结果之间存在显著相关的发现支持了这一假设。另一项研究考察了对适应不良人际模式的掌控与干预结果之间的关系（Grenyer & Laborsky，1996）。使用内容分析掌控量表对来自 41 个疗程的脚本进行评分。在治疗过程中，人际冲突的掌控程度的变化与观察者、从业者和案主所报告的问题解决情况的变化显著相关。这些结果与客体关系命题相一致，即症状随着核心人际冲突的掌控而减弱。

另一项研究以 6 个月和 12 个月的时间间隔跟踪案主，以考察解释性和支持性短程治疗的效果，以及每种治疗与案主的 QOR 的相互关系（Piper，McCallum，Joyce，Azim，& Ogrodniczuk，1999）。接受这两种治疗的患者在两个时间间隔内都保持了干预效果，尽管在侧重于案主关系模式的解释性治疗中，只有 QOR 和良好结果之间存在直接关系。作者的结论是，对于接受干预的人来说，QOR 是预测结果的一个重要指标。

一些研究集中关注儿童和青少年。蒂贝（Tuber，1992）回顾了评估儿童客体表征与干预结果之间关系的相关文献。他得出的结论是，在这方面的准确评估确实有助于增加儿童获得积极结果的可能性。一项针对 100 名 8～16 岁的贫民区女孩进行的研究发现，无论她们的实际年龄如何，报告较多抑郁的女孩与报告较少抑郁的女孩相比，客体关系的发展水平明显更早（Goldberg，1989）。一项针对 6 个家庭（其中 3 个作为对照组）进行的准实验性研究考察了包括认知治疗成分在内的客体关系家庭干预，在增强攻击性男性青少年的愤怒控制能力上的可能性（Kipps-Vaughan，2000）。在 5 个月的时间里，研究人员从教师、父母和青少年那里收集了项目有效性的数据。比较测量显示，干预对青少年的愤怒控制、家庭关系、解决问题的能力、沟通质量和学校成绩产生了积极的影响，而且案主的停学次数也有所减少。在一项长期的心理动力学住院治疗计划中，研究人员考察了 90 名青少年的 QOR 变化情况（Blatt & Ford，1999）。根据病理学诊断方法，他们将案主分为两个类别：人际关系障碍和自我感觉障碍。基于投射测试的反应，研究人员得出结论：青少年 QOR 的改善表现为对与他人关系的不准确感知的减少。

最后，在一个以宗教为导向的住院机构进行的一项不寻常的研究中，研究人员对 99 名抑郁症患者的客体关系干预进行了评估（Tisdale，Key，Edwards，& Brokaw，1997）。效果通过个人调整和积极的"上帝形象"的变化来衡量，包括在入院、出院以及出院后 6 个月和 12 个月分别进行测量。研究人员得出的结论是，医院治疗计划对这两个变量都有显著的积极影响，并且客体关系与案主的"上帝形象"之间存在正相关关系。

十、对理论的批评

关系理论受到了许多与自我心理学相同的批评。约翰逊（Johnson，1991）总结了其中的几点。首先，该理论以许多社会工作者认为模糊的概念为特征（例如客体、客体关系、客体恒定性和投射性认同）。其次，在一些从业人员看来，它的干预策略难以操作和系统评价。例如，该理论关注的是早期发展过程，由于案主或家庭报告中可能存在的偏差，这些过程往往难以验证（Payne，2005）。客体关系理论可以从不反映文化多样性的角度来促进案主评估（Applegate，1990）。从这个角度工作的从业者可能倾向于只在个人和他们的亲密关系中看到问题，而不是在一个更大的社会环境中。作为一种深度干预方法，它在许多传统的社会工作环境中可能并不适用（Cooper & Lesser，2002）。最后，因为客体关系理论家在 20 世纪 50 年代和 60 年代写下了第一批客体关系理论著作，当时核心家庭更为突出，性别角色更为僵化，所以这被看作一种将生活问题归咎于父母责任的方法

(Coleman，Avis，& Turin，1990)。最近，从业者和理论家试图将客体关系干预应用于不同案主群体的成员。他们还关注临床实践中的时间限制问题（Goldstein & Noonan，1999）。

十一、总结

以下是我们对两种心理动力学理论——自我心理学和关系理论的总结，每一种理论都强调从业者（如果可能）关注案主的无意识心理过程的重要性，以此作为帮助他们解决挑战和体验心理成长的一种手段。本书中很少有理论否定无意识的可能存在（行为主义除外），但在这些理论中，无意识作为社会功能的决定因素被赋予了更大的相关性。对于重视基于经验的实践的从业者来说，这两种理论是有问题的，因为它们包含了难以操作的概念。尽管如此，自我心理学和关系理论仍然被用作许多社会工作从业者的主要理论视角，他们发现，这两种理论为灵活地干预一系列案主提供了基础。

十二、讨论的话题

1. 对于一些人来说，很难与某些类型的人（例如权威人士、异性或同事）建立令人满意的关系。然而，这些人可能并没有普遍存在的人际关系问题。这些反复出现但又具体的问题是代表了关系缺陷，还是不那么重要的问题？如果这些具体的问题是不同的，那么它们的来源可能是什么？

2. 讨论你认为能够在"独立"和"关系"生活之间保持适当平衡的人的特征。在这一点上，不同的观点如何反映了个人的价值观或文化差异？

3. 讨论以下抽象术语的含义，并举例说明这些术语在人的生活中是如何"出现"的：**内射、表征、客体、部分客体、完整客体**和**自我客体**。

4. 你认为婴儿或幼儿的促进性环境的特征是什么？文化差异如何导致人们对这种环境有不同的看法？

5. 考虑投射性认同的概念。试着回忆一下，在你生活的任何时候，你是否曾经是这种现象的接收者，无论发出者是案主还是其他人。描述你经历的过程和感受。

十三、课堂活动/角色扮演的设想

每一个角色扮演活动都可以由一组学生（也许还有老师）在全班同学前或小组中完成。应该扮演社会工作者、案主和观察员的角色，每个角色可能包括不止一个人。

1. 呈现一个真实的（来自学生的）或假设的情境，其中具有客体关系缺陷的案主与社会工作者发生冲突。练习一段时间（15 分钟应该足够了）。然后，要求每个小组的观察员描述社会工作者对这种互动感到沮丧的任何证据。询问社会工作者，他们是如何努力支持案主的，即使是在需要对抗的时候。最后，询问案主他们对社会工作者行为的感受。

2. 描述这样一种情境：一位案主有基本的人际关系缺陷，而他或她目前的问题是由于人际冲突而被解雇。在课堂上提供尽可能多的信息（最好使用学生自己的案例）。要求学生设计一个指导性的干预策略，然后在实施该策略的过程中扮演角色。在每个小组中讨论哪些工作做得好，哪些工作做得不好。

3. 呈现这样一种情境：被确认的案主是一名儿童或青少年，在学校里与其他孩子一起时表现出攻击性行为。要求学生确定可能的信息来源，以确定案主是否存在重大的关系缺陷，包括社会工作者可以向家庭、其他主要照顾者或学校人员提出的具体问题。

4. 考虑一下迪亚兹列出的案主/社会工作者关系中可能存在的民族文化移情和反移情的列表。从你与案主或其他熟人的经历中找出问题。试着找出你（或其他人）情感的来源，以及你做了什么，或者可能做了什么，以便与其他人一起处理这些情感。（此项目可作为书面课程作业使用。）

十四、理论大纲

焦点	人际关系模式 对自我和他人的内在感知 早期关系的重演
主要倡导者	雅各布森，克莱因，费尔贝恩，马勒，科恩伯格，温尼科特，鲍尔比，安斯沃思，戈尔茨坦，本杰明，米切尔
起源与社会背景	童年早期剥夺及其影响的研究 对早期关系角色的兴趣（依恋理论） 关于母婴互动的研究（20 世纪四五十年代） 女权主义

个人的本性	健康的发展需要一个良好的早期环境 人们从出生开始就寻求关系 人们将他们早期的关系模式内化
主要概念	与自我心理学相同 依恋 内射 客体关系（完整、部分和自我客体） 客体恒定性
发展的概念	促进性环境 "足够好的"父母养育环境 抱持的环境（安全和保障） 过渡客体 客体关系发展的阶段 温尼科特 　绝对依赖 　相对独立 　走向独立 马勒 　自闭 　共生关系 分离/个性化（分化练习和解，客体恒定性） 关系分化（相对于分离/个体化）
问题的性质	"坏"自我和客体（他人）感知的内化 在关系中广泛使用分裂和投射 重复自我挫败的人际行为
改变的性质	洞察力增强 修正错误的"内化" 积极的内在自我和客体感知的发展 调整防御机制
干预的目标	修正内化了的关系模式 修正防御 接受新经验，而不是重复旧的经验
社会工作者/案主关系的性质	强调移情、反移情 强调目前的关系以及它如何受到案主的人际关系模式的影响 提供抱持的环境 主体间性

111

干预原则和技术	"此时此地"现实测试 限制冲动和苛求的行为 为案主的生活带来结构 发展性反思 用新的方式解释关系的性质 解释移情 对抗原始防御 关系矫正 经验矫正
评估的问题	案主是否与某些重要他人保持积极的关系，或者大多数亲密关系是否存在冲突？ 哪些旧关系正在重演？ 行为是否重复了早期经历？ 问题行为是否代表着通过重复旧创伤来努力控制旧创伤？ 案主的行为在多大程度上准确地反映了童年时期发生的事情？ 哪些文化条件正在影响案主寻求关系的行为？ 哪些环境条件正在影响案主寻求关系的行为？

112

资料来源：基于埃达·G. 戈尔茨坦（Eda G. Goldstein）的《客体关系理论和社会工作实践中的自我心理学》。

第六章

家庭情感系统理论

有匮乏的悲伤，也有寒冷的悲伤，

他们称之为"绝望"；

从本地人的眼中被放逐，

在本地的空气中。*

　　自 20 世纪 60 年代问世以来，**家庭系统理论**作为一种影响深远、应用广泛的家庭评估和干预理论而蓬勃发展。该理论提供了一个全面的概念框架，用于理解原生家庭（包括大家庭成员）之间的情感联系如何影响个人的生活，而这些情感联系往往无法被人们所理解，而且往往会被人们所低估。该理论有时被称为**家庭情感系统**理论，以强调这一点，并将其与通用的"家庭系统"术语区分开来。这一理论的独特之处在于它对多代人的家庭过程的关注，以及在家庭背景下与个体案主打交道的解决方案（Bowen，1978；Kerr & Bowen，1988）。在本书中，家庭系统理论被直接放在心理动力学之后，因为它的创立者默里·鲍文（Murray Bowen）接受过精神分析培训，在我看来，这个理论可以被理解为一些分析思想（例如无意识的心理过程）在家庭系统研究中的延伸。

　　鲍文断言，健康的人类功能的本质是一个人在情感和理性生活之间取得平衡。分化的概念表征了一个人达到这种平衡的能力。这个概念也描述了一个人在原生家庭之外和原生
家庭内部有效运作的能力。通过一个促进性的家庭环境，人们可以建立与核心家庭相关但也与其分离的身份，从而实现分化。在美国社会的大多数文化中，人们通常在青春期后期加速身体和情感与原生家庭的分离。对于那些离开的人和那些留下来的人来说，这是一个

---

* Dickinson，E.（1927）. *The Pamphlet Poets*. New York：Simon and Schuster.

重大的人生转变。那些高度分化的人将在这一转变中获得成功，而那些没有达到这种转变的人将难以在家庭之外建立稳定的认同感。每个人在成年后发展积极关系的能力都是由他或她学会的管理原生家庭关系的模式所驱动的。也就是说，这个家庭的影响贯穿于整个人生。

家庭系统理论的概念可能对社会工作实践有用，所有类型的所呈现问题都是评估家庭互动性质的一种手段。无论家庭的具体需求如何，了解家庭关系的微妙方面在治疗计划中可能都具有重要意义。然而，干预策略并不适用于所有问题情境。当关注核心或大家庭的人际关系过程的质量，以及希望一个或多个家庭成员变得更加不同时，家庭系统干预通常是适当的。在外部观察者看来，这些家庭通常运转良好。他们的人际生活才是他们困难的根源。对于社会工作者来说，为了帮助家庭成员探索任何可能导致问题发生的行为模式，使家庭中的一些结构保持稳定是必要的。

蒂特尔曼（Titelman，1998）编辑了一本书，其中包括家庭系统干预可能适用的一系列问题的例子。这些问题包括与婚姻融合、儿童情感障碍、儿童医疗问题、大学生适应问题、对老年人的担忧、抑郁、恐惧症、强迫症、酗酒、乱伦、离婚和再婚等有关的家庭问题。最近，该理论及其干预已被发现可用于创伤儿童（Brown，2011）、有厌食症成员的家庭（Krasuski，2010）、有癌症风险成员的家庭（Harris et al.，2010）、滥用药物和存在其他危险行为的青少年（Knauth，Skowron，& Escobar，2006）、受虐待儿童（Skowron，2005）、无家可归者（Hertlein & Killmer，2004）、家庭暴力受害者（Walker，2007；Stith，McCollum，Rosen，& Locke，2003），甚至是遇到问题的神职人员（Crimone & Hester，2011）。

一、起源与社会背景

默里·鲍文是20世纪40年代在美国出现的第一代家庭理论家之一（Guerin & Guerin，2002）。他接受过心理动力学理论的训练，但他和他的同行们［包括内森·阿克曼（Nathan Ackerman）、约翰·贝尔（John Bell）、唐·杰克逊（Don Jackson）和卡尔·惠特克（Carl Whittaker）］有一个共同的担忧，即现有的治疗方法不足以治疗某些疾病，例如精神分裂症。与他的同辈们一样，鲍文也受到一般系统理论的影响（见下文）。

（一）分析理论

精神分析领域很晚才认识到家庭动力学对个体功能的重要性（Mullahy，1970）。弗洛伊德从未让家庭参与治疗，但阿尔弗雷德·阿德勒（Alfred Adler）强调家庭结构（包括出生顺序和兄弟姐妹竞争）对人格形成的重要性。鲍文的导师哈里·斯塔克·沙利文（Harry Stack Sullivan）认为，人是他们相对持久的人际交往模式的产物。他认为家庭在一个人过渡到青春期期间所扮演的角色特别重要，他的精神分裂症人际关系理论（Sullivan，1962）正是基于这些互动的性质而提出的。

（二）系统理论

鲍文的另一个思想渊源是**一般系统理论**。这种思维方式，对当今社会工作界而言，是一种挑战，当时科学界普遍认为复杂现象可以被分解成一系列简单的因果关系。系统理论主张的是一种循环因果关系，即系统的所有元素同时受到彼此的影响。在 20 世纪 40 年代，一般系统理论被应用于所有层次的现象——植物、动物、人类生命，甚至像星系这样的无生命现象（von Bertalanffy，1968）。

系统理论至少从 19 世纪末开始就存在了，当时经济学家赫伯特·斯宾塞（Herbert Spencer）阐述了他的社会进化观点（Buckley，1967；Klein & White，1996）。它的概念在 20 世纪初的信息技术新科学中得到了实际应用，受到电报、电话和其他发明工作的影响。这项新技术产生了输入、输出和反馈循环等概念。第二次世界大战期间，信息技术和武器系统的发展，是系统理论的一个更大的推动力。新的**控制论**领域侧重于分析电子、机械和生物系统中的信息流（Wiener，1948）。第一批家庭理论家受到系统理论和社会学家塔尔科特·帕森斯（Talcott Parsons）的功能主义概念的传播的影响，该概念假定现在或曾经的每一个社会结构都为系统维护发挥了必要的功能（Ritzer & Goodman，2004）。

系统理论的基本原理现在看起来相当简单，但它们曾经在助人行业中非常具有创新性。其中之一是**连通性**，即系统的所有部分都是相互联系的，其中一个部分的变化会影响到其他部分的功能。第二个原则是**整体性**，即任何现象都只能通过观察整个系统来理解。最后，**反馈原则**指出系统的行为影响其外部环境，而外部环境影响系统。这些思想在"人在环境中"、心理社会和通才实践等社会工作概念中仍然很明显。通过鲍文和他的同时代人的工作，它们也成为家庭系统理论的基础。

116

（三）鲍文的职业生涯

鲍文于 1948 年在堪萨斯州的门宁格诊所开始了他的家庭研究。他观察了母亲和患有精神分裂症的孩子之间的互动，希望能更好地理解他们的**共生关系**。这个来自生物学的系统术语描述了两个有机体之间的共存状态，在这种状态中，每个有机体都依赖于另一个有机体来维持其生存。在心理学中，这一术语指的是一种关系，在这种关系中，双方的依恋非常强烈，以至于身体或情感上的分离会损害每一方的功能。

20 世纪 50 年代末，鲍文在国家心理健康研究所（National Institute of Mental Health）从事精神分裂症研究，重点关注他研究了 6 个月到 3 年的家庭（Bowen，1959；Dysinger & Bowen，1959；Howells & Guirguis，1985）。鲍文得出的结论是，导致一个成员患上精神分裂症的家庭焦虑类型需要三代人才能显现出来。在他的样本中，第一代父母相对成熟，但孩子将他们的不成熟结合起来，表现为焦虑和融合（类似于共生）。同样的过程在下一代人中重复，为精神分裂症的发展提供了充分的情感融合。这些观察结果是他建议的三代家庭评估的来源。

鲍文受到的批评是，他们这一群有影响力的家庭理论家，倾向于将精神分裂症的发展归咎于父母的行为。现在大家都知道精神分裂症很大程度上起源于生物学因素。尽管如此，鲍文的研究有助于家庭理论家理解焦虑症如何代代相传。最后，鲍文去了乔治敦大学，在那里他继续工作直到 1990 年去世。

具有讽刺意味的是，家庭系统理论对家庭内部人们的情感生活提供了如此丰富的理解，因为它强调了理性在"健康"构成中的重要性。这与鲍文接受培训的心理动力学理论是一致的。自我的功能是引导驱力进入健康的渠道。鲍文认为，一个人的推理能力的发展是很重要的，这样才能防止情感体验成为做出决定的唯一依据。

当我们考虑其主要概念时，系统思维对鲍文理论的影响将变得更加明显。

二、主要概念

以下是家庭系统理论的主要概念，这些概念是评估过程的核心。这些主要来自鲍文（Bowen，1978）、科梅拉（Comella，2011）和其他相关人士。

（一）多代视角

鲍文在家庭理论领域的最大贡献之一是他的原则，即家庭成员的个性和互动模式起源于前几代。此外，他还指出，扩大式家庭关系对个人发展可能与核心家庭关系同样重要。通过这些方式，鲍文预见了家庭治疗领域的最新发展，即超越核心家庭单元，考虑到对家庭生活的其他影响。他对"家庭"的广义定义也适应了不同的家庭形式。

鲍文建议对家庭进行三代评估，部分原因是信息的可获得性受到了现实的限制，同时也因为在其早期的职业生涯中，他曾经对拥有精神分裂症患者成员的家庭开展过工作（Bowen，1959；Dysinger & Bowen，1959；Howells & Guirguis，1985）。当时鲍文的工作有助于家庭治疗师理解焦虑是如何代代相传的。例如，麦克奈特（McKnight，2003）在一项针对 60 位母亲的研究中发现，上一代父母的缺失会影响其养育实践和青少年子女的幸福感。一个母亲与自己母亲越疏远，她的工作能力就越差，而母亲与父亲的疏远很可能导致孩子与自己父亲的疏远。

社会工作者不需要有关三代人的信息来有效地提供家庭干预。与美国历史上任何时候相比，今天的家庭结构都更加多样化和支离破碎。社会工作者遇到过重组家庭、解散家庭、单亲家庭，以及同性恋家庭。地理上的流动性是如此之大，以至于许多人对自己的血统或祖籍渊源认识有限。获取尽可能多的关于核心、扩展和跨代家庭关系的信息总是很重要的，但是从业人员可以继续使用任何可用的数据。事实上，在过去 20 年里，家庭系统理论的发展趋势是仅仅关注一到两代人的家庭，并制定与这些家庭合作的策略（Titelman，1998）。

（二）自我分化

健康或适应性个体功能的特点是**自我分化**。这是家庭系统理论中的一个重要概念，有两个含义。首先，它代表了一个人区分和平衡自己的思想和感觉的能力。经验的两个方面都很重要。这个思考过程代表了一个人脱离或客观看待个人反应或偏见的能力。情绪过程提供了有关情况重要性的重要信息。人类的"全面"经验包括情感和理性。尽管鲍文主张理性与情感的平衡，但他认为这实际上并不是一个可以实现的条件，因为与智力不同，情感是一种普遍的生命力量。因此，必须强调的是，分化是一种永远无法完全实现的理想。

分化一词还指一个人在身体上区别于他或她的原生家庭的能力，这种能力既保持了这些情感联结的各个方面，同时又不受它们的约束。因此，分化不是一个人的特征，而是一种关系的特征。这个人发展出一种能力，可以在分离自我和保持新旧情感联结方面保持平衡。后面我们将会看到，这个观点已经被一些女权主义思想家所修正，他们认为自我在本质上是更加联系而不是分离（例如，Knudson-Martin，2002）。

在对文献的一次重要回顾中，鲍文的分化概念得到了支持，因为在分化和慢性焦虑、婚姻满意度以及心理困扰之间发现了一致的关系（Miller，Anderson，& Keala，2004）。此外，分化程度越高的人与父母的关系越亲密。在一项针对 23 名 30 岁以上的男性和女性的研究中，分化程度更高的群体的亲密关系在父母死亡的最初悲伤反应中导致了更深的失落感，但在随后的几个月里，也相应地缺乏后悔和内疚感（Edmonson，2002）。较高的分化水平甚至会影响一个人对身体疾病的反应，例如纤维肌痛症状的严重程度就与较低的分化水平和压力感知相关（Murray，Daniels，& Murray，2006）。这个概念的有效性最近得到了广泛使用的因子分析的支持（Jankowski & Hooper，2012）。

高度紧张的情感互动会使一个人无法认可他或她与他人的情感分离。鲍文认为，一个

118

人的推理能力的发展是非常重要的，这样才能避免情感体验成为做出决定的唯一基础。然而，克努森-马丁（Knudsen-Martin，2002）对鲍文的个体化偏向提出了建设性的批评。在支持鲍文的一般理论观点的同时，她认为人们具有相互关联的天生倾向，并努力在一定程度上与这个立场分离，而不是假设相反（正如鲍文所做的那样），这种独立性有助于一个人学会发展适当的关联性。克努森-马丁指出，鲍文的概念化反映了男性主义和西方文化对社会功能本质的偏见。

（三）三角关系

119

在家庭系统理论中，人际三角是分析的主要单位。所有亲密关系本质上都是不稳定的；它们需要有第三方来维持稳定。乍一看，这似乎是一个自相矛盾的概念，但这是常识。在任何关系中，亲密的代价都是偶尔发生冲突的经历。人们不可能一直生活在幸福和谐中。当发生冲突时，人们通常依靠第三方（或不同的第三方，视情况而定）来进行调解、沟通或获得解决问题的帮助。[一位作家曾写过关于"以宠物为中心"的家庭，在这个家庭中，宠物能够以同样的方式成为三角关系的一部分（Entin，2001）。]这是一个自然、健康的过程。然而，当一个人在家庭中被吸入特定类型的三角关系中时，他或她可能会出现与分化相关的严重问题。当一个"弱者"（未分化）以不利于最初两人解决冲突的方式被拉入一个三角关系中时，这个人可能被剥夺了成为一个独特的个体的机会。他或她可能扮演帮助其他两个人避免彼此之间问题的持续角色。例如，一项针对日本和美国150个家庭进行的研究发现，在两种文化中，三角化的女儿在自我发展方面的得分都较低（Bell，Bell，& Nakata，2001）。当冲突中的成年人为了维持家庭关系的稳定而拉拢较弱的家庭成员（通常是孩子）时，家庭中就会产生有问题的三角关系。

（四）焦虑和核心家庭情感系统

焦虑是一种不愉快但又正常且有功能性影响的情绪，它给人们提供了感知威胁的警告信号（Marks，1987）。它的症状包括紧张和神经系统过度活跃。产生焦虑的情况可能被视为成长的机会或对幸福的威胁。当焦虑干扰了一个人解决问题的能力时，它就会成为问题。焦虑的概念是心理动力学理论的核心，鲍文将其应用于家庭系统理论。家庭系统和个人一样，也有一定程度的焦虑。

核心家庭情感系统包括四种可能促进问题发展的关系模式（Georgetown Family Center，2012）。在婚姻冲突中，夫妻双方都将自己的焦虑投射到对方身上，并试图控制对方。由于一方的情感功能存在问题，另一方为保持关系和谐做出了相应的调整，但结果可能会导致更严重的焦虑。如果一个孩子表现出身体或情绪上的功能障碍，父母会把他们的焦虑集中在那个孩子身上，而这个孩子反过来可能会对他们产生情绪上的反应。在情感融合的过程中，家庭成员彼此疏远，以减少他们之间关系的紧张程度，他们可能会在这个过程中变得孤立。

出于上述任何原因，一个以心理紧张为特征的家庭系统可能会产生一种焦虑的氛围，这种氛围被所有的成员所共有。正如前面所描述的，这种系统焦虑可以通过世代传递并增强。一个没有分化的个体在家庭关系中经历了相对高度的紧张，并且倾向于被焦虑水平相似的朋友、配偶和伴侣所吸引。事实上，一项研究得出结论，焦虑是自我分化、情绪反应和情绪融合的最佳预测因素（Cocoli，2006）。

（五）父母投射

正如第三章所述，心理防御是一种过程，人们通过将不可接受的冲动排除在意识之外，从而保护自己逃避不可忍受的焦虑（Goldstein，1995）。当能帮助人有效地发挥功能，并且不会严重扭曲现实的时候，防御就是一种积极的应对机制。**投射**是一种常见的防御机制，在这种机制中，一个人将自己无法接受的想法和感受归因于他人。投射者并没有意识到自己的感觉或想法，而是相信他们所投射的人正在体验这些感觉或想法。例如，妻子可能会因为丈夫花在家里的时间太少而对他感到愤怒。如果她受到对配偶生气的想法的威胁，她可能会将这种感觉投射到孩子身上。她可能会认定孩子生父亲的气，并向丈夫报告这个"事实"。

投射可能涉及对他人情感、态度和行为的严重扭曲。父母经常把孩子作为投射防御的"目标"，因为孩子是脆弱的家庭成员。孩子们倾向于接受和内化父母的言论、见解和信念。在家庭系统中，如果父母把消极的情绪和想法投射到孩子身上，孩子可能会受到伤害。他们可能认为自己拥有归因于他们的消极思想和情感，并且如此表现。在家庭系统理论中，父母投射是家庭焦虑传播的主要来源。

（六）融合和情感切断

情感切断是一个代际的本能过程。它涉及人们如何从过去中分离出来，以便在当下开始他们的生活（Illick，Hilbert-McAllister，Jefferies，& White，2003）。切断可以表现为物理距离、内部距离或两者的组合。虽然情感切断可能是自然和健康的，但情感**融合**与分化相反。它是一种由两个或两个以上的人共同参与的共享状态，这是一个三角关系的结果，其中一个成员为了平衡另外两个人的关系而牺牲他或她的分化努力。当一个人与另一个人在情感上融合时，他或她对另一个人的情感反应会变得强烈。这个人不是"思考"，而是"感觉"，并且这样做是为了回应对方的情绪状态。例如，母亲的感情就变成了儿子的感情。当她快乐时，他很高兴，当她难过时，他很伤心。除了母亲，儿子没有情感生活。这两个人都没有清楚地意识到这种状态，因为他们缺乏对情况进行推理或反思的能力。出现这种情况的原因是，在童年和青少年时期的相当长的一段时间内，在有机会进行分化之前，融合的人开始在一个三角关系中服务于另外两个家庭成员的需要。

人们往往没有意识到他们融合在一起的事实，但他们对另一个人有着高度的情感反应，并可能试图从这种关系中解脱出来。一种常见的策略是情感切断，一个人试图让自己在情感上与某些家庭成员或整个家庭保持距离。情感切断是一个人无法直接解决融合问题的结果，这反过来又阻止他或她形成独特的身份或发展与他人的满意关系。

在家庭生活在一起的情况下，情感切断可能表现为身体上对另一个人的回避，或者更常见的是，不讨论情绪激动的话题。例如，一个与母亲发生冲突的儿子可能很乐意谈论在学校发生的事情，但他们可能会避免谈论他们对彼此或家庭的感受。这种模式可以在家庭成员离家后继续下去。儿子和母亲可能在一定程度上享受彼此的陪伴，但他们之间的互动是肤浅的。儿子可能会在工作、大学或教堂中寻找替代家庭。

情感切断通常表现为物理距离。青少年可能渴望离家出走，以解决他们的家庭问题。同样，这可能代表了一个正常的家庭过渡。然而，当仅仅是保持距离被视为解决家庭矛盾的办法时，这个人可能会感到失望。一名大学一年级的学生可能会觉得自己终于可以做自己了，但事实上，他和另一个家庭成员的融合让他无法充分体验其他人。情感切断的一个重要方面是，经历过这种障碍的人通常不会意识到家庭初始关系的吸引力有多大。这个进程被拒绝或最小化。

（七）其他概念

鲍文认为，核心家庭中的兄弟姐妹地位可以部分预测儿童的人格发展。例如，年龄较大的孩子往往更负责任和保守，而年幼的孩子更善于交际并有叛逆精神。这些差异部分起源于存在于不同大小的家庭中的三角关系类型。然而，在过去的 15 年里，研究趋向于消除这样一种观念，即人格类型可以仅仅依据家庭地位进行有效的预测（Steelman，Powell，Werum，& Carter，2002）。许多其他的变量也应该被考虑，包括性别、兄弟姐妹之间的年龄差距、先天气质以及外部环境的性质。尽管如此，警惕每个兄弟姐妹的不同三角关系可能性问题对评估家庭系统是有用的。

社会情感过程是这样一种方式，社会系统可以被概念化为类似于家庭的系统，通过一些规则控制着家庭内部和家庭之间的人际行为。家庭系统的概念可能有助于理解这些其他系统。例如，社会服务提供系统被描述为三角关系的一方，参与其中的另外两方是个人成员和家庭，这意味着参与者的分化和融合（Moore，1990）。教会会众也被概念化为一个家庭（Howe，1998）。每个成员在原生家庭中获得的关系模式可能会在教会会众中复制，而个体必须从中努力实现适当的分化。尽管很有趣，但是社会情感过程的概念还没有像那些家庭单位特定的概念发展得那么好。

三、问题和改变的性质

上面的章节讨论了问题的性质。改变的性质涉及家庭系统的开放性（Kerr & Bowen，1988）。呈现的问题可能是多种多样的，但代表着与三角关系、融合和情感切断有关的困难。这些情感过程可能表现为某些或所有成员在家庭活动中投入太少。改变需要在核心家庭和扩大家庭成员之间进行去三角化并建立新的联盟。社会工作者要达到以下目标：

- 降低家庭系统中存在的焦虑。
- 提高所有成员的反思能力（洞察力）。
- 通过在情感上重新认识家庭系统来促进自我的分化，包括识别和调整有症状的三角关系和对情感切断关系保持开放。
- 向成员灌输多代家庭模式影响当前人际互动的观念，并让其对此保持敏感性。
- 提高家庭成员彼此分享系统性问题的能力。
- 通过抑制那些以不适当的主导方式行事的成员，重新审视家庭中的不平等问题。

四、评估和干预

家庭系统治疗师不使用一套明确、具体的干预技术。与自我心理学一样，该理论也提供了广泛的干预策略，社会工作者可以根据家庭的特殊关注点来设计技术（Bowen，1978；Kerr & Bowen，1988）。这些策略总结如下。

（一）社会工作者/案主关系

作为改变的先决条件，家庭成员必须体验到安全、舒适和相对没有焦虑的干预环境，这种焦虑往往会影响他们的自然环境。社会工作者充当教练。他或她仍然是家庭互动的旁观者，提出问题并提供建议，让家庭成员彼此讨论和实施计划。从业者努力成为家庭关注的焦点，并为他们的交流定下基调。他或她必须保持冷静，营造一种平和的氛围，保持专业上的超然性。这种姿态的目的是避免情绪反应和与家庭成员的消极三角关系。从业者还要充当理性互动的典范。

在干预的早期阶段，社会工作者可能会要求家庭成员直接与他或她谈论敏感问题，而不是与其他人交谈，以尽量减少人际关系紧张。如果紧张程度太高，以至于无法进行富有成效的互动，那么从业者可以利用"替代故事"作为一种手段，将家庭的注意力从自身的关注中解脱出来。这是一种技术，其中从业者提供了一个假设家庭的例子，该家庭具有与实际家庭类似的过程和问题。社会工作者要求实际家庭分享观察结果并提出干预建议。

（二）家谱图

评估和干预的主要工具是**家谱图**（见图 6.1 和图 6.2）。这是一个家庭组成、结构、成员特征和关系在一张纸上的视觉表现（Kerr & Bowen，1988；McGoldrick，Gerson，& Petty，2008）。它通常涵盖三代人。家谱图上提供的信息包括家庭成员的基本情况（例如出生和死亡日期、婚姻、搬家和疾病）、每个成员的主要特征和功能水平（教育、职业、健康状况、才能、成功和失败），以及成员之间的关系模式（亲密、冲突和切断）。可以评估的总体家庭特征包括结构（角色、规则和边界），以及生活事件、生活变迁和跨代关系模式的影响。作为一种评估工具，家谱图的优势在于它能在一页纸上呈现复杂的家庭数据。它也是一种获取家庭治疗信息的极好方法（Sawin & Harrigan，1995）。

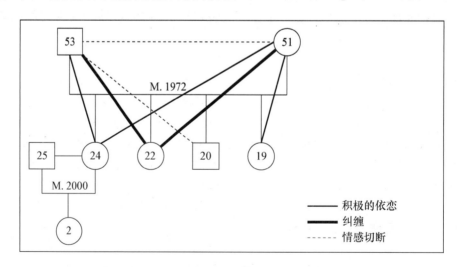

图 6.1　里夫斯（Reaves）一家

通过参与家谱图的构建，家庭成员可以深入了解他们的家庭过程，以及人际关系模式和三角关系在家庭中的运作方式。通过这些洞察，家庭成员就能认识到他们的行为与更大的系统过程有关，以及这些过程支持或抑制成员功能的方式。这可以使一些家庭问题正常

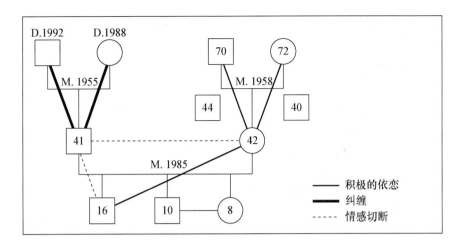

图 6.2　查尔斯（Charles）一家

化，特别是那些与过渡相关的问题。依据提供的资料，家庭成员就可以提出自己的想法，以增强家庭功能。家谱图经常激发老年人进行生命回顾。另一种方式是将家谱图作为有效的早期干预手段，在其构建过程中，每个成员都在观察一个物理图表，而不是彼此审视。这给讨论带来了一个共同的焦点，并将任何负面情绪转移到一个对象上，而不是转移到另一个人身上。

　　一些社会工作者可能不愿意在家庭系统理论所建议的细节层次上构建家谱图，因为这很耗费时间，并且可能会让那些渴望进入问题解决活动的案主感到恼火（McGoldrick，1996）。尽管存在这些顾虑，但重要的是要明白，在第一次会谈中，家谱图构建能让所有家庭成员参与讨论，并且通常能为他们提供一种思考家庭系统的新方式。

（三）去三角化

　　这代表了从业者打破一个不良三角关系并促成家庭成员建立新的功能更强的联盟或三角关系的任何策略。社会工作者可以通过多种方式来解散家庭中的不良三角关系（Dallos & Vetere，2012；Guerin，Fogarty，Fay，& Kautto，1996）。他或她可以通过在会谈期间或当成员在家时要执行的任务来改变联盟。在会谈期间，社会工作者可能会鼓励角色互换，或者成员以不同的方式互动。一个习惯于向母亲抱怨兄弟姐妹的烦人行为的孩子，可能会被要求去面对兄弟姐妹。当一对夫妇为了避免关系中的问题而让孩子建立三角关系时，他们可能会被指示花一些时间在一起谈论那天他们心中的想法。如果他们需要第三方的帮助来解决问题，他们可能会被鼓励与其他原生家庭成员交谈。通过这些方式，成员被引导进入与核心成员或大家庭成员的新联系。任何有助于成员向新的家庭成员开放的策略都可以采用。从业者应始终鼓励发展有可能促进成员分化的新依恋。

（四）提高洞察力

家庭系统理论认为理解可以引起改变。社会工作者促进反思性的讨论，增加对人际关系对个人性格和行为影响的洞察力。儿童和青少年的反思能力似乎较低，但洞察力可以简单地定义为理解一个人的行为总是影响另一个人的情感和行为。促进洞察力的两种技术是**个人—情境反思**（聚焦于当下）和**发展性反思**（聚焦于家庭历史及其模式）（Woods & Hollis，2000）。这些技术在第三章和第四章中进行了讨论，但是在这里我们将对其家庭应用进行总结。第一种技术是，社会工作者发表意见，提出问题，并提供可以提高家庭成员反思能力的试探性解释。例如，可以帮助冲突中的两名家庭成员冷静地讨论他们的分歧，并实际决定如何解决分歧。社会工作者采取一种适度的指导性的立场，并对行为提供"此时此地"的解释。这项技术提高了家庭成员评估感受和态度、了解彼此及其行为性质的能力，并考虑了一系列解决问题的方法。通过发展性反思，社会工作者使用评论、问题和尝试性解释来探索家庭现在和过去行为模式之间的联系。如果一个青少年在家庭中表现出叛逆行为，社会工作者可能会引导一个讨论：随着年龄的增长，这如何代表了所有孩子的一种模式，以及这种模式持续存在的环境。社会工作者可能会故意引起焦虑，以帮助家庭面对和解决他们根深蒂固的不适应行为。家庭可能会洞察由非理性情感产生的行为模式，并且能够考虑当前的新思维方式。

126 社会工作者可能使用的两种相关技术是将思维外化（帮助每个成员用语言表达通常保存在内部的内容）和鼓励"我"的立场。在后一种实践中，社会工作者要求每个人谈论他或她自己的感受，并将其贴上客观中立的标签，而不是通过对他人的批评性评论来回应消极的感受。例如，一位父亲通常指责他的儿子麻木不仁，可以帮助他这样说："丹，当我想和你说话但是你却走开的时候，我感到很生气。我觉得你在嘲笑我。"这与许多家庭成员把自己的感受归咎于他人的倾向背道而驰，也有助于接受评论的人减少防御性。

（五）教育

家庭通常受益于他们惯常的互动模式，因此改善家庭生活可能需要"时光后退"，以便重新审视与各种大家庭成员的关系。这有助于家庭成员对自己的行为不再感到困惑和内疚。在教导家庭成员理解家庭系统过程中，社会工作者帮助每个成员观察三角关系内的自我，并从家庭主题的角度审视行为。这对于那些担心自己功能异常或无法得到帮助的家庭来说，也可以作为一个正常化的策略。社会工作者必须决定什么时候应该将教育与其他干预措施结合起来。从业者应该始终以家庭能够理解的方式提供这些信息。

（六）个体干预

家庭系统理论的优势之一是它可以与家庭的任何子集，甚至可以与个体案主合作（McGoldrick & Carter, 2001）。家庭系统干预需要所有家庭成员的意识，但不一定所有人都要在场。在个体干预实践中，社会工作者可以与案主构建一个家谱图，并根据新出现的家庭主题检查案主的行为。从业者帮助案主从三角关系的角度观察自我，然后通过与可用的家庭成员建立新的或不同的关系来进行去三角化。社会工作者还可以帮助案主发展洞察力，并利用这种家庭关系影响的知识，来打破与他人不满意的关系模式的重复出现。

（七）结束家庭情感系统干预

主要的家庭情感系统理论家并没有明确地阐明与结束干预有关的问题。然而，对主要概念的回顾提出了确定适当终点的一些方法（Walsh & Harrigan, 2003）。一些家庭评估工具适合作为改善的衡量标准。每隔一段时间，社会工作者可以与家庭一起重新绘制家谱图，以查看是否发生了所需的变化，或者可以不时要求家庭绘制两个家谱图：一个是他们自己看到的现实情况，另一个是他们自己希望的理想情况。随时评估效果以跟踪进度。家庭适应性和凝聚力量表包括两个子量表，其中一个提供了家庭凝聚力的度量（Walsh, 2003）。一个社会工作者可能会要求家庭每隔一段时间就完成这个工具中的人际关系量表，以帮助成员了解他们是如何朝着情感凝聚的方向发展的。

较低的观察到的系统焦虑水平可以作为积极改变的指标。社会工作者可以非正式地监测家庭在没有冲突、打断和防御的情况下进行交流的能力。他或她也可以通过询问家庭互动的语气和内容，来监测会谈之外的焦虑的变化。可以通过观察成员的互动程度、互动内容以及他们在一起时不产生焦虑或冲突的能力，来监测他们的情感切断的程度。最后，因为洞察力对于持久改变很重要，一个家庭准确地表达其关系模式、潜在问题领域和创造改变选择的能力是非常重要的。如果一个家庭可以发展并维持对其系统动力学的建设性的、共同的理解，社会工作者和家庭可能决定结束干预。

五、灵性和家庭情感系统理论

儿童通常在家庭生活的背景下发展他们早期的价值观和精神信仰。事实上，兰茨和沃尔什（Lantz & Walsh, 2007）写道，家庭是所有人意义发展的主要源泉。家庭生活中共享的灵性状态可以在宗教活动、社区服务活动以及成员看待支持彼此的个人和社会性发展的适当方式中看到。基于这些原因，家庭系统干预可以（并且应该）包含关于灵性的主题，这些主题被理解为成员在生活目的上发展的共同意义，无论是分开的还是共同的。这些问题与所有人都有很大的情感共鸣。一些作者（例如，Lazarus，2010）写道，对一个家庭的多代探索极大地促进了一个人发展更深层次的生命意义。

鲍文并没有写很多关于灵性的文章，但是家庭成员之间的情感联系常常与意义和目的联系在一起。在干预过程中，社会工作者应鼓励家庭成员在出现此类问题时进行讨论。随着家庭成员努力实现分化，他们可能会发展出与重要他人不同的灵性视角，而当这些问题没有得到解决时，情感切断的可能性会增加（Rootes，Jankowski，& Sandage，2010）。关注共享的灵性状态也可能会让一个支离破碎的家庭有机会找到共同点。大约 20 年前，我对这一主题进行了一项小型研究，发现家庭成员在与精神疾病相关的冲突中有时能够通过关注灵性主题来保持凝聚力（Walsh，1995）。本章的第二个案例说明了一个家庭如何利用其宗教信仰来解决一些冲突。

¹²⁸

六、关注社会正义问题

我们已经注意到，家庭情感系统理论的有效干预要求家庭中至少有适度的结构稳定性。因此，该理论的干预措施可能不适用于那些正面临与贫困、失业、歧视和机会平等等问题直接相关的问题的家庭。然而，从系统的角度来看，它鼓励社会工作者考虑可能影响家庭凝聚力的外部事件。自我心理学关注的是个体，客体关系理论关注的是关系，家庭系统理论关注的是整个多代家庭及其社会背景。虽然社会工作者的专业超然性会妨碍他或她成为倡导者，但是，通过社会工作者在适当时对相关主题讨论进行指导，发起家庭社会行动的可能性是存在的。

在另一个与社会正义有关的问题上，家庭情感系统理论因对家庭的文化和族裔多样性不够敏感而受到批评（McGoldrick，1998）。这种合理的批评是针对大多数声称所有种族人群都遵循统一的发展原则的理论。公平地说，家庭情感系统理论目前的支持者已经努力将其适用范围扩展到不同的家庭形式（Rothbaum，Rosen，Ujiie，& Uchida，2002）。

七、案例说明

下面介绍两个家庭系统干预的例子。第一个涉及婚姻冲突和滥用物质的家庭，代表了两代人的干预。第二个例子是三代人，涉及情感融合、青少年成员的功能障碍，以及与老年人成年子女相关的问题。

（一）里夫斯一家

虽然每个家庭系统都是独一无二的，但在以成年成员酗酒为特征的家庭中，有些动力是常见的。成年人之间经常有一种纠缠或相互依赖的关系。这种模式起源于原生家庭（Bowen，1991a；Cook，2007）。配偶间的互动往往具有融合、控制和反抗的模式，并带有不良的冲突解决习惯，而且倾向于对他人进行负面的三角关系化（Scaturo，Hayes，Sagula，& Walter，2000）。不酗酒的配偶可能过度负责。**过度负责**是指一种追求形式，通过关注另一个人的行为，使人远离他或她自己。它的特点是跨越边界和避免关系中的核心问题。酗酒可能会让夫妻双方的注意力远离核心关系问题。

在酗酒家庭中，有很多常见的三角关系模式。一个孩子（通常是年纪最大的）成为英雄。**英雄**稳定了家庭，因为他或她负责任的行为确保了系统中不会出现其他的问题。英雄成为每一位父母的骄傲，也成为他们远离冲突的避难所。然而，这样的孩子可能与他或她的感情分离。**替罪羊**是这样一个孩子，他的负面行为把家里其他人从酗酒问题上转移开。这个人行为不端，经常惹是生非。滥用药物可能是这个孩子的问题之一。父母通常对替罪羊感到不满，但他们需要负面行为来维持自己表面的凝聚力。**走失的孩子**通过在情感上或者身体上与家人分开来应对家庭焦虑。虽然这似乎是一种健康的策略，但走失的孩子是未分化的，缺乏稳定的自我意识来建立一个独立的生活。最后，**吉祥物**也转移了这对夫妇的注意力，他更像是一个艺人或小丑。这个人在家里很受欢迎，但很肤浅，看起来也不成熟。父母抵制吉祥物的成长的努力。

玛西娅（Mathea）是里夫斯一家的指定案主。她22岁，白人，住在家里，兼职工作，上社区大学。在因抑郁症短期住院后，她被转介去接受个体治疗。玛西娅一直焦虑不安，经常哭，功课也不及格。她承认自己对完成学业感到恐惧，但补充说，这种感觉是"不对的"。她提出的目标（虽然一般）是完成学业，然后拥有自己的公寓和全职工作，并在商业领域担任执行秘书。玛西娅很可爱，很有幽默感。她说她的家人一直支持她。她和她父亲相处得特别好，她是唯一这样做的孩子。她被指派和社会工作者乔（Joe）一起工作，乔是一个30岁的已婚白人男性。

社会工作者所属的机构鼓励与个人合作，因此几个月来他都没有与这个家庭见面，但他最终了解了他们所有人的情况（见图6.1）。现年53岁的里夫斯先生拥有里夫斯房屋服务公司，这是一家成功的本地企业。这个家庭的经济状况很好。他是个嗜酒如命的人，每天都喝很多酒，一般都是一个人待着。在生气的时候，他经常在孩子们听得见的范围内斥责他51岁的妻子。里夫斯先生是一个专横跋扈的人，他恐吓他的家人。51岁的里夫斯太太善于交际，但很被动，容易焦虑。她对这个家庭毫无怨言。她认真抚养孩子，经常给他们买礼物。她和孩子们谈论任何事情，但不谈论他们的情感生活。

这个家庭还有三个孩子。24岁的卡罗琳（Carolyn）结婚了，有一个2岁的女儿。她主要是在正式场合（例如假日）与家人接触，但在家庭危机期间也会出现。她认为自己在家庭中的角色是一个和事佬。每当发生冲突时，她就对自己的弟弟妹妹和父母感到沮丧。20岁的帕特里克（Patrick）为父亲当经理，和朋友们住在一起。他过去一直是"问题儿童"，沉迷于药物滥用和叛逆行为。爸爸曾多次帮助他摆脱困境。帕特里克对这个家庭忠心耿耿，但与他们任何一个人都不亲近。他和父亲经常发生冲突，但自从他搬出房子后，他们之间的摩擦就减少了。19岁的凯瑟琳（Kathleen）和表妹住在一起，就读于模特学校。她很有魅力，善于交际。在过去的三年中，她大部分时间不在家，而是在寄宿学校上学。她是她母亲的最爱，后者特别欣赏她的职业生涯方向和个人风格。凯瑟琳习惯当她姐姐玛西娅的父母。

130   社会工作者对玛西娅的评估包括对她的应对方式、依赖性问题和抑郁情况的探索。他建议玛西娅记录她的情绪体验日记，以帮助她认识压力和情绪周期的某种模式。他帮助玛西娅完成毕业任务，恢复了她以前的半工半读以及与朋友和家人的社交互动。一位精神科医生为玛西娅开了抗抑郁药，但支持心理咨询作为主要干预手段。乔很快与玛西娅建立了亲密的关系。随后干预力度加大，重点培养玛西娅对自己的恐惧、缺乏自信、人际关系模式和自我形象的洞察力。

当玛西娅对社会工作者感到安全时，她承认她自给自足的"目标"是错误的，她想要继续依赖她的父母。她深深地陷入了困境之中。玛西娅认为她的大学毕业是青春期的结束，过了这段时期她就无法正常生活了。她不愿与任何人分享这些恐惧，因为她说，她不想被"发现"。家庭制度的吸引力是巨大的。青少年晚期和成人早期的抑郁症通常与缺乏分化和与父母三角关系中的"牺牲角色"有关（Lastona，1990）。乔意识到他需要放慢干预的速度，开始关注家庭。

玛西娅的父母和兄弟姐妹不情愿地同意参加家庭治疗。她的父亲特别矛盾，似乎主要是为了确保没有人说他的坏话。由于这些原因，只进行了六次家庭会谈，其中两次，一位家长没有出席。在家谱图绘制和其他干预过程中，这个家庭的对话常常是肤浅的、非关键性的。尽管如此，乔还是明白了，因为其他孩子都已经离开了家，玛西娅的父母依赖她的存在来保持彼此之间的平衡。他们用批评性的评论破坏她争取独立的需求。玛西娅此前向从业者透露，他们私下里对他的干预持批评态度。

尽管家庭干预的时间相对较短，但乔还是对这个系统产生了影响。通过积极地讨论他们在帮助彼此发挥功能中所扮演的角色，他教育这个家庭了解系统影响的知识。他没有直接当面质疑里夫斯夫妇将孩子们三角关系化的问题，因为这样做会破坏干预。他从生活阶段问题（空巢、孩子离家）的角度出发来定义家庭冲突，父母可以重新审视这些问题，同时也把注意力从玛西娅身上移开。他通过强化兄弟姐妹关系的价值来鼓励新的功能性联盟和三角关系。他鼓励里夫斯太太花时间和玛西娅以及她的大女儿在一起。这可能会削弱玛西娅和她父母之间的三角关系，也会让里夫斯太太有时间远离她的丈夫。这个大家庭没有成员住在这个地区，因此玛西娅被鼓励加入社会团体，作为发展家庭外关系的一种结构化方式。其中一个是匿名戒酒者小组（玛西娅向从业者承认了她对父亲饮酒的担忧）。

这些任务活动中没有一项包括里夫斯先生，但是乔小心翼翼地让他参与讨论，肯定他对家庭财务稳定做出的贡献，并为他在家庭之外与孩子互动的新方式提出建议（淡化他的支配地位）。乔不确定里夫斯先生是否做了这些事，因为他仍然显得沉默寡言。乔也不认为他对里夫斯先生的酗酒行为有任何影响。从业者在家庭会谈中抛出的一些问题为其他人讨论里夫斯先生的酗酒问题提供了机会，但事实上没有人这样去做。

社会工作者继续单独去看玛西娅，她取得了进步。在乔的干预下，她慢慢地调整了自己在家庭中的角色：她继续接受教育，在家庭互动方面做了一些微小的改变，并在家庭之外发展了人际关系。乔需要耐心，给玛西娅足够的时间，让她朝着分化的方向努力。玛西娅从来没有大学毕业，但是她确实和一位工作上的朋友搬进了一套公寓，此后她需要父母陪伴的时间减少了。

（二）查尔斯一家

正常的生活转变可能会给个人和家庭的正常运转带来问题。在家庭系统理论家中，卡特和麦戈德里克（Carter & McGoldrick，1999）确定了家庭生命周期的六个阶段，包括年轻成年人（在家庭之间）、年轻的夫妻、有幼儿的家庭、有青少年的家庭、中年家庭（包括成年且离家的子女）和晚年的家庭。当家庭进入每一个新阶段时，他们可能会遇到处理该阶段固有挑战的困难。下面的案例展示了一个混血家庭的压力，这个压力与青春期问题和老年人健康下降有关。家庭系统理论中的概念有助于我们理解一个有老人或濒死成员的家庭中蔓延和加剧的高度焦虑和情绪骚动（Bowen，1991b；Qualls & Williams，2013）。示例包括了社会工作者与家庭对话的摘录，括号内为干预策略。

丹·查尔斯（Dan Charles）是一名 16 岁的高中二年级学生，由于成绩差、对学校和同龄人的负面态度，以及父母报告他有自杀想法，他被送到了心理健康中心。6 个月前，丹的父亲杰夫（Jeff，41 岁）接受了新的工作，查尔斯一家（图 6.2）从俄亥俄州搬到了弗吉尼亚州。查尔斯一家是混血家庭，因为杰夫是白种美国人，他的妻子金希（Jinhee）是日裔美国人。在报告问题时，没有提到这是一个问题。据丹和他的父母说，丹对住在弗吉尼亚州感到不满意。他脾气暴躁，爱争论，而且不断地与父母进行权力斗争。丹不上学时通常就待在家里，也不去交朋友。他抱怨弗吉尼亚的生活，说他想搬回原来的家。丹抱怨他的同学，拒绝参加学校的活动。丹的两个弟弟妹妹［10 岁的亚当（Adam）和 8 岁的金（Kim）〕对丹的暴躁易怒以及他把怒气发泄到他们身上感到不满。他们喜欢住在弗吉尼亚，并且结交了新朋友。

132 　然而，在社会工作者〔卡桑德拉（Cassandra），一位 32 岁的拉美裔单身女性〕的评估中，其他家庭问题对目前的情况显得很重要。她得知丹的母亲金希（42 岁），非常关心她在俄亥俄州的年迈父母的健康。金希的母亲正处于阿尔茨海默病的中期，而她的父亲则因患有先天性心力衰竭而身体受到限制。因此，金希为离开俄亥俄州而感到内疚。

杰夫来自俄亥俄州一个农村社区的中产阶级，在那里他学习的技能主要与狩猎、农业和建筑有关。他的兴趣和价值观反映了他在户外成长的经历，他的父母并不重视高等教育。杰夫是家里唯一的孩子，他的父母非常溺爱他，把他们的大部分精力投在杰夫的幸福上。杰夫是一个受欢迎的儿童和青少年，但他从未在学校表现出色。他待在家附近，成为一名成功的非技术工人，从事过一系列工厂工作。

金希是一对来自加利福尼亚的夫妇的中间儿且是家中唯一的女孩。她的父母是 20 世纪 30 年代移居美国西海岸的第一代日本人。可悲的是，在二战期间，年幼的他们就和家人一起被关在日裔集中营里，并在监禁中度过了两年。战争结束后他们被释放，他们的家人继续住在奥克兰地区。金希的父母在高中相识并在几年后结婚。金希的父亲是一名汽车修理工，最终在俄亥俄州的一家卡车生产厂找到了工作，金希和她的兄弟在那里长大。金希在高中时认识了杰夫，在杰夫完成技术学校的培训后，他们结婚了。他一直是一个忠诚的丈夫，虽然金希受到了查尔斯大家庭的欢迎，但她的父母却很难接受杰夫作为女儿的合适丈夫。在他们看来，他不是日本人，也没有足够的上进心。

其他相关的家庭文化动力将在干预的背景下描述。

卡桑德拉在四个月的时间内与这家人会谈了 10 次，重点关注家庭系统问题，而不是提出一个成员的适应不良问题。她提出在每个人都需要更好地适应搬家的背景下重新构建家庭的功能，而全家也都同意这样做。

> 社会工作者（重构）：很明显，对你们所有人来说，家里的一切都很紧张。但是在过去几年里你们不得不多次搬家，并且真的担心金钱和健康问题。考虑到这一切，你们在很多方面都做得很好。我看得出来你们都很关心对方，你们都希望家里的气氛能有所改善。
>
> 杰夫：不过，这并不完全正确。我们不是都在努力。（他看着丹）
>
> 社会工作者：但你们说他过去一直是个好孩子。我想知道你们是否清楚这次经历对他意味着什么。丹？
>
> 丹：我的家人应该知道。
>
> 社会工作者：也许他们知道，也许他们不清楚。也许你能够告诉他们更多的事情。

这个家庭的一个动力是，因为他们现在已经在一个新的地方扎根，除了互相支持，他们别无选择。从业者介绍了生命周期压力的主题，并称赞他们所有人在过渡期间做出的良好决定。丹很高兴能把注意力从他身上移开。

　　社会工作者（教育）：所有家庭都会经历过渡期：孩子出生，父母去世，孩子上学或离开。这些事情对每个人都有很大的影响，即使你一开始可能没有意识到。我认为，除其他外，你们一家正处于过渡时期。当然，家庭成员必须自己承担一些责任，但我认为你们都受到这些变化的影响。你们所关心的一些事情与此有关。我希望你们都能认识到这一点，并且可以做出一些决定，使这种过渡变得更加容易。

当他们回顾家谱图时，从业者建议他们可以更直接地处理他们的感觉并以新的方式相互交流，从而帮助彼此进行调整。在这个过程中，她把注意力集中在祖父母身上。她认识到整个家庭都很关心这对夫妇，她综合了各种策略，以确保他们所有的需求都得到满足。

　　社会工作者（教育，降低系统焦虑）：我很清楚你们都有一种家庭观念，特别是你们都很关心金希的父母，他们住得这么远肯定令人难过。再说一次，我不确定你们是否都意识到了对方正在经历的事情，不仅是这次搬家，还有过去几年里的其他挑战，比如家庭财务状况。与我们亲近的人在一起，如果我们不经常"签到"，我们可能会开始做出不正确的假设。或者我们可能认为不说话是避免压力的最简单方法。

卡桑德拉随后问家人，她是否可以分享一些关于家谱图的观察结果。她这样做是为了鼓励家庭成员考虑整个系统，但她还想提出他们的混血家庭的问题，看看这是否可能揭示出任何对这一问题具有重要意义的潜在动力。这一过程在这两个方面都取得了成功，随后的故事出现了。

这对夫妇的种族差异对他们的关系有几个显著的影响（Romanucci-Ross, de Vos, & Tsuda, 2006）。在日本的婚姻关系中，妻子对丈夫承担着母亲的角色，考虑到父母对自己的溺爱，杰夫承认他被金希的这种品质所吸引。虽然日本的父子关系传统上被认为是疏远的，但在晚年，父母通常会重新加入子女的家庭，以便得到照顾。这让金希的照顾角色超越了她现在的家庭，也给这三代人带来了一些调整适应的挑战。更复杂的是，金希和她的兄弟们一致认为他们的父母病得很重，无法搬家，尽管金希是主要的照顾者。

日本家庭价值观的特点是注重联系，希望成为广泛种族群体的一部分。相比之下，美国的家庭价值观则侧重于直系亲属、单独一代人、个人成就和自主性。这种价值观冲突给查尔斯家族造成了一些压力。事实上，杰夫认为，他的姻亲们想接近金希的愿望与他们想干涉他们的愿望有关。此外，在日本文化中，沟通模式是这样的：女性在讨论自己的情绪时犹豫不决，并且小心翼翼地避免冒犯他人。金希确实拥有这些特质，因此她很难向杰夫和孩子们表达她的沮丧情绪。杰夫直言不讳地表达了他对家里发生的事情的负面反应，但金希并没有那么善于表达。

进一步的讨论表明，金希的父母被关在难民营可能建立了某种信仰体系和互动模式，从而对金希产生了负面影响。第二次世界大战期间，12 万名日本人被关押在这些难民营，其中 60％是美国公民（Nagata，1991）。他们突然被赶出家门，不得不放弃他们已经建立的任何事业和职业。这种创伤经历的情感影响塑造了他们孩子的生活。共同的结果是抑制家庭沟通，出现自尊问题，缺乏自信，强调集体认同的重要性，以及认为孩子（尤其是儿子）应该通过外部成就来"维护"家庭荣誉。死去的父母通常对他们在难民营的经历保持沉默，抑制跨代交流，营造出一种保密感。孩子们从父母那里得到的信息往往是：必须完成父母未实现的梦想，才能治愈过去失落的痛苦。由于日本文化特色的生活意识被强调，这使得那些与种族之外的人结婚的人感到内疚。金希非常困难地讨论了这些问题，杰夫说话时也显得很焦虑。

> 社会工作者（使用家谱图）：正如我们刚才所看到的，家谱图有时会以一种比仅仅谈论更清晰的方式描绘家庭关系。例如，金希，看起来你的兄弟已经让你负责照顾你的父母，即使他们住得更近。这是准确的吗？
>
> 金希：男人不那么体贴。我的工作是确保我的家人得到他们需要的东西，并且不被孤立。你知道老年人的感受——如果他们感到孤独，他们会放弃，然后死去。我的兄弟们需要关心他们自己的事业。他们想让家人感到骄傲。
>
> 杰夫：男人不体贴？你以为我跟你兄弟一样？
>
> 金希：好吧，你看。（指着家谱图）这里只有你和你的父母。他们照顾你。他们在你还没来得及回报之前就去世了。
>
> 社会工作者：既然我们都在看家谱图，你们有没有看到什么有趣的东西？
>
> 金希：是的。我照顾我的家人，杰夫习惯被照顾。因此现在他希望我照顾他。我想照顾他，但我不能样样都做。我也有自己的孩子。
>
> 杰夫（防御性地）：金希过分担心她的父母。她给予他们比她给我们其他人更多的关注。难道我们现在不应该是第一位吗？
>
> 社会工作者（重新定向）：我建议你们所有人把你们的意见直接告诉对方而不是我，你们真诚地交谈和互动。别担心我，我会跟随并参与进来。

杰夫和金希经常争论这个问题。杰夫是他家里唯一的孩子。他出生的时候，他的父母已经 40 多岁了，现在已经去世了。他们一直都很溺爱他，杰夫习惯于被照顾。杰夫似乎希望金希按照她为父母所做的方式照顾他。金希，作为一个天生的和事佬，试图从杰夫的角度看待这个问题。尽管如此，她还是对于他对她正在经历的中年角色转换的麻木不仁感到不满。

> 金希：他就是不知道我是怎么想的。
>
> 社会工作者（使用"我"陈述）：我不知道他是否知道。对你来说，跟杰夫说清

楚你的感受很重要。事实上，你们所有人都应该努力弄清楚，你们的父母、兄弟姐妹的行为给你们的感觉是好是坏。通过使用所谓的"我"陈述，你们可以最好地表达你们的感受。也就是，当某些事情发生时，总是说"我有这种感觉"或"我有那种感觉"。

亚当：我不明白。

社会工作者：例如，如果你妹妹弄出很多声音，让你无法完成家庭作业，你可以说，"你这样吵吵闹闹我很生气，因为我不能学习"，而不是说"别再制造这种噪声！"。

卡桑德拉怀疑丹倾向于和他的父母陷入三角关系，以此来转移他们之间的冲突。当他们互相生气时，他们会找丹的毛病，向他发泄情绪。

金希：他以前是个好孩子。不是现在看起来的这个样子。我们其余的人都在尽最大努力去做这些调整，而他生气地走开，一点儿也不帮忙。

社会工作者（使用"我"陈述）：一定要跟丹说，而不是跟我说。告诉他，他的行为让你感觉如何。

金希：好的。丹，当我想和你谈话，你却一个人走开的时候，我感到很沮丧。我觉得你在嘲笑我。（对社会工作者）可以吗？

社会工作者想知道，当丹的父母发生冲突时，他是否愿意扮演麻烦制造者的角色。事实上，由于丹的生活阶段，最近的搬家对他来说非常困难，比其他孩子更困难。但是，家庭的压力可能导致了丹越来越努力去转移父母的注意力：他的母亲对没有履行她在核心家庭中的角色感到内疚，他的父亲对岳父母和自己的被照顾需要未得到满足而感到愤怒。 *136*

社会工作者（去三角化的讨论）：在一次大搬家之后，家庭里会有很多紧张气氛，这是正常的。丹，我知道你父母关心你的幸福。不过，我想知道，你是怎么看待他们对你的反应的，例如，在学校的考试成绩不及格或者你整天待在房间里的时候。

丹：嗯，他们大喊大叫。他们对我大喊大叫。甚至连续几天都这样。

社会工作者：除此之外，他们之间的关系是否相当平静？

金：哦，不。

社会工作者：那是什么样子呢，金？

金：他们互相大喊大叫。

社会工作者：你也这么认为？亚当，你观察到了什么？

亚当：是的。就是这样。不过没关系，我不太在意。

社会工作者：因此房子里的气氛会变得紧张。这不一定是个问题，除非你忽略了你真正的烦恼。

杰夫：我不明白你的意思。

社会工作者：有时候，当人们不高兴的时候，他们会把对方当成发泄的渠道，但可能并不确定到底是什么让他们难过。既然已经发生了这么多事情，你们是否有可能对彼此产生一些感觉，而这些感觉可能与你们对搬家的复杂感觉有关呢？

（随后）社会工作者（移置）：有时孩子们可能会担心他们的父母在吵架，实际上他们会做一些事情来转移父母的注意力，或者让他们就某些事情达成一致。

虽然年幼的孩子似乎没有受到家庭焦虑的明显影响，但是卡桑德拉担心，他们的"置身事外"可能会让他们处于情感切断的危险之中。

金：我做得很好。有时除了丹，似乎没有人生我的气。我可以摆脱它。我真的不在乎。我可以去我的房间。

社会工作者：这肯定有帮助。你可以有自己的私人空间。但我想知道你是否能在父母和兄弟身边感到舒服。我希望你大部分时间能够做到。

137   社会工作者最终帮助这个家庭制订了计划，让他们中的一些人每三周去俄亥俄州照顾金希的父母。这代表着去三角化和向大家庭系统开放核心家庭的努力。这也可能有助于改善杰夫与岳父母的关系，因为他们似乎没有完全接受他进入他们的家庭，这在他心中产生了潜在的怨恨。

社会工作者：金希，你喜欢去看望你的父母。你考虑过带其他家庭成员一起去吗？

金希：几乎没有。他们都在努力适应这里，这是我的问题，真的。

社会工作者：但是他们可能有兴趣一起去。你问过他们吗？

金希：没有。我忙得不可开交……（犹豫了一下）我想杰夫可能会生气，以为我想阻止孩子们在这里安顿下来。

杰夫：哦，拜托，我才不会那样说呢！

金希：你可能会认为我打算把我们全部带回家。

社会工作者（将系统向大家庭开放）：杰夫和金希，如果你们（像你们之前说过）同意你们将要住在这里，并尽力随遇而安，也许你们没有必要有这样的怀疑。这些短途旅行对你们来说是一个很好的扩展方式，让你们与家人和祖父母保持联系。

一家人决定，金希和两个孩子可以安排一次旅行，这样他们就可以在一起待上两天。杰夫和两个孩子可能会在另一个周末去俄亥俄州。没有全家人的陪伴，杰夫和金希无法一起进行长途旅行，因此卡桑德拉鼓励他们在家附近一起单独度过一些时间，但要求暂时远离孩子们。多年来，他们的生活一直以孩子为中心。这对夫妇很勉强地决定每周见一次面共进午餐。

杰夫：我不确定一起吃午饭会有什么帮助。这似乎有点老套。我们在一起吃的晚餐最多。

社会工作者：但是，那都是和孩子们在一起。

金希：杰夫，如果孩子们不在身边，我们就不太可能会生气。

金希对这个计划很满意，这减轻了她的焦虑。社会工作者帮助这个家庭意识到金希需要为两代人提供支持。本着发展家庭新任务的精神，杰夫和孩子们决定，在其他成员缺席的情况下，他们可以进行一些小型的家庭装修项目。

社会工作者（教练）：杰夫，你提到过你和丹现在没有时间在一起了。你们以前做过什么？

杰夫：我们露营，参加体育比赛。我不知道，随着年龄的增长，他不再做那样的事情了。

138

丹：还有木工活儿。

杰夫：是啊，我们以前经常在房子里干活。打磨地板，制作橱柜。

社会工作者：你会喜欢再一次一起打磨地板吗？

杰夫：实际上，在新家里还有很多事情要做。但他不会帮忙的。

丹：我可以。

卡桑德拉希望这样既能增强他们的主人翁意识，也能积极改变他们关系的性质。在所有这些策略中，她都在帮助这个家庭形成新的联盟，并促使他们实现分化。在社会工作者的鼓励下，孩子们在俄亥俄州度过了一段时间，与祖父母谈论他们的父母年轻时的生活。这加强了他们与祖父母的关系。祖父母对他们历史上的某些创伤性事件一直保持沉默，但在金希的鼓励下，他们开始更多分享这些故事。三个孩子都很着迷，并以一种截然不同的方式认识了他们的祖父母。

另一个有效的干预策略是，卡桑德拉支持这个家庭怀着一种模糊的愿望加入弗吉尼亚的一个教会。这家人在俄亥俄州的教会里并不活跃，但现在更感兴趣了，部分原因是他们相对社交孤立。自从父母生病后，金希变得更加意识到她的宗教根源，并且更直接地面对存在性现实。有趣的是，这些年来她对基督教越来越感兴趣，这是另一个令她父母失望的问题。她决定更加公开地表达自己的宗教信仰，因为现在父母离她更远。

社会工作者：我感觉房子里发生的事情很令人紧张。你们都做过什么与他人有关的事情吗？我知道你们在这一带没有家人。

金希：我们去教堂。有时。我们在那里待的时间不多，真的。

社会工作者：你们去过吗？我是说，在你搬来这里之前？

杰夫：当然。星期天我也做志愿者，在礼拜后打扫卫生。

社会工作者：教会也有家庭活动。孩子们会在那里做些有趣的事情吗？

卡桑德拉支持这个想法，因为它可能会给这个家庭提供一种亲密的体验。这项活动也

可以帮助他们在灵性背景下考虑家庭功能。这个家庭确实参加了几个教会活动小组，帮助
他们建立社会关系。过去，他们的教会没有为他们提供一个以家庭为中心的活动的基础，
但现在它成为他们生活中很重要的一部分。

在干预结束时，这家人已经更好地适应了弗吉尼亚的生活。成员之间的关系改善了，
丹对他的父母、兄弟姐妹和学校的感觉也有所改善。杰夫帮助金希面对她的兄弟们，告诉
他们需要更加关心她的父母，杰夫和丹继续在一起娱乐休闲。这家人曾谈到，如果金希的
父母的健康状况继续恶化，他们可能会将老人搬到弗吉尼亚州生活。他们继续每月去俄亥
俄州旅行。

八、有效性的证据

评价家庭理论的有效性通常很困难，而家庭系统理论是最难操作的理论之一。鲍文并
不认为实证研究是确定其理论有用性的适当方法（Georgetown Family Center，2012）。他
认为，这种方法忽视了它在关注有限变量方面的丰富性。此外，他认为人们所说的并不总
是与他们所做的相同，因此他不太相信标准化的临床自我报告方法。

家庭系统理论家强调对过程而不是结果的研究，以及对单个案例或小样本的研究。这
些研究在乔治敦家庭中心（Georgetown Family Center，2012）进行，研究主题包括收养
的情感过程，家庭和癌症，青少年吸毒家庭，移民家庭的家庭过程，人际关系和生理学，
关系过程和生育功能，祈祷、情绪反应和分化，以及作为情感系统的工作场所。该中心之
前的研究主要集中在艾滋病和家庭（Maloney-Schara，1990）、老龄化和家庭（Kerr，
1984）、家庭暴力和糖尿病管理。该理论还被用作青少年群体工作的模型，通过分化促进
成员的成长（Nims，1998）。

文献包括许多关于该理论概念效用的研究，在这里介绍几个研究。一项针对美国中西
部 229 名大学生进行的研究发现，情绪反应、情感切断和消极情绪之间存在关联（Wei，
Vogel，Ku，& Zakalik，2005）。另一位研究人员对 125 名大学生进行了测试，以检验分
化程度（即自主程度和与原生家庭的亲密程度）是否与生活压力和社会资源有关（Ro-
berts，2003）。她发现，分化程度越高，感知到的生活压力越小，社会资源越多。此外，
较低的社会阶层地位与更高的生活压力有关，但与较少的社会资源无关。一项有关生活在
农村社区的 60 名不同种族成年人的测试显示，自我分化与抑郁之间存在负相关关系
（Hooper & DePuy，2010）。哈里斯等人（Haris et al.，2010）调查了 313 名黑色素瘤患
者的一级亲属，发现更具凝聚力的家庭会更公开地就此问题进行交流。一项针对 416 个有青
少年成员的家庭的研究表明，家庭内部的三角关系与朋友的支持度呈负相关关系（Buehler，

Franck，& Cook，2009）。金-阿佩尔（Kim-Appel，2003）检验了 62 岁及以上人群的分化与心理症状（即躯体化、人际问题、抑郁、焦虑和敌意等问题）之间的关系。她的假设得到了证实，因为分化水平与情绪反应性和情感切断呈负相关关系，并与"我"陈述的使用呈正相关关系。

其他研究也证实了该理论的概念对于有药物滥用问题的人的有效性。与 14 岁或 14 岁以上开始滥用药物的人相比，13 岁或 13 岁以下开始滥用药物的青少年的情绪反应性水平明显更高（Pham，2006）。在接受药物滥用治疗的个体中，那些自我分化程度较低的人更容易在亲密关系中报告暴力行为，而那些报告情绪反应更强烈（被当时的情绪所压倒）和情感切断（亲密的关系受到威胁）更严重的人则更可能报告过去一年的亲密关系中至少发生过一次暴力事件（Walker，2007）。在另一项使用类似样本的研究中，较高的分化水平与较低的慢性焦虑水平和较高的社会问题解决水平有关。慢性焦虑程度越高，解决问题的能力越低，说明分化通过慢性焦虑影响社会问题的解决。社会问题解决水平的提高与药物使用量的减少、高危性行为的减少以及学业参与度的增加有关（Knauth，Skowron，& Escobar，2006）。一项对 35 名从物质依赖中康复的男性和女性的研究发现，调查对象中存在明显的情感切断、三角关系和高危兄弟姐妹位置占据的模式（Cook，2007）。

一些研究关注的是原生家庭对职业决策的影响。凯勒（Keller，2007）对大学生进行了研究，发现个人分化（以及使用"我"陈述的能力）对学生积极主动的职业探索具有积极的预测作用。道奇（Dodge，2001）研究了个人分化（以及从另一种理论中借用的个人权威的概念）对 243 名大学生职业发展结果的影响。每个概念都与职业决策中的职业认同感和自我效能感正相关。此外，原生家庭冲突与职业决策的自我效能感低、个体化程度低和职业思维障碍呈负相关。作者得出结论，在治疗中解决家庭冲突可能对青年人的职业发展产生积极影响。在另一项此类研究中，1 006 名大学生接受了融合、三角关系、恐吓、焦虑和职业决策方面的调查（Larson & Wilson，1998）。结果表明，焦虑（来自融合）抑制了职业发展，但三角关系与职业决策问题无关。

许多研究已经考虑了家庭系统对个体成年后亲密关系满意度的影响。一项对 60 对已婚夫妇的研究发现，高分化夫妇的婚姻满意度高于低分化夫妇（Racite，2001）。表现出不同分化程度的夫妇比表现出分化程度相似的夫妇报告了更多的婚姻问题。在一个研究项目中，男性和女性的情感切断分数可以预测他们之间关系的真实性和质量以及与之相关的抑郁发作时间（Glade，2005）。拉尔森、本森、威尔逊和梅多拉（Larson，Benson，Wilson，& Medora，1998）考察了焦虑的代际传递对 977 名青少年的婚姻态度的影响。研究发现，参与者的融合和三角关系经历与对婚姻的负面看法有相关关系。蒂默尔和韦罗夫（Timmer & Veroff，2000）考察了 199 对黑人夫妇和 173 对白人夫妇在四年的婚姻生活后，原生家庭关系与婚姻幸福的关系。对妻子（尤其是那些来自破裂家庭的妻子）来说，婚姻幸福感的一个预测指标，是与丈夫原生家庭关系的亲密程度。当丈夫或妻子的父母离婚或分居时，与丈夫家庭的亲密关系降低了离婚或分居的风险。在育儿潜力方面，斯科伦（Skowron，2005）发现，自我分化程度越高（反应性、情感切断或融合越低，使用"我"陈述的能力越强），儿童受虐待的可能性就越低。

九、对理论的批评

家庭系统理论受到批评的原因有两个（Barde-Haring，1997；Knudson-Martin，2002；Levant & Silverstein，2001）。首先，它没有充分注意到男性和女性在体验分化和融合方面的差异。这一理论包含了一种男性偏见，认为理性比情感重要，分离比联系重要。从吉利根（Gilligan，1982）开始，有关女性的发展理论认为，她们的关系和沟通方式不同于男性。

首先，一般来说，女性成长的目的通常是让家庭中的其他人能够对他人的想法和感受做出反应，并促进他们的成长和幸福。男性被设定为寻求家庭以外的成功，而女性则被设定为养育和支持他们，通常以牺牲自己的发展为代价。虽然这些是文化支持的角色，但它们可能会让女性陷入困境。性别中立的家庭理论更加强调帮助男性增强亲密能力，平衡他们的成就和关系需求。其次，尽管关注社会情感过程，但该理论在识别男性为主导的文化群体及其在家庭系统中的权力使用方面，还没有充分的语境支持（Nichols，2009）。尽管这些批评是有道理的，但在20世纪90年代，理论家们开始着手解决这些问题，从而对该理论的一些概念进行了积极的修正。

十、总结

家庭系统理论在关注经过几代人发展的微妙的家庭情感过程方面是独一无二的。它是一个适当的评估和干预指南，重点关注核心和大家庭关系的质量以及成员分化的愿望。一项针对北美婚姻和家庭干预从业者进行的最新调查发现，这是他们最常用的三种理论观点之一（Bradley，Bergen，Ginter，Williams，& Scalise，2010）。这个理论提供了一个有用的方法来处理与边界、纠缠和情感距离相关的问题。它在个人和家庭系统方面具有多种用途。尽管还没有广泛应用，但它在跨文化使用方面的潜力已经被阐明（Skowron，2004）。

家庭系统干预要求案主，无论是个人还是家庭，都有能力在相对平静的氛围中进行互动，并能够反思人际关系。必须有一个相对稳定的家庭结构，大多数成员没有陷入危机。

由于这些原因，该理论可能不适用于那些主要关心满足基本物质和支持需求的家庭。这种需求的紧迫性表明，不需要持续反思的干预措施。同样，以结构不稳定造成混乱为特点的家庭将需要比与家庭系统观点相一致的家庭更高水平的从业者活动。

在上述类型家庭最初的问题得到解决后，家庭系统理论才可能适合于对其进行干预。当一个家庭满足了基本的需要后，它的成员可能会与有关情感融合或情感切断的问题做斗争。家庭结构崩溃可能与一个青少年加入三角关系中一个不适当的权力位置有关。社会工作者评估这些动态的能力可能有助于家庭组织问题解决活动，加强某些子系统，或在初级干预结束后促进成长。

十一、讨论的话题

1. 想一想你自己的原生家庭，试着找出一两个"关系模式"的例子来说明这个系统。这些关系模式是怎样和何时发展起来的？与其他家庭成员讨论这些关系模式可能会很有趣。

2. 一个分化的人的特征是什么？当你思考这个问题的时候，想想任何可能反映在你回答中的价值观偏见。

3. 社会工作者在家庭情感系统工作中的理想位置，是既能实现参与，又能保持治疗距离。想一想可能考验你获取或维持这个理想位置的能力的实践情境。你如何应对这些挑战？

4. 描述你在与个人、家庭或家庭子系统的工作中观察到的融合点。描述你可能（或曾经）如何改变这种关系。

5. 想一些方法，让你可以使用替代故事或活动作为干预的一部分。尝试在如何选择和实现它们方面富有创造性。 *143*

十二、角色扮演的设想

（教师或学生应该根据自己的想法补充适当的细节。）

1. 一位两年前离婚的单身母亲和她的前配偶之间一直存在冲突，她也难以"放手"一个支持她的 19 岁女儿，她正以一种正常的方式走向独立。另外两个孩子，分别是 14 岁和 10 岁，都在家里（所有的孩子都和他们的母亲住在一起）。请将干预的重点放在帮助母亲恰当地"放手"上。

2. 一个成年案主因无法与重要他人发展亲密关系（无论你如何定义）而备受困扰。评估表明，这个人是一个父亲酗酒的家庭中的英雄孩子。

3，在一个包括父亲、母亲和两个孩子的家庭中，母亲正身患卵巢癌而奄奄一息。父亲在感情上对她敬而远之，因为他不认为自己有足够的照顾能力。但是他又对这次退出感到内疚。成年的儿子和女儿（独立生活在同一个城市）与父母都有良好的关系，希望帮助扭转他们父亲的退缩。

十三、理论大纲

144

焦点	核心家庭关系的终生影响（"你可以跑开，但你无处可藏"） 家庭成员的"心灵和思想"
主要倡导者	鲍文，麦戈德里克，卡特，克尔，格林，蒂特尔曼
起源与社会背景	精神分裂症研究（家庭动力学） 控制论 自然系统理论 心理动力学理论
个人的本性	个人的本性是努力平衡理性和情感经验 核心家庭过程影响个人一生的功能
主要概念	多代视角（三代） 核心家庭情感系统 三角关系 自我分化（情感和认知功能） 融合（情感和理性） 情感切断 父母投射 兄弟姐妹的位置 焦虑
家庭的发展阶段	离开家庭的年轻人 夫妻 有孩子的家庭 有青少年的家庭 年轻成年子女离开家庭的老年人
问题的性质	三角关系（冲突中的成年人吸引"较弱"的家庭成员来维持稳定，从而引发他们的症状） 情感融合（焦虑型依恋） 情感反应 在家庭关系上投入太多或太少

改变的性质	"开放"家庭系统 去三角化 改变核心夫妻的关系 在大家庭中寻找解决方案 减少家庭焦虑
干预的目标	降低家庭系统焦虑 识别和矫正核心的不健康三角关系 把问题置于多代家庭系统的背景下 促进所有家庭成员的联结意识 纠正家庭中的不平等 家庭系统的情感重组（包括开启任何"亲密"关系） 促进分化（要求每个成员与所有其他家庭成员建立关系） 强化问题分享的习惯 提高全体成员的反思能力
社会工作者/案主关系的性质	社会工作者作为"教练"；保持专业超然性（避免反应性、三角关系） 社会工作者提供宁静的氛围
干预的策略	多代家谱图的回顾（教育） 讨论家庭主题下的行为 外化思维（提高沟通质量） 引导去三角化对话 用任务转移三角关系中的联盟 替代故事 引导成员与核心和大家庭成员建立功能性依恋 提高洞察力（帮助每个成员观察三角关系中的自我） 个人-情境反思 发展性反思
评估的问题	当前的压力是什么？它们是如何表达的？ 这个家庭在历史上如何应对压力？ 这个家庭有哪些身体和情感症状？ 这些症状如何影响家庭关系？ 核心家庭如何与大家庭互动？ 家庭对焦虑的处理能力如何？ 家庭成员的分化程度如何？ 存在什么三角关系？哪些是主要的？ 是否有任何情感切断问题？

第七章

行为理论

心先要求快乐，
再要求免除痛苦；
接着，需要小止痛片
来减轻痛楚。*

　　在本章中，我们将回顾一个实践理论，它与前四章中描述的反思性理论非常不同。**行为理论**包括关于人类行为和情感如何发展、如何持续以及如何通过学习原理而消失的观点。行为从业者的特点是，他们相对缺乏对案主内部心理过程的关注，专注于身体上的、可观察的、"客观"的行为。行为实践的另一个特点是遵循传统的"科学方法"原则，帮助案主消除不良行为或获得理想行为。一些行为主义者实际上拒绝其作为"理论"的地位，因为他们不信任任何解释思想、情感或行为的（抽象）概念。行为从业者一直关注其干预措施有效性的经验证据，因此第三方支付者高度评价这些方法。因为实施行为策略并不要求案主能够抽象地思考，所以对于儿童和认知及发展障碍人士来说，这是一种广受欢迎的实践方法。但它也可以用于**所有**案主群体。

　　行为治疗的三种主要方法包括**行为分析**（关注行为的后果）、**刺激—反应**模型（关注诱发和维持行为的环境因素）和**社会学习理论**，后来又增加了对**认知中介**过程的关注的理论（Wilson，2000）。

　　本章将主要集中在前三种方法上，因为第四种方法与**认知理论**（第八章的主题）更为密切相关。另外，**辩证行为疗法**的干预模式将在下一章中讨论，因为它包含了一些认知技术。

---

　　* Dickinson, E. (1927). *The Pamphlet Poets*. New York：Simon and Schuster.

一、起源与社会背景

自 20 世纪上半叶以来，行为主义在社会科学中一直占据主导地位，到 20 世纪 60 年代，行为主义成为临床实践中的一种流行理论，它的兴起与逻辑经验主义的发展密切相关，这种发展先在哲学领域开始，后来延伸到科学领域（Thyer & Wodarski，1998）。从 17 世纪法国哲学家笛卡儿开始，"经验主义"指的是基于观察或感官经验获得知识。在 19 世纪晚期，它的定义（有几个）被进一步完善成为一个知识过程，它根植于基于"客观"现实（现在有争议的是，是否存在这样的东西），并通过观察、经验或实验等方式系统地收集起来的证据（Spiegler，1993）。行为主义的一个主要原则是，所有的知识主张都应该经得起测试和验证。

行为主义在心理学领域的第一个主要创新者是德国的威廉·冯特（Wilhelm Wundt），19 世纪晚期的"实验心理学之父"（Taylor，1972）。他相信，认知和情感体验的规律可以用研究人类生理学的相同方法推导出来。他的思想受到物理科学发展的影响，这些发展强调对现象的精确测量以及主体间验证的重要性。冯特建立了第一个用于动物实验的心理学实验室。在俄国，巴甫洛夫（Pavlov，1927）发现了经典条件作用定律，这是这门新科学迈出的重要一步。美国教育心理学家桑代克（Thorndike，1911）是另一个主要的贡献者，他发明了用老鼠做实验的"迷笼"，并发展了操作性条件作用的基本原理。

当代行为主义的讨论开始于华生的著作（Watson，1924）。他创造了"行为主义"一词，对人类进行了实验，并将这种方法引入了主流心理学。华生开始把心理学建立为一门科学。他反对内省心理学的主观主义，敦促这门学科放弃对意识的关注，转而关注可观察到的事实。他认为，心理学作为一个科学事业，应该寻求预测和控制事件，只有"客观"的方法，使两个或两个以上的科学家能够观察到相同的对象和事件，才能进一步实现这些目标。他推理说，由于意识状态是私人的，仅仅观察行为就能够提供科学活动所需的明确数据。华生认为人类的行为可以简化为物理定律，最终心理学家能够在分子水平上解释行为。

斯金纳（Skinner，1953）不同意华生关于行为主义的终极目标，他认为行为主义者应该把注意力集中在人的层面上。斯金纳的工作极大地推进了这一领域。他完善了操作性条件作用的原理，他的许多出版物（其中一些面向大众），将行为主义带入了公众视野。**激进**行为主义者，包括华生和斯金纳，都承认心理过程的存在，但并不关心它们。**温和**行为主义者，如托尔曼（Tolman，1948）和赫尔（Hull，1943），对作为刺激和反应之间的干预变量的心理过程感兴趣。班杜拉（Bandura，1977）的社会学习理论进一步将心理过程引入行为主义领域。班杜拉提出的一个主要学习原则是**模仿**：人们不仅通过直接强化学习，而且还通过观察他人的行为如何得到强化来学习。

第二次世界大战后，关于条件作用和学习原理的研究成为美国实验心理学的主要部分，但这些研究主要局限于动物实验室。然而，一些关于人类的研究支持了行为主义可能成为人类有效疗法的观点。沃尔普（Wolpe，1958）是第一个将学习原理应用于根治成人神经症的研究者。在此过程中，他开发了系统脱敏的干预方法。在伦敦，汉斯·艾森克（Hans Eysenck）还将行为疗法作为治疗行为和情感障碍的一种手段普及开来（Eysenck & Rachman，1965）。1963 年，他创办了第一本专门研究行为主义的期刊《行为研究与治疗》，至今仍然是一本受人尊敬的刊物。

行为理论及其相关干预在社会工作中具有突出的地位。托马斯（Thomas，1974，1968）是第一位在直接实践中广泛倡导行为理论的社会工作者，他对药物滥用者和夫妻以及其他案主群体进行干预研究。布鲁斯·泰尔（Bruce Thyer）30 多年来一直倡导逻辑实证主义哲学，并被社会工作者采纳（Thyer & Wodarski，2007）。虽然一些社会工作者认为，关注可观察行为与该行业日益全面的观点背道而驰，但泰尔雄辩地证明了它在促进各种案主群体积极结果方面的效用。他还认为，行为干预的应用对于社会工作者制定循证实践标准至关重要。马塔尼（Mattaini，2008）开发了一种**生态行为实践**模型，他认为这完全符合社会工作专业价值观。虽然他的模型根植于经验实践，但它鼓励社会工作者在比某些行为主义者考虑得更广泛的背景下评估人类行为，包括与案主互动的所有相关社会系统。这个模型的目标是让案主接触新的**文化**，即家庭成员、朋友、组织和社区，这些文化可以为获得新行为提供持续的支持。

149

二、主要概念

行为理论的基本原则和假设如下（Gambrill，1994；Wilson，2000；Thyer & Wodarski，2007）：

■ **行为**是一个人可以被观察到的所行、所思或所感。一个人的心理活动的推论应该被最小化，因为它不能被直接观察到。临床评估应侧重于可观察到的事件，尽量减少解释。

■ 人们天生就有追求快乐和避免痛苦的动机。他们可能会以产生令人鼓舞的反应或积极强化的方式行事。（但必须强调的是，对于特定案主来说，确定什么是快乐和痛苦并不总是容易的。）

■ 人们的行为基于直接的环境反馈以及对他人行为和互动的观察，即学习。

■ 行为是可以改变的。改变的先决条件是，必须根据可衡量的指标来定义关注的行为。

■ 干预应集中于影响对案主行为的强化或惩罚。持续而立即的强化可以最快地引发改变。

■ 思想和情感是受强化原理约束的行为。

■ 最好使用最简单的行为解释。从业者应该避免再具体化（将"自我"这样的深奥概念解释为"生命"）和寻找行为的"终极"原因。

行为主义者不提供人类发展理论。然而，他们确实知道，遗传和生物因素与一个人对刺激的敏感性和对某些强化物的吸引力有关。但是，对于每个人的了解只与干预有关，因为它有助于指定作为重要强化因素的环境条件。

三、问题和改变的性质

所有的行为都受到相同的学习原理的影响，这些原理包括**经典条件作用**、**操作性条件作用**和**模仿**。下面将对此进行描述。任何行为都不被视为天生健康或不健康，或者正常或不正常。它的发展和维持都是因为一个人独特的强化程式。**强化**可以理解为鼓励行为延续的任何环境反馈。一个有侵犯性的青少年的攻击行为可能会因为他在同龄人群体中地位的提高而得到强化。**惩罚**是阻止行为继续的反馈。同一个青少年的攻击行为可能会因失去驾驶特权而受到抑制。简单地说，一个人的行为会随着他或她的环境中的强化物的变化而改变，并且始终适用。干预总是涉及案主强化情况的重新安排，以便产生更多理想的或功能性的行为。

150

（一）经典条件作用

条件作用是通过对环境刺激或特定行为后果的反应来形成行为模式的过程（Kazdin，2000）。最早的行为研究涉及经典条件作用，在这种条件作用中，最初的中性刺激与另一个刺激反复配对，产生一定的反应。在巴甫洛夫对狗的著名研究中，看到食物（条件刺激）自然会产生唾液（一种自然的反应）。铃声（无条件刺激）最初无法引起唾液分泌。然而，当铃声与食物配对后，随着时间的推移，只需铃声单独出现，狗就会流口水。此时铃声在这一点上达到了条件刺激的地位，因为它能够自己产生反应。

经典条件作用在理解案主遇到的许多问题中发挥着重要作用。例如，以前中立的线索，如某些地方（餐馆或酒吧）、人或感觉状态（例如无聊），可能与问题行为联系在一起。习惯于在某个特定的地点与朋友一起酗酒的人，无论是否有其他激励措施，在该地点都会倾向于饮酒。许多与焦虑相关的疾病都有经典条件作用的身影。例如，被狗咬一口可能会使人对所有的狗产生恐惧。在小学里，一系列紧张的课堂演讲可能会导致一个人长期以来对公开演讲或社交互动的恐惧。

干预过程就是将经典条件作用的原理倒置过来。例如，一个在与毒品问题做斗争的案主可能会在经历一种特殊的情绪（例如无聊）时体验到使用毒品的冲动。如果一个人在一段时间内不使用毒品来消除厌倦感，而是学会以一种新的方式（例如锻炼、阅读或听音乐）来管理无聊，那么无聊和吸毒之间的条件配对最终可能会失去联系。对于焦虑，那些充满恐惧的情况，比如那些涉及公开演讲的情境，通常由案主和从业者根据它们所引发的恐惧程度来进行排序。案主学会面对清单上的每一个事件或项目，从最小的焦虑开始，通过学习将放松练习与事件配对而不是对事件感到焦虑。放松过程可能包括深呼吸、深层肌肉放松和视觉化。在**系统脱敏**（一种**暴露**形式）的过程中，通常产生负面反应（焦虑）的条件刺激与新的、不相容的反应（放松）配对。案主通过恐惧等级排序来工作，直到他们不再被最严重的焦虑所困扰。

任何条件作用的一个至关重要的问题，也是对行为从业者提出重大挑战的一个重要问题是，案主生活中所有重要他人必须在一段时间内始终如一地支持新的强化措施，以维持一个长期的效果。如果案主的行为变化由某些人（家人、教师）而不是其他人（同伴、同事）强化，则这些新行为可能会消失。

151

（二）操作性条件作用

操作性条件作用的主要前提是，未来的行为取决于当前行为的后果（Gambrill，1994）。从业者也会关注可能触发行为的**先行条件**或先前条件。在这个模型中假设有两种类型的强化：**正强化**和**负强化**。正强化和负强化都能促进行为的延续。正强化鼓励继续保持行为。例如，产生的幸福感和与他人的愉快的社交互动，以及对酒精的使用就具有正强化作用。**负强化**是指通过终止厌恶性事件，从而强化行为的过程。举例来说，如果饮酒能让人摆脱无聊或悲伤的感觉，那么它就会起到负强化作用。强迫性行为，如暴饮暴食或药物滥用，受到产生的幸福感和与他人的社交互动（涉及食物或物质）的正强化。（类似地，正惩罚和负惩罚的区别在于，要么**增加**消极后果来消除行为，要么**消除**强化因素来消除行为。）在实践中，一般会帮助案主去寻找能够提供替代强化的行为（即其他活动，如参与人际关系、工作或爱好），这样他们就不会那么容易沉溺于问题行为。

当人们对他人的行为进行环境控制时，也可以运用操作性条件作用原理。**育儿技能发展**为行为问题儿童的父母提供了一个操作行为主义的例子。通过教导家长惩罚消极行为（为目标消极行为提供不利后果）或者忽视它们，可以强化孩子的亲社会行为并消除消极行为。本章稍后将提供一个育儿技能发展的例子。

（三）模仿

人们也通过**模仿**他人来学习行为，或者观察他人的行为并因此得到强化或惩罚（Bandura，1977）。对于所有人来说，尤其是儿童和青少年，模仿是一种普遍存在的学习方式。例如，孩子们可以通过看到同学们因听老师的话而受到表扬，以及在老师讲课时因说话而受到批评，从而学会在学校里举止得体。青少年可能会开始酗酒或采取攻击性行为，原因在于他们已经看到他们的父母和其他亲属这样做，并为此得到正强化。在教学指导和讨论中，模仿是行为改变的主要方法。在模仿中，从业者向案主演示如何实施新的行为。然后，案主实践新的行为（称为**行为预演**），获得支持性反馈和改进性建议。

隐蔽模仿也可用于干预目的。在秘密预演中，社会工作者引导案主**想象**自己完成步骤走向成功的过程（Beck，1995）。例如，一个因必须进行的正式演讲焦虑不安的案主可能会想象自己轻松地面对公众演讲的情况，并期望自己会做得很好。她想象并感觉自己以自信和冷静的方式说话，并受到公众的热烈欢迎。从业者"引导"案主完成这个过程，然后案主在实际事件之前和期间自己预演。虽然这是人为的，但这有助于案主预测和管理他或她在每一步中所经历的焦虑。

从业者往往倾向于通过基于示范和预演的**应对**（令人满意的进步）方法而不是**掌控**（完美）方法来改变行为。更为公开的应对表现了一个人在执行新行为时可能会遇到的困难，包括焦虑、犹豫和错误的自由表达。案主更容易确认应对模式（Hepworth, Rooney, Rooney, Strom-Gottfried, & Larsen, 2012）。社会工作者与案主一起预演新技能非常重要，因为实践可以增强他们执行任务的信心。

总而言之，人们发现自己的所有情况（除了特别新奇的），都能通过经典条件作用原理（与背景的某些方面相关联）、操作性条件作用原理（以前在类似情况下的经验）或者模仿（观察别人的行为并接受反馈）得到解释。例如，在一所新学校的新学年的第一天，一个学生可能倾向于与同学交往，部分原因在于课堂环境与其他同伴情况存在条件化的正向关联。她可能会热切地回答教师的问题，因为她期望这样做能够得到正强化。最后，她将观察学生在这所新学校的行为，以了解其他学生和老师强化了哪些课堂行为。

行为干预的目标可以简单地表述为：改变行为。这是通过使用强化和惩罚来实现的。社会工作者通过操纵环境来改变强化模式或通过为正面模仿提供新的机会来帮助案主实现新的、令人满意的行为。例如，回到上面的场景，如果一个孩子在学校的行为方式破坏了课堂过程，那么从业者可以设计一个计划，在这个计划中，那些消极行为被消除（惩罚），新的、更可接受的课堂行为得到强化。行为疗法的挑战之一是，从案主行为的众多影响因素中找出具体的先行条件和案主的反应。教师对某些学生行为的不满对这些学生可能是一种惩罚，但对其他学生则起到强化作用。

四、评估和干预

（一）评估

社会工作者/案主关系

尽管行为疗法具有高度结构性，但不应低估积极的社会工作者/案主关系的重要性。社会工作者需要被视为有能力、有爱心和值得信赖的人，因为他或她将鼓励案主做一些会让他们感到不舒服或有威胁的行为。此外，在实践关系中，双方的行为遵循上述相同的条件作用原理（Wodarski & Bagarozzi，1979）。案主最初会被社会工作者所吸引，如果他们的互动减少了焦虑，而从业者会被认为有能力为案主获得奖励。从业者的共情理解将促进这些条件。社会工作者必须小心不要对案主使用**惩罚**行为，至少在最初阶段是这样，因为这些行为往往会疏远案主，并导致他或她到的强化潜力的丧失。社会工作者在设计干预策略时必须与案主合作，因为案主需要在改变策略上投入大量的精力。随着时间的推移，案主将根据其相对于替代行为（例如不同的干预方法、不同的社会工作者或根本没有干预）的奖励和成本，以及未来奖励和成本的感知可能性，来评估这种合作关系。定期讨论案主对干预的反应，有助于维持他或她的参与回报感。

在将案主导向行为干预原则之后，从业者可以通过**功能行为分析**进行全面评估。首先，尽可能明确和具体地指定案主的问题行为。接下来，识别出增强或维持行为的环境条件（线索）。最后，考虑行为的后果。从业者向案主询问可能出现在与问题情境相关的五个生命领域中的线索：环境、社会、身体、认知和情感领域（Carroll，1995）。

下面列出的是社会工作者在评估过程中提出的问题类型的例子（Bertolino & O'Hanlon，2002）：

- 你**什么时候**经历过这种行为？
- 你在**哪里**经历过这种行为？
- 当行为发生时，你和**谁**在一起？
- 该行为通常持续**多长时间**？
- 行为发生后会立即**发生什么**？也就是说，你做了什么，或者别人对你做了什么，或者和你一起做了什么？
- 你对这种行为有**什么身体反应**？
- 这些反应持续**多久**？

■ 行为发生的**频率如何**（每小时、每天、每周）？

■ 行为通常发生在（一天、一周、一个月或一年中）哪个**时候**？

■ 当行为发生时，**你周围的人通常会做些什么**？

表 7.1 包含了在这五个领域中调查的线索、行为和后果的更详细列表。

表 7.1　行为分析的五个领域

领域	前因（触发器，提示线索）	后果（强化）
环境	什么人、地方和事物可以作为问题的线索？	这个问题影响了哪些人、地方和事物？
	案主对这些线索的日常接触程度如何？是否可以轻松避免某些提示？	案主的环境是否因问题而改变？
社会	案主大部分时间和谁在一起？	问题开始或升级以后，案主的社交网络是否发生了变化？
	他与那些没有问题的人有关系吗？他和一个有问题的人住在一起吗？	他的人际关系如何受到影响？
身体	问题发生之前有什么不舒服的身体状态？	案主后来的感受如何？事后她的身体健康状况如何？
情感	在问题发生之前会有什么感觉状态？	案主后来感觉如何？她觉得自己怎么样？
认知	案主心中有什么想法，或者他对这个问题有什么看法？	事后他在想什么？他对自己说了什么？

生态行为评估（Mattaini，2008）与功能行为分析类似，因为它在广泛的背景下考虑案主的行为。然而，它的不同之处在于，它使用生态图来说明案主与之互动的特定领域，并更多地关注案主外部的系统。图 7.1 提供了一幅简单的生态图，图中显示了一位年轻女性在第一次远离家乡适应大学生活时遇到的问题。圆圈代表她特定的环境背景，线条表示她在这些领域中是否进行了积极或消极的交流。

从这些行为评估中，从业者确定维持问题行为的强化物和触发器。这一评估导向的是计划步骤，在这个步骤中，从业者和案主构建具体的目标行为（目标），其中包括关注先行条件以及实现期望中的新行为所需的相倚事件。这个过程的成功要求案主（可能还有其他相关人员，例如配偶、朋友或教师）同意接受这些新条件分配的任务。

（二）干预

行为理论的干预过程是系统的，包括以下步骤：

1. 用行为术语来表述案主的问题。
2. 制定与减少问题相关的可衡量的指标。
3. 从业者和案主收集问题行为的基线数据（当前发生的情况）。

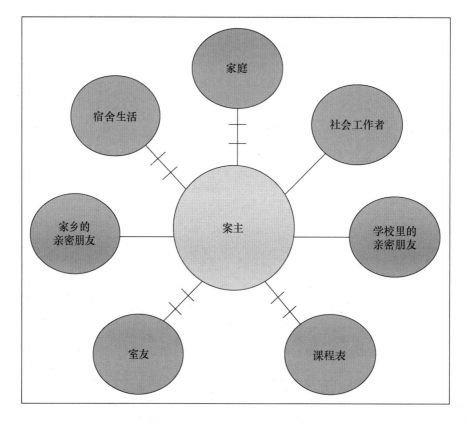

图 7.1　生态行为评估中的生态图

4. 指定解决问题所需的步骤。

5. 指定案主进行改变所需的个人和环境资源。将要参与干预的其他任何人都会被识别出来并接受咨询（通常充当强化物）。

6. 提前确定实现目标可能遇到的障碍，并制订计划尽量减少这些障碍。

7. 在案主参与的情况下选择适当的干预策略，并强调新行为的积极后果。作为一项规则，行为实践侧重于奖励积极行为，而不是在任何可能的情况下惩罚消极行为。

8. 从业者、案主或其他人收集有关案主活动的数据。定期记录案主的行为变化。

9. 案主和从业者定期评估干预过程，将基线数据与期望行为的当前"数据"进行比较。

10. 在案主达到他或她的目标并展示了目标维护的可能性之后，结束干预。

行为理论中的终止干预是一个消退的过程。也就是说，在干预已经进行了一段时间并且案主已经获得了期望的新行为之后，任何人工支持（包括与从业者的会谈和强化程式）都将被逐渐消除。

（三）应用行为分析

这里值得强调的是，一种被称为**应用行为分析**（applied behavior analysis，ABA）的行为干预形式已经成为社会工作者和治疗自闭症谱系障碍儿童的其他人员的标准干预措施。ABA 专注于基本技能培训，它首先检查儿童问题行为的前因和后果。问题行为的任何可避免的前因都会被移除，理想的行为会被分解成它们的组成部分并介绍给孩子。然后为每一次成功的行为表现提供正强化。这种干预的进一步区别在于其强度。针对自闭症患者的全面干预计划包括每周至少 10～15 小时的小组干预或一对一的行为和教育干预，持续时间从几个月到几年不等（Shattuck & Grosse，2007）。ABA 被证明有助于提高案主的适应能力、认知能力和语言技能，并减少问题行为（Seida et al.，2009）。

五、灵性和行为理论

因为行为主义关注具体的可观察事件，所以它没有特别关注与灵性或生命目的相关的思想。这些主题通常是抽象的，指的是一个人的内在信仰系统，这超出了从业者的关注范围。请记住，行为从业者并不关心精神生活的**任何**方面，除非它们在外部行为中表现出来。行为社会工作者不否认灵性在案主生活中的重要性，但灵性问题只是在它们可能在所呈现问题的背景下作为先行条件或强化物的范围内才有意义。如果案主明确说明了与其相关的目标，社会工作者可能会对案主的灵性方面进行操作（如参加教会服务的数量或用于提高个人成就感的目标活动的时间量）。但社会工作者不会以其他方式与案主探讨这些问题。

157

六、关注社会正义问题

行为理论家认为，他们的方法论可以有效地用于解决一系列社会正义问题。沃达斯基和巴加罗齐（Wodarski & Bagarozzi，1979）写道，行为从业者可以确定"社会工作者及其案主拥有什么样的强化物，可以被用来影响其他人，这些人负责分配住房、医疗和其他社会服务等强化物"（p. 264）。作者指出，社会工作者本身拥有重要的**集体强化力量**，如知识和资源。例如，如果政治家不同意为某些弱势群体提供更充分的社会条件，以换取政治支持（正强化），干预策略可能包括通过突发事件进行惩罚，例如示威抗议、负面广告或支持其他候选人。沃达斯基和巴加罗齐描述了一些针对个人和小群体的行为干预措施，包括有效的家庭能源消耗、垃圾控制以及对种族融合的适应。最近，泰尔和沃达斯基（Thyer & Wodarski，2007，1998）描述了针对各种社会问题的行为干预措施，如儿童虐待、儿童教育劣势、校园暴力、青少年性行为、艾滋病问题、药物滥用、犯罪、失业、婚姻冲突和家庭暴力、种族歧视、老年人问题、慢性病问题和临终关怀问题。

虽然行为治疗中使用的术语"操纵"对许多社会工作者具有消极的内涵（与"合作"相比），但甘布里尔（Gambrill，1994）认为许多从业者误解了行为主义的哲学基础。她写道："行为方法，如果有效的话，可以提高案主影响环境的技能（其中很大一部分可能由其他人提供），但它们不会教他们以一种阴险或不公平的方式操纵环境。"（p.56）她提供了一些侧重于增强案主能力的干预实例，包括提高倡议技能，并指出社交技能培训可帮助案主获得人际交往技能，从而增强他们的倡议潜力。

行为主义要求社会工作者熟悉被压迫和文化多元化群体的生活经历，因为他们需要了解每个人独特的强化因素。行为实践者也经常使用外部资源，例如有关新活动的资源和机会的信息，以帮助案主学习和改变他们的行为。因此可以说，行为主义是符合社会工作职业的价值观的（Thyer & Wodarski，2007）。

158

七、案例说明

有许多行为干预，从业者可能会根据案主呈现的问题、案主的偏好以及可用的时间和资源来进行选择。下面描述了两个行为干预的案例，每个例子都包含几个目标策略。

（一）妈妈的男孩

在攻击性儿童的**强制循环**中，儿童和成人往往会陷入一种倾向于增加不良行为的模式。成人提出要求，儿童以敌意的态度回应，然后成人表现出敌意和退缩，孩子则回避要求。育儿技能发展是一种操作性行为干预的模型，教导父母运用强化原理来改变孩子的行为，打破这些令人沮丧的模式。父母们学会强化孩子们的理想行为，忽视或惩罚消极行为。干预可以通过个人、家庭或团体的形式提供。成功的育儿技能发展包括以下步骤：
- 父母选择一个有关孩子行为的优先目标。
- 目标被分解成更小的、可观测的部分，称为任务。
- 指定任务，鼓励积极行为的出现，而不是消极行为的消失。

- 确定期望行为的基线测量（以数字表示）。
- 建立目标。

罗斯曼（Rosman）女士参加了一个育儿技能发展项目，因为她 10 岁的儿子安迪（Andi）不做家庭作业，而且他在睡觉前还会做出捣乱行为。为了确定所需行为的合理目标，必须确定行为的**基线**或当前行为的发生率。它的发生可以用不同的指标来衡量，包括频率（罗斯曼女士说，安迪从未做过他的功课，因此他的基线是零）或持续时间（罗斯曼女士观察了他一周的行为，并说安迪在一次测试中只表现了两分钟的"适当的家庭作业行为"）。

行为术语**塑造**是指通过对期望行为的逐次逼近式强化，最终满足案主最初无法实现的目标。在育儿技能发展方面，从业者可以向父母提供一份关于命令给予的讲义，其中包括以下几点（Webster-Stratton，2001）：

- 只使用必要的命令；发出过多不同的命令可能会让孩子感到困惑、不安或疏远。
- 每次只发出一个命令。
- 发出明确而具体的命令（"过马路前要注意两边"），而不是模糊的警告（"小心"或"注意"）。
- 发布指令（"请清理你的玩具并把它们放在盒子里"），而不是问题（"你为什么不去拿你的玩具?"）或"让我们"命令（"让我们清理玩具"），除非家长计划成为这项工作的永久组成部分。
- 使用短语命令，即告诉孩子应该做什么（"请在厨房而不是在客厅里玩耍"），而不是孩子不应该做什么（"不要在客厅玩耍"）。
- 保持命令简洁（不要长篇大论）。
- 表扬遵守命令。

首选的强化系统包括使用高概率行为、社会强化和代币法。**高概率行为**是指儿童经常参与的行为，例如在户外玩耍、打电话、上网、玩电子游戏和看电视。**社会强化**包括人际奖励，比如表扬、拥抱、拍拍肩膀、微笑、眨眼或竖起大拇指。

与罗斯曼女士一起，社会工作者提供了表扬孩子的强化教育。他们列出了"要做的事情"和"不要做的事情"的清单（Webster-Stratton，2001），该清单展示了罗斯曼女士如何与安迪一起践行赞美原则。"要做的事情"清单包括以下内容：

- 具体描述他做了什么，因此值得表扬。
- 将口头表扬与眼神交流、微笑或身体爱抚相结合。
- 表扬努力和进步，而不完全是成就。
- 在他的积极行为完成后立即表扬他。

"不要做的事情"清单包括：

- 使用未贴标签的赞美（关于安迪的整体评价，例如"多好的男孩!"）。

- 表扬和批评的结合（"你碗洗得很好，但是为什么你不能把它们弄干呢?"）。
- 在行为发生太久后才表扬他。
- 将任何尴尬的感觉作为停止赞美的标志。

另一种用于儿童的强化系统涉及**代币法**（Barkley，2000）。代币法包括使用有形的强化物，例如筹码、硬币、门票、星星、积分、贴纸或支票标记，它们可以根据商定的规则用理想行为去挣得，再用来交换一个渴望的奖励，最终实现理想行为。

惩罚涉及呈现消极事件（例如体罚、严厉的言辞、批评）或移除能减少响应发生的积极事件（例如特权）。这些措施可能是有效的，尽管育儿技能发展专家建议提供的正强化与惩罚的比率是 3∶1（Barkley，2000）。**消退**的定义是不再强化一种行为，导致这种行为的减少或根除。卡兹丁（Kazdin，2000）指出，在采取措施之前，重要的是要了解强化物，包括它在哪种程度上维持行为，以及它是否可以控制。当对一个特定的行为进行消退时，必须首先检查它的功能。罗斯曼女士面对的情况是，安迪在睡觉前会做出破坏性的行为，以延长他的清醒时间，并得到母亲的特别关注。社会工作者告诉罗斯曼女士保持一致的重要性，并且每次安迪的行为发生时都要置之不理。她还被要求在会谈期间进行练习，在看完从业者的示范后，在孩子发脾气的时候学习做一些适当的行为，例如看向别处、保持中立的面部表情，以及避免任何口头或身体接触。

超时或**隔离**，是一种惩罚形式，涉及在短时间内将儿童从强化源中移出（Hodges，1994）。超时应围绕一定的时间进行安排，与儿童的年龄相匹配。其目的是通过惩罚来消除消极行为，帮助孩子平静下来，帮助孩子理解为什么这种行为是不可接受的。重要的是超时后要安排**一段时间**的活动，这可以是父母的支持性谈话，也可以是孩子重新参与之前的活动（他喜欢的）。

隔离惩罚的地点应该没有强化因素；不应该有活动，孩子什么也做不了。罗斯曼女士说，她可以把安迪的凳子搬到他家的前门走廊上，让他休息一下，不过安迪可以从那里看到客厅里的其他家庭成员，可能还会喊他们。社会工作者提醒罗斯曼女士，安迪试图让家人参与讨厌的行为，这应当被忽视。如果安迪的破坏性行为在那里升级，那么只有在他的行为得到控制之后，隔离期才能停止。隔离应该以孩子被提醒他为什么受到惩罚，并以恢复正常活动来结束，这样孩子就有机会再次感觉良好，也许可以证明他行为得体。

必须警告父母，当他们第一次使用消退技术时，最初可能会面临孩子不良行为的增加。社会工作者建议罗斯曼女士将不可避免的"消退爆发"作为这项技术正在发挥作用的标志。社会工作者确信，安迪的行为会有所改善，如果罗斯曼女士一直忽视不良行为的复发，那么这种进步会持续下去。她被提醒将自己的消退行为与对适当行为的正强化相结合。罗斯曼担心，忽视"坏"行为似乎暗中鼓励了这种行为。社会工作者强调，拒绝屈服于这些行为将有助于安迪逐渐了解到这些行为没有任何效果。如果对理想行为的强化和对不良行为的忽视没有消除问题，那么他们就会考虑使用惩罚。

分散注意力的技巧与忽视消极行为相结合，对幼儿有效（Webster-Stratton，2001）。例如，如果一个小孩因为想要玩电视遥控器而哭泣，那么父母就可以拿走遥控器并将他的注意力转移到一个颜色鲜艳的球上："这是你可以做的其他事情。看看你是否能抓住它！"分心有助于避免关于父母命令的争论。

育儿技能发展的这个例子包含了许多有效的行为干预原理以及模仿。罗斯曼女士能够帮助她的儿子在他的家庭作业行为方面做出一些改进，这是他们坚持的结果，当然还因为有社会工作者时不时的指导。

另一个针对儿童和青少年的常见行为干预是社会技能发展。上面的案例中没有使用它，但值得在这里总结一下。**社会技能发展**只是一个教导案主如何参与社会适当行为的过程。该技术的一个假设是，案主能够改善社会行为，但由于缺乏学习或反社会行为的强化，目前没有付诸实践。它与前面简要提到的社会学习理论有关，因为它使用了模仿。社会技能发展包括一系列的步骤，每一个步骤在进入下一个步骤之前都必须得到彻底执行：

1. 通过评估，确定案主想要或需要什么技能。
2. 向案主描述技能及其效用。
3. 分别概述技能的所有部分（可能会有比你最初想象的更多的部分）。
4. 为案主示范技能。
5. 与案主一起对技能的每个部分进行角色扮演。
6. 评估角色扮演。
7. 将角色扮演的各个部分结合起来进行一次完整的预演。
8. 鼓励案主在现实生活中应用这种技能。
9. 评估和完善技能。

以下是对老年人进行干预的例子，其中包括与经典条件作用相关的策略。

（二）聪明的购物者

系统脱敏法在前面被描述为一个过程，在这个过程中，案主通过一系列步骤（从较少到更具挑战性）来逐步克服他或她的焦虑。这是一种**暴露疗法**（另一种是满灌疗法，在这种疗法中，案主会被一个令人恐惧的物体或情境所淹没，以学会容忍它）。这种行为干预技术对塔克（Tucker）先生有帮助，他是一个患广场恐惧症的老年人。塔克先生是一位72岁的鳏夫，独自一人住在与三年前去世的妻子共享40多年的小房子里。他的儿子住在附近的一个城市，他已经开始担心塔克先生的幸福，注意到他在家里与世隔绝，不愿照顾自己的身体健康。这位先前健壮的男子似乎营养不良，身体虚弱，他的糖尿病也无人照

162

料。他的儿子起初认为塔克先生的病情与妻子去世有关，但他的父亲现在已经恢复了稳定的情绪，尽管他的回避行为越来越多。

纳塔莉（Natalie）是一名巴西出生的中年社会工作者，被指派与案主一起工作。她同意进行家访，对塔克先生做了评估，认定他患有焦虑症，并得出结论认为，通过一个经典条件作用的过程，他已经害怕出门。在成年后的大部分时间里，塔克先生都是一个健康的工人，长期在印刷厂工作，把大部分家庭责任留给妻子。塔克夫人在60多岁时患上了乳腺癌，身体健康每况愈下，直到四年后去世。在妻子生病期间，塔克先生一直尽职尽责地照顾她，承担着诸如杂货店购物和陪妻子去看医生等职责。

随着他妻子病情的恶化，塔克先生变得更加沮丧，这是可以理解的。他开始将自己相对较新的活动——去看医生和购物——与恐惧联系起来。在妻子去世后，塔克先生适应了独居生活，继续把日常生活中常见的户外活动与他的焦虑状态联系起来。塔克先生逐渐停止了外出，除了极少数情况下他觉得有必要购买家庭用品。他欢迎朋友和家人进入他的家，并且能保持清醒的头脑。但由于年事已高，他不愿照顾自己的身体需求，他的健康受到了损害。

纳塔莉对塔克先生焦虑症的功能行为分析表明，他的回避行为主要与环境因素有关，而他的反应表现为身体症状，如恶心、头晕和轻微的手颤抖。在社会工作者向塔克先生讲述了关于系统脱敏的基本原理之后，案主同意努力克服他的惊恐障碍。应该强调的是，塔克先生的孤立无援的生活方式也通过操作性条件作用得到了强化，因为他的家人和朋友满足了在家探望他的要求，而不是期望他去户外冒险。尽管如此，纳塔莉还是确定了系统脱敏的策略，以对抗他的经典条件作用下的惊慌反应，因为这种策略具有很强的成功潜力。

社会工作者邀请塔克先生选择具体的活动作为他们干预的重点。他选择了去杂货店购物，然后去医生办公室做检查，用以前的活动作为起点，他认为他会有更好的成功机会。塔克先生明确提出了一个目标，即每周能够独立购物一次，买齐所有杂货。他和纳塔莉列出了与购物相关的10项任务。其中包括制作一张购物清单，在当天的报纸上搜索优惠券，进入车里，开车上路，开车到附近的郊区，经过杂货店，开车到停车场，从车上走到商店，选择一辆手推车，在商店里走来走去，挑选要购买的东西，并在收银机上付款。塔克先生选择从第一项任务开始，按顺序处理任务。纳塔莉建议塔克先生选择一天中最能忍受这些任务的时间。案主选择了清晨，那时道路上和商店里的人会更少。纳塔莉还建议塔克先生考虑一下，在第一次尝试的时候让他的儿子和他一起去商店。案主同意这会有所帮助。

在塔克先生完成清单上的第一项任务之前，纳塔莉教给他一种**放松**技巧，并和他一起进行了长时间的预演。当接近有压力的活动时，案主需要保持冷静，如果焦虑加剧，案主必须能够在活动期间放松（Meichenbaum & Deffenbacher，1988）。如果这个过程成功了，案主将开始把任务从与之相伴的焦虑和恐惧中分离出来。放松技巧通常被用来帮助案主管理某些类型的焦虑，例如导致失眠的焦虑。纳塔莉帮助塔克掌握了一种基本的自然呼吸技术，其中包括以下步骤（Davis，Eshelman，& McKay，2008）：

1. 舒适地坐着，闭上眼睛。
2. 通过鼻子呼吸。
3. 以缓慢而舒适的速度，逐渐吸气，集中精力于如何让肺部的下三分之一、中三分之一和上三分之一充满空气。
4. 吸气完成后，屏住呼吸几秒钟。
5. 慢慢呼气，当空气离开肺部时收紧腹部。
6. 放松腹部和胸部。
7. 重复五次，达到熟练掌握的程度。

至关重要的是，在面对焦虑刺激的情况之前，案主必须掌握放松技巧，并能够在公共场合以"缩写版"的形式快速使用。在准备的最后一步，社会工作者提醒案主不要期望在完成任务的第一次尝试中取得圆满成功（Thyer & Bursinger，1994），因为每个人面对自己的恐惧从来都不容易。这有助于防止案主在遇到困难时变得士气低落。从业者向案主保证，如果某项活动看起来实在难以禁受，他可以随时终止该活动。如果案主无法成功完成任务，则从业者应对失败负责（由于过早启动步骤或准备不充分），然后将案主转去执行更简单的任务。最后，帮助案主确定成功完成任务的奖励。这是将操作性强化整合进治疗过程之中。塔克先生是一位狂热的音乐迷，在两次成功完成一项任务后，他决定用邮购的CD来款待自己。

系统脱敏干预通常能相对较快地起效（Thyer & Bursinger，1994）。积极的结果往往会在第三或第四次会谈上出现（尽管每次会谈可能会持续几个小时，这取决于具体的情况）。社会工作者在早期阶段，亲自或通过电话，"指导"案主并根据需要修改步骤。塔克先生能够在三周内实现每周外出购物的目标。他在走进商店挑选手推车这一步骤上遇到了最大的困难。他儿子陪他去了三次杂货店，塔克先生才得以完成这一步骤。纳塔莉回顾了案主伴随这些失败而来的生理反应，并帮助塔克先生练习放松技巧，直到他从这些反应中解脱出来。塔克先生的儿子也参与了案主的前两次成功购物之旅，然后他便退出了这个过程。

塔克先生完成了他的第二个目标，即更快地预约医生，此前的成功增强了他的信心。随后，社会工作者"淡出"了塔克先生的生活，逐渐减少了对他的探访频率，最后，偶尔还会打电话保持联系，直到案主能够独立地维持他的行为。纳塔莉觉得塔克先生的成就可以推广到家庭之外的其他生活领域，他也不再出现焦虑症的症状。

八、有效性的证据

行为干预之所以在从业者、管理者和第三方支付者中流行，是因为它们的有效性通常得到定量研究方法的支持。然而，我们必须认识到，一些其他的理论观点可能并不适合采用实验、准实验和单受试者研究设计进行验证。正如我们所看到的，心理动力学从业者更重视个案研究和结果的定性研究。因此，尽管行为理论不一定以此为基础声称优越性（尽管其支持者可能这样做），但在许多情况下，它的有效性可以得到具体证明。在本节中，我们将回顾实验和准实验研究的调查发现。

在第一章中，我们回顾了美国心理学会制定的标准，该标准适用于**行之有效的、可能有效的**临床干预措施。钱布利斯和奥伦迪克（Chambless & Ollendick，2001）使用这些标准编制了一份经过实证验证的行为治疗列表。**行之有效的**干预措施已经记录在案，适用于广场恐惧症、惊恐障碍、广泛性焦虑症、创伤后应激障碍、社交焦虑症、抑郁症、厌食症、与焦虑有关的性功能障碍、与痴呆有关的行为问题、行为障碍和精神分裂症相关问题、精神分裂症患者家庭的压力、注意缺陷多动障碍（ADHD）、大便失禁、遗尿症。对于特定恐惧症、酒精滥用和依赖、可卡因滥用、阿片类药物依赖、慢性疼痛、头痛、戒烟担忧、回避型人格障碍、愤怒控制问题、肥胖和其他疾病，**可能有效的**行为干预措施也已经被记录在案。

其他文献综述也为上述发现增加了细节。两项荟萃分析得出结论，ADHD最有效的治疗方法是药物治疗结合行为干预（尤其是负强化），以改善社会行为的适宜性（Hinshaw，Klein，& Abikoff，2002；Turchiano，2000）。对儿童和青少年强迫症干预措施的系统回顾发现，行为方法与药物治疗一样有效（O'Kearney，Anstey，von Sanden，& Hunt，2006）。例如，对于患有该疾病的人进行为期七周的小组干预，重点是暴露和放松以改善自我控制能力，可以显著提高参与者对困扰、强迫和抑郁的评分（Himle et al.，2001）。对24项社交恐惧症干预研究的回顾得出结论，与候补治疗、安慰剂治疗和单独的认知重构相比，暴露疗法结合认知重构（下一章将对此进行描述）产生了最好的结果（Taylor，1996）。在23项随机试验中，对于患有惊恐障碍的人来说，行为干预与抗抑郁药物一样有效，尽管这两种策略的结合更加有效（Furukawa，Watanabe，& Churchill，2007）。对睡眠问题治疗的荟萃分析得出结论：随着时间的推移，行为疗法比药物疗法产生更高的睡眠质量（Smith et al.，2002）。关于老年人失眠（Pallesen，Nordhux，& Kvale，1999）以及使用消退和预防策略的幼儿睡前拒绝和夜间醒来的行为治疗，也发现了类似的结果（Mindell，1999）。

行为干预通常用于表现出问题行为的儿童。对12个育儿技能发展项目的回顾表明，这些项目对儿童的反社会行为有短期的积极影响，尽管长期影响并不明显（Furlong et al.，2012）。对欧洲 32 个治疗项目的荟萃分析发现，行为和认知行为计划将青少年和成年罪犯的累犯减少了 12％（Redondo，Sanchez-Meca，& Garrido，1999）。一项针对 11 项研究的系统性文献回顾，证明了父母使用媒体干预措施（自我指导手册、DVD 等）帮助行为问题儿童的有效性（Montgomery，Bjornstad，& Dennis，2006）。行为干预也被发现可有效减少选择性缄默症（Pionek-Stone，Kratochwill，Sladezcek，& Serlin，2002）。

　　为了更详细地说明什么样的干预措施可以有效地用于行为理论，我们将研究四个最新的荟萃分析。在一份对 51 项失眠治疗研究的文献回顾中，有效的行为干预包括放松策略、改善睡眠卫生（实施有益的生活习惯）和睡眠安排活动（学习将卧室与睡眠联系起来，以及限制白天睡眠量）（Irwin，Cole，& Nicassio，2006）。对 30 项行为婚姻治疗研究的回顾发现，关系改善与交流、问题解决、情感表达技能、对负面情绪反应的系统脱敏和相倚契约（每个成员同意执行某些期望的活动）有关（Shadish & Baldwin，2005）。对药物滥用者使用代金券或基于金钱的奖励措施进行的 30 项研究的回顾发现，干预效果取决于他们是否满足预定的治疗目标（通常是禁欲、住院治疗、药物依从性和工作效率），发现在完成期望行为后立即给予适当金钱激励措施是有效的（Lussier，Heil，Mongeon，Badger，& Higgins，2006）。最后，对 194 项关于艾滋病毒预防干预（适当使用避孕套）有效性的研究进行的回顾发现，主动（行为）干预比被动（信息）干预更有效（Albarracin et al.，2005）。最有效的行为干预包括角色扮演、学会使用避孕套、定期进行艾滋病毒检测和性自我管理。

166

九、对理论的批评

　　行为疗法被描述为赋权疗法，因为它向案主传授了可以泛化的改变过程（Cooper & Lesser，2002），但它因未能充分关注人类行为的广泛的生物、心理、社会、灵性视角而受到批评（Nichols，2009）。它有时被认为是非人性化的，忽视了生活中可能对案主很重要的方面（Payne，2005）。对行为主义的第二个批评是，它的干预依赖于一个"受控环境"，在这种环境中，必须始终应用案主的强化（或惩罚）来创建和维持新的行为（Allen-Meares，1995）。当一个案主与各种生活领域的许多人互动时，社会工作者通常很难计划和监控这种强化的一致性。一个表现出攻击性行为的孩子的适当替代行为可能会在家里或学校里得到强化，但是与他的朋友们一起时，攻击性仍然会得到强化。行为从业者努力建立有效的强化程式，但很少能够让所有相关人员参与到这个过程中。最后，很难找出围绕许多问题行为的重要前因和强化物（Walters，2000b）。一个男人早上不愿意起床是因为他妻子前一天的口头评论、他对老板那天工作时的评论的期待，还是别的什么原因？我们通常不知道控制我们行为的刺激物和强化物的范围。有时这些是可以发现的，但它们也可能是不清楚的。由于这些原因，行为主义虽然是对许多案主问题的有效干预，但却未能达到其最初的目标，即成为一门具有普适性的人类行为科学。

167

十、总结

行为理论提供了一种直接实践的方法，其重点是可观察的、具体的案主行为和结果，而不是内部的心理过程。它为社会工作实践提供了潜在的有效基础，特别是在儿童和其他抽象思维潜力有限的案主群体中。一些社会工作者不认为行为主义是一种实践"理论"，因为它纯粹关注刺激—反应问题（Thyer & Wodarski，2007）。尽管行为主义确实有"斯巴达式"的概念基础，但它确实包含了关于问题和改变性质的思想。行为主义在实践理论中占有重要地位，它的突出优势是注重对其有效性的实证研究。虽然社会工作者经常批评它过于简化，但它对人类行为监测的重视已经在其他理论观点中得到了调整。当社会工作者实践时，行为理论往往与认知理论相结合，这是下一章的重点。

十一、讨论的话题

1. 一些行为从业者认为，他们的方法的主要优势在于它根本不是理论。也就是说，通过将他们的注意力限制在刺激和反应的问题上，他们避免了其他缺乏有效性的实践方法固有的抽象概念。回顾第一章中给出的实践理论的定义，你认为行为主义是否有资格作为一种实践理论？在讨论这个话题时考虑一下，当把案主生活中的某些现象定义为"刺激"和"反应"时，从业者是否需要任何概念过程。

2. 你认为行为方法是还原论吗——它们无法引出可能对案主而言重要的社会功能方面？行为从业者能够组织自己的工作来表达对"整体"人的欣赏吗？

3. 行为主义者认为，干预应该尽可能集中关注强化行为而不是惩罚行为。为什么是这样？想想案主群体，比如药物滥用者或攻击性儿童。社会工作者如何制定干预措施，以强化某些案主行为，同时消退其他案主行为？

4. 回顾在表7.1行为分析的五个领域中，你曾经与之合作过或观察过的任何案主。你的案主对各种问题的回答将如何帮助你设计一种有针对性的行为干预？

5. 行为主义固有的价值观（如果有的话）是什么？你认为它可以为社会正义服务吗？讨论一些你曾与之合作过的案主，他们面临着压迫性的环境，行为主义是否能够（或确实）为他们提供更好地面对这些问题的能力？

十二、角色扮演的设想

168

（教师和学生应该根据自己的想法补充适当的细节。）

1. 利用角色扮演对一个小学生或中学生进行干预，该学生在上学前、课间休息时和放学后经常在校园里与同龄人和教师发生攻击性行为，从而陷入麻烦。这个学生在教室里没有表现出攻击性。在确定理想行为和目标的评估中要具体详细。

2. 选择一种具有一个或多个问题行为的案主类型，所有学生都可以将其用于小组（或一个大组）角色扮演。通常，在每个小组中包括社会工作者、案主和观察者的角色。根据行为评估的五个领域进行评估。在角色扮演之后，比较一下社会工作者如何能够从案主或案主的重要他人那里获得所需的信息。

3. 从学生的实习中选择一个或多个例子，这些案主呈现的问题被描述为比行为更"情绪化"（如抑郁、愤怒、内疚，或渴望与配偶或伴侣更亲密）。角色扮演第一次会谈，了解行为从业者如何尝试引导案主采用行为方法，并为干预制定适当的目标和目的。

十三、理论大纲

焦点	可观察的行为 强化 惩罚 条件作用原理（模仿，经典，操作性）
主要倡导者	巴甫洛夫、华生、斯金纳、托马斯、泰尔、沃达斯基、马塔尼
起源与社会背景	实验心理学 对儿童和其他非认知导向人群的干预 经验主义（强调可观察的证据） 还原论（简单解释对复杂解释） 避免"再具体化"（给抽象思想以实质性内容） 对心理活动的"推论"的不信任

个人的本性	遗传和生物因素是相关的 特质理论 人类的本性就是寻求快乐，避免痛苦 所有的行为都是由以下事件引起的： 　生存 　强化 　社会评价 思想和感受是需要解释的行为 任何行为都不是病态的；这一切都受到同样的原则的影响	
发展的概念	没有	
问题的性质	消极行为的强化	
改变的性质	改变或调整强化（修复） 行为反应的具体测量	
干预的目标	通过新的强化模式发展新的、理想的行为	
社会工作者/案主关系的性质	社会工作者必须值得信赖，表现出积极的尊重、协作精神	
干预的原则和策略	用行为术语来陈述问题 建立明确、可衡量的目标 收集基线数据 指定解决问题的步骤 指定个人和环境资源 确定参与的相关重要他人 提前确定可能的障碍 干预（强调积极的后果） 　模仿 　行为预演（包括角色扮演） 　强化控制（正面和负面） 　刺激控制（重新排列前因） 　系统脱敏法 　塑造 　过度修正 　放松训练 　收集数据 　随时记录改变情况	
评估的问题	是否明确说明了案主的问题？ 问题可以转化为具体的行为吗？ 案主是否有积极解决问题的动力？ 在案主的生活中，哪些强化物往往最具影响力？ 有哪些人可以帮助案主解决问题？ 案主可以调动哪些资源来解决问题？ 随着时间的推移，如何衡量案主的行为？	

169

170

第八章

认知理论

头脑，比天空辽阔，
因为，把他们放在一起，
一个能包含另一个
轻易，而且，还能容你。

头脑，比大海更深，
因为，对比他们，蓝对蓝，
一个能吸收另一个，
像水桶，也像，海绵。*

　　你正超速沿着州际公路行驶。突然，你看到闪烁的灯光，听到身后警车的警笛声。你感觉如何？害怕！你靠边停车。警车继续跟踪你前面的那辆车行驶。现在你感到轻松，甚至快乐。什么改变了？警车一直跟在你前面的车后面。所发生的改变就是你对所观察到的事物的看法的本质。

　　当案主对刺激物和强化物做出反应时，许多行为从业者最终将注意力转向案主对事件的**内部解释**。**社会学习理论**（Bandura，1977）在发展**认知中介**概念方面发挥了重要作用，指出一个人的思维在刺激和反应的发生之间的影响。评估环境刺激的学习模式有助于解释为什么我们每个人对类似刺激采取独特的行为。认知科学的这一发展和其他发展（如下所述）解释了社会工作实践中认知理论的发展。这种方法在许多方面与行为主义是一致的，

---

* Dickinson，E.（1927）. *The Pamphlet Poets*. New York：Simon and Schuster.

正如我们将看到的，这两种理论可以一起使用。

172　　　临床实践的认知理论产生于 20 世纪 60 年代，此后一直是社会工作者干预的一种流行和有效的基础。它与自我理论和关系理论截然不同，主张**有意识思维**是大多数人类行为和情感体验的基础。它也不同于行为理论，它关注的是内在的心理过程。虽然其中一些过程可能被归类为无意识（或**前意识**），但它们被假定对行为的影响很小，并且很容易通过反思或社会工作者的探索而浮出水面（Lantz，1996）。

　　　认知包括我们的信念、假设、期望，以及我们对生活中的事件、态度和感知的归因。认知理论假定我们养成了思维习惯，以这些思维习惯为基础，我们筛选和编码环境输入、分类和评估经验以及判断行为。在这个理论中，**情绪**被定义为我们对输入的认知评估之后的生理反应（Lazarus & Lazarus，1994）。因此，思想发生在大多数情感之前，事实上，它产生了情感。

　　　思想、情感和行为之间的关系可以概括如下（Beck，1995）：

　　　一个激活**事件**—产生一种**信念或思想**—产生一个**情感或行动**。

　　　认知干预的重点是提高案主思维模式的合理性，自我和世界的结论基于外部证据的程度，以及一个人的思想、感觉和行为之间的线性联系。

一、起源与社会背景

　　　认知理论与 19 世纪末以来美国思想的发展趋势是一致的，直到 20 世纪 50 年代，认知理论才进入助人专业领域，它的影响包括美国哲学的发展、计算机科学中的信息处理理论，以及心理学中的社会学习理论。

（一）实用主义与逻辑实证主义

　　　与欧洲的哲学家们相比，美国的哲学家们总是倾向于用实际应用来评价思想（Kurtz，1972）。其中一个例子是约翰·杜威（John Dewey，1938），他是 20 世纪初期最有影响力的美国**实用主义者**，如第三章所述，他也影响了以人为本的理论的发展。他写道，当一个人的经历给理解带来挑战时，自然的反应就是启动一个解决问题或者说"探究"的过程。

173　杜威坚持认为，思想是通过行动计划得出的，这些行动计划是通过预期后果对"真相"进行评估的。他的工作影响了问题解决模型中的系统程序，本章稍后将对此进行描述。**逻辑实证主义**是 20 世纪 30 年代在美国兴起的另一场重要的哲学运动（Popper，1968）。以语言为中心的实证主义者认为哲学的任务是分析和澄清意义，他们把逻辑和科学作为构建正式

完美语言的模型。实证主义者的**可验证性原则**认为，一个陈述只有在可验证的情况下才有意义。他们对无法检验的观点持批评态度，这些观点影响了其他领域的理论家，使他们开始关注可验证性。

（二）信息处理理论

计算机和信息技术的进步，尤其影响社会科学中"认知科学"的发展（Bara，1995）。公众服务实践者开始对人们如何处理信息和纠正认知"错误"感兴趣。回想起来，这些想法似乎对大脑如何运作的描述过于简单，但它们出现的时候，人们对神经系统的功能知之甚少。

信息处理理论坚持认为，思考者和外部环境之间存在着明显的区别（Ingram，1986）。人们从外部接受刺激，并用神经系统中的感觉受体对其进行编码。然后将信息集成并存储，以用于当前和将来适应环境的目的。通过认知模式的演变，我们开发出越来越复杂的问题解决过程，使我们能够关注重要的特定输入。信息处理是一种**感官**理论，因为从外部世界来的信息通过感官被动地向内流动到心灵。心灵被视为具有不同的部分，包括感官登记、短时记忆和长时记忆，它们在特定的序列中对我们的思维做出独特的贡献。

信息处理理论最终让位给了**运动理论**，在运动理论中，人们认为思想在处理输入中起着积极的作用，不仅记录输入，而且构建输入的性质。反过来，这又被思维模式所强化，即参与**并行**过程，在接收外部信息的同时组织感知、学习和记忆中的多个活动。也就是说，思想与环境是相互作用的。

（三）个人建构论

美国心理学家乔治·凯利（George Kelly）在 1955 年提出了一种人格理论，认为一个人的核心倾向是试图预测和控制经验事件（Maddi，1996）。他将人的本性描述为对真理的科学追求，即制定假设并在现实世界中检验假设的经验程序。这个"真理"不是绝对的，而是一种感知与我们的内部构念系统相一致的状态。**构念**是对通过自然推理过程得出的事件的解释。凯利断言，外行人和专业科学家之间唯一重要的区别是，后者对他们自己的程序更加自觉和精确。

凯利的"作为经验科学家的人"模型影响了追随他的认知理论家的思想。其中包括利昂·费斯廷格（Leon Festinger）的**认知失调**理论、西摩·爱泼斯坦（Seymour Epstein）的**个人构念的层级组织论**，以及戴维·麦克利兰（David McClellan）对**动机**、**特质**和**图式**的探索。所有这些理论家，反过来，都直接影响了阿尔伯特·埃利斯（Albert Ellis）和阿伦·贝克（Aaron Back）的认知心理治疗。

174

（四）阿尔伯特·埃利斯和阿伦·贝克

阿尔伯特·埃利斯在 1962 年发表了《心理治疗中的理性与情感》，成为第一位认知治疗师，他认为人们可以有意识地采用推理原则，并将案主对自己和世界的基本假设视为干预的目标。埃利斯作品的核心主题是，我们对如何维护自身安全的理解往往是狭隘和不合理的。在最痛苦的情绪背后，人们可以找到关于事物**应该**或**必须**如何的非理性信念。埃利斯的治疗方法包括帮助人们更加"理性"地处理他们的问题。众所周知，他是一个主张对抗的实践者，他会积极地说服案主，认为他们所遵循的一些原则是武断和不切实际的。

1976 年，随着阿伦·贝克的《认知疗法与情绪障碍》的出版，认知疗法成为一种更为突出的实践理论。贝克接受过精神分析培训，对抑郁症感兴趣。他最初试图验证弗洛伊德的抑郁理论——抑郁是因为"愤怒转向自我"，结果恰恰相反，他的观察使他得出结论，抑郁的人在他们的认知过程中主要存在消极偏向。他把这种消极偏向概念化为认知**图式**——由三个基本主题组成的记忆结构，即个人无效能无价值感、个人退步前途灰暗，以及世界本质上是一个不愉快的地方。贝克不像埃利斯那样具有对抗性，他把案主看作"同事"，他与他们一起审查"可验证"现实的性质。

在过去的 50 年中，许多认知从业者将认知理论的技术与其他方法的策略相结合。作为一个突出的例子，梅钦鲍姆（Meichenbaum，1977）的著作将认知修正和技能训练结合在一个治疗模型中，这个模型对治疗焦虑、愤怒和压力很有用。

（五）社会工作中的认知理论

30 多年来，社会工作者一直在广泛运用认知理论。里德和爱泼斯坦（Reid & Epstein，1977）在《以任务为中心的实践》一书中提出的理论虽然不是严格的认知取向，但包含了结构化、理性、以行为结果为中心的干预的许多要素，这些要素正是认知方法的特征。第二年，兰茨（Lantz，1978）在《社会工作》杂志上发表了一篇对认知理论及其相关干预的全面综述。1982 年，莎伦·伯林（Sharon Berlin）开始将这一理论与社会工作专业的独特视角相结合，并在 2002 年出版的《临床社会工作实践：认知-整合视角》一书中达到顶峰。伯林的工作解决了认知治疗理论上的一个空白，这是因为它几乎只关注个人意义，而不关注人们从社会环境中获取信息的方式。也就是说，社会工作中的认知治疗方法必须结合案主的生活条件和人际关系事件，尤其是那些经历过严重剥夺、威胁和脆弱性的人。最近，科科伦（Corcoran，2005）在《构建优势和技能：与案主合作的协作方法》中，为社会工作者构建了一种折中的实践方法，即通过动机式访谈、解决方案聚焦疗法和认知行为疗法的创造性整合，将基于优势的实践方法和基于技能的实践方法交织在一起。

二、主要概念

在认知理论中，没有任何假定的先天动力或内在动机驱使人们以特定的方式行动。我们都是通过习惯来发展思维和行为的模式，但是这些模式可以随着我们获得新的信息而调整。认知理论中的一个核心概念是**图式**，它被定义为我们对世界的内在表征，或者是思维、行动和解决问题的模式（Granvold，1994）。图式包括我们组织思想过程、存储信息、处理新信息以及聚合这些操作的产品（知识）的方法。图式是我们在早期学习的基础上看待世界的必要偏向。它们通过直接学习（我们自己的经验）或社会学习（观察和吸收他人的经验）来发展。当我们遇到一个新的情况时，我们要么**同化**它以"适应"我们现有的图式，要么改变图式以**适应**它——如果出于某种原因，我们不能将经验融入我们的信念图式。一个灵活的图式当然最好，但所有的图式本质上都有一定的刚性。

皮亚杰（Piaget，1977）的认知发展理论是社会工作和心理学中最具影响力的理论。它将婴儿拥有的第一个图式描述为身体图式，因为一个小孩无法区分自我和外部世界。认知发展包括这种自我中心的逐渐减少。在皮亚杰的系统中，推理能力是分阶段发展的，从婴儿期到青少年期和成年早期。这些阶段是连续的，**从没有思想的活动发展到不重视活动的思考**。我们从饥饿时尖叫的蹒跚学步的孩子，变成了耐心地为自己准备饭菜的成年人。也就是说，认知行为从**做**发展到**有意识地做**，最后发展到**概念化**。一个人的生理和神经发育的正常成熟是完全的认知发展所必需的。

图 8.1 说明了我们的核心信念（图式）如何影响我们在一生中感知特定情境的方式。我们对世界的内在看法，基于独特的生活经验，导致了假设和相关的应对策略。这些核心信念直接影响着我们对生活情境的感知和反应。我们的假设和相关策略不是"正确的"或"不正确的"，只是就我们实现目标的能力而言，它们是"功能性的"或者"非功能性的"。 *176*
模式可以改变，但并不总是那么容易的。

前面提到，认知理论是一种**运动**理论，断言我们不仅接收和处理外部刺激，而且积极地构建我们寻求理解的现实。感知现实没有单一的方法；然而，理性思维可以理解为以下 *177*
内容（Eellis & McLaren，1998）：

- 基于外部证据。
- 能够保护生命。
- 保持个人目标的导向。
- 减少内部冲突。

一个人的思想能够准确地反映外部世界正在发生的事情，或者在某种程度上被**扭曲**。

相关的早期生活经验
例如：自我与兄弟姐妹的负面比较

核心信念/模式（普遍且僵化，但多变）
当关于自我、他人、世界、未来的基本假设有问题时，
这些涉及无助或不被爱的主题
"我没有能够吸引其他人的品质。"
"我不可能成功。"

应对假设
可能具有建设性或破坏性
"如果我努力工作，我就能做得很好。"
"如果我做得不好，那我就失败了。"

应对策略
例如：高标准，努力工作，纠正缺点（积极）
过度准备，操纵，避免寻求帮助（消极）

具体情况
（例如，研究生院的表现）

思想及其意义
（可能是建设性的或破坏性的）
"如果我去上每一堂课，做完所有阅读，我就能通过这一关。"
"我不能做完所有这些工作。我没有足够的精力。"

情绪
骄傲，兴奋，抑郁，内疚

行为
组织学习计划
作弊，戒烟

图 8.1　核心信念的影响

这些扭曲，称为**认知错误**，将在下面描述。

　　认知干预适用于 12 岁以上的案主，因为案主必须能够进行抽象思维。当然，一些有认知缺陷的成年人，如智力发育障碍、痴呆和一些精神障碍患者，可能对这种方法没有反应。为了从这些干预措施中获益，案主还必须能够贯彻执行纠正措施，不需要与社会工作者进行激烈的情感接触，要求在某些生活活动中保持稳定性，并且不是处于积极的危机之中（Lantz，1996）。

认知理论的其他核心概念将在下面的章节中介绍。

三、问题和改变的性质

生活中的许多问题都是由错误观念造成的，这些观念更多地基于思维习惯，而不是外部证据——人们对自己、他人以及他们的生活状况的看法。这些误解的产生可能有三个原因。第一个是最简单的：这个人没有获得管理新情况所需的信息。这在儿童和青少年的生活中经常很明显。他们在学校、游戏和家庭中面临许多他们以前没有经历过的情况，他们不确定如何应对。这种信息缺乏被称为认知**缺陷**，可以通过教育来弥补。一个与其他孩子相处困难的孩子可能没有学会社交技能，教导孩子关于社会期望的知识可能有助于解决问题。

其他两种误解则根源于图式，这些图式过于僵化，无法管理新情况。也就是说，图式不能适应这种情况。一个能处理与朋友冲突的青少年突然意识到，他不能用同样的策略来处理与新女友的冲突。

作为一个人的图式的一部分，**归因**指的是人们对自己与环境关系的三种假设。首先，一个人的行为可能基于这样一个前提：生活环境**或多或少**是可以改变的。（我对我的工作不满意，对此我无能为力。）其次，一个人可能会相信，如果改变是可能的，那么改变的力量来源就存在于自我**内部**或**外部**。（只有我的主管才能做一些事情使我的工作更好。）最后，一个人可能会认为他或她的经验的影响仅限于**特定的情况**，或者它们的含义是**全面性的**。（我的主管不喜欢我如何处理那个有药物滥用问题的案主。他认为我不能成为一名优秀的社会工作者。）

误解的最终来源是对现实的特定**认知扭曲**。由于我们倾向于养成思维习惯，我们经常以偏差性的方式解释新的情况。这些模式通常是有效的，因为我们生活中遇到的许多情况与以前的类似，并且可以用模式化的响应来管理。然而，当这些思维习惯过于僵化，无法适应我们考虑的新信息时，它们就会成为困难的根源。例如，一个低收入社区居民可能认为他缺乏倡导某种药物福利益处的能力，因此，他的生活中会继续没有这些药物福利。这种信念可能来源于一种扭曲的感觉，即别人永远不会尊重他。多年来，案主可能在失败和歧视方面遇到了真正的困难，但相信将来在任何情况下都会发生这种情况可能是武断的。表8.1列出了一些广泛存在的认知扭曲，也被称为"非理性信念"（Beck，1967），并举例说明。

表8.1　常见的认知扭曲

非理性信念	例子
任意推断：对没有证据、证据很少甚至是证据相互矛盾的事件做出结论	"我在这门课上不会做好。我有种不好的感觉。""这个机构的工作人员的实践方法似乎与我的做法不同。他们不会尊重我的工作。"
选择性抽象：根据从更广泛的背景中提取的一个或几个细节来判断一个情况	"当我描述我对案主的评估时，你看到我们的主管打呵欠了吗？他一定认为我的工作很肤浅。"
放大或缩小：得出的结论是，一个事件比证据所显示的要严重得多，或要不重要得多	"第一次作业我得了B。这门课程我很有可能不及格。""我真的不需要每天准时上班。我的案主似乎不介意等待，行政会议与我的工作无关。"
过度概括：断定某种情况或事件的所有实例都会以某种特定的方式出现，因为有一两种情况是这样的	"我的主管认为我沮丧的案主退出是因为我太对抗了。我没有足够的经验来做一个合格的社会工作者。"
个人化：在没有关联证据的情况下，为外部事件指定原因或承担责任	"导师没有这么说，但是我们的小组报告得到了一个平庸的评价，这是因为我表现不好。"
二元思维：把经验归为两个极端之一，即完全成功或彻底失败（通常是后者）	"我在期末考试中没有得到A。我搞砸了！我没有能力继续下一门课程。""我期中考试得了个A。这门课剩下的时间我可以慢慢学。"

179　　　认知理论中的干预可以从三个方面帮助案主改变。案主可以改变他们的个人目标，使其更符合自己的能力，调整他们的认知假设（信念和期望），或者改变他们的思维习惯（包括放弃认知障碍）。即使一个人的某些信念被扭曲了，根据相互矛盾的证据纠正它们的可能性也很大。在评估过程中，社会工作者观察案主的图式，确定与呈现情况相关的思维模式，并考虑支持案主对该情况的结论的证据。当这些结论看起来有效时，社会工作者帮助案主发展更好的解决问题的方法或应对技巧。当结论被曲解时，社会工作者使用技术帮助案主调整其认知过程，以促进目标实现。

四、评估和干预

（一）社会工作者/案主关系

认知干预始终是一个**积极的**过程。干预通常类似于社会工作者和案主之间的对话。

（我经常告诉学生，如果他们喜欢交谈，这是一个很好的理论观点。）当案主出现认知缺陷时，社会工作者充当**教育者**；当案主出现认知扭曲时，社会工作者作为理性的"客观"声音（在可能的范围内）。

从业者是一个合作者，其目标、目的和干预都是在案主的不断投入下制定的。案主期望的结果通常会被记录下来，以便随着时间的推移，可以始终如一地遵循或修改。除此之外，社会工作者还可以作为案主理性思考和问题解决的**榜样**，或者作为**教练**，引导案主完成推理的过程。社会工作者需要对案主的问题情境表现出同情心，部分原因是对抗往往是干预措施的一部分。对抗涉及社会工作者指出案主的陈述和行为之间的差异（Hepworth，Rooney，Rooney，Strom-Gottfried，& Larsen，2012），有时案主很难容忍。感受到社会工作者积极的尊重态度，将帮助案主理解这些对抗是建设性的。

认知干预是高度结构化的，社会工作者有责任建立和维护这种结构（Beck，1995）。第一次会谈的结构包括社会工作者制定议程，进行情绪检查，审查和指定呈现的问题，设定目标，教育案主了解认知模型，激发案主对干预的期望，教育案主关于他或她的问题的性质，设置家庭作业，提供一个会话摘要，并引出案主对会话的反馈。随后的会谈包括对案主情绪的简要更新和检查，社会工作者将前一次会谈和当前会谈之间的问题联系起来，制定议程，审查家庭作业，讨论议程上的问题，设置新的家庭作业任务，提供最后的会谈总结，以及引出案主对会话的反馈。

社会工作者必须始终意识到，他或她的评估也会受到认知偏差的影响。在与案主合作时，为了最大限度地减少他或她自己认知扭曲的可能性，社会工作者应采取以下措施：

- 通过监督，不断地检查自己对案主的信念和态度。
- 发现和评估案主对问题情境的**各种**假设。
- 考虑和"排列"支持和反对案主"工作假设"的证据。
- 使用明确的案主改变评估措施（标准化或个性化）。
- 使用各种反馈来源，包括同行和主管。

（二）评估

从业者首先用认知理论的逻辑来教育案主，然后评估案主的认知假设，识别可能导致问题持续性的任何认知扭曲。案主思维的合理性是通过**苏格拉底式提问**（Boyle，Hull，Mather，Smith，& Farley，2009）来评估的。这个术语来源于哲学家苏格拉底的著作，他的教学技巧包括向学生提问，直到他们自己找到答案。社会工作者通过详细、集中的提问来评估案主所持有的与问题相关的假设的有效性。在案主描述了呈现的问题及其相关历史之后，以下类型的问题将指导社会工作者的评估：

- 首先，梳理与案主所呈现问题相关的核心信念（"当⋯⋯时你在想什么？""你是怎么得出这样的结论的？""⋯⋯对你意味着什么？"）
    - 案主关于问题情境意义的信念背后的**逻辑**是什么？
    - 支持案主意见的**证据**是什么？
    - 对于案主的看法，还有哪些**其他解释**是可能的？
    - 特定**信念**如何影响案主对特定事件意义的看法？情绪？行为？

为了在评估和干预过程中最大限度地提高案主自我报告的可靠性，社会工作者应采取以下措施（Berlin，2002）：

- 在事件发生后，尽快询问案主的认知问题。
- 分析案主陈述的内部一致性。
- "客观地"看待他或她的思想和感受，尽量减少可能影响案主反思能力的各种探究。
- 帮助案主获得认知检索技能（通过想象和放松）。

在评估结束时，社会工作者帮助案主对他或她的思维模式的合理性得出初步结论，如果有任何明显的认知扭曲，则检查案主是否愿意考虑其他的观点。

（三）干预

当案主的看法和信念看起来有效时，从业者通过提供有关呈现的问题的教育和实施问题解决或应对练习进行干预。当案主表现出明显的认知偏差时，从业者和案主必须确定触发错误概念的情况，确定如何最有效地调整错误概念或用新的思维模式替换错误概念，然后实施纠正任务。下面介绍各种具体的干预策略。本章并未描述**所有**可能的干预措施（有许多干预措施），但下面的内容是该理论的代表。

认知重构

认知干预策略分为三大类。首先是**认知重构**。当案主的思维模式被扭曲并导致问题的发展和持续性时，就可以使用这种技术（Mueser，Rosenberg，& Rosenberg，2009）。通过一系列的讨论和练习，社会工作者帮助案主尝试其他方法来应对挑战，从而促进目标的实现。

ABC 模型（本章前面介绍过）是认知重构方法的基础。"A"表示诱发事件；"B"表示案主对事件的信念或解释；"C"表示 B 的情感和行为后果。例如，如果 A 是一个事件（下雨），而 C 是一个人的抑郁情绪，那么 B（信念）可能是："一切看起来都那么灰暗和丑陋，我想出去。在这样的一天里，我什么都不顺心。"如果同样的诱发事件（下雨）发生了，但由此产生的情绪（后果，或 C）是满足，案主的信念可能是："多么平静。今天我可以待在家里看书。这真的很惬意。"ABC 过程发生得如此之快，以至于案主经常做出A 直接导致 C 的假设，但除了某些反射性动作（例如，将手指放在热炉上，然后突然缩回来)，总会有一个认知事件 B 介入。

为了改变案主的信念体系，有三个步骤是必要的。第一步是帮助人们识别在痛苦的情绪和非生产性行为之前和之后的想法（"你脑子里想的是什么……？"）。重要的是要让案主进入一种心境，在这种心境中，他或她可以反思思想和感受，**就好像事件正发生在当下**。有些案主可能需要帮助来改变他们的思维模式。从业者可能会让案主使用**意象**（"闭上眼睛，深呼吸，然后在这种情况下看到自己。你在做什么？你感觉怎么样？你在想什么？"）。社会工作者可能会邀请其他人参与角色扮演以达到同样的目的（"假设我们在工作，而我是你的老板……"）。通过重现问题情境，案主可以更准确地检索导致问题的思维模式。

第二步是评估案主是否愿意考虑针对问题情境的其他想法。解决这一问题的一种方法是点/对位或成本/收益分析，在这种分析中，社会工作者要求案主考虑保持他或她当前与问题相关的信念的成本和收益（Leahy，1996）。这可以通过简单的对话来完成，但通常使用笔和纸更有效。写下一个论点的利弊可以帮助案主想象当前的观点是否能很好地服务于他或她的目标。必须强调的是，仅仅是优点和缺点的数量不会影响案主在一个方向或另一个方向上的思考，因为有些方面会比其他方面更加"有分量"。

第三步是通过设计案主可以在日常生活中执行的自然实验或任务来挑战他或她的非理性信念，以测试其有效性。例如，如果一个大学生相信，她在课堂上发言，每个人都会嘲笑她，她可能会被要求在课堂上自愿回答一个问题，然后观察其他人的反应。通过改变案主的行为，他们的认知和情绪可能会被间接地改变。这些行为可能会提供新的数据，反驳案主对自己和世界的不合逻辑的信念。

ABC 审查 这种认知干预技术要求案主在指定的时间段内填写表格（Hofmann & Reinecke，2010）。它的目的是帮助案主更加意识到他或她的自动思维，然后努力修正它们，使情绪和行为变得更有成效。在对案主的认知模式进行评估之后，社会工作者会准备一张有四列的纸（见图 8.2）。第一列是"产生压力的情境"（ABC 过程的 A 组件），要求案主写下在一天中使他或她产生负面情绪或行为的情境。下一列的标题是"自动思维"（B 组件），在这里，案主记录伴随情境而产生的想法。这一步很困难，而且很多案主都需要练习。有些人倾向于忽视他们在情境和情绪以及行为反应之间的解释。其他人倾向于记录情绪而不是思想。在干预过程中，社会工作者可以帮助案主学会区分思想和情绪。接下来，要求案主思考并在第三列中记录似乎是自动思维基础的信念。例如，一个被拒绝得到某项工作（情境）的案主可能认为他"永远不会得到一份好工作"（自动思维），因为"毫无价值"（潜在信念）。最后，要求案主记录对自动思维的情绪反应，例如抑郁或恐慌（C组件）。

产生压力的情境	自动思维	自动思维背后的信念	情感/行为

产生压力的情境	自动思维	自动思维背后的信念	情绪/行为	替代性思维	情绪/行为

图 8.2　ABC 工作表

社会工作者要求案主以双方商定的频率填写表格，具体取决于问题的性质和案主维持结构化任务重点的能力。通常，社会工作者会要求案主在他们的会谈间期每天填写表格，以便他们可以一起查看。随着时间的推移，社会工作者帮助案主澄清他或她的自动思维，并了解其中哪些是武断的。然后，社会工作者以一种扩展的形式要求案主尝试对他或她的问题情境进行替代性、更理性的思考，这些想法可能更具建设性（请再次参见图 8.2）。这些替代想法，以及随之而来的感觉，可以写在页面的第五和第六列中。然后，案主和社会工作者可以监控案主的感受和行为是如何变化的。

认知应对

第二类干预是**认知应对**。从业者帮助案主学习和实践新的或更有效的方法来应对压力和消极情绪。所有这些都需要案主逐步掌握新技能。（在这里，我们开始看到认知和行为理论的融合：将新的思维模式与可能提供新行为强化的新情境相结合。）认知应对包括以隐性和显性认知操作为目标的教育和技能发展，旨在帮助案主更有效地应对挑战。当案主通过实践新的应对技巧而获得积极的结果时，他们的认知扭曲就会被修正。也就是说，如果案主发展出良好的应对技巧，他们可能会从环境中得到正强化。这里详细介绍几种干预措施。

自我指导技能发展　这是一种向案主提供内部认知框架的方法，用于指导他们如何更有效地应对问题情境（Kunzendorf et al.，2004；Meichenbaum，1999）。这在一定程度上是基于这样一个前提，即许多人会理所当然地进行内心对话，给自己做"鼓励性谈话"，以准备应对某些挑战。举个例子，我的一个好朋友，一位受人尊敬的社会工作者，每天早上都站在镜子前，并自己讲述她需要做些什么来管理她工作日最困难的部分。这种做法使她感到精力充沛。

通常，当人们发现自己处于引起紧张或其他负面情绪的困难境地时，他们的思维可能会变得混乱，他们的应对能力也会减弱。有些人在自我对话中缺乏积极的暗示。为问题情境准备好内部（或书面）脚本可以帮助案主回忆和实施应对策略。当使用这种技术时，社会工作者会在语音对话中评估案主的行为及其与缺陷的关系。案主和社会工作者根据他们面对的问题制定一个自我指导脚本，包括公开的自我导向的演讲。这样的脚本可以被案主写下来或记下来。社会工作者和案主一起对问题情况进行可视化和演练，以便案主能够预演其实施过程。在预演过程中，案主逐渐从**内部**的自我对话转变为**公开**的自我对话。然后，案主在现实生活情境中使用脚本，无论是在具有挑战性的情况之前还是期间。

举个例子，贝丝（Beth，稍后会详细介绍）每天早上在去上课的路上把她年幼的儿子送到日托中心，她觉得很内疚，认为自己是一个可怜的母亲，因为她牺牲了和儿子在一起的时间而放纵自己。这种消极的感觉在她一天中的大部分时间里一直存在着。她与社会工作者一起制定了一个自我指导脚本，其中包括以下陈述："我儿子将会得到很好的照顾。许多好父母每天上班的时候都带孩子去日托中心。我每天晚上和每个周末都和儿子在一起。当我获得学位后，我将成为我儿子和我自己更好的供养者。对我儿子来说，学会和别人交往是件好事。他有机会和其他孩子一起玩。如果我照顾好自己和他，我会成为一个更好的母亲。"贝丝最初写下了这些话，但很快就记住了。每天早上和白天的任何时候，当她开始为儿子感到内疚时，她就会在心里默诵着这些话。

沟通技能发展 这些技能的教学和演练涵盖了广泛的干预措施，包括关注案主的社交、自信和谈判技巧。积极的沟通有助于与他人建立联系和亲密关系，从而改善自己的情绪和感受（Hepworth et al.，2012；Hargie，1997）。社会支持是积极强化的源泉，可以保护压力生活事件中的个体。此外，当一个人可以表达他或她的担忧时，其他人可能会建设性地建议该人如何调整他或她的态度和行为。

沟通技能发展的组成部分包括使用"我"信息、反映性和共情式倾听，以及明确的行为改变请求（这些作为对家庭情感系统理论的干预在第六章中讨论过）。"我"信息指的是一个人在某个情况下谈论自己的立场和感受，而不是对另一个人做出指责性评论。"我"信息的基本格式是："我对发生的事情（一个特定的诱发事件）的感觉（反应）。"例如："当你在周六晚上违反宵禁时间时，我很生气。我也担心你。"这些陈述有助于说话者保持他或她自己的思想和感受的清晰性。这是一个更加真诚的交流方式，而不是说："你怎么敢这么晚还在外面待着！"这通常会让对方产生防御反应。

倾听技巧包括反映性倾听和确认对方的意图。反映性倾听的目的是确保一个人能够理解说话者的观点。它减少了人们对他人陈述的意图和意义过早下结论的倾向（Brownell，1986）。反映性倾听包括用"我听到你说的是……"或"当我……时你似乎感觉到（感觉词）"的格式来解释发言者的信息。与反映性倾听不同，验证涉及给予对方新的视角和假设，即他或她的经历是合理和可理解的（"我可以看到，如果你认为我这样做了，你会感到愤怒"）。

沟通技能发展的第三个组成部分是教导人们清楚地表达对他人的行为要求。这些要求应该是**具体的**（"拿起你的玩具"）而不是宽泛的（"打扫这个房间"），是**可衡量的**（"我希望你每周给我打一次电话"），并且是以**肯定**而不是否定的形式来表述的（"当我回家时，给我一个机会看看邮件"，而不是"别再说你的问题来打扰我了"）。

问题解决技能发展

第三类干预是**问题解决**。这是一种结构化的五步骤的方法，用于帮助那些没有经历认知扭曲，但仍在与他们清楚感知到的问题做斗争的案主。案主学习如何对他们的问题做出各种可能有效的反应（Freeman，2004）。第一步是**定义**案主希望克服的**问题**。正如诗人爱默森（Emerson，1958）所写："一个定义良好的问题是已经解决了一半的问题。"当问题被清晰地描述时，解决方案更容易制定。在这个过程中，一次只能针对一个问题。

问题解决技能发展的下一步涉及案主和社会工作者的**头脑风暴**，以便针对所呈现的问题生成尽可能多的解决方案。在这一点上，评价性评论是不被允许的，因此鼓励自发性和创造性。所有的可能性都被写下来，甚至那些看起来不可能或愚蠢的方案。一些被认为是荒谬的想法可能包含有用的元素，以便进一步研究。在这一步骤中很重要的是，在案主认为他们已经完成之后，社会工作者必须鼓励其想出更多的可能性。当一个列表包含多达五个备选方案时，案主通常会停止参与，但受到压力时，他们通常能够提出更多的建议。

问题解决过程的第三个阶段包括**评估替代方案**。任何明显不相关或不可能的项目都会被删掉。然后讨论每个可行的替代方案的优缺点。本阶段工作可能需要收集有关情况的更多信息。例如，可以收集有关其他机构和资源（包括案主生活中的其他人）的信息，这些信息有助于我们做出更可行的选择。

选择和实施一个替代方案涉及为问题解决选择一个策略，该策略似乎可以实现成本/收益的最大化。尽管任何备选方案的出现总是不确定的，但案主在此过程中表现出的良好判断力应该受到表扬，并被提醒说，努力解决问题是这一步骤中最重要的方面。社会工作者应该提醒案主，不能保证替代方案能够成功，并且如果需要，还有其他方案可供选择。

在下一次会谈中，社会工作者帮助案主**评估已实施的选项**。如果成功，除了关于如何将问题解决推广到案主生活中的其他情况的重要讨论，整个干预过程就完成了。除了那些仍然需要工作的部分，还必须仔细检查"失败"的部分。如果一个策略没有成功，可以通过调整再次尝试，或者社会工作者和案主可以返回到第四步并选择其他备选方案。

角色扮演是一种有效的教学策略，可以与上述所有干预措施一起结合使用（Freeman，2004）。这涉及社会工作者首先对一项技能进行示范，然后社会工作者和案主一起预演。角色扮演为干预提供了许多优势。首先，社会工作者向案主展示了新的技能，这通常是一种比口头指导更有效的信息传达方式。其次，通过在角色扮演中扮演案主，社会工作者对案主面临的挑战有了身临其境的充分理解。与此同时，案主从他或她生活中的一个重要他人（家庭成员、老板或朋友）的角度出发，可以更好地了解别人的处境和立场。扮演其他人的角色，也会给以前严肃认真看待的情况带来一种玩乐的感觉。

五、灵性和认知理论

与行为理论不同，认知理论的概念有助于理解案主的灵性状况，促进他们对这一主题的反思。请记住，灵性在这里指的是案主对自我之外的意义的探索和坚持。认知理论强调每个人需要理解现实的自然倾向，以及价值观可以通过反思和行动而改变的观点。这个理论进一步断言，我们是构建现实的积极参与者。思考代表了我们通过个人经验创造意义的有组织的努力。

在认知理论的语境中，灵性可以被理解为为我们提供意义和激励我们行为的核心信念（包括价值观）。有效的社会功能依赖于我们与他人**分享意义**的发展模式，因此我们倾向于寻找与我们共享最深关注的人。认知缺陷或扭曲可能导致一个人在努力实现灵性目标的过程中幻灭。与灵性相关的干预包括苏格拉底式提问，这有助于案主反思长期目标以及在这种背景下问题情境的重要性。**任何**鼓励案主重新思考其对挑战的理解和应对方式的认知干预都可能与他或她的灵性有关。

一个例子可能有助于澄清这些要点。特丽（Terri）是一名小学教师，她誓言致力于帮助儿童发展积极的社交和学业技能。她对孩子的强烈价值观部分与她个人的背景有关，在这种背景下，她感到受到了不公平的侮辱。伴随这一核心价值观而来的是一种信念，即她没有社交能力，不那么聪明，也不像其他人那么值得被爱。这一核心信念导致了严重的认知扭曲，特丽认为自己没有天赋，在专业上也无能为力。根据这些扭曲行为，特丽收到校长不满意的评价，面临失业的风险。通过认知干预策略，社会工作者帮助特丽解决了她的认知扭曲问题，还帮助她保持对她的终极价值的关注，使她能够坚持在课堂上取得成功的目标。

六、关注社会正义问题

认知理论包括许多可能促进社会工作者与案主进行社会正义活动的特征。该理论结合了一种赋权方法，其前提是人们成为有能力的问题解决者，并且有助于将问题解决策略推广用于应对其他生活挑战。在审查核心信念时，社会工作者可能会鼓励案主审查个人和社会价值观。"现实社会建构"的概念强调社会工作者有义务对文化和种族多样性问题保持敏感。这个理论适用于许多案主群体——事实上，适用于所有有认知和反思能力的人。该理论对寻求具体、实际解决问题方法的不同人群的成员尤其有吸引力，例如社会经济水平较低的人、拉美裔案主和非裔案主（Balter，2012）。

与此同时，认知理论关注的是个体，倾向于将注意力局限于**直接**的而非**宏观**的环境。它并不鼓励社会工作者把目光投向案主之外，除非考虑环境证据来证明他或她对世界的看法。在考虑案主思维的"合理性"时，从业者在与弱势或受压迫的案主群体合作时，可能会支持接受社会习俗，并鼓励社会变革活动（Payne，2005）。另外，尽管该理论鼓励对多样性保持敏感，但社会工作者必须对案主思维的"合理性"做出艰难的判断。社会工作者越不了解案主的世界，就越难评估案主的合理性。

188

七、案例说明

（一）问题解决与少女小组

里奇代尔高中（Ridgedale High School）位于一个大城市的某一贫民社区，服务于经历过许多犯罪活动的人群。在这里，毒品交易、卖淫、抢劫和小偷小摸以及盗窃事件频繁发生。作为一项预防措施，学校为那些被认为有违法行为风险的学生提供了许多应对技能小组。其中一个小组提供给有长期逃学表现的女性青少年。这个为期八周、时间有限的小组，和学校里的其他小组一样，由一名社会工作者领导。这个"学业和个人成功"小组使用问题解决模型作为干预的基础。

阿德里安娜（Adrienne），一个 26 岁的单身非裔美国女性，领导着这个小组。她把第一次会谈的时间都花在了女孩们互相认识和提出讨论的话题上。随后的会谈内容包括女孩们就当天话题的问题解决方法进行有组织的讨论。在一次小组会谈上，安全性行为问题被选为讨论的主题。女孩们一致同意她们不想怀孕，有些人反对做爱的想法，但她们都遇到过试图对她们进行性侵犯的男孩。

社会工作者每周的职责包括教学和实施解决问题的过程，以解决生活中的各种问题。她强调，在小组环境中进行这种练习往往更加有效，因为可以从其他人那里获得即时的信息反馈。在这次会谈的第一部分，女孩们被要求指定一个与安全性行为的一般话题相关的问题。她们很快同意，她们想要学习如何拒绝那些试图说服她们进行性行为的男孩的求爱。阿德里安娜让女孩们在会谈期间选择几个场景进行角色扮演，以便更清楚地了解她们的想法。这是很有帮助的，也为女孩们表演角色提供了一些乐趣。

接下来，女孩们集体讨论了应对挑战的可能方法。因为所有的想法都是受欢迎的，没有一个是被审查的，所以这个任务对女孩来说很有趣。她们可能会相互大笑，互相生气，同时也会分享关于保护自己的身体、对男孩做出具体而果断的口头回应、将约会限制在某些场合、避免某些话题、在约会开始前表达自己的喜好，以及应对其他情况的建议。

在小组设置中，不需要所有成员都选择相同的问题解决方案。每个女孩都可以选择自己的解决方案，只要她能够清楚地说明选择的理由——一个合乎逻辑的成本/收益思考过程——这个方案就会得到支持。阿德里安娜的目标是教授普适性的问题解决技能，并要求女孩们在问题出现的时候承诺实施她们的解决方案。在这种情况下，女孩们一致认为，当她们和男朋友单独相处时，更大的自信将有助于她们保持对情境的控制。女孩们不可能在下周的约会情境中都实施她们的策略，但她们可以在其他情境中与男孩一起练习自信技巧。

接下来的一周，这些女孩分享了她们在学校和周末与男孩一起锻炼自信行为的经验，并说明了她们认为这些事件是成功还是失败。事实上，有几个女孩曾经约会过。其中一个经历了一个男孩的攻击性行为问题，并描述了她是如何回应的。女孩们互相帮助，评估各自的任务执行情况，并在评论中再次提出建设性意见。作为这一过程的最后一个阶段，她们互相帮助，完善了自己的自信方法，并考虑了未来一周的新策略。

（二）认知重构与单亲家长

贝丝（Beth）是一位 26 岁的白人单亲家长，她在上大学攻读商科学位的同时抚养着一个 4 岁的儿子。她用课余时间从事电脑编程工作来赚一些钱，以支付一间公寓的租金。她的父母都住在城里，已经离婚，偶尔给贝丝一点儿钱，并帮助她照看孩子。当贝丝上学时，她儿子就去一家日托中心。她有许多朋友，其中大多数没有孩子。贝丝寻求心理咨询，因为她被与管理职责相关的压力压得喘不过气来。她几乎没有时间放松，过着预算紧张的生活，社交生活不满意，她觉得自己是个糟糕的家长，因为她忙于学业，经常对儿子发脾气。她睡不好觉，经常烦躁，无法集中精力学习。尽管贝丝的目标是成为一名女商人，但她怀疑为此付出物质和情感的代价是否值得。帕特里克（Patrick），46 岁，一位意大利裔美国男性社会工作者，承认这是贝丝一生中的艰难时期，但同时也指出了她的个人优势：坚持不懈、坚忍，以及对孩子的爱。帕特里克向贝丝介绍了几个社区机构，这些机构可能会为她的家庭提供物质援助。

贝丝是应对技能发展的合适人选。尽管如此，她的许多困难还是源于她的**归因和认知扭曲**。在评估结束后，这位社会工作者得出结论，贝丝对改变她生活的任何方面都有一种无力感。此外，贝丝倾向于**过度概括化**，认为任何失败都意味着她完全不称职。她还将自己生活中的消极事件**个人化**，认为发生的任何消极事情都是由于她自己的不足，而忽视了其他人或环境在这些情况下所扮演的角色。

帕特里克与贝丝组织了一次认知重构干预。他最初教贝丝认知操作的 ABC 顺序。这帮助她认识到她对生活状况的评估——基于与所关注事件相关的外部证据并不总是一致的核心信念——在她产生情感体验方面发挥了作用。像许多案主一样，贝丝只有经过一些讨论和思考才能理解这一点。例如，她可以看到，她父亲对她作为一个孩子和青少年的高期望使她相信她应该有能力管理生活的方方面面。

对贝丝来说，看出她有能力改变自己的一些问题是很困难的。她不得不应付多重压力，但帕特里克最终帮助贝丝认识到，在生活的某些领域，她可以主动做出调整。举个例子，贝丝已经不愿意让她的祖父母在周末照顾她的儿子，因为她认为他们对休闲时间受到侵扰感到不满。然而，贝丝报告说，祖父母都爱她的儿子，而且随着年龄的增长，他们似乎感到孤独。帕特里克与贝丝探讨了这些相互矛盾的说法，并帮助她制订了一个灵活的家庭保姆计划，这样她就可以每隔几周轮流拜访她的母亲、父亲和祖父母。这很好地解决了问题，给贝丝提供了更多可预测的学习时间，甚至提供了几个小时的工作时间。这个过程也教会了贝丝，她可以对她的环境产生影响。

在**苏格拉底式提问**的过程中，帕特里克和贝丝回顾了生活中让她感到悲伤或不安的具体情况，并研究了这些情况的不同解释。在认知干预中，重要的是要理解一些对情境的消极情绪反应反映了案主的准确评价。例如，贝丝描述了她对几个教授的不满，这些教授似乎准确地反映了他们对她学习风格的不敏感。与此同时，贝丝对朋友们不愿意了解她社交活动有限性的愤怒（对社会工作者而言）似乎表明她对拒绝的过度敏感。贝丝相信她的朋友们不想再和她在一起了，因此她不想再去找他们。通过他的提问，帕特里克帮助贝丝认识到，对于她的假设，外部证据是有限的。实践者指出，贝丝的朋友们可能很清楚她的日程繁忙，因此很少给她打电话，以免打扰她。

贝丝同意参与为期几周的 ABC 笔试。社会工作者要求她记录下每一个她觉得被朋友拒绝的情况，并记录下她随之而来的想法和感受。在一段相对较短的时间内，贝丝就能够看到，每当有一个朋友不能和她在一起时，她就会迅速做出自我贬低的结论（令贝丝吃惊的是，这种情境并不像她想象的那么频繁）。帕特里克多次指出，人们发现，在记录问题时，他们经常会错误估计问题情境发生的频率。贝丝改变了对朋友行为的看法，与其中几个朋友恢复了更为融洽的关系。

（三）用沟通技能发展来管理家庭冲突

奈杰尔（Nigel）和妮塔·伯恩（Nita Bourne）寻求家庭咨询，因为自从奈杰尔（一位正在康复的酗酒者）6 个月前停止饮酒以来，冲突变得更加突出。奈杰尔，50 岁，是他所在社区的一名成功的商人，已经与 47 岁的妮塔结婚 24 年。家里有三个孩子：22 岁的黛安娜（Diana）、20 岁的彼得（Peter）和 19 岁的克里斯蒂娜（Christina）。虽然所有的家庭成员都对奈杰尔戒酒的决定感到满意，但奈杰尔变得更加紧张和喜怒无常，而且他们长期存在但"微妙"的沟通问题也变得突出。奈杰尔在家庭中倾向于专制独断，妮塔则试图通过与孩子们过分和睦来"弥补"他粗鲁的态度，很少与他们意见相左或发生冲突。兄弟姐妹们往往喜欢互相争论。除了寻求家庭咨询，奈杰尔还接受酗酒治疗。他们的目标是能够表达他们的感受，处理他们的分歧，而不至于经常陷入争吵之中。他们一致认为，一个更平静的气氛也可以帮助他们的父亲保持清醒。

根据他的评估，社会工作者［巴里（Barry），37岁，已婚白人男性］认为可以将沟通技能发展作为一个重要的干预。他解释了他实施这一策略的理由，家人同意参加。巴里设计了一个混乱的局面，并示范了他试图教授的技能。他向所有家庭成员保证，他们每周都有机会让彼此了解自己的想法和感受。他设定了一个"基本规则"，在表达一个想法或感受时，任何人都不能被打断。然而，如果巴里认为沟通正在破裂，他保留干预的权利。这一指令在缓解家庭互动中不断升级的紧张关系方面发挥了重大作用。

接下来，社会工作者通过让每个人重复别人每次对他或她说的话来教授倾听技巧，确保听众准确地收到了信息。家庭成员在执行这一指令时感到尴尬，但他们很惊讶地发现他们经常误解对方。巴里指出，这代表了一种后天习得的家庭模式。在发送者完成消息之前，消息的接收者就已经开始以防御性的方式为发送者制定响应。

当家庭在这些方面取得了一些进展时，社会工作者开始教授如何使用"我"信息。例如，奈杰尔没有生气地对儿子说："你得找份工作，然后离开家！"他被要求制定这样的信息，说道："当你不工作时，我会感到生气，因为像你这样年纪的年轻人应该承担更多的责任。"尽管奈杰尔不同意，他的儿子还是被要求说："有时候我不工作的时候，住在这里会觉得很不舒服，但我也认为父母应该永远支持他们的孩子。"这些信息使每个成员对家庭生活的假设更加清晰。成员们很难学会用这种方式进行交流，巴里给他们布置了家庭作业，让他们练习使用"我"信息。

作为这个四阶段干预的最后一个组成部分，家庭成员被要求角色扮演家庭中发生的各种冲突互动。成员通常在这些角色扮演中扮演自己，其他成员随后被要求对所展示的沟通和解决问题的质量发表评论，并就更有效的互动方式提出建议。在角色扮演过程中，成员们彼此被帮助提出更明确和更具体的要求。例如，黛安娜在与妹妹的交往中表现得很消极，她说："你总是想要控制别人。你从来不体谅彼得或我。"她被鼓励以一种更具建设性的方式表达同样的信息，她应该说："在我看来，当你为我们三个人做决定时，我觉得你忽视了我的想法。彼得和我希望得到更多的考虑。你知道，我们可能还是同意你的观点。"

巴里在这个家庭中取得了一定程度的成功。家庭中的紧张程度确实降低了，每个成员似乎都获得了更好的沟通技能。妮塔开始能够直面丈夫的专制作风，这也是她的目标之一。有趣的是，这种自信的行为违背了她家庭的文化价值观，即女性是被动的，而且似乎她只会偶尔"大声说出来"。虽然奈杰尔难以控制自己的脾气，但家人仍然相互支持。他计划从他的药物滥用顾问那里得到这个问题的帮助。

八、结合认知和行为干预

许多社会工作者在与案主合作时将认知理论和行为理论的干预方法**结合**起来。这两种理论通常是兼容的，因为认知干预帮助案主发展出不同的思维方式，而行为方法帮助案主用有效的新行为强化新的思维模式。事实上，"认知-行为"干预可能比"认知"方法更为常见。

以卡丽（Carrie）为例，她是一名刚开始从阿巴拉契亚县的小镇通勤走读上学的大学生，因为不适应大校园环境而感到沮丧。通过**任意推断**，她得出结论，其他大学生并不友好，因为他们中没有人曾在拥挤的学生区自动接近过她。她还进一步推论，她孤独和悲伤，因为她是一个枯燥乏味的人，所以她还将继续孤独和悲伤。为了帮助她调整想法，社会工作者米里亚姆（Myriam，来自印度的 24 岁研究生）受命帮助卡丽学会以不同的方式评估外部环境。卡丽得到的帮助是改变了一些信念和期望，这些信念和期望涉及如何在一个比她家乡更缺乏人情味的环境中交朋友的问题。卡丽的思想是通过教育技术（关于大学生的典型行为）以及对她的思想和感受的 ABC 评论得到调整的。现在她学到了新观点，公共场所不适合与人会面交友，因为那里很拥挤，学生们往往匆匆忙忙地吃午饭，然后去上课。可能会有对卡丽来说更合适的会面交友环境。卡丽还了解到，在结交朋友的愿望中，她会因自己结交朋友的欲望而自信。

除了评估和调整卡丽的思维模式，米里亚姆的**系统脱敏法**和**行为预演**的行为策略也帮助她调整了目前的强化因素。米里亚姆和卡丽设计并实践了一系列步骤，案主在午餐桌上接触了一小群学生并要求加入他们。积极的强化因素包括其他学生乐于帮助她，后来要求卡丽参加他们的其他活动。结合这些干预措施，米里亚姆可以在认知上（评估和调整她对大学生行为的假设）和行为上（在拥挤的公共场所花费越来越长的时间，并向她所在社区的某些学生打招呼）帮助卡丽。除了所有这些干预活动，卡丽从与一个社会工作者的合作中受益匪浅，这位社会工作者认为她必须自己做出重大调整以适应一种新的校园文化。

卡丽的故事描述了一种称为**社交技能训练**的认知-行为方法的几个方面。这一点在前一章中有描述，但它的认知方面在这里有介绍。其所有成分如下所示（Cook et al.，2008）。

（一）提高认知能力

■ 提供关于人际关系的知识（它们是什么，它们为什么重要，它们如何发展，社规范）。

- 增强感知技能（如何更加准确地解读社会世界）。
- 提高决策技能（适合与他人接触时）。
- 提高评估技能（如何观察他人的行为并考虑各种解释）。

（二）提高行为技能

- 自我表现（增强积极回应的可能性）。
- 社会倡议（包括如何开始对话）。
- 维持（随时变化的关系）。
- 对话（交谈、倾听、轮流交谈）。
- 冲突解决（处理分歧、失望）。

虽然认知干预通常包括任务分配，但真正的行为干预要求社会工作者采取高度系统的方法组织环境活动，并仔细衡量进展。从纯粹意义上讲，认知-行为干预通常比行为干预更具认知性。

（三）辩证行为疗法

194

认知和行为干预相结合的另一个例子是**辩证行为疗法**（dialectical behavior therapy，DBT）。这种干预方法通常与边缘型人格障碍的治疗相关，但也适用于其他案主群体，当社会工作者确定案主的核心困难是**情感不稳定**时，这种方法可能是合适的（Robins，2002；Linehan，1993）。

从 DBT 的角度来看，由于缺乏人际关系和自我调节技能，一些人在社会功能方面出现普遍问题，并且他们获得适应性行为技能的潜力受到个人和环境因素的抑制。也就是说，某些内部和外部刺激通过学习联想触发他们的问题行为。从业者在评估中使用与第七章讨论的类似的行为链分析，以确定问题行为的情感、认知、行为、人际关系和环境触发因素。干预首先针对威胁案主生命的行为，然后继续处理干扰案主生活质量和干预本身的行为。

DBT 的组成部分包括个人治疗、技能培训小组、从业者咨询小组和指导（通过电话）。标准治疗的时间必须至少为 6 个月，尽管一年是最理想的。（这显然是一种资源密集型的干预措施。）技能培训小组包括四个模块：正念（通过正念性观察觉察自我和情境，以及控制当前注意焦点的能力）、情绪调节、人际关系有效性和痛苦耐受性。由领导小组的同一位从业者主持的个别会谈，在强化和推广他或她的应对技能的同时，解决案主与小组主题相关的特定不适应行为。在会谈间期允许一些案主-从业者进行电话联系以获得支持和危机干预。DBT 中的一个重要组成部分是咨询团队，它可以帮助从业者在通常密集的干预过程中保持客观性。

DBT 包括五个干预阶段。第一个阶段实际上是一个预先承诺阶段，在这个阶段中，社会工作者解释模型，引导案主达到其期望，并要求案主承诺三件事，包括减少自我伤害行为、解决人际关系困难和开发新技能。在第一阶段，社会工作者帮助案主开发新的行为技能，以减少危及生命的行为和任何妨碍案主持续接受治疗的障碍。一旦基本安全问题得到保障，包括滥用药物和其他冲动行为在内的生活质量问题就会得到解决。在第二阶段，案主学习技能，使他们能够体验完整的情绪并减少创伤后应激症状。这包括暴露于创伤记忆和对过去虐待经历的情绪性处理之中。第三和第四阶段侧重于发展自尊和关注生命意义问题。

DBT 已经被认定是一种针对边缘型人格障碍患者的**行之有效的**干预措施，部分基于四个不同研究团队的七项随机临床试验（Lynch, Chapman, Rosenthal, Kuo, & Linehan, 2006）。将 DBT 与其他治疗方法进行比较的另一项研究总结表明，尽管总体差异不大，但 DBT 在降低案主自杀率方面比不太结构化的干预措施更加有效（Binks et al., 2006）。最近对 16 项随机研究的荟萃分析也得出结论，DBT 对减少参与者的自我伤害和自杀行为具有中等作用（Kliem, Kröger, & Kosfelder, 2010）。然而，同一项研究发现，整个研究的脱落率为 27%。一项针对边缘型人格障碍患者提供 DBT 服务的系统评估（11 项研究）发现，即使这些项目的持续时间大大缩短，但在出院后的几个月，积极的治疗效果仍然持续存在（Bloom, Woodward, Susmarus, & Pantalone, 2012）。另外一项关于饮食失调患者的综述（包括 13 项研究，其中大多数是非对照试验）发现，DBT 在处理饮食失调行为方面取得了成功，尽管情绪调节能力的改善并不总是与行为改变有关（Bankoff, Karpel, Forbes, & Pantalone, 2012）。

九、有效性的证据

认知理论的优势在于其干预措施适用于经验研究方法。10 多年前，钱布利斯和奥伦迪克（Chambless & Ollendick, 2001）根据美国心理学会制定的**行之有效的**或**可能有效的**干预的标准，列出了一份得到验证的认知干预措施清单。（这些标准在第一章中有描述。）他们注意到，对于抑郁症、厌食症、贪食症和行为障碍，已经建立**行之有效的**认知干预措施；针对广场恐惧症、惊恐障碍、广泛性焦虑症、创伤后应激障碍、社交焦虑症、药物滥用和依赖、暴食障碍、回避型人格障碍、精神分裂症、品行障碍、ADHD 和儿童焦虑症，**行之有效的**认知-行为干预也已建立。

可能有效的认知干预包括强迫症，**可能有效的**认知行为干预包括阿片类药物依赖、肠易激综合征、镰状细胞病导致的疼痛、婚姻不和谐、老年护理者痛苦、睡眠障碍、儿童期和青少年期的障碍（抑郁和复发性腹痛）。

巴特勒和贝克（Butler & Beck，2001）的另一篇文献综述提供了迄今为止认知干预研究的一个很好的总结。他们回顾了包括 325 项研究中涉及 9 138 名受试者的 14 项荟萃分析。研究人员发现，对于成人和青少年抑郁症、广泛性焦虑症、惊恐障碍（有或没有广场恐惧症）、社交恐惧症以及儿童期抑郁和焦虑障碍，认知疗法明显优于缺乏治疗、候补治疗和安慰剂。在治疗婚姻痛苦、愤怒、儿童躯体疾病和慢性疼痛方面，认知干预措施也稍显优越。

在过去的十年中，大量的荟萃分析和系统的文献回顾进一步证明了认知行为干预对于各种社会功能问题的有效性。这些分析支持其应用于产后抑郁症（分组）（Scope, Booth, & Sutcliffe，2012）、老年人的抑郁症（Gould, Coulson, & Howard，2012）和其他成人的抑郁症（Jakobsen et al.，2011）、青少年非自杀性自伤（Brausch & Girresch，2012）、失眠（Mitchell, Gehrman, Perlis, & Umscheid，2012）、精神分裂症的阳性症状（Wykes, Huddy, Cellard, McGurk, & Czobor，2011）、双相情感障碍（Sylvia, Tilley, Lund, & Sachs，2008）、艾滋病毒感染者的心理健康和免疫系统功能失调（Crepaz, Passin, & Herbst，2008）、强迫症（Prazeres, de Souza, & Fontenelle，2007）、广泛性焦虑症和惊恐障碍（Siev & Chambless，2007；Mitte，2005）、乳腺癌导致的疼痛（Tatrow & Montgomery，2006）、儿童和青少年的行为障碍（Gresham，2005；Gonzalez, Nelson, & Gutkin，2004）、儿童和青少年的抑郁症（Haby, Tonge, Littlefield, Carter, & Vos，2004）、精神分裂症患者的认知障碍（Krabbendam & Aleman，2003）。

196

十、对理论的批评

关于认知理论已经提出了五个批评，如下所述。

思想先于大多数情感体验。所有的从业者都认为认知和情感对人类的功能是至关重要的，但有些人更重视情感生活。例如，马伊加（Maiga，1996）断言，情感特征构成了人类人格的核心。她指出，人们拥有五种源于他们神经生理学的原始人类情感：快乐、悲伤、恐惧、愤怒和兴奋。这些情绪是本能的，也是个人动机的来源。它们以适应生存的方式激活认知和行为。举例来说，一个人的悲伤倾向可能是由个人损失的经历引起的。这导致了暂时的体力下降、一般努力的减少，以及在应对损失的努力无效的情况下的撤退。悲伤让人有时间去处理自己的需求，并重新获得能量，以便更专注地应用于可实现的目标。

它还向社交网络中的其他人发出信号，让他们提供支持。这种情绪影响认知的观点与认知理论中强调的原则背道而驰。

重点是有意识的而不是无意识的思考。有意识思维的内容当然比那些更微妙的想法和情感更容易被人们理解，但这并不意味着它们与社会功能更相关。心理动力学从业者认为无意识思维过程的影响很大，甚至一些社会理论家也指出，在"有意识思维的表面之下"，可能会发生重要的心理活动。认知理论家确实试图在案主身上找到一个"核心信念"，但在案主的过去上花费的时间相对较少。由于忽视了不那么具体和不易获得的信息，社会工作者可能永远无法完全理解一个人的思想和情感的基础。

认知理论关注的是"个体"而非"关系"。认知理论强调的是个人，而不是家庭、团体或社区内的人际关系。与此同时，关系理论家和女权主义思想家更重视人类体验的人际关系方面（家庭、群体和社区），并认为人类生活的性质在关系能力上最为明显。公平地说，必须承认，一些著名的认知理论家已经为婚姻干预制定了策略（例如，Baucom，Epstein，Rankin，& Burnett，1996；Beck，1988）。

认知理论过分强调客观性和合理性。认知实践者将"科学方法"应用于他们的直接实践。自 20 世纪 80 年代以来，这种实证主义取向的哲学（关于外部现实、什么"可知"以及"知识的政治学"的思想）就受到了抨击。后实证主义思想者不相信这种方法是价值无涉的，并声称所有类型的"理性"知识实际上都关涉社会权力和地位（Rodwell，1998）。

认知理论采用了过度结构化的方法。许多认知干预措施包括系统性程序，研究人员有时需要使用正式的"手册"来适当地提供干预措施。一些人认为，标准化协议代表了认知理论的优势，因为它们为临床实践带来了极大的清晰性。然而，另一种观点是，高度系统化的干预方法会使干预变得非人性化，并造成一种僵化，使得社会工作者无法以独特的人的身份来服务于案主（Payne，2005）。

十一、总结

认知理论将有意识思维作为大多数人类情感和行为的主要决定因素。它对社会工作实践者有很大的吸引力，因为它适用于许多类型的人和问题情境。对于那些可能欣赏行为实践的系统性但对其狭隘的关注点感到不安的社会工作者来说，认知理论最初提供了一个相关但更人性化的选择。在帮助案主探索与问题相关的基本假设、想法和价值观时，认知干预措施往往比以人为本、自我心理学和关系理论的干预更为系统化。认知理论的基本假设可以很容易地被大多数案主所掌握，这有利于从业者进行协作干预。在过去的 50 年中，认知理论从寻求思维的"客观性"转变为以社会建构主义的观点来保持相关性。它的技术也适用于经验验证，这使得该理论对第三方支付者具有吸引力。

十二、讨论的话题

1. 描述你在案主身上观察到的两个（不同的）认知扭曲的例子。讨论合理可行的干预策略来改变它们。

2. 抑郁对任何人来说都是一种不愉快的心境，但我们都知道，有些人在没有明显的外部压力的情况下，似乎大部分时间处于抑郁状态。描述一种导致一个人产生抑郁心境的认知模式。

3. 考虑一位案主，他将代表一个特殊人群（基于年龄、种族、性别、性取向、残疾或社会经济地位）。请注意，案主的某种认知模式可能与你的不同，但并不代表一种扭曲。一个社会工作者如何才能防止错误地将这种认知模式评估成认知扭曲？

4. 分享一些社会工作者自身认知偏差导致在与案主合作时可能会出现问题的例子。社会工作者应该如何防范这种情况？

5. 认知/行为理论如何指导社会工作者对一个在医院里度过三天的心脏病康复期的调整良好的案主进行干预？

十三、课堂活动/角色扮演的设想

1. 组织角色扮演，以可能适合认知干预的任何类型的案主为特征。社会工作者应该评估案主的认知模式，最终目标是揭示一个或几个核心信念。随后讨论似乎有助于实现这一目标的各种问题。

2. 组织一个以任何案主为特色的角色扮演（可以使用上一个练习中的同一个案主）。从识别出认知扭曲开始。社会工作者应该介绍和使用纸笔形式的 ABC 干预，以帮助案主检查其认知模式，并考虑对重大事件可能的替代解释。学生们可以分享他们在进行这种干预时所面临的挑战，这种干预（在角色扮演中）可能会跨越几个阶段。

3. 许多机构为患有某些长期疾病的案主的家庭提供教育和支持，例如精神分裂症、双相情感障碍和 ADHD 患者。根据认知理论的原则，指派学生为遇到此类问题的案主家庭制订一个简短的心理教育计划。学生必须决定选择哪些材料，以便纠正认知缺陷，帮助对抗认知扭曲，以及协助家庭解决问题。

十四、理论大纲

焦点	认知，包括： 　结构（思维过程如何组织） 　命题（"存储"信息） 　操作（信息处理模式） 　产品（信念，态度，价值观）
主要倡导者	贝克，埃利斯，兰茨，拉扎鲁斯，梅钦鲍姆，伯林，科科伦
起源与社会背景	认知科学的发展 实用主义/逻辑实证主义 行为主义中的认知中介 无意识的淡化 社会学习理论 强调公众服务的具体目标
个人的本性	思想是大多数情绪和行为的根源 情绪来自认知评估 人性是中性的（既不善也不恶） "现实"作为一种人类建构
主要概念	模仿（通过直接学习和社会学习）
发展的概念	认知能力的生物学成熟 核心信念 符号化能力 通过自我对话发展自我 条件作用 认知模式（图式）发展
问题的性质	归因模式 　生活环境或多或少是多变的 　内部控制点对外部控制点 　感知的特定影响对全面影响 认知扭曲（错误信息处理） 　任意推断 　过度概括 　放大 　缩小 　选择性抽象 　个人化 　二元思维

改变的性质	改变个人目标 　　调整认知假设 　　信念 　　预期 事件的意义 调整认知过程 　　选择输入 　　记忆检索 　　思维模式	*200*
干预的目标	促进上述调整 提高自尊感 增强内部控制意识	
社会工作者/案主关系的性质	积极关注 社会工作者提供并执行结构 社会工作者是： 　　榜样 　　教练（通过引导式推理） 　　合作者 　　客观的 　　活跃的	
干预的原则	一般技术： 　　苏格拉底式提问 　　重构 更具体的干预技术： 　　认知重构 　　自我指导训练 　　三列技术 　　点/对位（成本/收益分析） 　　教育（尤其是针对儿童和青少年） 　　认知应对 　　问题解决方法 　　沟通技能发展 　　社交技能发展 　　压力管理技能发展	
评估的问题	案主信念背后的逻辑是什么？ 有什么证据支持案主的观点？ 对于案主的看法，还有其他的解释吗？ 特定的信念如何影响案主对特定事件的看法？如何影响其情绪？如何影响其行为？ 案主有多强烈地认为，获得他人的认可是自我感觉良好的必要条件？	*201*

第九章

结构家庭理论

最近的房间
和天堂一样遥远，
如果一个朋友在那里
等待幸福或者大限。

灵魂有着怎样的韧性，
能如此地忍受
那脚步靠近的声音
和一扇门的开启！*

　　结构家庭理论是一种流行的和有用的组织化家庭干预理论。它为家庭情感系统理论提供了另一种补充的视角（在第六章中讨论）。结构家庭实践在理论上并不十分丰富，但它包含了更具体的干预技术。家庭情感系统理论的干预在本质上倾向于**反思**，而结构理论的干预则需要家庭和社会工作者的共同**行动**。事实上，这种干预方法与认知和行为理论有很多共同之处。

　　结构家庭理论是由萨尔瓦多·米纽秦（Salvador Minuchin）在 20 世纪 60 年代提出的，并通过他和其他人的工作不断发展（Minuchin，1974；Minuchin，Lee，& Simon，1996；Minuchin，Nichols，& Lee，2007）。该理论的重点是家庭**结构**，这是指组织家庭成员如何互动的**无形且通常不言而喻的规则**。在评估过程中，社会工作者评估这些互动模式

---

　　* Dickinson，E.（1927）.*The Pamphlet Poets*.New York：Simon and Schuster.

的系统效用。结构家庭理论不太关注家庭成员的情感生活，而是关注家庭的外部"结构"。 *203*
结构从业者认为，当一个家庭建立适当的权力、规则、子系统和边界时，其成员的情感生
活和行为将以双方都满意的方式发展。

结构理论是为了响应从业者对干预措施的需求而发展起来的，这种干预措施可用于遇
到多重问题的家庭，这些问题包括贫困和其他会导致家庭破坏的问题。这种灵活的理论可
以用于任何类型的家庭，但它的干预似乎特别适合成员遭受身体或精神疾病、行为问题、
吸毒成瘾、犯罪、单身父母和暴力困扰的家庭。

一、起源与社会背景

我们在第六章中已经看到，在第二次世界大战后的几年里，家庭系统理论是如何在公
众服务专业人员中流行起来的。结构家庭理论是在第一次婴儿潮之后的几年，即 20 世纪
60 年代中期出现的，它的观点来源于其创始人的背景、美国社会的发展以及结构理论在
社会学领域的地位。

萨尔瓦多·米纽秦一生都对社会行为保持着兴趣（Aponte & DiCesare，2002；
Nichols，2009）。他于 20 世纪 20 年代在阿根廷出生，后来成为一名儿科医生。米纽秦一
直对旅行和公共服务感兴趣，20 世纪 40 年代末他在以色列军队当过医生。后来他来到美
国，和著名的家庭理论家内森·阿克曼（Nathan Ackerman）一起研究儿童精神病学。
1954 年，他接受了精神分析培训，尤其受到了哈里·斯塔克·沙利文（Harry Stark Sulli-
van）的人际关系理论的影响。

在他职业生涯的重要转折点上，米纽秦在 20 世纪 50 年代末接受了一份工作：在纽约
州威尔特维克男童寄宿学校担任精神科医生。他在那里待了 8 年，与一群充满挑战的被收
容的犯罪男孩一起工作，其中许多是非裔美国人和波多黎各人。他认为家庭干预是帮助这
些青少年的最有效的方法，因此成为第一位与多问题家庭合作的主要家庭理论家。那些年
里，他一直与其他著名的家庭理论家保持联系。米纽秦于 1965 年离开威尔特维克，成为
费城儿童指导中心的主任达 10 年之久。随着《贫民窟家庭》（Minuchin，Montalvo，
Guerney，Rosman，& Schumer，1967）的出版，他的国家声誉得以确立，书中详细概述
了他的结构家庭干预理论。他继续实践和写作，直到 1996 年退休。

鉴于 20 世纪 60 年代美国社会条件的变化，米纽秦对与来自城市贫穷地区的儿童和多
问题家庭合作的兴趣是非常及时的。那些年里，城市中的贫困、失业、青少年违法犯罪、
非婚生和歧视现象不断发生，成为主要的公共政策问题（Reisch，2000）。肯尼迪和约翰 *204*
逊政府试图通过诸如"反贫困战争"和"伟大社会"等倡议来解决这些社会问题（Day，

2000）。相关项目包括"经济机会法""就业服务队""VISTA""继续升学计划""邻里青年团""先发制人"等。时代精神支持了公众服务从业者向那些经历过与城市压迫有关的问题的人伸出援手的努力。米纽秦的理论非常适合这个挑战。他是当时唯一一位对这些案主群体拥有丰富经验的主要家庭理论家，城市中那些服务不足的人群可能会受益于他的家庭干预模式。

对米纽秦理论的第三个影响是社会学领域的系统观点，即**结构功能主义**（Parsons，1977）。这一理论由塔尔科特·帕森斯（Talcott Parsons）提出，从 20 世纪 40 年代到 60 年代在美国社会学中占据主导地位。它将社会概念化为具有**结构**（重复行为模式）的系统，这些结构应根据其对系统维护的贡献进行评估。结构功能主义强调系统中参与者之间共享规范和价值观的重要性。依据这个理论，任何制度的基础都是有动机的积极参与者，他们的行为受到角色期望、制裁的力量以及他们维护制度价值的共同愿望的制约。

在结构功能主义中，**社会机构**（例如家庭）被定义为一种既定的秩序，由共同价值观指导下的人们受规则约束的行为模式构成。在所有社会中，机构都是成员满足其社会需求和维持社会秩序的必要条件。它们倾向于通过边界、关系规则和内部变化趋势的控制来自我维持。家庭机构的目的是规范生育、社会化和教育儿童、为成员提供经济和心理支持、传递价值观，以及照顾病人和老人。米纽秦知道帕森斯，甚至称他自己的治疗是**结构性的**（Kassop，1987）。他的观点与结构功能主义的许多原则相一致。家庭被概念化为一个社会单位，位于由个人和已建立的社会结构组成的等级体系中。

米纽秦的工作受到了社会工作者弗吉尼亚·萨提亚（Virginia Satir，1964）的影响，她的家庭干预方法在 20 世纪 60 年代得到了发展。萨提亚的家庭干预通常被称为**经验干预**，并超越了对家庭结构的关注。尽管如此，她的干预需要高水平的从业者活动，而且她在家庭沟通干预和家庭雕塑技术的发展方面特别具有影响力，这将在本章后面的章节中描述。通过哈里·阿庞特（Harry Aponte）的工作，家庭结构干预在社会工作文献中有突出的特色，他开发了一种结合结构和更大系统干预的多系统治疗模型（Aponte，Zarski，Bixenstine，& Cibik，1991）。这将在后面的章节中介绍。

当代从业者还扩展了结构家庭治疗，以整合解决方案聚焦疗法（见第十章），特别是"奇迹问题"（Ramisch，McVicker，& Sahin，2009）、基于小组干预方法的家庭导向的结构治疗（McLendon，McLendon，& Petr，2005），以及结构生态系统治疗（在与滥用药物的人合作时聚焦于环境风险因素；Mitrani，McCabe，Burns，& Feaster，2012）的使用。

通过对该理论发展的简要介绍，可以更好地理解其主要概念背后的逻辑，这些概念为家庭评估提供了信息。

二、主要概念

家庭结构概念在前面已经描述过了。构成家庭结构的其他主要概念如下所述。

（一）执行权威

有效的家庭结构要求某些人或某个人担任主要决策者的职位。这一**执行权威**是担任这个职务的人的特征。结构理论认为，在每一个由一代以上的人组成的家庭中，成年成员都应该行使主要权力。作为证明这种权威的恰当性的例子，一项针对欧美青少年的研究发现，父母-青少年等级结构的性质与男女青少年和最好朋友体验亲密关系的能力之间存在着积极的联系（Updegraff，Madden-Derdich，Estrada，Sales，& Leonard，2002）。在某些情况下，其他家庭成员可能会分享一些权力，例如决定如何度过周末，或者去哪家餐馆吃饭。

在评估过程中，社会工作者应确定谁有权力，权力是否根据情况变化，以及如何做出决定。在决策方面，社会工作者应评估所有成员的意见和需求在多大程度上得到了考虑，家庭作为一个整体解决问题的能力，以及家庭在适当时调整决策的灵活性。

（一）子系统

在任何一个由两人以上组成的家庭中，有些成员在某些情况下会发展出排除其他成员的互动模式。这些**子系统**的例子包括父母、成人成员、核心家庭成员与大家庭成员、兄弟姐妹以及一些成人/儿童联盟。子系统是正常的，通常是功能性的。例如，成人成员需要充当为儿童建立行为标准的子系统，兄弟姐妹通过他们自己的互动学习社交技能和协商冲突的方式。然而，当他们之间出现严重冲突（例如父母与子女之间）或不适当地排除某些其他成员时，子系统就可能存在问题。一个有问题的父母/子女子系统可能由父母一方（例如母亲）发展为一种策略，以避免与父母另一方（例如父亲）互动，或稀释父母另一方（例如父亲）的影响。

（三）边界

家庭是一个系统，但它必须为每个成员保留一些身体和情感上的独立性，以确保它的有效运作。这些**边界**既有内部边界，也有外部边界。**内部边界**是控制成员或子系统之间预期接触量的屏障。例如，在某些家庭中，每个成员都有权享有自己房间的隐私权，而在另一些家庭中，则希望成员共享房间。同样地，一些家庭一起参与许多社会活动，另一些家庭的成员却很少互动。边界可能是僵化的（成员在身体上或情感上是孤立的），或者是流动的（成员彼此太近，因此被剥夺了隐私或独立性）。一项针对来自不同种族背景的青少年的研究表明，适当的父母/子女边界可以促进青少年的成熟及其与同龄人建立联盟和良好沟通的能力（Madden-Derdich，Estrada，Updegraff，& Leonard，2002）。**外部边界**涉及家庭单位与外部系统（如其他家庭和社区团体）的分离。大多数家庭认为，他们的大部分内部事务（财务、冲突、疾病、宗教习俗、育儿习俗）应该对家庭以外的个人（和机构）保密。

（四）规则

规则是每个家庭成员都期望遵守的行为和责任。根据生活阶段和家庭地位（父母、子女、大家庭成员等），每个成员都不同，而且通常是参照与年龄相适应的社会规范来确定的。执行权威对规则制定负有主要责任，但所有成员都可以参与这一过程。父母可以决定青少年成员的驾驶行为规则，但可以允许青少年制定有关他或她的学习和工作习惯的规则。规则可能涉及诸如宵禁、家庭维护、学业标准、谁应该工作、如何花钱，以及与其他家庭成员的互动等问题。有些规则是公开表达的，而另一些规则可能通过习惯获得。为了有效地履行家庭职能，所有成员都应清楚地了解规则。

（五）角色

家庭成员的**角色**是指他或她在系统中的功能。每个家庭成员必须管理多个角色。这些可能由执行者或某些外部来源（通常反映社会规范）**分配**，或者由成员根据特定的家庭环境**承担**。典型角色的例子包括养家糊口者、理财经理、看护人、管家和"社会主管"，其他角色可能包括家庭"英雄"（向外界展示家庭的积极形象）或"替罪羊"（所有家庭问题的根源）。角色随着时间和环境的不同而发生变化。社会工作者需要评估一个家庭的角色是如何定义的，成员们看起来是否合适，成员对他们的角色是否满意，以及是否有任何成员因"超负荷"而感到压力，或是否承担一些可能相互冲突的角色。

（六）联盟

联盟是两个家庭成员或子系统相互合作互动的条件。这些都是积极的，因为它们有助于相关人员和家庭单位的整体福祉。在包括两个配偶的家庭中，如果这些实践有助于儿童的健康，那么他们围绕育儿方面的联盟就是积极的。当联盟僵化、排外或以其他方式导致家庭问题时，那么联盟就是消极的。两个兄弟姐妹可以组成联盟对抗第三个兄弟姐妹或父母，目的是增强他们的权力，结果是残酷或不公平地对待第三人。在这一方面，反映家庭问题的两个术语是**纠缠**（两个或更多成员相互勾连，以至于他们不能保持自主性）和**疏离**（两个成员彼此孤立）。你可能还记得，这些术语也用于家庭情感系统理论。

（七）三角关系

在第六章中我们已经描述过**三角关系**，它代表了一种联盟，其中两个家庭成员在相互冲突时将注意力转向第三个成员以寻求帮助或支持。例如，两名冲突中的成人可能会选择责怪一名儿童成员造成他们的问题（即寻找替罪羊），或者一名成人和一名儿童成员可能联合起来对抗另一名成人成员的权力。消极的三角关系通常是在当事人意识之外发展形成的。家庭情感系统理论侧重于三角关系中最脆弱成员的情感结果，而结构理论则关注三角关系对家庭组织的长期威胁。三角关系通常是寻求从紧张中解脱的自然过程，但如果它们对家庭系统中的其他成员造成破坏，则可能会导致结构性问题。

（八）灵活性

为了有效地发挥作用，所有家庭经常需要调整其结构，以适应成员生活和环境中可预测和不可预测的变化。可预测的变化可能包括家庭成员进入新的生命阶段（童年到青春期，成年到老年），或因出生、死亡、回家和离家而增加和失去成员。不可预测的变化可能包括家庭成员突然失业、身体受伤或患病、被监禁、怀孕或与外部环境中的重要他人的关系发生变化。**灵活性**是指家庭系统进行调整以保持其积极功能的能力。灵活性并不与结构对立。结构的反面是混乱，它代表了一个家庭在面对系统挑战时的结构崩溃。

208

（九）沟通

处于人际关系中的人们进行清晰直接的**沟通**（传递信息的实践）的能力，在每一个实践理论中都是很重要的。然而，它在结构家庭理论中得到了广泛的关注，因为从业者对沟通**结构**特别感兴趣。功能良好家庭的沟通的特点是语言和非语言具有一致性，以及一致遵守规则。结构从业者将评估并可能帮助家庭意识到其"规则"；例如，允许**谁**与**谁**谈论**什么问题**、在**什么时间**和以**什么语调**交谈。许多家庭问题的引发与持续都是由不清晰或不平衡的沟通或缺乏沟通导致的。如果沟通技能得到提高，就可以促进其他重构活动。

（十）其他概念

在结构家庭评估中，还必须考虑到结构理论以外的其他因素。

文化因素　不同的家庭文化可能在结构方面存在差异，包括沟通方式、家庭等级和权力结构、家庭希望授予从业者多少权力、成员对正式或非正式互动（彼此互动和与从业者互动）的偏好，以及二元身份问题（家庭与主流外部文化的关系）（Fong & Furuto，2001）。当一个家庭的背景不同于他们自己的时，社会工作从业者需要了解文化规范，这样评估就不会有偏差。最近发现，结构家庭干预对以下人群非常有效：拉美裔美国人（Becerra & Michael-Marki，2012）和非裔美国青年（Santisteban et al.，1997）、男同性恋（Long，2004）、韩裔美国人（Kim，2003），以及华裔美国人（Sim & Wong，2008）等。

作为结构家庭理论如何能够并且也应该考虑到家庭文化背景的一个例子，以下将回顾女同性恋、男同性恋、双性恋和变性人（LGBT）家庭的过程。请注意，来自家庭情感系统理论的概念（在第六章中讨论过）也包含在这个例子中。

LGBT 个体作为伴侣、父母或儿童存在于许多家庭中。"LGBT 家庭"一词描述的是这样一种家庭，家庭成年家长中一个或两个认为自己是女同性恋、男同性恋、双性恋或变性人。在许多方面，LGBT 家庭，以及给他们带来的挑战，与多数其他家庭相似。LGBT 家庭可能会在沟通问题、养育子女问题、不忠问题、儿童行为和滥用药物等方面寻求咨询帮助（Connolly，2004）。此外，这些家庭可能会寻求干预，以处理特定的 LGBT 问题，例如：出柜或披露问题；与原生家庭及其对 LGBT 家庭的反应有关的问题；处理文化压迫，包括同性恋恐惧症、变性恐惧症或异性恋主义；内化的同性恋恐惧症或变性恐惧症。有色人种或跨种族的 LGBT 家庭经常面临额外的挑战，包括处理种族主义、同性恋恐惧症或跨种族恐惧症的交叉压迫，以及在跨种族家庭的情况下，处理家庭成员因文化认同和对家庭生活的期望不同而产生的问题（Green & Boyd-Franklin，1996）。

针对 LGBT 家庭的家庭干预是实践文献中一个相对新的关注点。在 20 世纪 80 年代之前，许多关于家庭中 LGBT 个体的文献都集中在所谓的同性恋治疗上，试图将个人的同性欲望和行为转变为主流的异性欲望和行为（Spitalnick & McNair，2005）。之后，更多关于治疗 LGBT 家庭的文献关注的是满足这个群体特定需求的积极和肯定的做法。当这些问题可能出现在 LGBT 家庭中时，可以使用结构家庭和鲍文理论中的一些家庭理论概念，包括家庭和性别角色、束缚以及自我分化。

传统上，家庭中的角色受到成员文化背景和个人历史的强烈影响。对于 LGBT 家庭，角色的创建和任务的划分不一定基于性别。同性伴侣由两名男性或两名女性组成，不能依靠传统的男女角色划分来构建他们的互动模式（Green & Mitchell，2002）。相反，他们必须努力协商和发展家庭和关系角色，以满足所有相关人员的愿望、优势和偏好。值得注意的是，尽管存在刻板印象，但只有少数的 LGBT 家庭以一个成员扮演"妻子/母亲"的角色而另一个成员扮演"丈夫/父亲"的角色来分配关系角色。与 LGBT 家庭一起工作的结构家庭从业者需要了解与家庭角色相关的问题，因为他们经常必须在没有模型帮助的情况下创造角色（Coates & Sullivan，2006）。会谈期间的演示（本章稍后描述）是一种强有力的工具，可以帮助 LGBT 家庭认识到他们目前在家庭中所扮演的角色，以及识别潜在的替代家庭结构（Greenan & Tunnell，2003）。

建立或维持健康的家庭边界是 LGBT 家庭的一个重要问题。原生家庭和整个社会可能会贬低同性伴侣之间相互做出的承诺，以及他们作为父母或儿童的继父母的共同角色。这可能导致忠诚的分裂，在这种分裂中，其中每个伴侣都保持忠诚，并与她或他的原生家庭保持联系，而将伴侣排除在外，从而破坏关系及其边界（Greenan & Tunnell，2003）。LGBT 父母也可以采取其他的育儿方式，比如让他们的孩子直呼其名，试图建立一个后异性恋家庭（Coates & Sullivan，2006）。尽管是出于善意，但是这种养育方式可能会导致脱离家庭，因为它没有在家庭成员之间提供明确的边界。此外，在 LGBT 家庭中，就像其他少数族裔一样，他们认为自己的家庭在一个充满矛盾或敌对的社会环境中运作，存在更大的结盟风险。与 LGBT 家庭合作的社会工作者需要了解结盟或脱离的模式，以便能够帮助家庭在成员之间、家庭与外部系统之间建立适当的边界。

鲍文有关家庭系统的自我分化和融合的概念经常在 LGBT 家庭的家庭实践中进行讨论，尤其是针对女同性恋家庭。从 20 世纪 80 年代开始，研究女同性恋伴侣的家庭理论家们就认为，这些女性具有高度的融合性，导致关系问题成为终止这些关系的主要原因（Laird，1993）。最近，斯波尔丁（Spalding，1999）和巴沙姆（Basham，1999）等学者已经断言，女同性恋关系的病理学融合源于对伴侣之间适当联系水平的偏见。相比之下，男同性恋伴侣往往被认为在情感上与伴侣更疏远。在男同性恋家庭中，开放或非一夫一妻制的关系很普遍，这使得一些人认为男同性恋伴侣比其他伴侣更缺乏忠诚和关怀。在具有协商开放关系的男同性恋伴侣中，与他人发生性关系的意义被视为一种简单的令人愉快的行为，而不是背叛承诺（Green & Mitchell，2002）。在与 LGBT 家庭合作时，社会工作者需要意识到潜在的融合，但同时要认识到关于家庭关系的异性恋观点可能会影响他们对家庭分化程度的评估。人们注意到，与 LGBT 家庭一起使用的家谱图是一种重要的工具，它为关于诸如同性恋恐惧症和异性恋主义对家庭的影响等问题的对话开辟了空间（Swainson & Tasker，2006）。

提供具有跨文化能力的社会工作实践对于与所有少数族裔或受压迫人群（包括 LGBT 个人和家庭成员）的合作至关重要。韦施勒（Wetchler，2004）认为，所有从业者，无论性别取向和性别认同如何，都是在异性恋社会中成长和生活的，这可能塑造了他们对同性恋伴侣的价值观和态度。有时，社会工作者的个人价值观可能与他或她的 LGBT 案主的价值观不同。从业者可能对忠诚和一夫一妻制在人际关系中的重要性有很强的价值观，因此

210

在与价值观不同的家庭合作时会受到挑战。格林（Green，2007）指出，帮助同性恋伴侣最重要的先决条件是从业者对两个女人或两个男人之间的爱和性的个人安慰。此外，与LGBT 家庭合作的从业者需要意识到他们对作为父母的 LGBT 人群的个人信念，以及它对家庭干预的潜在影响。

211

尤其与 LGBT 家庭的跨文化意识相关的是，要认识到家庭在 LGBT 群体中可能采取的多种形式。这包括应该理解原生家庭（或抚养 LGBT 个体的家庭）和选择家庭的概念，其中包括选定的生物学家庭成员和非生物学关系，如合作伙伴、同事、邻居和朋友等（Green，2007）。从某种意义上说，LGBT 人群是双文化的。大多数 LGBT 人群是在占主导地位的异性恋文化中长大的，但作为 LGBT 社区的一部分，他们可能拥有与主流文化不同的信仰、价值观和行为（Johnson & Keren，1998），社会工作者需要掌握 LGBT 社区的知识，并运用能够表现出理解和尊重的实践技巧。跨文化技能的范围很广，从跟随案主的引导，了解他们如何认同自己和他们的关系，到公开和诚实地与案主讨论可能影响他们的关系的更大的社会压迫，例如同性恋恐惧症。

家庭目标　家庭并不总是公开地阐明一系列目标，但成员们往往倾向于对自己在家庭中的地位以及如何相互支持这些目标产生一种使命感（Hepworth, Rooney, Rooney, Strom-Gottfried, & Larsen，2012）。家庭目标可能包括培养有责任心的孩子，发展爱的纽带，或积累物质资源。社会工作者应该评估家庭对目标及其功能的意识和共识水平。

家庭生命周期阶段　家庭功能的性质和质量在一定程度上取决于其组成，其中可能包括未婚成年人、新伴侣、幼儿、青少年、成年子女或老年人。例如，我们可以预期，一个有青少年的家庭会比一个仅由新伴侣组成的家庭更容易出现持续的紧张感。吉特曼的工作表明（Gitterman，2009），社会工作在证明生命模型视角的实用性上具有重要的作用；他的生态视角侧重于关注在可预测和不可预测的生活转变时期人与其环境系统之间的复杂关系。

家庭神话　这指的是在一个家庭努力定义自身、设定与外部社区的边界，以及保护成员免受内部和外部冲突的过程中形成的共同家庭信仰（Hepworth, Rooney, Rooney, Strom-Gottfried, & Larsen，2012）。它们之所以被称为神话，是因为它们不是客观意义上的"真实"，而是反映了传统和可能的文化因素。家庭神话的例子有："外人不可信任""人们应该永远待在家里""孩子应该照顾他们的父母""爸爸的暴力行为不应该受到质疑""妈妈不是真的吸毒"。对于外人（包括社会工作者）来说，当神话起到防御作用时，它们往往是有问题的。

外部系统的影响　人们注意到，家庭是一个主要的社会机构，但家庭也经常与其他一些社会机构进行互动，包括宗教、教育、经济和政治机构。此外，家庭还存在于其他可识别的系统中，例如邻里和更大的社区。所有这些实体都可能影响家庭结构及其成员的生活质量。回想一下，结构家庭理论正是在服务于因外部制度而处于社会不利地位的家庭的需

212

要的背景下发展起来的。社会工作者必须以各种方式评估家庭与其他系统互动的影响，并尽可能引导他或她的一些干预措施，努力去创造一个更加互相促进的环境。社会工作者的家庭外活动可能包括联系、转介、调解和宣传活动。迈耶（Meyer，1970）在生态地图的开发过程中注意到了这些过程，生态地图是一种图形化的表示方式，在这种图形中，家庭被放置在更大的社会系统背景之中。

三、问题和改变的性质

上述概念可以指导结构从业者评估其案主遇到的问题。然而，许多问题情境都处于一个功能连续体上。举例来说，边界是刚性的还是流动的，这并不容易得出结论。

权力失衡描述了"错误的"（不太成熟或不负责任）成员在家庭系统中拥有最大权力的情况。也许年轻的家庭成员可以通过发脾气或威胁来让成年成员默许。当成年成员选择不行使权力时，年轻成员也可以行使权力。此外，家庭中的成年成员对成员的期望可能不一致，或对重大决策和行为限制存在分歧。当"错误的"家庭成员拥有最大的权力时，系统往往会走向混乱（缺乏结构），因为它缺乏对家庭功能有相当成熟判断的执行权威。

子系统边界过于僵化或过于分散，会导致某些成员在情感上或身体上彼此孤立，或过于介入彼此的生活。与分散的边界有关的问题的例子，包括成年人对儿童的性侵犯和父母的过度介入，这些都妨碍了青少年成员发展出适合其年龄的独立生活技能。成人和儿童子系统可能会侵犯彼此的个人事务，以至于没有人能确保隐私，因此他们会用消极行为来发泄不满。与僵化的边界相关的问题包括：成人成员无法与他们的子女接触，子系统成员（成人、儿童、大家庭等）之间缺乏沟通和互动。当边界僵化时，由于无法在学校、同龄人或工作中找到支持来应对日常挑战，成员可能会感到高度紧张。子系统的成员也未能从他们的互动式学习中受益。

以下两个家庭问题来源与上述边界问题有关，但涉及的是个人而非子系统的行为。**疏离（孤立）的成员**一般不与其他成员或家庭系统互动。当一方配偶脱离另一方时，每个人都可能感到孤独或沮丧。另一个例子常见于一个青少年成员"排斥"其他家庭成员，并围绕同伴活动组织他或她的生活。家庭影响力的削弱使其无法对脱离家庭的成员提供适当的指导和限制。当然，这个人可能会对家人感到愤怒或被家人推开。与此同时，**纠缠的成员**过于依赖对方的支持和帮助，而不是发展自己的生活技能。他们可能面临未能在社会发展的预期阶段取得进展的风险，并且无法承担适当的社会角色。

当一个家庭的成员缺乏良好的沟通技巧时，他们可能会形成一种**频繁冲突**或与**回避冲**

213

突有关的**紧张**的家庭氛围。前面已经指出，良好的沟通实践是成功家庭系统的一个重要组成部分。沟通是家庭互动的"货币"。因为冲突也是人际生活中的自然组成部分，无法处理冲突会导致出现一些小问题。例如，如果一个家长不能解决对在学校成绩差的孩子的愤怒，那么由此产生的紧张情绪可能会持续下去，不断升级为怨恨，有时会"爆发"成严厉的体罚。

家庭问题可能的起源是，在经历诸如出生、死亡、受伤、疾病或成员分离等压力事件后，**系统未能重新调整**（或恢复生产性和合作性的个人和家庭角色）。尽管对任何一个家庭来说，调整都是一个挑战，但僵化的家庭却有着特殊的困难，他们本质上会仍然坚守着不再有效的角色和规则。例如，在父母一方死亡的情况下，另一方可能无法改变自己的角色和日常生活习惯，从而不能投入更多时间来养育孩子。孩子们可能不会倾向于通过承担一些家庭责任来增加他们对健在的父母的支持。这种调整失败可能会导致各种各样的问题，例如紧张情绪的增加、成员之间的其他情绪困扰、作为应对策略的药物滥用和行为失控。

成员对正常家庭改变过程的抗拒与上述问题有关，但也表明家庭系统缺乏适应**任何改变**的灵活性。这个问题对许多家庭来说都是一个挑战：当一个成员进入合适的新角色从而与家庭的关系发生变化时，并在家庭其他成员中做出调整以适应这种变化时，要具备识别能力。父母们在考虑什么时候允许年轻的孩子们工作、开车、晚点回家，以及在家庭之外花费更多时间的时候，通常会为这些变化问题而苦恼。兄弟姐妹们很难适应一个成员的离开，以及留在家中的人的不断变化的期望。

结构家庭理论的干预目标是改变现有的家庭结构，使其更具功能性。改变也可能涉及增加对家庭系统以外成员的可用支持。结构家庭干预的一个基本原则是**行动先于理解**。一个或多个家庭成员必须在社会工作者的指导下采取行动，改变家庭互动的性质，而不是简单地**谈论**如何采取行动。通过重组过程，包括采用新的互动和沟通方式，家庭成员可能会从呈现的问题中获得永久性的解脱。对问题情况的洞察可能发生在问题解决的事实之后，但不被认为是改变的必要方面。这种观点与认知和行为理论的观点是一致的（但不完全相同）。

四、评估和干预

（一）社会工作者/案主关系

社会工作者在结构家庭干预中具有高度的指导性。从第一次会谈开始，他或她必须

"负责"并领导家庭的问题解决过程。米纽秦认为,从业者是"专家",因为他或她作为一个训练有素的观察者,在理解家庭结构方面处于最佳位置。同时,社会工作者必须努力与每个家庭成员建立联系,让人觉得他们值得信赖、富有同理心,并营造一种促进家庭能力的氛围。基于结构家庭会谈录像的两项研究表明,共情和协作是促进会话内容变化的关键因素(Nichols,2009;Hammond & Nichols,2008)。

(二)评估

在探索问题之前,社会工作者经常会进行有组织的热身活动,以促进家庭的舒适感。这些练习可能包括传统的"破冰游戏",例如让成员互相介绍,谈论他们最喜欢的爱好,描述他们最欣赏的流行文化中的人物,等等(Barlow,Blythe, & Edmonds,1999)。

结构家庭理论不依赖于一个漫长的正式信息收集过程。社会工作者确实要求家庭中的所有成员描述导致他们来到该机构的问题,并提供有关其背景的一些细节,但总是以对话的语气来进行。然后,社会工作者试图获得有关以下问题的信息,但不是通过具体的提问,而是通过观察和非威胁性的交流:

- 这个家庭的互动模式是什么?谁花时间和谁在一起,他们一起做什么,以及他们谈论什么?
- 家庭在结构上是如何表现的?这些成员似乎扮演什么角色?这些角色在会话中如何发挥作用?
- 这个家庭的权力在哪里?谁做决定,谁执行决定?权威或决策是否以任何方式共享?
- 哪些子系统看起来很突出?哪些成员似乎是联系在一起的,出于什么原因?联盟是僵化的还是流动的?
- 呈现的问题是否服务于家庭的功能?一个成员或几个成员的行为是否吸引了家庭的注意力?
- 这个家庭处理压力的典型模式是什么?作为一个整体,他们如何应对日常压力、危机和成员的正常生活转变?
- 家庭成员对彼此的感受和需求有多敏感?他们是否互相倾听并认真对待?某些成员被忽略了吗?
- 成员们对彼此的期望是什么?他们对任何家庭职能的共同责任感是什么?
- 成员是否满足彼此的需求?他们对彼此的反应是否具有灵活性?
- 家庭是否涉及外部系统?他们与什么正式和非正式的机构,如教堂、公民协会、娱乐中心,或者也许是法律和福利机构进行互动?他们是欢迎还是怀疑外人?

社会工作者很快就开始评估家庭结构，并通过鼓励成员**制定**而不是仅仅**描述**他们的重要互动来提出问题。这可以通过角色扮演推动实现。在这些操作过程中，社会工作者关注的是成员互动的性质，重点关注上面列出的问题。

在实施过程中，社会工作者识别出家庭内部积极和消极的互动模式。从业者提醒家庭成员注意任何观察到的有问题的沟通模式，并询问他们是否希望改变这些模式。从业者还确定并阐明任何受到关注的结构特征，例如配偶或其他人之间的弱关系、子系统之间的冲突、任何成员的疏远或纠缠、家庭以外的联盟，这些都会导致家庭内部问题。接下来将介绍有助于促进改变的策略。

（三）干预

必须强调的是，在实施下文所述的任何干预措施时，**重复**常常是使结构改变内化于家庭系统的必要条件。

支持系统优势指的是社会工作者对家庭运转良好的方面给予称赞。这包括用共情式回应和对家庭行为的不加褒贬的评论来肯定家庭的尊严。

重新标记，或正常化一个问题，可以帮助家庭成员对自己形成一个更具建设性的新观点。目前存在问题的行为最初可能代表了成员之间的相互关心。例如，父母对孩子的严厉的言语批评现在可能是个问题，但也可能表明父母关心孩子。重新贴标签时，社会工作者不会为行为辩解，而是将其置于一种新的环境中，以减少防御性和对任何成员的"问题"的污名化。

问题跟踪鼓励家庭在会谈间期跟踪其目标行为，以便成员能够更清楚地识别其结构模式，并习惯于积极地解决问题。每次家庭会谈的一部分将包括对这些观察结果的回顾，以及对会谈间期开展的新活动的报告。同时，要求成员不再专注于过去发生过问题的事件，转而关注和展望他们未来的家庭生活。

在开始任何引起焦虑的互动之前，**教导压力管理技能**可以增强成员的自我控制能力。支持压力管理的最基本方法是找出成员已经拥有的健康的放松方式，并规划更多的这类活动。其他的技术，比如深呼吸和渐进式放松练习，可以帮助成员管理家庭干预期间可能出现的紧张情绪。其中一些技巧在认知理论和行为理论的章节中有所描述。

讨论和共同决策，可以帮助家庭修改规则。家庭解决其所呈现问题的可能性通常很高，特别是在社会工作者办公室这样相对正式的工作环境之中，在那里互动可能不那么情绪化。作为这一进程的一部分，社会工作者应该帮助纠正关于家庭生活应该或不应该为成员提供什么的任何认知扭曲或神话。

操纵空间，或指定家庭成员按照特定的姿势或位置站立或坐下，可以突出重要的结构特征。例如，那些在限制儿童行为方面缺乏能力的成年人可能会被要求坐在一起，这样他们就可以互相支持。同样地，两个疏远的兄弟姐妹可能被要求坐在一起，甚至面对面，以此来鼓励他们的互动。空间操纵也被称为**雕塑**，可以用来在视觉上突出家庭结构特征。这项技术是由社会工作者弗吉尼亚·萨提亚（Virginia Satir, 1964）开发的。例如，一个感到被父母忽视的孩子的困境，可以通过社会工作者转动孩子所坐的椅子，而他的父母却在彼此谈论这个孩子来"说明"。这些活动的目标始终是促进更具功能性的结构安排的发展。

在**沟通技能培训**中，社会工作者指导家庭采用清晰的说话和倾听方法来传达他们的需求、想法和感受。前面已经说过，沟通质量是家庭运作的主要决定因素。功能性家庭的特征是对发送者和接收者之间的信息有共同的理解，以及一致遵守沟通规则（适合讨论的主题范围，何时可以讨论，以及谁可以参与）。沟通干预可能包括以下活动：

- 指出令人困惑的信息（"我不明白。你告诉你的儿子他应该和他的朋友待在一起，但是你却不让他在周末出去。"）。
- 教导成员明确彼此的要求。
- 教导成员非语言行为（表达、语调、物理距离）如何可能会增强或中断沟通。
- 不允许打断，以便所有成员都有机会听和说。
- 帮助案主学会摆脱非生产性冲突（在达到消极点之前防止冲突升级）。

指导**角色扮演**，模拟实际或可能的家庭情况，是调整家庭互动的一种手段。在角色扮演过程中，社会工作者要求整个家庭或某些成员表演出与他们相关的特定情节。例如，如果一个家长难以对未成年孩子设定限制，社会工作者可能会要求两个成员进行角色扮演，在对话中家长试图建立一个宵禁协议。之后，社会工作者和家庭成员会对交流进行评估，并就成员的行为方式提出建议，使其更加符合家庭的目标。角色扮演可能是简短的（不到1分钟），或者更长（10~15分钟）。在**角色转换**中，要求成员扮演家庭中其他人的角色，使他们能够更敏感地认识到可能与之发生冲突的其他人的感受。

在结构家庭理论中，一个主要的实践策略是给成员**分配任务**，让其在会谈间期完成。这些任务旨在根据家庭目标加强或放松联盟和子系统。这种做法确保家庭在自然环境中朝着自己的目标积极地努力。举个例子，例如，两名已经疏离的配偶可能被要求每周在没有其他家庭成员的情况下共度一个晚上。与成年人关系陷入困境的一位兄弟姐妹可能会被要求与另一位兄弟姐妹或成年人一起从事家务维修工作。在设计这些任务时，社会工作者和家庭的创造力还有很大的空间。社会工作者应该让家庭成员决定任务的具体内容，以便它们适合有关人员。在后续会谈的某个时刻，社会工作者应该评估这些任务是否已经完成，它们是否有帮助，以及哪些其他任务可能有用。

结束结构家庭干预

结构干预的重点是行为改变，因此，可以依据正式的改变措施、家庭成员在会谈中的行为以及会谈间期的活动的家庭自我报告来确定干预流程应该结束的指标。

正式的工具　一些工具已经被设计用来评估和测量结构家庭治疗的效果。例如，

家庭评估量表（FAD；Franklin，Hopson，& Barge，2003）是一个既定的工具，它在一定程度上适用于在这个理论中作为改变测量的方法。该工具包括六个子量表，其中四个子量表（问题解决、沟通、角色和行为控制）与结构干预的重点一致。这四个子量表由6～11个项目组成，在连续体上评分，可以独立于其他两个子量表使用。社会工作者可以要求家庭成员在干预过程中每隔一段时间完成 FAD，作为衡量四个结构性改变的指标。这个量表简单、实用、有效。另一个有助于评估家庭互动质量的工具是**家庭系统结构评分量表**（Mitrani，Feaster，McCabe，Czaja，& Szapocznik，2005）。

时间测量　社会工作者可以使用时间测量来观察家庭成员之间的联盟是如何变化的。例如，为了达成制定适当边界规则的目标，孩子可能会被要求监控有多少时间她可以独自待在自己房间里或者与朋友外出，而不受父母的干扰。评估这些措施在某一特定时间段内的一致性，可以解决改变的持久性问题。在干预结束时，从业者可以用具体的术语（时间、频率和内容）总结不同子系统的改变方式。

角色扮演的质量　随着家庭功能的提高，社会工作者可以更灵活地使用角色扮演技术，帮助成员预测未来可能发生的挑战。他或她可以要求家庭成员对他们尚未面对的困境做出反应。如果他们能灵活地这样做，那么就表明这个家庭已经获得了应对新挑战的能力。

在整个干预过程中监测外部互动　社会工作者和家庭将分享他们对自然情境中与任务活动相关的目标行为的管理程度的印象。当参与者一致认为他们已经掌握了这些行为时，除非家庭设定了额外的目标，否则干预就可以结束了。

五、灵性和结构家庭理论

在整合成员的灵性问题方面，结构家庭理论并不像家庭情感系统理论那样丰富，因为它关注的是组织而非情感生活。权威、边界、规则、权力、子系统和角色等概念不鼓励探索成员的信仰系统，除非它们与结构操作有关。例如，一个商人家庭中的成员决定从事人类社会服务职业，可能会产生与这种价值观差异相关的冲突，这可能导致被限制在某些角色和联盟之外的"外部"成员的感知。然而，在结构家庭干预中，这种冲突的内容不如其对家庭结构的影响那么重要。至于考虑个体家庭成员的灵性，第八章所描述的认知理论与结构理论是一致的。

六、关注社会正义问题

　　结构家庭理论与社会正义这一职业价值观有着明显的一致性。事实上，米纽秦（Minuchin，1984）写道，如果没有从业者对影响家庭生活的宏观社会问题的关注，其干预几乎没有价值。尽管这一理论在许多问题上都很有用，但最初针对的家庭包括弱势群体和受压迫者。有了结构干预的原则，社会工作者可以将改变工作的重点放在与贫穷、失业、歧视和其他形式的社会不公正问题上。之前关于 LGBT 家庭的讨论为此提供了一个例证。

　　一些结构理论家系统地扩展了这一理论，将注意力集中在社会结构上，使家庭能够获得外部信息、服务和资源。例如，一个社区心理健康中心实施了一项结构家庭治疗计划，该计划以基于家庭的两级干预为特色（Aponte，Zarski，Bixenstine，& Cibik，1991）。家庭治疗为那些不能接受办公室咨询的家庭提供了一种可行的干预手段，不管是出于文化原因还是因为他们没有交通资源。适合这种干预模式的家庭往往贫穷和**缺乏组织**，这意味着成员角色定义不清，家长权力要么分散，要么集中。这些家庭经常与社会机构有牵连，因此对自己的命运失去了某种控制。通过两级干预的方法，社会工作者先帮助家庭解决他们的内部问题，然后再帮助他们解决他们与其他家庭共同面临的社区问题。干预持续 12～16 周。

　　该计划的首要重点是提供结构家庭干预，以便家庭成员就其在单位内的角色和责任达成共识。它帮助成年人制定并实施对年轻成员的适当控制。社会工作者试图为家庭的具体问题提供切实可行的解决方案，这些问题最初往往集中在一个孩子的问题行为上，但最终被认为是系统性问题。如果结构干预成功，则引入第二层干预，并邀请家庭参加由完成结构治疗的其他家庭组成的多家庭支持小组。这个不限成员名额的小组是由不同的工作人员在公共社区环境中组织的。正在进行的小组的目标是让参与者提高对影响他们生活的社区因素的认识，并使他们有能力采取行动来改善他们的社区生活。

七、案例说明

（一）道尔顿一家

妮塔·道尔顿（Nita Dalton）42 岁，白人，已婚，有三个孩子，住在一个大城市的

220　郊区。县公众服务部的一位个案经理把她转介到了家庭服务机构，该经理一直在管理她的经济援助请求。转介人员对妮塔有关家庭冲突的报告感到担忧，这些报告包括她与丈夫的情感疏离，以及两个儿子的行为问题。55 岁的卡罗尔（Carole）是一名白人社会工作者，她在心理健康中心会见了妮塔，并认为如果整个家庭都来参加第二次会谈，案主的问题就能得到最好的解决。所有的家庭成员都同意这样做，除了妮塔的丈夫，在全部五次的会谈干预期间，他始终没有参与进来。参加会谈的成员包括妮塔、她的两个儿子（22 岁和 20 岁）、他们的新妻子（分别是 20 岁和 19 岁）和她 8 岁的女儿（见图 9.1）

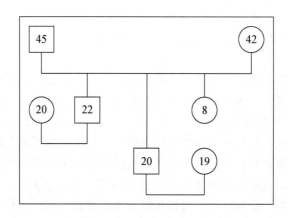

图 9.1　道尔顿一家的家谱图

　　社会工作者很快发现这个家庭充满矛盾。妮塔的丈夫是一名兼职的汽车修理工，但与其他人关系疏远，住在离家几公里远的地方，与他们的联系很少。据说他还有酗酒问题。妮塔实际上是一家之主，她试图靠丈夫提供的有限收入来管理家庭。结果，她一直感到紧张、焦虑和沮丧。她抱怨说，她的两个儿子不负责任，只是偶尔工作，总是试图向她借钱。对于妮塔来说，给他们设定限制非常困难；他们不断地哄骗她，把她折磨得筋疲力尽。卡罗尔注意到大一点儿的孩子们在会谈中很开心，似乎觉得自己有权利获得家庭资源，对母亲的痛苦几乎没有感觉。妮塔觉得自己和年幼的女儿很亲近，大部分空闲时间和她在一起。她想外出工作（过去也曾这样做过），但觉得自己没有时间这样做。她说，如果她的儿子能离开家并照顾好自己，她就可以找到一份工作。

　　妮塔和她的家人来自阿巴拉契亚文化背景。在这种文化中，妇女被期望担任家庭管理者的角色，并且只需要很少的物质支持就可以生存，这一切都是为了家庭的利益。男性握有主要的权力，但很少参与日常的家庭互动。婚姻不忠在他们社区的成员中很常见。事实

221　上，妇女们常常把自己看作"烈士"（妮塔就是这样），她们承认为了家庭而遭受苦难是她们的命运。

　　儿子们觉得有必要保护自己免受母亲的批评，同意进行几次家庭咨询。卡罗尔认为道

尔顿一家适合进行结构家庭干预，并对其进行了如下评估。

父亲的缺席 父亲作为权力中心一直缺席，被动地控制着家庭。他保持了做他想做的事的权力，这通常是远离。他从薪水中拿出了他想要的钱，把剩下的钱交给妻子。妮塔无法预测他每周会有多少工资流入家庭，但她坚持认为这个数字太少了。她对自己是否继续这段婚姻感到矛盾（过去他们曾经多次分居），觉得这取决于他。在爸爸缺席的情况下，男孩们能够联合起来对妈妈施加压力。

界限问题 妮塔和丈夫脱离了关系。妮塔和她的儿子们陷入了困境；也就是说，尽管他们有冲突，但他们似乎彼此需要。妮塔与女儿的关系是积极的，但由于妈妈过于依赖女儿的情感支持，有可能陷入混乱。这个家庭生活在半农村地区，与外界环境有一定的隔绝。这是阿巴拉契亚地区的典型家庭。孩子们都有朋友，但妮塔只和住在附近的一个姐姐关系密切。

相关子系统 缺少一个成年夫妻系统，并且在父母权力方面缺乏合作关系。兄弟子系统很强，母亲/女儿子系统也很强。似乎只有后者在家庭结构方面起作用。似乎没有儿媳子系统，这些年轻女性似乎有一个友好但不亲密的关系。妮塔的女儿由于年龄的原因似乎是个局外人，尽管她喜欢其他人的存在。社会工作者认为妮塔需要另一个成年人（丈夫、亲密朋友或其他大家庭成员）的支持来加强成人子系统。

相关三角关系 家庭中三个有问题的三角关系：**妈妈/爸爸/女儿**（妮塔依靠女儿来满足她从丈夫那里得不到的陪伴需求）；**妈妈/爸爸/大儿子**（妈妈试图依靠这个儿子来帮助进行家庭管理，尽管这让她感到很沮丧）；**新媳妇/儿子/母亲**（大儿子的配偶鼓励她的丈夫向母亲提出金钱和其他物质资源的要求）。

背景 这是一个阿巴拉契亚家庭，在这个家庭里，女性被期望扮演某些传统角色。妮塔接受了照顾者的角色，尽管压力很大，她还是通过目前的安排得到了儿子们的关注。此外，父亲正在试图摆脱酗酒行为（这可能是他逃避家庭内部压力的方式）。另一个重要问题是家庭贫困，因为没有足够的资源维持家庭生活。即使爸爸把他所有的薪水都投入家庭中，也很难满足道尔顿一家的基本财务需求。

家庭阶段 作为年轻人，儿子们应该一直在工作和离开原生家庭，特别是为了支持他们的新妻子。妮塔和她的丈夫希望开始放弃他们的日常育儿角色，以便他们能够照顾到自己的一些利益。

妮塔的症状的功能 在她目前的角色中，其他人指责她是"情绪不稳定"的成员，妮塔承担了化解家庭混乱的功能。她把家里其他人的注意力从丈夫身上移开，也为他履行了职责。

家庭结构的总体性质 卡罗尔得出的结论是，道尔顿一家的家庭结构的整体性质已经变得**混乱**，其特点是缺乏适当的执行权威、子系统功能和边界。

社会工作者取得了一定的成功，帮助道尔顿一家重组为一个更具功能性的单位。虽然父亲拒绝参与是一个最初的担忧，但其他成员的动机鼓舞了卡罗尔。他们中的一些人互相生气，但他们在解决冲突上有共同的兴趣，即使只是出于自私的原因。妮塔和每个人都有冲突，除了她的女儿；大儿子和媳妇与妮塔发生了冲突；女儿对她的兄弟（垄断了妈妈的注意力）和嫂子（没有花足够的时间陪她）感到愤怒。通过这些评估，社会工作者提供了以下干预措施。

抑制　社会工作者总结了妮塔的焦虑和抑郁的症状，以及她的愤怒情绪，这些都表明她太努力工作，竭力想成为一个好母亲，也许她太关心自己的成年子女。妮塔接受了这种重新定义，这使她感到肯定，也向其他人暗示，他们的母亲对他们的幸福感兴趣。没有一个孩子质疑这个观点。

制定"家庭挑战"的共同定义　在听取了每个成员对家庭状况的看法后，卡罗尔将围绕这个家庭的问题概括为缺乏足够的**情感和物质**资源。她也相信，家庭成员有能力努力扩展这些资源。那些没有多少物质资源的成员可以通过对家庭单位的任务贡献来弥补这一点。这个问题的定义对孩子们来说相对没有威胁，因此他们同意了这一点。

与所有家庭成员练习清晰的沟通技巧　道尔顿家（妮塔除外）有一个互相争吵和打断对方的习惯。即使是社会工作者也很难控制他们的彼此干扰，因此她在前两次探访中把他们的互动正式化了。她呼吁成员们轮流发言，制止发生的任何打断，并向每个人保证他们将有机会回应别人的评论。卡罗尔在这项任务中具有权威性，但并不唐突，她小心翼翼地反复解释了她这种控制行为的理由。一段时间之后，道尔顿家的孩子们的互动变得更加平静了。

定位家庭成员以突出适当的联盟　例如，儿子有时会和妻子分开（为了打破一个有问题的联盟或三角关系），女儿（崇拜她的嫂子）坐在他们旁边，以鼓励他们发展关系。妮塔坐在不同的儿媳旁边，社会工作者希望她们时常进行对话，以建立关于金钱和个人责任的新家庭规则。卡罗尔有时会坐在妮塔旁边，在讨论家庭权威、角色和规则时加入她一边，以此来支持父母子系统。这一点很重要，因为妮塔是家里唯一没有盟友的成年成员。在这些时候，社会工作者会分享她对妮塔在家里仍然独自一人的担忧。妮塔提到她姐姐和另外两个朋友总是试图帮助她。卡罗尔鼓励她在做家庭决定时与他们中的任何一个进行合作。

通过角色扮演实践新的家庭互动方式　例如，妮塔与她的儿子角色扮演了一个假设的情境（他要的钱她付不起），这样社会工作者就可以评估他们的行为，帮助他们提高他们控制愤怒的能力，并进行建设性的讨论。在所有角色扮演的过程中，卡罗尔都指派未参与的成员对参与者的行为进行关注和评论。这种策略使所有成员都进入了解决问题的过程，并提升了他们对家庭活动的相互参与感。在**角色转换**中，要求某些成员在讨论特定问题情境时扮演另一个家庭成员的角色，以便他们能够更清楚地感知自己的行为，更好地理解他人的观点。例如，妮塔被要求扮演她的儿子，然后向他（扮演母亲的角色）要钱。她的儿子（妮塔）则被指派拒绝她的请求，并清楚地说明为什么她不应该再获得家庭有限的资金。

任务分配　家庭会谈间期的任务分配旨在支持发展适当的联盟，并澄清家庭成员和子系统之间的边界。卡罗尔指派妮塔（在她的同意下）离开家人两个小时，在接下来的一周里安排两次，做她想做的任何事情。她每周都布置同样的任务，因为事实证明，妮塔很难脱离家庭。孩子们被要求每周花一定的时间单独和他们的配偶讨论未来的计划，卡罗尔希望这项活动能帮助年轻夫妻意识到他们可能会从更多的自力更生中受益。媳妇们被要求每周带女儿参加一次社交活动，以加强这种联系，并减弱妮塔和女儿的潜在关系。

这个家庭取得了巨大的成就。他们的交流变得不那么冲突了，制定了一些新的家庭规则，扩大了孩子们的角色。妮塔花了更多的时间和她的朋友们在一起，儿子们正在更频繁地寻找工作，而且媳妇也承担了照顾女儿的责任。社会工作者办公室和道尔顿家的紧张程度较低。卡罗尔本来希望看到这个家庭再多进行几次会谈，但家里人（主要是儿子们）想要终止，因为在社会工作者看来，他们的动机和兴趣已经减弱了。她很失望，但觉得他们取得了一些进展。

224

（二）家庭图画

辛西娅（Cynthia）的机构为那些被认定有儿童情感和行为问题风险的家庭提供家庭干预服务。这些家庭通常是单亲家庭，生活贫困。家庭在父母角色的行为上往往缺乏强有力的权威性和一致性，对子女行为的限制设置也较差。辛西娅，40岁，已婚，是一名在英国长大的白人社会工作者，她与保尔森（Paulson）一家工作了6个月。这个家庭包括肯德拉（Kendra），一个20岁的单身母亲，她有4个儿子，分别是7岁、5岁和刚出生（双胞胎）。当新生婴儿出生时，肯德拉的母亲就搬来和她住在一起，这两个成年人经常吵架。外祖母试图扮演传统的父母角色，因为肯德拉外出工作，有时工作时间不定时。肯德拉在家的时候是一个严格的家长，但外祖母很宽容，对孩子们几乎没有什么限制。5岁的达蒙（Damon）开始在家庭、社区和学校中出现攻击性行为问题。

经过评估，辛西娅决定与肯德拉和她母亲一起改善她们的关系。在这个过程中，她很少把两个大孩子包括在内。她认为，如果成年人能更好地相处，并且在适当的育儿策略上达成一致，孩子们的行为就会得到改善。在前3个月，辛西娅与肯德拉和她母亲每周会面，然后在情况开始好转时，改为每月两次会面。她的目标是系统重组，具体体现为两个成年人应该在家庭中都扮演适当的权威角色。她教导她们如何清晰、直接和频繁地相互沟通。辛西娅还帮助肯德拉消除了她对母亲挥之不去的愤怒。肯德拉对她小时候缺乏支持性的养育方式感到很痛苦。这两人能够学习和实践解决分歧的过程，并就家庭和抚养孩子的规则达成一致。在辛西娅访问期间，她根据成人可能发生的冲突情境开展了角色扮演。偶尔，社会工作者会带着年龄较大的男孩谈论他们在做什么，并让成年人和他们一起练习他们学到的东西。

有一天，辛西娅来访时，孩子们的行为有些调皮捣蛋。为了让他们平静下来，她建议大一点儿的男孩们画一张这家人的图画。令辛西娅惊讶的是，这些图画描绘了这个家庭的问题。它们指出了每个孩子在身体大小、表情和位置上与其他孩子的关系。因为孩子们似乎很喜欢画画，辛西娅突然想到，这可能是监测家庭变化的一个好方法。大约每个月，她都要求孩子们画家庭图画，然后与他们和大人一起讨论这些图画显示的内容。随着时间的推移，图画显示家庭系统正在稳定下来。包括婴儿在内的家庭成员的身体大小变得更加均等，彼此之间也更加接近。

当肯德拉和她的母亲能够在没有社会工作者的帮助下持续地解决问题，达蒙的行为也得到了改善的时候，就应该结束干预了。作为一项结束活动，辛西娅要求四个家庭成员（不包括婴儿）中的每一个都画一张他或她希望这个家庭成为什么样子的图画。之后，她用这些图画回顾了他们在过去 6 个月里共同完成的工作。他们所有人都做出了改变，社会工作者认为这些改变可能会持续下去。辛西娅给图画拍了照片，把它们安装在一个相框里。家庭成员都同意这张照片应该挂在他们家的墙上。

八、有效性的证据

在心理学文献中检索有关结构家庭干预效果的论文可发现，该理论模型适用于以离婚、单身父亲、精神疾病、多代父母、暴力和乱伦为特征的家庭。它也适用于那些拥有自闭症、慢性疼痛、遗尿症和大便失禁症、慢性疾病、癌症、学习障碍、抑郁症、厌食症、脑损伤、药物滥用和学校行为问题儿童的家庭。毫无疑问，这个理论还可以被用于解决许多其他类型的问题。

然而，除了个案研究，只有有限的实证证据表明，结构家庭干预比其他方式更有效。这里描述的是关于该主题的多案主或比较组研究。米纽秦自己就做过几个这样的研究。这位理论创始人和他的同事在威尔特维克学校对 11 个家庭测试了这种新结构家庭方法，并将干预结果与该机构记录的 50% 的标准成功率进行了比较（Minuchin, Montalvo, Guerney, Rosman, & Schumer, 1967）。对包括领导能力、行为控制和指导陈述在内的变量进行测试前和测试后的测量表明，在 6～12 个月的干预后，11 个家庭中有 7 个家庭得到改善（63.6%）。作者注意到，那些被评估为"纠缠"的家庭发展出了更清晰的界限，而"疏离"的家庭则没有改善。

在 10 年后的另一项研究中，米纽秦、罗斯曼、贝克和利伯曼（Minuchin, Rosman,

Baker，& Liebman，1978）总结了包括厌食症、糖尿病和哮喘儿童在内的各种家庭研究的结果。他们报告说，53 名厌食症儿童中有 45 名（85％）在接受了包括住院治疗和门诊家庭治疗在内的治疗后，在目标症状和社会功能方面有所改善。这些积极的结果在几年后的随访中持续存在。他们对 20 名心身糖尿病患者（他们的情绪状况恶化了医学症状）的研究表明，**所有患者**（100％）在家庭干预后都得到了完全或适度的改善。在 17 个家庭中，包括一个患有心身哮喘病儿童的家庭，14 个（84％）被认为是中度恢复或改善。研究人员从后两个项目中得出结论，儿童的心身症状可能有助于缓解父母之间的压力。

一项关于结构家庭干预的过程研究表明，该模式的有效性取决于从业者是否使用理论上适当的干预策略（Walsh，2004）。这项包括 100 名参与者的研究假设，当从业者在至少一半的会话中专注于增加父母的权力时，与从业者在至少一半的会话中不保持这种关注相比，在家庭组织中会观察到更积极的变化。家庭环境量表中的控制和组织分量表的得分支持了这个假设。

有两项研究针对的是 ADHD 儿童。阿曼（Aman，2001）进行了一项非等效的测试前/测试后对照研究（每组 62 个家庭），以确定一个包含结构干预在内的多家庭组模型是否能够对父母压力水平和家庭满意度产生积极的影响。结果表明，实验组家庭的冲突较少，并报告家庭关系有所改善。巴克利、格弗蒙特、阿纳斯托普洛斯和弗莱彻（Barkley，Guevremont，Anastopoulos，& Fletcher，1992）将 61 名青少年（12～18 岁）随机分配到 4 种干预方式中，其中一种是结构家庭治疗，为期 8～20 个疗程。在治疗前、治疗后和 3 个月后对家庭进行评估。所有 4 种干预方式（还包括行为管理、沟通训练和问题解决方法）都显著减少了负面沟通、冲突和不良反应。在学校适应、ADHD 症状和母亲的抑郁症状方面都有所改善，但这 4 种方式的结果没有显著差异。在治疗后和随访措施之间，大多数干预效果保持稳定。

关于药物滥用问题有一系列干预研究。另一项关于药物滥用复发预防的随机研究，样本包括 100 多名妇女，发现那些接受结构性生态系统治疗的人（主要关注环境因素）更有可能寻求服务以应对复发，并从其他药物使用者家庭成员那里寻找帮助（Feaster et al.，2010）。一项针对不同种族背景家庭进行的定性研究调查了专注于适应能力和边界变化的结构家庭干预是否会减少或消除酗酒（Hunter，1998）。在完成家庭压力和人际关系的治疗前测量后，三个家庭（非裔美国人、美国白人和西班牙裔美国人）接受了 6～10 周的结构家庭治疗。这三个家庭在两个目标领域都产生了改变，从而改善了沟通、适龄儿童行为，并降低了父母的压力。另一项研究采用治疗前和治疗后随访设计，为 122 名 12～14 岁的非裔美国人和西班牙裔青年提供结构性干预措施，作为预防吸毒的一个因素（Santisteban et al.，1997）。这些干预措施旨在减少问题行为，增强家庭功能。研究结果发现，干预措施对两种高危因素均有显著的改善作用。这两种高危因素都能预测 9 个月后的药物使用情况。对于少数已经使用药物的研究参与者，药物使用也减少了。

坎克里尼、辛格拉尼、康帕格诺尼、科斯坦蒂尼和马佐尼（Cancrini, Cingolani, Compagnoni, Costantini, & Mazzoni, 1988）研究了 131 名海洛因成瘾者（16～33 岁）的治疗结果，他们在同一年内在一家机构接受过结构家庭治疗。结构家庭治疗被发现对有额外心理问题的成瘾者最有效。泽格勒-里斯科尔（Zeigler-Driscoll, 1979）比较了住院药物治疗项目中个体的结构家庭治疗效果。在禁欲率和再犯率方面没有发现差异，但是当一个上瘾的成员再次吸毒时，结构干预改善了家庭的应对能力。斯坦顿和托德（Stanton & Todd, 1979）为 65 个有海洛因成瘾儿子的家庭提供了家庭干预，其中包括结构家庭方法，并与 25 个无吸毒成瘾者家庭的对照组进行了比较。在干预之后，结构干预家庭比对照组更具表现力，能够更好地解决分歧，在任务完成期间保持团结，并维持清晰的子系统边界。

一些实证研究关注的是有行为问题的青少年。在一个为期三天的野外家庭夏令营背景下进行的结构家庭治疗的准实验研究发现，干预后，实验组家庭的家庭凝聚力测量得分更高（McLendon, McLendon, Petr, Kapp, & Mooradian, 2009）。另一项研究对 69 名 6～12 岁有行为和情感问题的拉美裔男孩（与对照组）进行结构和心理动力干预的结果比较（Szapocznik, Arturo, & Cohen, 1989）。这两种治疗条件在减少出现的问题和改善儿童功能的心理动态评分方面同样有效。然而，在一年的随访中，结构家庭治疗在保持家庭凝聚力方面更为有效。张伯伦和罗西基（Chamberlain & Rosicky, 1995）对 1989—1994 年间关于结构家庭干预效果的七项研究进行了文献综述。总体而言，研究结果支持对青少年行为障碍干预的有效性。

最后，针对最近遭遇失去视力的 30 个家庭进行的一项有趣的对照研究发现，结构家庭干预作为康复过程的一个组成部分是有用的（Radochonski, 1998）。实验组家庭表现出家庭内部结构和功能的积极变化，失去视力的成员的个人功能也得到显著改善。

九、对理论的批评

228　　近 50 年来，结构家庭理论一直是家庭干预的流行方法，但和所有其他理论一样，它也受到了批评。首先，在专注家庭系统的"外部架构"时，该理论不强调家庭系统的情感生活。结构从业者认为，功能性家庭结构将为所有成员带来生活质量的改善，包括情感生活。尽管如此，它并没有直接关注人类经验的这一方面，因此一些从业者可能会忽视影响结构特征的家庭关系的细微差别。家庭情感系统理论（第六章）更关注人类功能的这一方面。

其次，从业者可能会错误地持有对"适当"家庭结构的偏见。结构理论的基础是其创始人认识到许多多问题家庭缺乏强有力的执行权威和规则。在 21 世纪，随着世界各地出现不同的家庭形式，更平等的家庭结构可能是合适的。例如，一些女权主义者批评结构理论促进了关于家庭生活的父权观念（Dziegielewski & Montgomery，1999）。

结构从业者在评估一个系统及其对成员的影响之前，必须小心不要从具体的家庭结构假设开始。从业者还必须参与跨文化家庭研究，以确保他或她不会对"适当的家庭结构"强加一个严格的观点。在考虑到这些预防措施后，结构家庭理论就可以应用于不同的家庭形式。事实上，文献中有一些个案研究表明，它对拉美裔、华裔、越南裔、犹太裔、西非裔、原住民、墨西哥裔和意大利裔家庭都很有用。

十、总 结

结构家庭理论为不同家庭形式的临床社会工作实践提供了有益的视角。它重点关注家庭的外部"架构"，包括它们的规则、边界和子系统，而不是成员的内部心理和相互作用。一个功能性的家庭结构将产生一个满足成员基本的物质和情感需求的系统。结构家庭干预是专门为帮助社会工作者遇到的各种家庭而发展出来的，这些家庭面临着贫穷、疾病、失业、虐待、成员缺席和行动不便等多重问题。借助这种理论取向，社会工作者还可以继续提供使这个行业与众不同的环境干预措施（通过个案管理）。

十一、讨论的话题

1. 结构理论家认为，适当的家庭结构将导致成员之间产生积极的情感关系。你同意吗？如果是这样，社会工作者是否可以在家庭评估和干预中淡化情感问题？

2. 观察成员互动可以提供有关家庭结构的大量信息。从你自己的专业或个人经验中，描述一个家庭结构的重要元素在成员行为中表现出来的例子。

3. 选择一个对你来说将成为家庭多样性的例子的种族或族裔群体。考虑结构家庭理论的三个主要概念，并描述它们可能与你自己的族裔/种族群体中常见但仍然有效的概念有什么不同。

4. 在结构理论中，"行动先于理解"是什么意思？你同意吗？它与家庭情感系统理论中的干预立场相比如何？

5. 考虑一个有两个青春期孩子的单身母亲，由于家庭责任紧迫（工作、育儿、预算）

而承受着巨大的压力。她的孩子们以一种正常的方式与她的互动减少了，不再像以前那样交流了。他们也开始因破坏性行为而在学校惹上麻烦。从结构理论中挑选一些可能的干预策略进行讨论，这些策略可能会提高家庭的沟通质量。

十二、角色扮演的设想

（社会工作者、案主和观察者的角色都应该被代表，每个角色都可以包括一个以上的人。）

1. 考虑一个家庭单元，其中包括外祖父（58 岁）、母亲（37 岁）、女儿（18 岁）和表兄（17 岁）。母亲和女儿时常经历愤怒的爆发，有时还会发生肢体冲突。在一次学校活动中，母亲和女儿当着外祖父的面发生了一场公开争吵，之后，学校向社会工作者推介了这个家庭。选择并实施一些干预策略，以中断这个家庭的消极互动模式。

2. 斯坦（Stan）和迈克（Mike）是最近搬到一起同居的男同性恋者，同住的还有迈克的 7 岁儿子（男孩的母亲五年前去世了）。他们都关心迈克的儿子的福祉，并寻求社会工作者的帮助，以便组成一个"健康的家庭"。选择并实施可能有助于他们实现这一目标的干预策略。

3. 一位拉美裔父亲一直在虐待他三个孩子（11 岁、9 岁和 7 岁）中的两个大孩子，部分原因是他不知道管教他们的其他方法。他的妻子对他不顾她对他虐待行为的反对而生气。他被授权必须单独会见社会工作者，以接受育儿援助。选择并实施可能有助于阻止家庭暴力的干预策略。

230

十三、理论大纲

焦点	功能性家庭结构（成员互动的组织模式） 家庭单元中的执行权威
主要倡导者	米纽秦，萨提亚，阿庞特，科拉平托，斯扎波尼克，尼科尔斯
起源与社会背景	将家庭干预扩大到多问题家庭 需要进行简短的干预 社会学习、认知和行为理论重要性不断提高

个人的本性	虽然没有特别说明，但认知和行为理论的概念与之一致
主要概念	结构（组织成员互动方式的一组不可见的规则） 执行权威 权力 成员角色 子系统 边界（内部和外部） 互动模式 规则 灵活性
家庭发展	调适和边界划定
主题	成人、成人/儿童和兄弟姐妹子系统 结构对生活变化的适应
问题的性质	疏离的家庭成员或子系统 无效的层次结构 刚性或弥散的边界 感情距离过大 纠缠的家庭成员或子系统 三角关系 系统干扰正常发展 回避冲突 压力过后不能重新调整
改变的性质	行动先于理解 学习和实践能更有效地解决问题、决策和沟通
干预的目标	创造结构性变化 改变边界 重新调整子系统 处理即时症状（短期） 增加/保持成员之间的相互支持
社会工作者/案主关系的性质	社会工作者担任"舞台总监"（高水平的社会工作者活动） 社会工作者承担着"能力塑造者"的角色 案主被概念化为环境的受害者 社会工作者根据需要加入个人或子系统（调整个人风格）

231

干预的原则	使症状正常化
	酌情加入联盟
	会谈期间的演示
	家庭结构图
	家庭结构教育
	操纵空间
	鼓励跟踪问题行为
	突出和修正互动*
	支持优势
	塑造能力（建立优势）*
	通过放松和压力管理来增强成员的自我控制能力
	肯定成员的共情式回应、非批判性的观察
	重新调整边界*
	不平衡的子系统*（改变子系统内的行为）
	挑战非生产性成员假设
	* 这些策略可以通过以下方式实现：
	    教导沟通技能（说、听、处理冲突）
	    分配在自然环境中执行的任务
	    角色扮演，角色转换

评估的问题	家庭互动的模式是什么？ 家庭在结构上是如何表现的？ 家庭的权力在哪里？在什么情况下？ 哪些子系统看起来比较突出？ 呈现的问题对家庭有用吗？ 家庭处理压力的方式是什么？ 家庭成员对彼此有多敏感？ 家庭成员彼此之间期望什么样的行为？ 他们能满足彼此的需要吗？ 家庭是否与外部系统有关？

第十章

解决方案聚焦疗法

我如此害怕那第一只知更鸟，
不过他现在已经被制服，
我对长大的他大体习惯，
尽管他给了我一点儿痛楚。*

解决方案聚焦疗法的实践是一种短期的干预方法，在这种方法中，社会工作者和案主更多地关注问题的解决方案或例外情况，而不是问题本身（Franklin，Trepper，Gingerich，& McCollum，2012；Elliott & Metcalf，2009；Dejong & Berg，2008；Corcoran，2005）。它的重点是帮助案主识别并扩大他们的优势和资源，以找到解决问题的方法。解决方案聚焦疗法（solution-focused therapy，SFT）是本书中仅有的非单一理论取向的两种干预方法之一（另一种是动机增强疗法），它是一种借鉴了心理学、社会工作和社会学理论的实践模式。这种模式显然是面向未来的，比迄今为止讨论的大多数实践理论更为强调未来取向。从实践的角度来看，这种将重点从问题转移到解决方案的做法可能比最初更加激进。

一、起源与社会背景

解决方案聚焦疗法的治疗的基本原则反映了从系统、认知、沟通和危机干预理论，以

---

* Dickinson，E.（1927）. *The Pamphlet Poets*. New York：Simon and Schuster.

234 及短程治疗原则和建构主义社会理论中得出的综合思想。我们将回顾这些影响中的每一个，除了最后一个将在第十二章叙事理论的背景中进行描述。

第六章和第九章讨论的家庭系统理论与解决方案聚焦疗法的实践方法有很大的相关性（Andreae，1996）。它假定，人类行为与其说是个体特征的函数，不如说是他们在出身家庭中习得的行为模式的函数。一般系统理论采取了更广泛的观点，强调人们与他们遇到的环境之间的相互影响（von Bertalanffy，1968）。系统任何区域的活动都会影响所有其他区域。在一个给定的系统中，个体的思想、感觉和行为是可塑的，并且受系统中其他元素的影响。当然，从环境的角度来看，这与社会工作的"人在环境中"的视角是一致的。系统思维的一个重要含义是，案主的改变工作不需要与呈现的问题直接相关。因为任何变化都会影响整个系统，新的行为将以无法预测的方式影响系统中的其他元素。因此，在与案主系统一起工作时，社会工作者可以考虑创造性的改变策略。

解决方案聚焦疗法在很大程度上受加利福尼亚州帕洛阿尔托市心理研究所（MRI）提出的系统思维的影响（Weakland & Jordan，1992）。MRI 短程治疗模型将情感和行为问题视为发展中的问题，因为人们天生就会对他们的生活问题产生有限范围的反应模式，其中一些并不能有效地解决这些问题。这些模式可能包括反应不足、反应过度、回避、否认，甚至采取使情况恶化的行动。从某种意义上说，问题就成为失败的解决方案的总和。MRI 干预表现为努力识别和探索案主的问题周期，并找到中断它们的新方法。这项工作的重点是呈现的问题，而不是潜在的问题。

认知理论通过解释人们如何在他们的生活中创造独特的意义，促进了解决方案聚焦疗法的实践原则的发展。在第七章中提到的图式概念，描述了我们如何养成思维习惯，这些习惯在理想情况下应该是灵活的，但有时可能会变得僵化，阻止我们吸收可能增强我们对生活挑战的创造性适应能力的新信息。解决方案聚焦疗法也可以被看作认知理论中所概述的问题解决过程的延伸。

沟通理论和语言研究引起了解决方案聚焦疗法的开发者的兴趣，因为人们使用的词语会影响他们对自我和世界的态度（de Shazer，1994）。解决方案聚焦疗法是基于语言塑造现实的假设而展开的，因此它强调了语言清晰度在干预中的重要性。解决方案聚焦疗法的实践者对许多其他实践理论中的抽象概念持怀疑态度。这种关注被认为是毫无意义的，更糟糕的是，对于促进案主福利的目标没有任何帮助。社会工作者努力了解案主关注点和目标的具体性质，并支持案主主动进行具体的改变行动。

危机理论（在第十三章中有更详细的描述）的发展，是由于许多环境中的公众服务专
235 业人员面临着为需要紧急救济的人们提供有针对性的有效干预措施的境况。危机可能是发展性的（离家、退休）、情境性的（自然灾害、亲人死亡、失业）或存在性的（有关生命意义）问题。卡普兰（Caplan，1990，1989）建立了一种受到广泛尊重的危机理论模型，将危机定义为由于危险事件导致人的身体或情感均衡受到干扰，这些事件对实现重要需求

或人生目标构成了障碍。危机涉及一个人在感到不堪重负的同时解决问题的需要。危机干预必须是短期的，因为与之相关的身体影响会使人虚弱，危机只能持续 4～8 周。所有干预措施都是有时间限制的，它们聚焦于此时此地，依靠任务来促进改变，并具有高水平的从业者活动（Gilliland & James，2005）。与系统理论一样，危机理论也认识到，周围环境会影响灾难的严重性，以及满足其需求的资源的可用性。

对于以解决方案为中心的实践的发展，最后一个更普遍的影响是在 20 世纪 80 年代，公众服务行业中短程治疗模式的激增（Corwin，2002）。这些方案中的一些并非源于对适当实践的观念演变，而是对外部压力的反应，包括需要缩短代理机构的长时间候补和减少临床服务的保险范围。尽管如此，人们发现这些方法是有效的，有时甚至比长期干预更加有效。短程治疗模式已经在大多数实践理论框架内出现，并且倾向于共享以下要素：

- 仅仅关注案主最紧迫的问题。
- 相信并非案主提出的所有问题都需要解决。
- 专注于"改善"，而不是"治愈"。
- 假设不需要理解案主问题的根源，就可以帮助案主。
- 案主应该主导问题确定、目标设定和干预过程。
- 干预应该以优势为导向。

我们将看到，解决方案聚焦疗法在评估、目标设定和干预策略方面与一些短程治疗模式有所不同。

二、主要概念

尽管起源于其他理论，但是解决方案聚焦疗法已经被公认为是直接实践中的一种独特方法。其主要原理如下所述。

关于人类发展的"宏大理论"——强调不同人群和文化之间相似性的理论——已经不再与社会工作实践的世界相关。例如，并非所有的儿童和青少年都经历相同的认知、道德和社会性发展阶段。过去几十年中出现的大多数其他实践方法遵循此原则。

236

语言在塑造一个人的现实感方面很强大。我们用来定义自己和我们所处情境的词语会影响我们对这些处境得出的结论。一个吸毒者如果"相信"成瘾的说法，可能会把自己定义为"有病的"，因此从本质上讲，他的功能比许多其他人都要差。社会工作者需要了解案主如何使用语言来定义他们的挑战和功能。他们的语言是建设性的还是破坏性的？有趣的是，社会工作者可能会被一种让案主蒙上污名的专业语言所束缚。如果我使用《精神障碍诊断与统计手册》（DSM）的语言（"抑郁症"），我可能会得出这样的结论：我的案主在没有药物治疗的情况下，缓解抑郁的能力有限。

社会工作者必须**减少问题取向的谈话**，以便将干预重点从寻找案主困难的原因上转移开来。强调**解决方案的谈话**有助于案主专注于解决问题，并采取与通常不同的行动或思考方式。这包括社会工作者营造一种强调优势和资源的氛围。必须再次强调的是，解决方案不必与案主提出的问题直接相关；案主在未来做出的采取不同行动的决定可能独立于对任何问题的讨论。这一观点与系统观点相一致，即任何变化都会在系统中产生回响，影响所有其他元素。因此，社会工作者不需要被对问题和解决方案的"线性"思考所束缚。这一**非线性观点**与许多其他实践理论和模型所支持的观点截然不同，在这些理论和模型中，人们假定问题和解决方案之间存在逻辑的、系统的关系，并且解决方案应与问题的性质直接相关。例如，认知从业者可能会得出结论，案主持续的抑郁是消极的自我谈话的结果，解决这个问题的方法应该包括改变特定类型的自我谈话。一个解决方案聚焦疗法取向的从业者将更愿意接受案主生成的一系列解决方案。

问题是真实存在的，但在案主的生活中问题**往往并不像**他们想象的那样**普遍**存在。正是通过选择性注意的习惯，案主才会专注于他们生活中的消极方面。如果一个青春期的女孩对她在学校里持续的社会排斥感到绝望，那么当这个问题在她生活中没有发生时，比如当她参加教堂的青年团体时，她可能会从更清楚地认识到这一点中受益。通过探索"问题例外"（当它没有发生时），社会工作者在案主目标实现中的角色可以变得更有建设性。

三、问题和改变的性质

正如我们所看到的，解决方案聚焦疗法的视角几乎不包含对人性的假设。这支持它把重点放在未来，并不再强调冗长的评估议定书。然而，这种观点确实假设人们希望改变，易受影响，并且有能力开发新的和现有的资源来解决他们的问题。

解决方案聚焦疗法中问题的性质可以通过几个原则来概括（O'Connell，2005）。许多问题都是由于行为模式被强化而产生的。我们僵化的信念、假设和态度使我们无法注意到环境中的新信息，这些信息可以为我们的问题提供解决方案。也就是说，我们常常被我们习惯性的狭隘的观点所束缚，无法改变现状。事实上，看待任何问题或解决方案都没有"正确"的方式。

案主向社会工作者提出的大多数问题，可以在相对较短的时间内得到显著的改变（Elliott & Metcalf，2009）。这在很大程度上是因为改变在我们的生活中是不变的——无论我们是否承认，它总是在发生。在解决方案聚焦疗法中，症状性改变和潜在性改变之间没有区别——所有改变都是同等重要的。小的改变很重要，因为它们在任何系统中都会启动持续的改变过程。学习重新解释现有的挑战性情况，并获取有关这些情况的新想法和信息，有利于我们推动改变的进程。

在解决方案聚焦疗法中，干预的目标是让案主专注于他们的问题或挑战的具体解决方案，发现他们的问题的例外情况（当问题没有发生时），更加了解他们的优势和资源，并学会以不同的方式行动和思考。

四、评估和干预

（一）社会工作者/案主关系

在参与阶段，社会工作者试图通过接受（而不是解释或重新表述）案主对呈现的问题的看法（以案主自己的语言）来建立工作联盟。社会工作者通过沟通，说明他或她不具备解决问题的"特殊"知识，但渴望与案主合作，以寻求理想的解决方案，从而促进合作关系。从业者通过面向未来的问题在案主心中建立积极的情感和希望，例如："当我们在这里的努力取得成功时，您的生活会有所不同吗？"

由于强调短期干预和快速关注案主目标，解决方案聚焦疗法有时会因未能充分参与积极的社会工作者/案主关系的发展而受到批评（Coyne，1994）。也就是说，技术的快速应用可能会阻碍建立良好的工作关系，进而降低干预的有效性。针对这种担忧，一项研究比较了大学咨询中心案主在接受解决方案聚焦疗法或短程人际关系治疗时对"工作联盟"的看法（Wettersten, Lichtenberg, & Mallinckrodt, 2005）。在每次会谈结束后，都会根据案主的凝聚力、共同的任务和共同的目标对"工作联盟"进行评估。每个治疗组约有30名患者，研究发现，解决方案聚焦疗法从业者确实与他们的案主建立了一个工作联盟，尽管案主在治疗早期并不这样认为。

238

（二）评估和干预策略

在开始讨论解决方案聚焦疗法的细节之前，我们将概述以下过程：

■ 问题表达，包括案主对问题根源的看法、问题对案主的影响、案主迄今为止的应对方式以及案主已经尝试过的解决方案。

■ 在案主的参考框架内制定目标。

然后，在每一次会谈期间，社会工作者：

■ 探索例外情况。

- 参加任务制定（与社会工作者共同设计）。
- 提供会谈后反馈。
- 评估案主进度。

解决方案聚焦疗法的一个独特之处是，评估阶段和干预阶段之间没有重大区别。尽管需要对案主提出的问题进行调查，但在这一阶段，社会工作者提出的许多问题和意见都是为了启动改变过程。因此，读者应该记住，治疗的"阶段"之间的区别在某种程度上是人为设定的。下面介绍的所有技术均来自埃利奥特和梅特卡夫（Elliott & Metcalf，2009）、德容和伯格（Dejong & Berg，2008）、奎克（Quick，2008）、科科伦（Corcoran，2005），以及德·沙泽尔（de Shazer，1994，1985）。

评估阶段旨在收集与案主提出的问题直接相关的信息。社会工作者还通过讨论解决问题的价值来评估案主的动机水平。这可以通过一个非正式的**扩展练习**来实现，在这个练习中，社会工作者要求案主在 1～10 的范围内对他或她在解决问题上投入精力的意愿进行评估。如果案主的动机很低，社会工作者会向案主提出一个难题，即在这种情况下，问题情况如何才能得到改善。当然，任何问题都可以采用多种方式来描述或分解，案主可能更愿意解决问题的某些方面，而不是其他方面。例如，有一个青春期问题孩子的父母，可能更有动力改变他的学校行为，而不是他的游乐场行为。

通过**重新定义**发表评论和采取行动，社会工作者会对案主行为中与呈现的问题相关的积极方面给予肯定。这个策略还向案主介绍了一种新的方式来审视自己或问题的某些方面。例如，一个案主因为家庭问题而倍感压力，以至于无法入睡或无法工作，这可以归因于他关爱家人，以至于他愿意牺牲自己的幸福。社会工作者可能还会暗示案主在这个问题上工作太辛苦了，应该考虑与其他家庭成员分担解决问题的责任。社会工作者的目标不是欺骗案主，而是帮助案主减轻压力，提高处理问题的能力。从业者必须小心，不要通过使用夸张的恭维和重构来伪造案主的真实情况。相反，他或她应识别出真正的品质，这些品质是案主可能没有意识到的，但实际上却可以在问题情况下发挥作用。

在最初阶段，社会工作者会询问一些**增强应对能力的问题**，例如："到目前为止，你是如何处理这个问题的？""你最近做了什么有益的事情？"另一个**会谈前改变**问题是询问案主："从你预约到现在这段时间内，这个问题有什么变化吗？"针对似乎陷入悲观态度的案主所提出的问题可能会被表述为："听起来问题很严重。为什么没有变得更糟糕？你（或你的家人）采取了什么措施来防止事态恶化？"

如果合适的话，社会工作者会询问案主生活中与问题有关的其他人的期望行为，例如："当你不再关心他周末的行为时，你儿子会做什么？"如果案主不愿意参与评估，社会工作者会问一些有助于促进合作的问题，例如："你来这里是谁的主意？他们需要看到什么才能知道你不必再来了？我们如何才能共同努力实现这一目标？你能从把你送到这里的人的角度来描述你自己吗？"社会工作者试图通过与案主联合对抗外部胁迫来源来吸引案主。

　　在探索过程中，从业者将案主的问题**外化**，使之成为与人无关的东西，而不是在人的内部。这样可以给予案主更少的病态感和更大的控制感。例如，对于抑郁症，从业者关注的是环境中产生或维持案主负面情绪的方面。在案主必须应对身体疾病或残疾的情况下，社会工作者应该关注环境中抑制其应对能力的方面。社会工作者经常把这个问题拟人化（"抑郁跟你走得有多近？抑郁会一整天都陪伴着你吗？它曾经走开让你一个人待着吗？"），以强化一种观念，即它是一个独立于人的本质的实体。

　　然后，从业者探讨案主提出的问题的**例外情况**。这符合解决方案聚焦疗法的实践中的假设，即问题并不像案主所设想的那样普遍存在。这些问题启动了干预阶段，因为它们使案主产生了与解决方案有关的想法。这些问题有助于案主识别他们的优势，从业者通常会要求案主在这些"例外"期间做更多的事情。建议探索**最近的**例外情况，因为这些例外情况将更加突出案主的胜任感。以下类型的问题常用来寻求例外情况：

- "在过去问题不是问题的时候，有什么不同？"
- "有没有什么时候，你能够勇敢地面对问题，或者不被问题所左右？你是怎么做到的？你在想什么？什么时候发生的？在哪里发生的？那时候谁在那里？他们如何参与其中？你对这样做的结果的想法和感觉是什么？"
- "当症状没有发生时，你在做什么？"
- "你希望继续发生什么？"

240

　　鼓励案主定义自己的目标，然后从这一点出发，从业者与案主合作来实现这些目标。社会工作者可能会提出关于目标的其他观点，这些目标旨在使案主摆脱惯常的思维模式，并考虑新的想法。例如，如果案主希望"感觉不那么沮丧"或"体验更多快乐的情绪"，社会工作者可能会澄清案主"希望花更多的时间关注自己的兴趣"（如果这些被认为是优势）或"加入公民协会"（如果这被认为是可能的话）。所有目标都必须以具体的方式来表达，以便案主和从业者知道什么时候实现了这些目标。对社会工作者来说，重要的是将目标细化，或者将其分解为独立的单元，这些单元可以被积极地、具体地解决。对于每一个确定的目标，要求案主衡量其对他或她的总体幸福感以及与其他目标相关的幸福感的重要性。

　　如果案主在指定问题或任何例外情况下有困难，可以在对**奇迹问题**的回答之后制定干预任务（Dejong & Berg，2008）。案主被要求想象，在晚上睡觉的时候，呈现的问题消失了，但是他或她不知道它已经消失了。当案主起床并度过第二天时，他或她会注意到什么，从而提供问题解决的证据呢？社会工作者帮助案主报告具体的观察结果，不接受诸如"我会很快乐"或"我的妻子会再次爱我"这样的整体性评论。案主可能会回答说，他的妻子热情地和他打招呼，他吃完早餐也没有跟妻子和孩子吵一架。

　　在此必须强调的是，社会工作者在任何时候都不会建议案主在会谈间期执行特定的任务。案主总是有责任这样做。社会工作者帮助案主形成任务想法和备选方案，并在适当的时候支持某些任务，但始终由案主自己来选择任务。这是一个增强案主能力的过程，也是这个模型的核心原则。

案主对"奇迹问题"（如果使用的话）的回答提供了改变的指标，这些指标可纳入旨在在现实生活中达成它们的任务中。这些任务可以与案主的个人功能、与他人的互动或与资源系统的互动有关。它们基于现有的优势，或者案主可以开发的新优势和资源。通常，当问题没有发生时，案主会被鼓励做更多他或她正在做的事情。在每一项任务分配中，社会工作者都会预测潜在的失败和挫折，因为这些都是可能发生的，在最好的情况下也是生活的一部分，不应该被视为案主完全失败的迹象。

所有任务干预的目的都是**鼓励案主**以不同于以往的方式来**思考和处理**当前呈现的问题。案主可能仍然在很大程度上依赖他们现有的资源，但他们会以崭新的方式使用它们。值得注意的是，在许多情况下，社会工作者鼓励使用比以前更容易的替代方法来尝试解决问题，这似乎是自相矛盾的。这并不是要尽量降低人们面临的问题的严重性，而是要强调人们通常会更密集地应用相同的（失败的）想法来应对问题。例如，每天晚上在家里争吵的一对夫妇，在社会工作者的支持下，他们可能决定晚饭后在社区里散步，而不期望他们能解决家庭问题。他们的理由可能是，花一段安静的时间做一些新的事情，会以一种重要的方式重新连接他们。

在结束对干预策略的回顾之前，还需要强调另外两项技术。第一，**公式化的首次会谈任务**是在初始访问结束时分配给案主的任务。社会工作者说："从现在到下次我们见面期间，我希望你能观察生活中发生的你希望继续发生的事情，然后告诉我。"这是对案主的一种邀请，让他们以一种前瞻性的方式行事，而这项任务也可能影响案主对例外情况的思考。第二，**惊喜任务**是这样一项任务（不一定局限于初始阶段），即要求案主在下一阶段之前做一些事情，以积极的方式让与问题相关的另一个人（配偶、朋友、孩子、其他亲戚、雇主、老师等）感到"惊喜"。社会工作者将惊喜的性质留给案主。这项技术背后的基本原理是，无论案主做什么，都将"撼动"案主系统，使其脱离常规惯例，并可能在系统中启动崭新的、更积极的行为模式。

每次会谈都包括一个部分，从业者和案主在其中回顾治疗进展和任务结果。案主实现目标的进度是通过其在1～10连续体上的变化来衡量的。在设定目标的过程中，社会工作者会问，这个量表上的哪个点表示案主的目标已经圆满实现。在随后的每次会谈中，从业者都会要求案主指出他或她在量表上的位置，以及案主需要做什么才能在量表上达到一个更高的点。

在初次访问之后的所有会谈期间，社会工作者都会问"什么更好？"，从而再次引导案主积极思考，尽管应该鼓励案主同时报告积极和消极的进展。当案主能够发现改进的地方时，社会工作者会问：

- "为了维持这些改变，需要做什么？"
- "你可能遇到什么样的障碍，你如何克服它们？"
- "迄今为止从你所做的事情中你学到了什么？"
- "你学会了不去做什么？"

从先前对评估和干预策略的描述中可以明显看出，解决方案聚焦疗法涉及系统活动、案主优势、快速干预、各种以任务为导向的改变活动和短期工作。它还鼓励社会工作者进行创造性思考——这对我们中的一些人来说是一个挑战。社会工作者有机会与他们的案主一起开展独特的、与情况相关的干预活动。

（三）结束干预

在解决方案聚焦疗法中，从业者几乎从干预开始就关注结束，因为目标设定和解决方案发现会在短时间内引导案主走向改变。社会工作者每次和案主见面时，都会监控进度。事实上，社会工作者应该像对待最后一次会谈一样对待每一次会谈，并且每次都要求案主考虑他或她在接下来的一周内可以做的一件事，以便继续朝着目标前进。

一旦案主达到了他或她的目标，就可以设定新的目标，或者干预就会结束。结束的重点是帮助案主确定维持改变的策略，以及继续实施解决方案的动力。下面列出了从业者在干预结束阶段可能使用的问题示例（O' Connell，2005）。

- "你会做些什么来确保你不需要回来看我呢？"
- "你对执行行动计划的态度有多大自信？你需要有什么帮助才能坚持这个计划？"
- "你认为你最艰难的挑战是什么？"
- "你认为可能存在的障碍是什么？你将如何克服它们呢？"
- "如果再次遇到困难，你需要记住什么？"
- "对你来说，值得付出努力的好处是什么？"
- "谁能帮助你？你觉得谁可能会是一个问题？"
- "你会怎样提醒自己那些你知道有帮助的事情？"
- "你做了这么多改变，如果 6 个月后我在街上遇到你，你会怎样描述你自己的情况？"

从业者必须以合作的方式小心谨慎地结束干预，因为案主并不总是认为过程是这样的。在一项针对已完成解决方案聚焦治疗的夫妇的研究中，案主和从业者对所呈现问题的状态给出了不同的观点（Metcalf & Thomas，1994）。一些案主认为，干预结束得太早，从业者强迫他们这样做。研究人员得出的结论是，从业者不应该很快假设合作的质量，而应该经常询问案主是否得到了他们想要的东西。社会工作者还应该注意营造一个足够舒适的环境，让案主真诚地分享他们对这个过程的感受，包括希望进行更长时间干预的愿望。

五、灵性和解决方案聚焦疗法

请记住，解决方案聚焦疗法并不支持人类发展的特定概念，因此，除非服务对象提出此类要求，否则服务对象的灵性或存在问题不会成为社会工作者干预的重点，这也就不足为奇了。也就是说，案主的适当目标可能包括这些关注点，就像可能在这个面向未来的实践方法中包括任何其他关注点一样。在案主的带领下，社会工作者应该准备好解决灵性目标，并帮助案主制定与之相关的目标实现任务。

六、关注社会正义问题

解决方案聚焦疗法的一个突出特点是其以案主为中心的性质，这对社会工作者与案主的潜在社会正义活动具有积极的意义。解决方案聚焦疗法强调了案主的优势和案主访问资源与实施改变的能力。干预通常由针对案主特定情况的任务组成，这些任务可以实现案主的社会正义目标。社会工作者必须做好准备，帮助案主获取所需的信息、服务和资源，如果这些活动与案主的目标有关，则必须开展社会变革活动。从业者不会发起相关活动，但会在这方面响应案主。这种疗法适用于各种各样的问题，这些问题可能包括贫穷、失业、歧视和其他形式的社会不公正。最后，由于解决方案聚焦疗法强调理解案主对自己和他们的世界的看法，解决方案聚焦疗法的干预措施使得社会工作者能够了解与案主呈现的问题相关的压迫和文化及种族多样性问题。

244

七、案例说明

（一）记日志者

费利西娅（Felicia）是一名 23 岁的单身白人女性休闲治疗师，她通过社会工作者援助计划来询问社会工作者。她有一个迫切的要求：她需要克服自己无法表达对男人的感情的问题。费利西娅报告说，她现在的男朋友要求在下个周末（四天后）见她，她怀疑他会和她分手。他最近一直在抱怨她似乎并不关心他，而实际上，费利西娅对这段关系有着很深的投入。

费利西娅解释说，她一直有一个问题，即无法向男人表达爱意。这常常破坏了她与年轻男人交往的机会。每当她关心一个男人的时候，她就会张口结舌，避免亲密的谈话。因为她生性安静，男人们把她的沉默理解为冷漠，不去追求这段感情。费利西娅在这种情况下很伤心，但在这个问题上一直没有取得任何进展。与此同时，费利西娅有很多亲密的女性朋友，而且与她们的交流没有任何困难。社会工作者没有察觉到费利西娅的外表或举止会使男人或女人反感。她聪明伶俐、有趣、时髦，而且能清楚地表达自己的感情。

克里斯蒂娜（Cristina）今年29岁，已婚，是一名拉美裔社会工作者，她问费利西娅，这么多年以来是否遇到过与潜在男朋友无法沟通的例外情况。她想不出任何事情，但她描述了她认为的她的问题的根源。她的父亲是一个专横跋扈、不善表达的人，他会因为两个女儿表现出任何情绪而惩罚她们。通过她母亲的榜样，费利西娅学会了更多地表达对女人的感情。克里斯蒂娜赞赏费利西娅愿意披露这一信息，但表示，这与她们的工作关系不大。她目前的能力和资源应该足以实现她的目标。

继续寻求例外的主题，社会工作者意识到口头交流不是向他人表达感觉的唯一方式，因此询问费利西娅是否能够以其他方式表达。费利西娅想了想，回答说她是一个很好的作家。她可以很好地用文字表达自己，因为在那个时候她是一个人，她可以仔细考虑她想说什么。事实上，她已经写了好几年的日记了。克里斯蒂娜问费利西娅是否曾经写信或与男人分享过她的任何文书。她并没有这样做过，但这个想法促使她进一步思考自己作为作家的优势。

费利西娅决定，如果男朋友事先知道了她的感受，她也许就可以和他口头交流她的感受。她可以先给男朋友写一封信，表达自己的一些想法。在信的结尾，她会说她想在周五继续他们的约会，讨论信中的内容。社会工作者支持费利西娅的计划，并称赞她在制定这一策略时的创造力。她们同意一周后会面，讨论这个过程。克里斯蒂娜提醒费利西娅，这封信可能有助于实现她的目标，也可能无助于实现她的目标，她不应该认为这是一个"确定的事情"。也许还有其他方法可以利用费利西娅的优点来实现她的目标。

一周后，费利西娅报告说，这封信完美无缺。她觉得写这份五页的信件很舒服，只是在将它放入邮箱时略微有点担心。她的男朋友看完信后给她打了电话，说他非常欣赏她的来信，而且他很高兴在接下来的一天见到她。约会进行得很顺利，他们的关系还在继续。费利西娅补充说，自从她和男朋友打破了坚冰，口头上分享她的感受就变得更容易了。

对于这项任务来说，这是一个很好的结果，费利西娅接下来说的话也让社会工作者感到惊讶。她对和男朋友发生的这件事感到很满意，于是她决定给父亲写一封信，表达对他多年来对待她和她妹妹的方式的愤怒，并要求他亲自和她谈谈这件事。他同意了，费利西娅和他一起度过了一个下午。她父亲对费利西娅所说的话感到非常不安，但回应时却充满了同情心。费利西娅说，她打算继续和她爸爸讨论家庭问题。似乎在一周之内，她就利用现有的个人优势，成了一名有效的沟通者。

社会工作者给了费利西娅一个机会，让她可以选择多回来几次，这样就可以监督她的进展，但她拒绝了这个提议，说她已经实现了自己的目标。作为结束过程的一部分，克里斯蒂娜向费利西娅提出了一系列问题，以帮助她展望如何维持自己的成就。例如问费利西娅，她对继续采取提高口头表达能力的策略有多自信。案主回答说，因为这个策略是有效的，所以当她觉得无法进行口头交流时，她会继续使用这个策略。她还计划定期在日记中反思自己与男性和女性进行清晰沟通的能力。

克里斯蒂娜接着要求案主考虑一下，在追求人际关系上的成功时她可能会遇到什么障碍，以及她如何处理这些障碍。费利西娅很快承认，她不确定在与男友和父亲争吵期间和之后，她的"口头表达信心"是否能够维持下去。她计划在这些情况下使用信件，因为写信策略已经被证明是成功的，她也会更公开地与她的好朋友讨论这些问题。费利西娅还计划阅读更多有关人际关系的书籍。她把语言交流看作一种需要练习的技能。

社会工作者的最后一个问题是："你做了这么多改变，如果 6 个月后我在街上遇到你，你会怎样描述你自己的情况？"费利西娅告诉社会工作者，她正在继续学习她的沟通技巧，拥有更多的男性朋友（除了她的男朋友），并经常与父母联系。她将不再觉得自己的人际关系不够好，并且能够解决与朋友之间的分歧。克里斯蒂娜祝贺费利西娅取得了成功。

（二）青少年母亲

246

两年前，布伦达（Brenda）第一次引起了学校社会工作者的注意。当时她是一个 15 岁的高中新生，经常逃学。她的社会工作者莎妮卡（Shaniqua）是一名 23 岁的非裔美国女性，她后来得知，布伦达也因几次轻罪而受到警方的指控，偶尔还会离家出走。她的母亲多丽丝（Doris），一个 33 岁的单身母亲，从事计算机编程工作，她说布伦达不会遵守最低限度的家庭规则，在她母亲离开的时候举办派对，缺乏个人责任感，和"坏人们"待在一起。布伦达的父亲下落不明。莎妮卡在与这位年轻女孩的交往中取得了有限的成功，但她母亲一直对解决她们的问题很感兴趣。当布伦达开始更加稳定地上学时，莎妮卡的干预就结束了。

在本次干预中，布伦达已经成为一位 17 岁的单身母亲，有一个刚出生的女婴。怀孕后，她再次出现了逃学的问题，现在她处在县儿童服务机构的监督之下。布伦达怀孕期间一直住在家里，但自从婴儿出生后，多丽丝对她越来越恼火。布伦达很爱她的宝宝，但对满足孩子的基本需要却没有表现出始终如一的关心。布伦达希望母亲能够照顾孩子，而她自己则维持社交生活。多丽丝相信布兰达再次面临着触犯法律的危险，尽管她不确定女儿是如何度过她的时间的。多丽丝对这一状况感到非常痛苦，她因为旷工和工作表现不佳而丢了工作，现在只能依靠公共福利救助生活。家庭教会的一名成员观察到家庭状况的恶化，因此将她们转介给儿童服务机构。

尽管多丽丝非常关心婴儿的健康问题，但是她却没有精力为她提供全面的照顾。此外，在过去的两个月里，她曾四次把布伦达和婴儿赶出家门。她认为母亲们必须照顾自己的孩子，而她不愿提供一个让布伦达可以逃避对自己孩子承担责任的环境。她们在附近有一个大家族，布伦达和孩子在她的姑姑、叔叔、表亲和朋友家里住了很短一段时间。多丽丝最终允许布伦达回家，但这一循环仍在继续。教会的一些成员正在向多丽丝施加压力，要求她让布伦达待在家里，直到可以做出其他合适的安排。

多丽丝愿意参与学校和儿童服务机构提供的干预，但是她的热情不如两年前了，因为她感到抑郁，对女儿一直感到沮丧。布伦达则几乎不愿意投入任何干预之中。她大部分的情感和母爱支持依赖于她的朋友和亲戚圈。

在学校威胁要对她不上学采取法律行动后，布伦达才同意进行家庭会谈。在第一次会谈中，现年 25 岁的莎妮卡花了很多时间来感受每个案主的观点。她指出了每个人的长处，包括多丽丝作为单亲母亲的韧性、她对女儿和孙女的关心、她那扎实的工作历史和工作愿望，以及她对适当养育子女的良好判断。她补充说，多丽丝有很好的应对技巧，但可能是想做太多，超过一个人可以合理管理的能力。她似乎忽视了自己的需要。反过来，莎妮卡又指出，布伦达照顾她的孩子，有良好的社交能力，身体健康，善于学习，并且乐于接受帮助，使她的生活更有条理。布伦达在家的时候，似乎对孩子的需要也有很好的判断力。莎妮卡分享了她对这个家庭社交网络的美好感受，包括她们在教堂和社区的朋友。

社会工作者通过形成一个主题来具体化呈现的问题，这个主题是两个新元素进入了他们的生活：一个新生婴儿和"混乱"。她说，婴儿出生是令人兴奋的变化，而混乱则是让人精疲力竭的变化。她们都想要留住小宝宝，但需要想办法利用她们的资源来摆脱"混乱"。当她们讨论目标时，莎妮卡问布伦达，她如何才能帮助其他人"摆脱她制造的麻烦"，以及改善她和她母亲的"相处方式"，这是布伦达优先考虑的问题。多丽丝对布伦达提出的目标更为广泛，主要是承担更多的家务和育儿责任。关于她自己的目标，多丽丝希望在周末工作，并且能够有一些休闲时间。

社会工作者要求布伦达和多丽丝"衡量"她们解决问题的动机，结果得到了中到高分。最后莎妮卡问多丽丝和布伦达，当社会工作者不再被要求参与其中时，她们的生活会是什么样子。多丽丝说她会一直工作，知道布伦达在哪里，每天都有一部分时间让布伦达回家。布伦达说，她不必与机构打交道，不必上学，有一份兼职工作，每周有几个晚上可以见到朋友。布伦达补充说，她将会与母亲相处得更好。在这种情况下，莎妮卡并没有提出奇迹问题，因为案主对上述问题的回答为面向解决方案的任务提供了许多选择。莎妮卡告诉多丽丝和布伦达，在这之后以及所有会谈中，她都会要求她们找出一些她们没有经历过她们所面临的问题的生活状况。这些谈话有助于她们专注于在没有争吵时的互动能力，布伦达更仔细地安排她的时间来照顾孩子，而多丽丝则为自己腾出一些时间。

在第三次会谈中，布伦达提到她对上职业学校很感兴趣，因为她想找一份工作来替代上高中。案主提到她对做牙科助理很感兴趣，但不确定这是不是一个可以实现的目标。多丽丝支持这个目标，如果布伦达同意在所有工作日晚上都留在家里陪孩子。莎妮卡主动提供了有关该地区职业教育的信息，以便与这家人分享。在另一个话题上，多丽丝考虑了表兄弟姐妹帮助布伦达转变为人父母的可能性，以便她能更定期地寻找工作。莎妮卡建议，如果能够以一种主动方式而不是被动方式来完成，他们可能愿意提供帮助。多丽丝同意了，并说他们也可以帮助她（多丽丝）获得工作机会。多丽丝对任务的想法之一是找几个朋友和她的牧师，以请求他们在开始求职和周末社交活动方面提供一些指导。

在接下来的几个星期里，案主们参加了会谈期间制定的这些和其他任务。莎妮卡要求案主每周执行一项"惊喜任务"，这是一项令对方满意的意外任务。社会工作者的评估是，两人在愤怒之下有一种积极的联系，而突如其来的任务可能会加强她们之间的联系。这个策略被证明是有用的。例如，有一天布伦达给在床上的母亲端早餐，多丽丝则给布伦达织了一件毛衣。

六次会谈后，干预结束。布伦达正在申请该地区的职业学校，并定期上高中。她开始承担一些家务活，并越来越重视养育孩子的任务。多丽丝仍然没有工作，但她和朋友们交流得更多，同时在寻找工作。布伦达有时会和亲戚住在一起，但这些都是事先安排的拜访而并非"混乱"，因此受到了欢迎。两位案主都对自己的目标实现水平表示满意。

八、有效性的证据

大量的实验、准实验、单一受试者和实验前设计提供了解决方案聚焦疗法在个人、夫妇、家庭和群体层面上对各种案主群体的效用的证据。最近，富兰克林、特雷珀、金格里奇和麦科勒姆（Franklin, Trepper, Gingerich, & McCollum, 2012）出版了一本书，肯定解决方案聚焦疗法在以下方面应用时具有有效性：家庭暴力、精神病患者的药物依从性、儿童保护、学校社会工作、青少年怀孕和为人父母，以及酗酒等。解决方案聚焦疗法也适用于儿童，泰勒（Taylor，2009）在将它与沙盘干预相结合时回顾了它的有效性。

这一模式得到了各种其他值得注意的评价。在澳大利亚的一家儿童和青少年心理健康诊所中，从业者使用一个 2 小时的单疗程解决方案聚焦疗法干预模型进行实验（Perkins，2006）。216 名研究参与者（5～15 岁）被诊断为亲子关系问题（26.6%）、对立违抗性障碍（17.9%）、焦虑症（8.7%）、ADHD（8.2%）、适应障碍（8.2%）、未另行规定的破坏性行为障碍（6.8%）和分离焦虑障碍（3.9%）。案主接受了解决方案聚焦疗法干预，包括评估、家庭教育、对以前尝试的问题解决方案的检查，以及一系列新任务和策略。与对照组（候补名单）相比，治疗 4 周后，所有结果指标均显示患者有显著改善。

一位解决方案聚焦疗法私人从业者的 277 名案主的数据，经由一位外部研究人员分析，表明有情绪障碍的案主参加了 4.14 次解决方案聚焦治疗后，其中 60.9% 部分或大部分解决了他们的问题（Reimer & Chatwin，2006）。那些出现关系问题的案主平均参加了 2.34 次会谈，其中 76% 的案主部分或大部分解决了他们的问题。

金格里奇和艾森加特（Gingerich & Eisengart，2000）对解决方案聚焦治疗结果研究进行了一次重要的文献综述，回顾了当时所有的 15 项对照研究。五项关于抑郁症、亲子冲突、矫正康复、监狱惯犯、反社会青少年罪犯的"控制良好"的研究均显示出积极的结果。其中四项研究显示解决方案聚焦疗法比对照性干预或不干预更有效，还有一项研究显示该疗法与对照性干预效果相当。四项"中度控制"的研究，包括对有学业、个人和社交问题的高中生进行辅导，对中小学生进行分组干预，对抑郁和对立行为进行矫治，对夫妇进行干预，虽然方法上有局限性，但产生的结果与解决方案聚焦疗法的实效性一致。其他六项"控制不良"的研究（关于酗酒问题、精神分裂症家庭环境、亲子冲突、儿童福利、有行为问题的学龄儿童以及抑郁/药物滥用）也报告了积极的结果。

至少有三项研究侧重于普通成人门诊人群，但没有具体说明出现的问题的性质。在大学咨询中心对 83 名接受解决方案聚焦治疗的案主进行的一项测试前/测试后研究中，82% 的案主根据个性化量表报告获得问题解决方案，平均为 5.6 个疗程（不包括脱落者）（Beyebach et al.，2000）。在另一个地点对 36 名心理健康机构案主进行了一年的随访，结果显示，64% 的参与者获得了持续的积极结果（MacDonald，1997）。另一家门诊机构的研究人员报告说，129 名接受解决方案聚焦治疗的患者，在治疗间期取得了进展，而这是该模型的一个主要关注点（Reuterlov，Lofgren，Nordstrom，Ternston，& Miller，2000）。

干预措施对夫妇和家庭团体成员都有效。一项针对 12 对艾滋病毒血清不一致夫妇心理教育小组的准实验研究（其中包括作为更广泛的干预方案的一部分的解决方案聚焦治疗）表明，参与者的抑郁感明显降低，焦虑感降低，婚姻满意度提高（Pomeroy，

249

Green，& van Laningham，2002）。一项针对 5 对有婚姻问题的夫妇、采用多基线单受试者设计的研究报告，10 名参与者中有 8 人达到了更高的婚姻满意度和各种其他个人目标（Nelson & Kelley，2001）。一项针对 23 对夫妇的准实验对照研究——他们参加了一个专注于婚姻问题的为期 6 周的解决方案聚焦治疗小组——发现，成员在各种问题领域的适应能力有了显著改善，但离婚的可能性却没有显著提高（Zimmerman，Prest，& Wetzel，1997）。一项为期 6 周的针对青少年父母（N＝530）解决方案聚焦治疗小组的实验研究发现，参与者在育儿技能方面取得了显著的进步（Zimmerman，Prest，& Wetzel，1997）。梅特卡夫（Metcalfs，1998）有关团体解决方案聚焦疗法的著作提供了模型应用的其他示例。

250　　　　以下两项研究包括了团体模式之外的家庭。一项为期 10 次的家庭治疗干预研究（包括被随机分为 3 个治疗组的 45 个家庭）证明了解决方案聚焦疗法中"公式化的首次会谈任务"在随后的家庭依从性、治疗目标的明确性和问题解决方面的有效性（Adams，Piercy，& Jurich，1991）。然而，干预后两组在家庭结局和乐观情绪方面没有差异。另一项针对 22 名精神分裂症患者及其家属的实验研究，包括在 10 周内的 5 次治疗中提供的解决方案聚焦疗法的干预措施，报告了两组在表达能力、积极娱乐取向、道德宗教信仰和家庭一致性上的显著差异（Eakes，Walsh，Markowski，& Cam，1997）。

　　　　一些研究集中在儿童和青少年身上。一组研究人员采用单受试者设计，发现对 7 名 10～13 岁的学习障碍和课堂行为问题儿童进行 5～10 次解决方案聚焦疗法的干预，可以有效地解决他们的主要行为问题（Franklin，Biever，Moore，Clemons，& Scamardo，2001）。一项对 136 名儿童（5～17 岁）进行的更大规模的测试前/测试后研究表明，解决方案聚焦疗法的干预措施提高了学习水平、活动水平和自我形象（Corcoran & Stephenson，2000）。关于案主的行为问题，结果好坏参半。

　　　　有两项针对处于保护性环境中的青少年的研究已经完成。在拘留中心对 21 名罪犯进行的一项实验研究表明，10 次针对个人的解决方案聚焦疗法的干预行动减少了案主的药物滥用和反社会倾向，增加了他们的同理心、适当的内疚感和解决问题的能力（Seagram，1998）。在一个居住中心，39 名 7～18 岁的精神和情感障碍青年接受了解决方案聚焦治疗，结果表现出适应行为的增加和不良行为的减少（Gensterblum，2002）。

　　　　对各种特殊人群的研究也发现了有趣的结果。一项研究收集了 74 名年龄为 65～89 岁的老年人的测试前和测试后数据，这些老年人接受了基于解决方案聚焦疗法的门诊心理健康服务，以治疗抑郁、焦虑、婚姻窘迫和慢性病相关压力。结果显示，案主的功能评分有显著提升（Dahl，Bathel，& Carreon，2000）。一个包括解决方案聚焦疗法在内的七阶段危机干预模型在另一个环境中与三个依赖物质的独立个体合作时被证明是有效的

（Yeager & Gregoire，2000）。一项对 52 名患有抑郁症的心理健康机构案主进行的测试前/测试后对照研究表明，实验组案主获得了明显更高的希望水平，但两组之间的抑郁量表得分没有差异（Bozeman，2000）。在一项针对青少年的矫正调整计划中，48 名患者被分为两组，其中一组接受解决方案聚焦疗法的干预。两组患者均表现出对自身状况的更强的适应性（Cockburn，Thomas，& Cockburn，1997）。

九、对治疗的批评

251

对解决方案聚焦疗法的主要批评暗示，这种治疗是肤浅的，剥夺了患者深入探讨其存在的问题和相关情绪的机会（Lipchik，2002）。例如，它鼓励案主"积极思考"可能会导致案主否认或最小化问题。如果案主认为社会工作者不重视问题，他们可能会感到沮丧，无法分享关于当前问题的重要信息或负面情绪。一些案主可能也会强烈地希望，运用与解决方案聚焦疗法不兼容的方式解决问题（例如探索他们的家庭背景和发展洞察力）。当然，解决方案聚焦疗法的支持者总是鼓励案主考虑关于人类行为和改变性质的其他观点。最后，一些批评者担心，这种方法的原则可能会给初学的从业者留下一种错误的印象，即干预比实际情况可能要"更容易"。

尽管如此，许多不认同解决方案聚焦疗法的从业者仍然认为采用它的一些原则是有价值的，这表明它们可以与其他模式结合在一起，而不一定存在于其他模式之外。解决方案聚焦疗法的治疗原则可以促使社会工作者重新考虑花费在讨论案主过去、现在和未来的时间；鼓励在问题探索中"卡住"时使用缩放技术；再次关注案主的应对策略，以纠正问题偏差；并且要注意不要培养案主的依赖性。

十、总结

解决方案聚焦疗法是一种实践模式，自 20 世纪 80 年代以来，这种模式一直在稳步普及。它的原则来源于危机、认知、系统和沟通理论，以及短程实践。它**特别**注重优势。目前正在做很多工作来测试解决方案聚焦疗法的有效性；将来，它的主要概念可能会变得更加完善，其应用范围也会更加明确。解决方案聚焦疗法似乎完全适合当前的直接实践经济学，它是少数以任务为中心、本质上是短程的方法之一。虽然对于许多类型的案主来说，解决方案聚焦疗法是一种有效的干预模式，但使用它的社会工作者还必须具备知识和技能，能够与案主联系，评估他们的动机，精简适合当前情况的目标，并应用健全的专业判断，以带来持久的解决方案。

十一、讨论的话题

1. 解决方案聚焦疗法的从业者认为，案主的解决方案不需要直接与他或她的问题联系在一起。你同意吗？与呈现的特定问题相关的干预措施是否可能更有效？

2. 当问题外化时，社会工作者是否需要冒风险帮助案主避免承担责任？

3. 解决方案聚焦疗法的"不知道"技能如何与社会工作者应该在理解问题的性质和如何发展方面拥有专业知识的观念相吻合？

4. 为什么解决方案聚焦疗法如此强调赞美？在了解解决方案聚焦疗法之前，向你的案主提供三个"新"的赞美。这些会加强你的干预吗？

5. 讨论从业者可能使用的各种策略，以帮助案主发现他们当前问题的例外情况，以及基于某些持续性行为的解决方案。以你和你的同学感兴趣的案主类型为例。

十二、课堂活动/角色扮演的设想

1. 学生应该配对，一个扮演社会工作者，另一个扮演案主。每个"案主"都应该被分配一个不同的呈现问题。当社会工作者清楚地确定了问题的性质后，他或她会提出"奇迹问题"，并帮助案主尽可能具体化地回答问题。在角色扮演之后，学生们可以分享什么对完成任务有帮助，以及案主明确表达的目标。

2. 一个10岁的孩子（男孩或女孩）拒绝上学（四年级），因为他或她担心刚离婚的单身母亲留在家里照顾一个更小的孩子（2岁）。描述解决方案聚焦疗法可能会如何使用。

3. 使用任何类型的案主并提出问题，要求学生扮演终止会话的角色，在该会话中，案主对自己避免问题再次发生的可能性感到不确定。社会工作者应该使用面向未来的问题来帮助案主解决不确定性的问题。

十三、治疗大纲

焦点	问题的解决方案或例外情况
主要倡导者	伯格，科科伦，德·沙泽尔，埃利奥特，梅特卡夫，利普奇克，韦纳-戴维斯
起源与社会背景	简短治疗的发展 危机理论 社会工作中的系统理论 沟通理论（语言的使用） 优势视角的崛起 社会建构主义
个人的本性	人们从他们的经历中创造意义 人们想要改变 人们有足够的资源来解决大多数问题
主要概念	语言在塑造人的现实中的力量 弱化问题谈话 强调解决方案
发展的概念	无
问题的性质	问题是由于行为周期被强化而产生的 人们被狭隘、悲观的问题观所束缚 没有一种"正确"的方式来看待问题或解决方案 问题并没有想象中那么普遍 问题可以在不了解原因的情况下解决 问题在系统中不起作用 僵化的信念和态度会阻止人们注意到新的信息
改变的性质	改变是不断的 改变可以通过重新解释情况和填补空白信息而发生 改变可能是行为上的，也可能是知觉上的 症状性改变和结构性改变之间没有区别 改变受制于自我实现的预言 小改变可以滚雪球而成为大改变 快速改变是可能的

253

干预的目标	专注于问题的解决方案 帮助案主以不同的方式行动或思考 突出案主优势和资源 识别例外情况
社会工作者/案主 关系的性质	社会工作者是合作者 案主定义目标；社会工作者帮助案主选择可以实现的目标和策略 社会工作者肯定案主对问题和解决方案的看法 社会工作者传达改变的可能性

干预的原则	规范化问题
	赞美（关注积极的方面）
	确立挑战问题的价值
	提供对思考、感觉和行为方式的不同看法
	使问题具体化（重新定义）
	"相对影响力"量表
	询问奇迹问题
	任务干预——做更多案主在问题没有发生时正在做的事情
	鼓励案主以不同的方式思考和行动
	    诉讼模式
	    上下文模式
	    "惊喜任务"
	    公式化的首次会谈任务
	建议尝试比先前的解决方案更容易的替代方案
	预测挫折

评估的问题（可用 于干预）	到目前为止，案主是如何处理他或她关注的问题的？ 案主的整体生存策略是什么？ 案主能够面对问题或不受问题支配的程度和频率怎么样？ 案主如何知道问题何时解决？ 与过去问题不存在时有什么不同？ 当症状没有出现时，案主在做什么？ 案主希望继续发生什么？ 自案主安排第一次预约以来，发生了什么变化？

第十一章

动机访谈和增强治疗

> 塔顶的钟多么沉静，
> 直到，它们与天空一起鼓胀，
> 随着银色的脚步
> 跃出疯狂的节奏!*

　　动机访谈和增强治疗是一种以案主为中心、通过探索和解决案主的矛盾心理来增强改变问题行为动机的指导性方法（Miller & Rollnick，2013；Wagner & Ingersoll，2012）。**动机访谈**（motivational interviewing，MI）是一套与案主交谈的策略，以帮助他们解决他们在解决问题时的矛盾心理，而**动机增强治疗**（motivational enhancement therapies，MET）是一套完整的干预措施，建立在案主对实现特定目标的矛盾心理的解决之上。与以解决方案为中心的疗法一样，动机增强并不代表一个单一的理论观点，而是使用了各种来源的概念。在过去的 25 年里，它已经成为一种非常流行的方式，它可以吸引那些不愿意或者没有动力去解决那些被重要他人（如果不是案主自己）认为是严重的问题的案主。不情愿（勉强）的案主给几代的公众服务从业者带来了特殊的挑战（Kindred，2011；Rooney，1992）。MI 和 MET 最初被用于药物滥用的治疗，现在被用于其他类型的问题，例如饮食失调、青少年行为问题、一般卫生保健问题、身体缺乏运动、吸烟、糖尿病、艾 滋病毒感染高危行为、药物依从性、家庭保护、性侵犯和疼痛管理。MI 是一个简短的过程（四次或更少），动机增强干预虽然有时较长，但也有时间限制。在这一章的大部分时间里，我们将关注与动机访谈相关的概念，并在干预部分详细阐述相关的增强治疗。

---

　　* Dickinson，E.（1927）. *The Pamphlet Poets*. New York：Simon and Schuster.

因为动机访谈和增强治疗是相当新的，并且是从几种理论角度衍生而来的，所以以下部分将介绍其主要概念。

一、起源、社会背景和主要概念

动机访谈来自威廉·米勒（William Miller）和一些同事的工作，他们对药物滥用从业者所经历的挫折做出了回应，这些人无法激励他们的许多案主改变或看到问题的严重性（Miller & Rollnick，2013）。当时（20世纪80年代），该领域的干预往往是高度对抗性的。从业者依靠医学模型来确定问题，并采取权威的立场，认为案主有问题，需要改变。他们提供直接的建议，并对不遵守的行为采取惩罚措施。据说，为了打破案主普遍存在的对药物滥用的否认，对抗是必要的。即便如此，许多案主并没有从这些干预措施中获益。

米勒从他自己的个人咨询风格（Draycott & Dabbs，1998）、以人为本的治疗（PCT；见第三章）、认知失调理论（Festinger，1962）和跨理论阶段的改变模型（Connors，Donovan，& DiClemente，2001；Prochaska & Norcross，1994）中得出动机访谈的原则。尽管PCT和动机访谈都依赖于从业者对共情的使用，但二者之间有着关键的区别。PCT是非指导性的，并且在整个过程中使用共情；而MI寻求增强案主改变的动机，并**选择性**地使用共情来实现这一目标。此外，PCT探索案主"此时此刻"的感受和冲突，而MI则培养和放大案主的认知不和谐体验，从而激发改变的动机。

认知失调理论认为，一个人不能同时持有两种不相容的信念（Cooper，2012）。当我们面对与坚定信念相矛盾的环境输入时，我们需要采取一些措施来协调这种差异，以避免焦虑。例如，那些不能抗拒爱抚小孩的冲动，但又相信孩子不应该受害的恋童癖者，可以通过决定某个孩子"需要爱"来解决这种认知不协调。解决认知不协调的过程通常发生在一个人的意识之外，尽管一个"客观的"局外人（如社会工作从业者）通常能够识别它。

矛盾心理可以理解为一种轻微的认知失调，因为我们无法在两种不同的信念或目标之间做出选择。我们所做的决定，无论是重大的还是微小的，很少能完全不受思想冲突的影响。当我们决定是否接受一份特定的工作时，我们可能会经历痛苦的矛盾心理，但当我们决定是否接受邀请参加一个我们不太熟悉的人参加的聚会时，这种不确定感也会出现。在动机访谈中，从业者帮助案主解决这种矛盾心理，希望能够朝着增强案主改变（例如获得某种工作）愿望的方向发展。如果这一目标成为主导的认知，案主的其他想法和行为将更容易与之一致。

动机访谈的另一个主要影响是"跨理论阶段的改变"（TSOC）模型，该模型旨在认识和解决许多药物滥用者不愿改变行为的问题。TSOC提供了一种替代方法，如果案主表示缺乏改变的准备或意愿，则可以将其视为抗拒、拒绝或不合作。它将动机视为一种改变的**准备状态**，并建议所有人在改变行为时都遵循一个可预测的过程。TSOC 制定了以下六个改变阶段：

- 预想——这个人不认为自己有问题，也不愿意改变，尽管其他人认为他或她可能有问题。
- 沉思——这个人正在考虑改变一种行为，因为他或她看到了（比如）停止饮酒可以获得显著的好处，即使他或她还在继续饮酒。
- 准备——这个人准备在接下来的一个月内改变问题行为，并为此制定策略。
- 行动——这个人实施了行为改变计划（例如去戒毒所了）。
- 维护——持续行为改变达到 6 个月。
- 复发——这个人恢复了问题行为。

TSOC 模型可能看起来很简单，但是作为采取干预措施的指南，它显著地改善了药物滥用者的治疗过程。该模型还针对其他种类的行为表现问题进行了测试，例如饮食变化（Armitage，2006）、男性殴打行为（Scott & Wolfe，2003）以及吸烟（Rosen，2009），并被发现在很大程度上（但不是完全）能作为案主改变的有效预测因素。动机访谈主要集中在处于改变的前三个阶段的案主身上，而动机增强治疗则引导案主通过第四和第五个阶段。

合作，而不是对抗，是动机访谈和增强的标志。事实上，在这种观点下，对抗被视为一种只会加剧案主抵抗的策略。动机性干预"回避"否认，而是强调反思性地倾听案主的担忧，并支持有关改变的对话。这被定义为在谈话中强调以下内容： *258*

- 现状的缺点。
- 改变的好处。
- 对改变的乐观。
- 改变的意图。

动机访谈也与匿名戒酒者小组的原则形成鲜明对比，匿名戒酒者小组是一种主流的治疗模式，要求人们给自己贴上酗酒者的标签，承认自己对酒精的无能为力。动机访谈淡化了标签的使用，强调案主和从业者之间更多的非等级合作关系，以及自我效能感的发展，使案主能够培养改变的信心。

动机访谈与动机增强的基本原则

动机访谈的假设可以概括如下：

- 改变的动机来自案主，而不是外界强加的。
- 案主制定与某个问题相关的改变的动机常常受到矛盾心理的阻碍。

- 案主的任务是清晰地表达并解决他或她的矛盾心理。
- 直接说服不是解决矛盾心理的有效方法。
- 改变的意愿是人际互动的产物。
- 从业者的评论对于检查矛盾心理很有用。

动机访谈的**原则**，在这里先简单陈述，稍后将详细描述，包括以下四种从业者干预：

- 表达同理心，以促进坦诚对话。
- 在案主的现实处境和理想状态之间发展差异（从案主的角度来看）；让案主自己提出改变的理由。
- 化解抗拒；避免争论。
- 支持自我效能感，使案主相信改变的可能性。

杰奎琳·科科伦（Jacqueline Corcoran）是一位杰出的社会工作者，她写过关于动机访谈的文章（2005）。为了应对专业中基于优势的实践模型的明显不足，她开发了一种干预模型，其中包括解决方案聚焦疗法、动机访谈和认知行为疗法。

259

二、问题和改变的性质

动机访谈不包含关于问题如何发展的独特观点。然而，由于这种方法并不强调无意识的心理过程，它对问题性质的看法和认知与行为理论以及解决方案聚焦疗法的观点是一致的。它的注意力集中在如何发生变化上。为了改变，案主必须**学习**（看到改变的重要性）、**有能力**（对改变有信心）并且**准备好**（优先考虑改变）。此外，动机访谈还假设：

- 改变可以很快发生。
- 社会工作者的特征对改变过程具有重要意义。
- 主张改变会增加改变发生的可能性。

改变发生的主要原因是，案主认为问题行为的缺点大于优点，同时，改变后的行为的优点大于缺点。如果一个人的妻子每个周末都抱怨他，那么他可能会认为他的婚姻比他需要以那种特殊的方式缓解压力更有价值。改变的另一个关键是案主建立自我效能感，这样他就会相信他自己有必要的资源来进行改变。这个案主可能需要发现，还有其他方法可以有效地消除他的焦虑。

在动机访谈中，最初的干预目标是在案主不愿意改变的时候建立他们的动机，而不是专注于实际的行为改变。因此，案主对（所谓的）问题的感知是社会工作者早期关注的焦点。随着工作进入 TSOC 模型的行动阶段，案主行为成为动机增强治疗的干预目标。

三、评估和干预

（一）社会工作者/案主关系

动机不是一个人稳定的内在品质，而是受到从业者和案主之间互动的影响（Killick & Allen，1997）。因此，帮助关系的背景被高度重视。社会工作者最初试图通过反映性倾听来理解案主关于所呈现问题的参考框架。他或她确认案主观点的有效性和案主在处理情况时的选择自由。然后，从业者会引出并选择性地强化案主对问题的自我激励陈述。社会工作者寻求在案主当前的改变阶段吸引他们，以建立他们的动机，并扩大他们所表现出的关注点和优势。鉴于这种强调，案主**阻力**是一个无效的概念。一个更合适的术语是案主**阻抗**，它旨在捕捉案主对案主/社会工作者交互目的的不确定性的正常、可预测的反应（Hepworth，Rooney，Rooney，Strom-Gottfried，& Larsen，2012）。"阻抗"也可以被定义为一种远离某种特定改变的语言信号。它的特征是争论、打断、否定和忽视。阻抗的存在应该是从业者的一个问题，而不是案主的问题，这意味着从业者需要调整面谈策略，以适应案主对改变的立场。行为改变如何发生的责任由案主来承担。

260

（二）评估

动机增强从业者还没有描绘出案主评估的正式程序（Agostinelli，Brown，& Miller，1995）。这不是一种疏忽，而是对这种方法性质的反映，这种方法没有明确区分评估和干预。然而，必须强调的是，当社会工作者知道案主的转介理由时，他或她不应该假定案主希望在初次会谈期间解决这个问题。从业者应该允许案主选择进行探索的主题。社会工作者提出开放式的问题，反思性地倾听，肯定案主的尊严，并通过将所讨论的内容与呈现的某些问题联系起来总结案主的陈述内容。此外，社会工作者还应询问一些与矛盾、改变和动机相关的**唤起性**问题，以鼓励案主的持续反思。

（三）干预

以下的指导方针有助于从业者遵循前面描述的动机访谈的四个原则。
- **从案主所在位置开始**。社会工作者不应该假定案主已经准备好进行改变。
- **探索案主的问题行为，并接受他们的观点是有效的**。社会工作者能以同理心倾听案主的关切，这样可以更准确地评估个人与改变过程的关系。

■ **强化案主关于想要改变的陈述**。社会工作者有选择地关注案主对于改变的表达。社会工作者试图指出案主的价值观和目标之间的差异，比如长期健康状况，以及问题可能会如何阻碍他们实现这些目标。建议和反馈被推迟，直到有足够的动机去改变。

■ **肯定案主关于他们改变能力的陈述**。这样，个人就会感到自己被赋予了力量，能够迈出改变的第一步。

动机访谈的具体技巧包括激发自我激励陈述、应对阻抗、决策平衡和建立自我效能感（Miller & Rollnick，2013）。

₂₆₁ **激发自我激励陈述**　自我激励陈述是案主所做的陈述，表明他们想要带来改变。它们来自案主的改变决定，也来自他或她的胜任感、信心，以及对支持改变的资源的觉察。社会工作者通过提出案主可能会以有利于改变的方式回答的问题来引发自我激励的陈述。对话将通过以下方式探讨现状的缺点：

■ **识别的问题**。"什么事情让你觉得这是一个问题？你认为你或其他人受到了什么样的伤害？"

■ **关切的问题**。"你的行为让你担心什么？你能想象发生在你身上的事情吗？如果你不做出改变，你认为将会发生什么？"

■ **关于极端的问题**。"从长远来看，你最担心的是什么？如果你继续这种行为，即使你没有看到这种事发生在你身上，你知道会发生什么呢？"

其他类型的问题鼓励案主探索改变的好处。这些问题包括：

■ **改变的意图**。"你在这里的事实表明，至少有一部分人认为是时候做点什么了。你看到改变的原因是什么？你希望五年后的生活是什么样的？"

■ **对改变的乐观**。"是什么让你觉得，如果你决定做出改变，你就能做到？如果你决定改变，你认为这对你有用吗？在你的生活中，你还做过其他什么重大的改变吗？你是怎么做到的？你有哪些优势可以帮助你成功？谁能支持你做出这样的改变？"

■ **关于极端的问题**。"如果你做出改变，你能想象出的最好结果是什么？如果你完全成功地做出你想要的改变，事情会有什么不同？"

这些类型的问题促使个体通过检查和对比对未来的看法（无论是否有问题）、行为所起的作用和它的有害后果来考虑改变。然后，社会工作者邀请案主进一步详细说明他或她有利于改变的意见。尽管如此，动机访谈者还是被鼓励谨慎地使用问题，选择一些将会开始关于改变的对话的问题，然后转向要求案主进一步阐述那些肯定和强化案主对改变的考虑的陈述。

应对阻抗　如前文所述，阻抗的迹象，例如案主争论、打断、否认和忽略某些问题，提醒社会工作者需要改变面谈策略。一般来说，新策略应该包括反映性回应以分散潜在的₂₆₂权力斗争，以及调动案主的矛盾心理以适应改变（Moyers & Rollnick，2002），具体包括简单反映、扩增反映、双面反映、转移焦点、扭曲同意、重新定义、澄清自由选择、使用悖论。下面使用药物滥用作为呈现的问题来说明每一种技术。

简单反映就是承认案主的感受、想法或意见，这样案主就可以继续探索呈现的问题，而不是变得具有防御性。（"你现在生活中有很多压力。你认为现在不是改变你行为的最佳时机吗？"）如果可以自由决定主题的发展方向，案主可能会回答："我不知道。也许现在不是一个好时机，但我不太确定。"（Carroll，1998）

扩增反映超出了简单反映，因为案主的声明得到了承认，但是以一种极端的方式。这样一种陈述的目的是揭示案主想要改变的一面。一个扩增反映，比如说，"你说你现在的状态很好，因此也许你没有什么需要改变的"，通常会有这样的效果：让案主从一个根深蒂固的立场上让步，转向考虑改变的可能性。这种策略与似是而非的意图相似。矛盾包括站在案主的防御观点一边，这就会导致案主采取要求改变的另一方论点。有时，当从业者加入其立场时，那些在改变的负面立场上根深蒂固的案主会从他们矛盾心理的另一边开始争论，而矛盾的另一边是想要改变的部分。（例如："好吧，我不想说我没有什么办法可以让我的生活变得更好。"）

双面反映触及了案主矛盾心理的两个方面。它承认，当人们在探索改变的可能性时，他们会分裂为想要改变和想要坚持已经变得有问题的行为。这种评论的例子有："你不觉得你喝酒有多大的问题，但你的女朋友离开你是因为你喝酒时的行为，对她的离开你很难过。""对你而言，关系很重要，但是你的酗酒导致关系产生了问题。"双面反射可以将案主的注意力吸引到问题行为与他或她的目标和价值观之间的不一致性上。

转移焦点是指社会工作者将案主的注意力从一个潜在的僵局中转移出来，以避免他或她的立场变得两极分化。当案主开始反对从业者可能认为的最佳行动方案时，从业者应该立即改变自己的立场，并重新集中注意力。（"我认为你在这里跳得太快了。目前，我们先不讨论你一辈子都不喝酒的问题。现在，让我们再多谈谈什么是你的最佳目标，以及如何实现它。"）转移注意力的一个指导方针是，首先化解最初的顾虑，然后直接关注一个更可行的问题。

扭曲同意包括同意案主的一些信息和观点，但要使用一种能引导案主改变方向的方式。（"我同意你没有必要说你是个酒鬼。我听说你喜欢喝酒的某些方面，这也会给你带来一些问题。"）

重新定义，这个概念在本书的其他几个章节中都有描述，它涉及采用案主反对改变的论据以及变更信息的含义来促进改变。一个常见的例子是，饮酒者倾向于大量喝酒，却没有经历不良影响和失控。这种倾向有时被用来作为为什么喝酒不是问题的借口。这个借口可以被社会工作者重新定义为对酒精的耐受性，这实际上是酗酒问题的症状。（"你是对的，你没有注意到酒精的任何影响。但那是因为你喝了那么久，你的身体已经习惯了。酒精会影响你的身体，但不会影响你的思想。"）

澄清自由选择涉及与案主沟通，让他或她自己做出改变，而不是卷入关于案主应该或必须做什么的争论中。（"你可以决定现在就做，或者等到下次再做。"）这是一种有益的干预，因为当人们意识到自己的选择自由受到威胁时，他们往往会以维护自己的自由作为回应。应对这种反应的一个好方法是向案主保证，最终是他或她自己来决定发生什么。

决策平衡 这是另一种激励技术，涉及权衡案主问题行为的成本和收益，以及改变的成本和收益。改变的优点和缺点是动机访谈持续关注的焦点，但在这种技术中，它们被更正式地聚集在一个比较"资产负债表"中。这与认知治疗中使用的"成本/收益"策略类似。然而，社会工作者应该明白，无论如何，列出的成本和收益的相对数量很少能解决案主的矛盾心理，因为每个项目的权重都不一样。

支持自我效能感和制订改变计划 支持自我效能感的技术包括：

- **引人深思的问题**。"你会怎么改变呢？好的第一步是什么？你能预见到哪些障碍，你将如何应对？"

- **尺度评估**。"你有多大的信心可以停止你的问题行为？在 0～10 的范围内，0 为一点儿也不自信，10 为非常自信，你会说你位于哪里？为什么你在 2 而不是 0？从 2 到更高的数字，你需要什么？"

- **回顾过去的成功**。"在你的生活中，什么时候你下定决心去做一些有挑战性的事情，然后做到了？它可能是你学到的新东西，或者是你戒掉的一个习惯，或者是你做出的其他重大改变。你什么时候做过这样的事？你是怎么做到的？"

- **讨论个人优势和支持**。"你身上有什么优点，可以帮助你成功地做出改变？你有哪些支持来源？你还能找别人帮忙吗？"

- **询问假设性改变**。"假设你确实成功地停止了吸毒，并且正在回顾这是如何发生的。最有可能成功的是什么？它是如何发生的？假设这一个大障碍不存在。如果这个障碍被清除了，那你会怎么做呢？"

- **头脑风暴**涉及自由产生尽可能多的针对如何实现改变的想法，并因此感知一个或两个可能有效的想法。

- **提供信息和建议**。社会工作者不应该给案主提供建议，因为这样做会不利于案主对自己的行为承担责任。无论何时给出建议，都应该不情愿地、试探性地进行，并且针对的是不太可能产生消极后果的问题。例如，如果一个案主因为参加过匿名酗酒者小组而成功地保持清醒，但在终止参与后又复发了，社会工作者可能会建议案主考虑恢复该项目，作为实现他或她恢复清醒的愿望的一部分。

这些动机访谈干预可能会促使一个人准备好考虑一个改变计划，其中设定了目标，考虑了改变的选项，并制订了一个临时计划。现在我们来看五个更结构化的动机增强治疗的例子。

（四）动机增强治疗

瓦格纳和英格索尔（Wagner & Ingersoll，2012）提倡在小组中使用 MET，并开发了分别包含 10 次会谈和 1 次会谈的干预模型。这两种方法都广泛依赖于作者制作的工作表的使用。对于 10 次会谈模型，90 分钟的小组安排如下，其中列出了所使用的主题和工作表：

- 第 1 周：小组介绍和生活方式探索（**典型的一天/生活方式**工作表）。
- 第 2 周：改变的阶段（**车轮模型**）。
- 第 3 周：意识：关于问题行为的好的方面和不好的方面（**意识窗口**）。
- 第 4 周：展望（**展望表**）。
- 第 5 周：决策平衡：改变和保持不变的利弊（**决策平衡**工作表）。
- 第 6 周：探索价值观（**探索价值观**工作表）。
- 第 7 周：支持自我效能感和改变成功故事（**记住我的成功**）。
- 第 8 周：通过探索优势来支持自我效能感（**盾形纹章**）。
- 第 9 周：规划改变（**改变计划**工作表）。
- 第 10 周：信心和改变的重要性（**重要性、信心和愿望**表）。

265

单次会谈模型鼓励小组在一次三个小时的会谈中参与以下主题讨论：

- 生活方式、压力和物质使用。
- 健康和物质使用。
- 典型的一天。
- 好的方面和坏的方面。
- 提供信息。
- 未来和现在。
- 探索问题。
- 协助决策。

作者对这两组的有效性进行了比较研究，发现虽然两组都使参与者产生了积极的变化，但长期来看，较长的一组更有效。

许多项目都以大麻使用为目标，其中包括两个随机项目，它们试图证明 MET 单独使用，以及与其他理论取向结合，如何有效地应对这个问题（Marijuana Treatment Project Research Group，2004）。

研究者针对有兴趣减少或终止其吸毒的自荐大麻滥用者（$N=146$）设计了一个包含两次会谈的 MET 计划。该计划包括为每个案主安排两个 1 小时的会谈，每个案主间隔 4 周，以便案主在评估和讨论结果之前有时间实施任何所需的改变。在第一次会谈中，从业者和案主讨论并完成一份个性化反馈审查（PFR）表格，该表格旨在激励案主减少使用大麻并支持选择适当的目标和改变策略。PFR 总结了案主最近使用大麻的情况，赞成和反对改变的问题、忧虑和态度，以及对改变的信心等级。在第二次会谈期间，双方审查案主减少使用量的努力，并可能对改变策略做出调整。案主还可邀请支持他们的重要他人参与第二次会谈（发生率达 15%）。该计划的结果表明，有 72% 的案主参加了两次会谈，并且报告说与基准日期相比，吸食大麻的天数总体减少了 35.7%。9 个月的随访表明，参与者的禁欲率为 8.6%。

在另一个针对相同人群的更为精细的方案中，MET 与认知行为疗法（CBT）和病例管理相结合，进行为期 3 个月的干预，包括 8 周的会谈和 4 周后的最后一次会谈（以便参与者可以在一段时间没有接触从业者后再一次审视自己的改变策略）。这个方案（$N=$ 156）的结构如下：

266

- **第一次和第二次会谈**与前面的例子一样，专门讨论 MI 和 PFR 审查。
- **第三次和第四次会谈**致力于医生的病例管理活动，以确定和减少药物滥用问题，确定禁欲的潜在障碍（如法律、住房、职业、精神和医疗问题），设定目标，确定社区的资源，开发一个计划来解决这些挑战。
- **第五次至第九次会谈**提供了 CBT 干预措施，以理解大麻使用模式、应对使用冲动、管理重新开始使用大麻的想法、解决问题，以及学习"拒绝吸食大麻"的技巧。

此外，有五个"选修模块"可供从业者使用，如果其中任何一个对他们的案主特别有利。在使用的时候，它们将替代其中一次 CBT 会谈。这些模块专注于紧急情况和复发的计划，看似无关紧要的决定，消极情绪和抑郁、自信以及愤怒管理。

这次干预的结果表明，参加会谈的平均次数为 6.5 次，47% 的参与者参加了所有的会谈。总体而言，吸食大麻的天数比基线减少了 58.8%，使用天数、依赖症状和滥用症状均有所减少。超过 20%（22.6%）的人在 9 个月的随访中保持了禁欲，29% 的人至少在一次会谈中邀请了重要他人。这项比较研究的作者得出的结论是，两个疗程和九个疗程的 MET 在减少大麻使用方面都是有效的。

作为最后的一个例子，针对暴食障碍妇女的适应性动机访谈（AMI）计划是一项 MET 干预，它在包含 108 名参与者的随机对照试验中进行了测试（Cassin，von Ranson，Heng，Brar，& Wojtowicz，2008）。实验组参与者（$N=54$）在阅读和使用一本关于从暴饮暴食中恢复的自助书之前，接受了一个单次会谈的、结构化的 MI 小组干预。对照组的女性（$N=54$）只使用了手册。AMI 会话协议以平均 81 分钟的会话形式提供给个体案主，包括以下从业者活动：

- 引起对暴饮暴食的关注（它对身心健康、财务和人际关系的影响）。
- 探索矛盾心理。
- 讨论改变的阶段和案主自己所处的阶段。

- 编写一个有关行为延续的决策平衡大纲。
- 增强自我效能感；鼓励案主回忆表现出自我控制的过去经验。
- 价值观探索（现实生活与理想生活的不一致）。
- 评估改变的意愿和信心。
- 引出对暴饮暴食行为替代方案的正确想法。
- 合作开发一个由小步骤组成的改变计划。

267

一旦这个过程完成，案主就可以自己阅读一本 21 页的手册——《战胜暴饮暴食》。这本书的内容包括以下主题：

- 暴饮暴食是什么。
- 学习循序渐进。
- 理解饥饿和对食物的渴望。
- 开始改变。
- 处理饥饿和食欲。
- 处理食品和感受。
- 防止复发。
- 本地和网络上的心理健康资源。

研究人员分别在 4 周、8 周和 16 周内收集了两组患者的症状数据。与对照组相比，AMI 组中放弃暴饮暴食的女性明显多于对照组（27.8％对 11.1％），并且有更多人不再符合《精神障碍诊断与统计手册》（DSM）中暴食障碍的频率标准（87.0％对 57.4％）。有趣的是，两组中的大多数女性都对关于暴饮暴食的目标实现情况感到满意。

四、灵性与动机访谈和增强治疗

动机访谈和增强干预是以案主为中心的技术，旨在帮助案主解决对其目标的矛盾心理。很有可能，当案主在艰难的生活挑战中挣扎时，他们会提出灵性问题。与 MI 一起使用的问题与灵性焦点是一致的，因为社会工作者可能会询问案主的生活目标，以及对他们来说什么是最重要和最有意义的。然而，动机访谈和增强治疗，并没有假定人性中的任何灵性面向。如果意义问题激发或促成了案主的矛盾心理，社会工作者应该像他或她提出任何其他问题一样，提出有关这些问题的问题。举个例子，如果一个瘾君子想停止酗酒，因为这样做"违背了我作为父母的价值观——我应该在周末和家人在一起，然后带我的孩子去参加聚会"，社会工作者应该帮助案主思考这个价值观，以此作为基础来决定是否以及如何改变酗酒行为。与此同时，社会工作者不应该将灵性的提升作为激励力量；这必须留给案主。

五、关注社会正义问题

动机访谈和增强治疗主要作用于个人层面的改变，但可以解决广泛的案主关注问题。社会工作者应时刻留意宏观问题，这些问题可能会被案主视为影响他们的动机和自我效能的因素。同时，动机访谈也尊重人们做出正确选择的能力。案主往往对发起变革的努力持矛盾态度，因为这涉及他们认为比自己更强大的其他人或系统。例如，一名雇员可能考虑对雇主提出歧视性行为的指控，但又担心这种努力会导致失败或长期报复。社会工作者当然可以使用动机访谈来帮助案主解决这个难题。当然，必须由案主决定是否继续，如果继续，如何制订改变计划。可能涉及对抗压迫性力量的改变方法不会以预先确定的方式建议给案主。社会工作者假设，案主可能有一些充分的理由来维持问题行为，如果有必要进行改变，则向案主灌输信心，设计一个结合了他或她最大利益和长处的计划。

六、案例说明

前面已经介绍过几个动机增强治疗的例子。在本节中，我们将介绍两个动机访谈的例子。一个是有药物滥用问题的案主，另一个是有行为问题的少女。

（一）医疗庇护所的男人

菲利普（Philippe）是一名 50 岁的阿根廷裔男子，最近因酗酒和吸毒导致肝功能衰竭而住进了弗吉尼亚州的一家医院。他不听医生劝告，从庇护所出来后不久就被送往医院接受治疗。菲利普已经没有地方住了，因为 6 个月前他失去了他的公寓。案主是一名高中毕业生，在美国生活了 30 年，是一名美国公民。他的原生家庭住在纽约州。菲利普的妻子去世了，他的两个孩子住在田纳西州，他们不和菲利普说话。

医疗庇护所不让菲利普回来。社会工作者现在的角色是帮助他找到一个可以住的地方，在那里工作人员可以照顾他的医疗需求。35 岁的林登（Lyndon）是第一代美籍西班牙裔男性，他并没有把重点放在这一首要议程上，而是在访谈开始时邀请案主分享他普遍关心的问题。林登自我介绍后说："我的工作是和你谈谈你现在的情况，帮助你弄清楚出院后可以去哪里，这样你就可以继续康复。你做过手术，这需要一些时间来恢复。但那可能不是你现在想的，因此我们也可以谈论你现在最关心的事情。"这个开场白启动了一个协作的过程，在这个过程中，案主在讨论内容上有平等的发言权。

案主的当务之急是身体上的疼痛。菲力普提到他有一个"讨厌的"伤疤，他向社会工作者展示了这一点。林登对菲利普的身体感受进行了简单的回应，案主通过分享他情绪状态的细节来回应："我真不敢相信我让我的生活变成这样。我身边一个人也没有，什么也没有。"林登做了另一个简单的共情式回应："你感到孤独和悲伤，因为你在酒精中失去了一切。"这鼓励菲利普去探索他因饮酒而遭受的损失。在其他声明中，菲利普说没有人愿意和他在一起，并且他的家人希望他在去他们家之前"先康复"。林登回应道："你似乎明白他们为什么要采取这种立场。"说到这里，菲利普集中思考了他对家庭关系造成的伤害。他说："在我的家乡，家庭就是一切。"

社会工作者接着探索了菲利普的价值观——家庭的重要性和他的饮酒习惯之间的差异："家庭对你来说就是一切，你用饮酒疏远了很多家庭成员。"林登在随后的讨论中发现，菲利普感到特别孤独，因为他6个月前决定不再与吸毒的人交往。林登称赞他有能力迈出如此大胆的一步来戒除毒瘾。

这时，菲利普说他"做得不太好"，承认他离开庇护所是为了"喝杯啤酒"。庇护所的规定是戒除酒精和毒品；结果，他没有被允许回来。他的身体状况恶化了，他被送进了急诊室。社会工作者表示说："你已经采取了一些措施来戒除酒精——你已经不再和以前那些喝酒的人在一起了——你发现在庇护所的时候很难抵制喝酒。"菲利普说，他在戒毒方面做得很好，但戒酒对他来说仍然很难。林登问如果他继续走他所走的路会发生什么。他说他可能很快就要死了，在他能和家人和解之前，他坚决不想这么做。菲利普得出结论，他必须做出改变，才能实现这一目标。

社会工作者提到了这座城市的另一个医疗庇护所，但与他所住的第一个庇护所相比，这里的规定甚至更加严格，禁止滥用药物。菲利普说他认为他"这次可以做到"。林登问道："你凭什么认为你现在就能做出改变？"菲利普回答说，他不想再这样下去了——他不能一直来回进出医院；否则，他永远不会好转。

林登问菲利普是否考虑过一个计划。案主说他会像以前一样抵制毒品；他会远离那些喝酒的人和卖酒的地方。他说祈祷是有帮助的，尽管他不喜欢他以前被要求去的 AA，他更喜欢自己的天主教上帝，而不是一个"更高的权威"。他承认他不确定他能多久不喝酒，而且在他身体状况好转后，他可能会考虑治疗。他以前被法律强制这样做；但这一次，他会去，因为他想去。 *270*

总结这位社会工作者的访谈方法，林登采用了一种合作的方式，回应了菲利普的陈述，并让他为自己的改变进行辩论，而不是在他喝酒的问题上与他对峙，告诉他必须做什么。这让菲利普能够慢慢地打开心门，而不是保持警惕和防御。当他透露更多信息时，这位社会工作者详细阐述了他与家人和解的愿望与如果他还在喝酒就不可能做到这一点之间的差异和矛盾。林登通过赞美菲利普，说他有能力戒毒，远离吸毒的人，努力培养他的自我效能感。林登没有向他讲授如何保持清醒，而是问他自己的计划。他允许菲利普在未来接受一些转介治疗，因为他知道是否继续治疗将是案主的选择。

（二）学校斗殴者

这次干预发生在一个学校环境中，在那里，社会工作者看到一个 12 岁的非裔美国女孩，名叫贝蒂娜（Bettina），她因为频繁打架而陷入困境。经过几分钟的介绍，26 岁的白人女性罗宾（Robbin）以一个简短的议程开始："贝蒂娜，让我们谈谈学校里的一些问题，以及我们能做些什么，但我们也可以谈论任何你认为重要的事情。"通过这种方式，罗宾引导了会谈的重点，但也允许了灵活性，这样案主的任何或所有问题都可以得到关注。尽管如此，贝蒂娜还是选择专注于呈现的问题。

当这位社会工作者试图从案主口中引出有关改变的陈述时，她以同理心进行倾听。她问贝蒂娜："打架有什么好处？""打架有哪些不好的地方？"像许多案主一样，贝蒂娜对第一个问题感到很惊讶。罗宾解释说："这一定有好的事情，否则你就不会继续这样做了，对吧？"

当贝蒂娜做出回应时，社会工作者探索了更多的信息，并选择性地增强了案主关于改变的陈述。在谈到自己为什么喜欢打架时，贝蒂娜说，这让她在获胜时感到自豪。它还确保了她的同龄人"尊重"她。与此同时，贝蒂娜说她不想被学校开除，也不想最终进入少管所。她还害怕伤害别人。例如，她发现自己在一次打斗中将另一个女孩的头撞在人行道上，而她不想做这种事情。罗宾不只是让贝蒂娜列出不打架的理由，还与她一起探讨了现状的弊端。站在这个立场上，社会工作者问："你为什么担心因为打架而被开除？因为打架而被开除怎么能阻止你做你想做的事？"这样一来，社会工作者帮助服务对象说服自己改变，而不是直接说服。

社会工作者避免挑战案主的陈述，因为直接对抗可能会加剧而不是减少阻抗。任何对改变的抵制都被回避了。例如，贝蒂娜说："如果我不打架，我就会不被尊重。"社会工作者使用了扩增反映的技术："所以获得人们尊重的唯一方法就是与他们打架。"扩增反映通常会导致案主改变立场，即试图软化社会工作者反映的极端姿态。在这种情况下，贝蒂娜说："不，有时候我只是看他们一眼。我可以做出一些很刻薄的表情。"

作为动机访谈的一部分，罗宾了解了案主在她生活中认为重要的事情。然后，她努力扩大案主的价值观与她目前问题行为之间的差异。贝蒂娜重视她在学校的友谊，但她的打架却危及了这些关系："因此，一方面，这些朋友对你很重要，另一方面，如果你因为打架被开除，并被调到另一所学校，你就不能像现在这样见到你的朋友了。"

随着谈话的继续，社会工作者专注于向贝蒂娜灌输一些关于改变的乐观态度。例如，罗宾问："你为什么认为如果你决定做出改变，你就能做到？"贝蒂娜说："如果我下定决心，我就一定能做到。我以前只想减少打架。但现在我想让它停止。"罗宾问："你有哪些个人优势可以帮助你成功?"案主回答:"我能说会道。我知道怎么跟人说话,这样他们就不会惹我了。我只是把他们摆平。大多数时候不需要打架。"罗宾进一步询问谁能帮助贝蒂娜做出这些改变。她把她的朋友们看作一个支持系统:"我可以对他们说:'你们所有人都要劝阻我,因为我不能再打架了。我不想被学校开除。'因此当我在争吵的时候,他们可能会说:'忘了她——她不值得你这样做。'他们是对的——她不值得这样做。"

社会工作者评估了案主对改变的承诺,以及她对自己能够做出改变的信心。首先,罗宾使用承诺尺度技术:"如果有一个尺度来衡量你的承诺,它从 0 到 10,10 是完全承诺——没有什么能让你打架,你会说你现在在哪里?"贝蒂娜发现自己的状况是"7",罗宾让她解释这个值。贝蒂娜说:"再打一次,我就被学校开除了。他们已经告诉我了。他们这次可能是认真的。"

社会工作者随后让贝蒂娜用一个类似的标尺给自己打分,评价她觉得自己可以改变的信心。贝蒂娜给自己的是"5",并说:"我已经改变了一些。像去年我每天都遇到麻烦,但今年我不经常遇到麻烦。我尽量远离那些和我有瓜葛的人。以前,我不会去思考这些瓜葛,我只会和别人打架,不去想会发生什么。但现在我开始思考它们了。"

因为贝蒂娜认为她可以改变的信心低于她的承诺,罗宾转向了一种可以提高案主自我效能的技巧,提出了一些引人深思的问题:"你如何才能继续做出改变?好的第一步是什么?"贝蒂娜回答说,她会继续避开那些打扰她的人。她也会和她的朋友谈论如何帮助她"冷静下来"。

当被问及可能遇到的障碍时,贝蒂娜承认,如果有人"站到她面前",可能会很难冷静。社会工作者和案主开始集思广益,讨论如何处理这个障碍。通过一些提示和建议,贝蒂娜提出了三个选择:发出威胁,但不一定要坚持到底;待在公共场合,以便其他人可以干预;如果需要的话,一次又一次地告诉煽动者"你不值得这样做"。

在动机访谈中,当社会工作者提供信息和建议时,只使用试探性的措辞("如果可以,我会提出建议。我不知道这对你是否有用。这对那些和你一样挣扎过的人来说是有效的。")。社会工作者避免与案主争论她必须做什么。相反,社会工作者策略性地应用技术,以增强案主改变的动机。这样,在一次会谈期间,贝蒂娜决定她已经准备好致力于一个改变计划。她又与罗宾会面了几周,汇报了她在远离打架方面的进展,并得到了帮助她保持积极方向的反馈。

七、有效性的证据

在过去的 25 年中,动机访谈和增强治疗得到了实证研究,效果令人鼓舞,但结果参差不齐。最近,斯梅斯隆等人(Smedslund et al.,2011)对依赖或滥用药物的人进行了一项关于动机访谈和增强治疗有效性的随机对照试验的系统回顾。他们把研究重点放在那些有酒精或药物问题的人身上，并将他们随机分为 MI 组和对照组，对照组成员要么没有接受治疗，要么接受了其他治疗。共纳入 59 项研究，涉及 13 342 名参与者。这些研究的主要指标包括药物滥用的程度、治疗的保留率、改变意愿和复发率。与无治疗对照组相比，MI 组对药物使用有显著影响，干预后影响最强，短期和中期随访影响较弱。在干预后或随访中，MI 组与常规治疗组无显著差异。总的来说，结果显示接受过药物治疗的人比没有接受任何治疗的人更少使用药物。然而，似乎其他的积极治疗可以像动机访谈一样有效。目前还没有足够的数据表明 MI 可以对治疗保留率、改变意愿或复发率产生影响。

其他研究显示了更多积极的发现。邓恩、德鲁和里维拉（Dunn, Deroo, & Rivara, 2001）回顾了 29 项研究，这些研究主要集中在药物滥用问题上，但也包括了与吸烟、降低艾滋病毒感染风险、饮食和锻炼有关的问题。他们发现，从总体上讲，这种干预措施具有较好的效果，可以减少药物滥用和药物依赖，并随着时间的推移保持这种效果。MI 还被发现可以促进案主参与更深入的药物滥用戒除计划。虽然迄今为止的研究主要针对成年人，但青少年药物使用研究也显示了动机访谈的积极结果（Burke, Arkowitz, & Dunn, 2002）。然而，其中有一些影响不大，并不一定优于替代性干预措施，如一项重要综述所发现的（Gates, McCambridge, Smith, & Foxcroft, 2006）。有迹象表明，动机干预对重度药物滥用者在减缓其药物使用方面最有效（McCambridge & Strang, 2004）。

在项目匹配研究组（PMRG）研究（Project MATCH Research Group, 1997, 1998）中，952 名来自门诊的酒精问题患者和 774 名来自后期治疗的患者接受了 12 步促进干预（12 个疗程）、认知/行为应对技能治疗（12 个疗程）或动机增强治疗（4 个疗程）。MET 和另外两种干预方法的时间是前者的三倍，分别在测试后和三年后进行。动机访谈显示适用于以下人群：滥用药物的大学生（Michael, Curtin, Kirkley, Jones, & Harris, 2006）、有双重（精神健康/药物滥用）诊断的人（Martino, Carroll, Nich, & Rounsavillle, 2006）、无家可归的青少年（Peterson, Baer, Wells, Ginzler, & Garrett, 2006）、普通苯丙胺使用者（Baker et al., 2005）、精神病住院患者（Santa Ana, Wulfert, & Nietert, 2007）、男同性恋者（Morgenstem et al., 2007）。然而，必须再次指出的是，在大多数研究中，这一干预并不优于其他干预措施。

除了与药物滥用和药物成瘾有关的问题，MI 还被发现对与糖尿病、高血压和饮食失调（如暴食）有关的健康相关行为有效（Dunn, Neighbors, & Larimer, 2006; Treasure et al., 1999）。然而，在以下方面只有混合的发现被报告：戒烟（Persson & Hjalmarson, 2006; Steinberg, Ziedoms, Krejci, & Brandon, 2004）；增加体育锻炼（Jackson, Asimakopoulou, & Scammel, 2007; Butterworth, Linden, McClay, & Leo, 2006; Brodie, 2005）；减少艾滋病毒感染风险行为（Burke, Arkowitz, & Dunn, 2002）。

这些评论表明，动机访谈和增强治疗可能有助于社会工作者应对遇到的各种问题，但关于其效用的范围，还需要了解更多。

八、对治疗的批评

动机访谈和增强治疗主要关注个人的一个方面：动机。它没有考虑案主功能的其他重要方面，如心理发展、智力和技能水平。它也不鼓励积极参与可能导致问题情况产生更大社会影响的实践，例如歧视和压迫。动机访谈和增强治疗是干预的实际方法，但缺乏明确的理论基础，可能会引发对其实施的更广泛思考。

另外两个关于动机访谈的批评值得一提。首先，通过选择性地强化案主可能想要改变的理由，从业者可能会允许一些对案主保持问题行为的强大影响不受挑战。例如，如果一个案主提到饮酒可以提高她管理社交场合的能力，那么从业者可能会提出一些想法，比如她如何发展自己的技能，以提高自己管理"触发"情况的能力。如果一个社会工作者花时间评估防御机制和认知扭曲，他或她的干预可能会更加有效。后一种批评认为动机访谈和增强治疗是对案主的操纵。虽然案主的选择是受到尊重的，但社会工作者可能会倾向于一种选择（不喝酒对喝酒），以至于他或她的提问可能会带有偏向，以帮助结果的实现。在物质依赖领域，这个问题可能有争议，也可能没那么有争议，案主的基本生存可能受到威胁，但在其他问题领域（例如某些类型的关系冲突），案主的自决权可能会受到损害。记住，动机访谈被其创始人公开描述为"指导"。

九、总结

动机访谈和增强治疗是指导性的、以案主为中心的干预措施，通过帮助案主澄清和解决他们对于与所呈现问题相关的行为改变的矛盾心理，从而增强改变的动机。事实证明，这种方法对许多案主很有用，他们原本很少表现出改变自己或他人认为有问题的行为的外部动机。社会工作者可能已经熟悉一些动机访谈和增强治疗的原则，例如共情、强调协作和优势、从案主所在的地方开始，以及自我决定。与这种技术相关的特定策略值得学习，因为社会工作者经常与那些不愿改变的案主打交道，尤其是那些被委托向社会服务机构寻求帮助的案主。此外，动机访谈技术的使用也不排除社会工作者使用其他干预方法。也就是说，一旦案主的动机得到激发，它可以作为一种独立的治疗方法，也可以作为一种让案主为其他干预手段（包括动机增强治疗以及其他理论取向的策略）做好准备的方法。

十、讨论的话题

1. 分享一些你在生活中做过的困难的决定，这些决定需要你去解决很多矛盾心理。讨论帮助你做出决定的因素，以及你如何经历改变的阶段。

2. 除了本章所讨论的，你还使用了哪些策略，或知道哪些策略可以帮助案主培养面对问题的动机？它们看起来有多成功？

3. 动机访谈不鼓励社会工作者与案主发生冲突。你现在在什么情况下面对案主？在这些情况下如何才能恰如其分？在你看来，动机访谈和增强治疗是否提供了一个对抗现实的替代选择？

4. 动机访谈和动机增强治疗的三个区别是什么？三个相似之处是什么？

5. 讨论案主可能缺乏解决动机的一些宏观问题或社会正义问题，例如年龄、性别或阶级歧视。动机访谈如何有助于解决他们的矛盾心理？

十一、角色扮演的设想

1. 找出几类适合动机访谈的案主或实践情境。进行一系列的角色扮演，让学生专注于四种主要的干预策略中的每一种（激发自我激励陈述，应对"阻抗"，决策平衡，支持自我效能感）。在实施这些策略时，使用本章提出的问题和评论。在角色扮演之后，讨论什么是有用的，什么是困难的。

2. 为一类可能适合的问题设计动机增强治疗方案。提供一个理由，说明为什么该计划可能适合解决该问题。

十二、治疗大纲

焦点	通过探索和解决关于改变的矛盾心理，增强案主改变的动机，支持改变的行动计划

主要倡导者	艾伦，卡罗尔，英格索尔，基里克，梅特卡夫，米勒，莫耶斯，罗尔尼克，特雷热，瓦格纳，沃德，科科伦
起源与社会背景	改变药物滥用干预的理念 以人为本的理论 认知失调理论 跨理论阶段的改变模型
个人的本性	除了矛盾是一种正常且普遍存在的人类状态，没有具体说明
主要概念	动机 　所有人都有动机去做一些事情 　适当地改变动机不能从外部强加 　改变的动机常常被矛盾心理所阻碍 矛盾心理 　大多数人改变过程的普遍特征 　问题必须由案主阐明并解决 　矛盾心理的解决是人际关系的产物
发展的概念	未指定
问题的性质	没有具体说明，但与认知、行为和解决方案理论是一致的
改变的性质	跨理论阶段的改变模型（预想、沉思、准备、行动、维护、复发）
干预的目标	解决案主的矛盾心理，从而增强实现某些目标的动机
社会工作者/案主关系的性质	合作 共情 反映性倾听 从业者引出自我激励的陈述 阻抗是从业者的问题，而不是案主的问题
干预的原则	探索案主的问题行为 提供教育 强化案主关于想要改变的陈述 强化改变的意图和对改变的乐观态度 肯定案主的改变能力 引出自我激励性陈述 应对阻抗 反映性评论和问题（简单、扩增、双面） "超越性"的反映性评论和问题（转移焦点、扭曲同意、重新定义、决策平衡、澄清自由选择） 支持自我效能感并制订改变计划（引人深思的问题、尺度评估、回顾过去的成功、讨论个人优势和支持、询问假设性改变、头脑风暴）

评估的问题	你认为这可能是个问题吗？你或其他人有没有受到这种行为的伤害？ 什么让你担心你的行为？如果你不改变，你能想象会发生什么？ 如果你继续这种行为，即使你没有看到这种情况发生在你身上，你知道会发生什么吗？ 你认为做出改变的原因是什么？你希望五年后你的生活是什么样的？ 是什么让你认为如果你决定改变，你能做到？ 如果你做出改变，你能想象到的最好的结果是什么？

第十二章

叙事理论

对于明辨真理的眼睛

许多疯狂是最神圣的理智；

许多理智是最虚无的疯狂

在此，像在许多领域

也是多数占上风。*

叙事理论是本书中介绍的直接实践的最新方法。它的主要前提是，所有人都在不断地构建一个生活故事或**个人叙事**，这个过程决定了他们对自己及其他们在世界中的地位的理解（Payne，2005；Abels & Abels，2002；White & Epston，1990）。它认为人类的发展本质上是流动的，无须经历任何发展的"里程碑"，人们就**可以**最大限度地获得令人满意的生活。相反，正是我们使用的**词语**，以及我们所学的讲述自己和他人的**故事**，创造了我们的心理和社会现实。这些生活叙事由家庭、社区和文化中重要他人的叙事共同构建。叙事理论是本书中最具**社会意义**的理论，它主要关注文化对叙事的影响。

根据叙事理论，所有的个人经历从根本上来说都是模棱两可的，因此我们必须把我们的生活安排成故事，赋予它们连贯性和意义。这些故事不仅反映了我们的生活，它们还**塑造**了我们的生活。当我们形成主导的"故事情节"（和自我概念）时，我们的新体验会被过滤进来或过滤出去，这取决于它们是否与主导的生活叙事相一致。我们在生活中遇到的许多问题都与生活叙事有关，它们排除了以目标为导向的未来行动的某些可能性。

叙事实践的终极价值在于**赋予**案主**权力**，或者帮助他们更好地掌控自己的生活和命

---

* Dickinson，E.（1927）．*The Pamphlet Poets*．New York：Simon and Schuster．

运。叙事理论的独特之处在于，它将问题（至少部分）概念化为文化实践的副产品，而这些文化实践对功能性生活叙事的发展是一种压迫。从这个意义上说，它显然是一种"倡议疗法"，与社会工作对社会正义的强调高度一致。从业者实际上提高了将压迫性文化实践作为干预的一部分的可能性。虽然有些人认为叙事干预可能不太适合与基本需求相关的案主问题，例如食物、住所、安全和身体健康，但它们肯定适合于与自我概念、人际关系和个人成长相关的问题。

叙事疗法是通过倾听和反思来理解和解构案主的故事，然后构建另类生活故事的过程。案主与从业者一起讲述和探索他或她的故事，制定出一个偏好的现实，并开发出一个支持现实的替代生活故事。与大多数其他实践方法相比，这些干预通常远没有那么结构化。

一、起源与社会背景

叙事理论将各种哲学和社会学理论整合到社会工作实践的视角中。它的一些思想来自**存在主义和符号互动主义**的传统。它也融合了**多元文化主义**的思想（见第二章）。最直接的，叙事理论是从**后现代主义**和**社会建构主义**的广泛社会理论中产生的。与迄今为止我们所考虑的不同，这些代表了理解人类行为和改变性质的不同取向。叙事理论也基于一些传统的社会工作实践理论，我们将在本章后面的干预章节中看到。

（一）存在主义

存在主义不是一个连贯的哲学体系，而是一个描述拒绝认同任何试图总结人类经验的特定思想体系的术语（Cusinato，2012）。早期存在主义作家影响了整个 20 世纪的艺术、音乐和心理学的发展。后现代主义包含了很多存在主义思想的核心内容。

存在主义思想有几个主题。一个是个体的绝对独特性（Kierkegaard，1954）。人们通过与生活的主观体验相关的方式发现自己的独特性，因此应该小心过于密切地认同他人和群体。假定个人与更大社会系统之间存在联系的人性概念（在本书的几乎每一章中都有发现）往往会误导人们接受对自己的刻板印象，从而限制他们独特的潜能。实际上，一个人存在的本质永远不会被另一个人完全理解，因为感知是感知者内在主观的，而不是代表一种"客观"的状态。推而广之，对人进行概括的努力（社会科学家经常这样做）往往反映了这些陈述的设计者的主观信仰体系。对于存在主义者而言，他们是非人性化的。

在存在主义思想家中，选择的可能性是人性的核心（Satter，1956）。选择无处不在：

一个人的所有行为都意味着选择。我们总是可以自由地做出选择，没有真正"理性"的选择理由，因为我们用来做选择的任何标准都是自己选择的。人们在生活中确实倾向于采用做出选择的标准，就像作者在本书中选择了哪些理论以及如何评估它们一样。存在主义思想家希望我们理解，尽管我们可以选择与其他人和思想保持一致，但这些选择并不是必需的。

无论一个人对社会背景下个人本质的看法如何，存在主义思想家都在提醒我们，案主对自己和问题的看法可能会被一种武断的外部标准所污染。存在主义社会工作者的任务是理解每一位案主生活的本质，帮助他或她创造或发现更适合自己独特性的新生活目的。

（二）后现代主义

后现代主义也不是统一的社会或哲学理论，而是代表了社会科学、艺术和建筑的各种发展（Keddell，2009）。它提供了新的方法来理论化社会世界和其中的人。这是一种"自上而下"的视角，分析主流意识形态如何影响人们对自己世界的看法。后现代主义的立场是，不可能找到广泛、合理地解决社会问题的方法。这不同于许多其他社会理论，它们提出了普遍主义和系统解决问题的主题。后现代主义者根据福柯（Foucault，1966）的观点断言，对人和社会的任何概括都有助于加强群体之间的权力地位，而不是代表客观真理。"理解"或解释社会的普遍方式赋予某些群体特权，却以牺牲他人为代价。

由于这些原因，后现代主义者拒绝接受"宏大叙事"的概念。他们反而被个人和小团体的观点所吸引，特别是那些被社会特权成员边缘化的人的观点。这些观点被认为与其他社会群体的观点一样有效。后现代主义显然是一种专注于"小众"的思维方式，社会活动家有时批评它忽视社会问题，不重视集体行动（Atherton & Bolland，2002）。

后现代主义的以下几个方面影响了叙事理论的发展（Brown & Augusta-Scott，2007；　*281*
Polkinghorne，2004）：

■ "知识"代表了植根于社会背景（时间、地点和文化）的信仰，并影响人们理解、看到和说出的内容。知识不是客观的，而是在特定时间、特定地点反映特定人群的价值观。

■ 话语（关于思想的对话）往往基于主流的意识形态。有许多**可能的**话语；一些意识形态占主导地位，而另一些则被压制。例如，一些社会工作者认为，精神病学和医学领域主导着关于精神健康和疾病的公共讨论，并压制了其他专业人士和社会群体的其他观点，这些团体可能努力与人们更全面地合作。

■ 知识就是力量，控制知识本质的人会保持自己在文化中的影响力。例如，由于男人占据了大多数政治权力职位，他们的价值观往往被优先考虑和永久化。

■ 个人叙事既是个人生活的反映，也是一种文化的反映。

■ 后现代主义强调个人和小团体，它鼓励社会工作者帮助案主了解他们的叙事或自己的信仰如何植根于社会压迫。

后现代主义被一些理论家批评为缺乏任何连贯的议程，而这些议程可能会在一个社会中围绕着超越性的价值观和共同的优先事项等问题建立共识。事实上，它强调知识的相对主义，这与社会工作专业在研究中建立概括性的驱动力背道而驰（Wakefield，1995）。许多实践中的社会工作者可能会对后现代主义持怀疑态度，他们拒绝人们分享与社会心理发展有关的共同经验。

（三）社会建构主义

社会建构主义理论坚持认为，没有一个客观的现实是人们都能理解并认同的（Rodwell，1998）。与后现代主义相比，这是一种"自下而上"的视角，考虑个人和群体如何"创造"他们的社会世界。我们所有人都经历一个客观的**物理**现实（我们的身体和物质世界），但这个现实对我们意味着什么（包括我们对人际关系、社会环境和我们自己的看法）是一种心理创造。我们将从以往经验中获得的信念应用于从环境中获得的新输入。这一观点与认知理论（在第八章中讨论）基本一致，尽管社会建构主义对人性的假设较少。

我们所有人天生都具有影响我们整合感官感知能力的生理和气质特征，但我们在生命早期就成为感知世界的积极参与者。正是我们给社会环境带来的东西和这些环境所呈现的东西的相互作用，才产生了我们不断演变的"现实"观点。这些主观过程塑造了我们的自我意识、能力和满足感。虽然令人满意的人际交往取决于维持与他人的多种共同意义的模式，但对我们（和我们的案主）而言，记住这些看法并不能反映绝对的真理通常是有用的。

社会建构主义的一个主要含义是，一个人对自我和他人的假定认识是完全主观的。社会工作者不能对自我的本质和一个"适当的"社会世界做出一般性的断言。相比之下，心理动力学理论假设存在共同的性心理或心理社会阶段，社会工作者利用这些知识来评估他们的案主的"正常"功能。认知理论家坚持认为，认知和道德发展的各个阶段都与评估和干预有关。在社会建构主义中，"普遍人性"的概念被淡化。当然，这些观念是对社会建构主义的一些批评的来源（Nichols，2009）。从这个角度来看，叙事从业者并不依赖于对问题发展或干预有重要意义的发展阶段。然而，对于受过教育的社会工作者来说，不依赖任何这样的词汇可能是非常困难的，因为他们认为所有人都共享相同的经历，比如可识别的人生阶段。

（四）迈克尔·怀特和戴维·埃普斯顿

直接实践叙事疗法的发起人是迈克尔·怀特（Michael White）和戴维·埃普斯顿

（David Epston），他们分别住在澳大利亚和新西兰。他们在 20 世纪 80 年代开始合作。他们最著名的书是 1990 年出版的《治疗目的的叙事方式》。迈克尔·怀特在他刚成年时是一名电气和机械制图员，但他最终对这一职业和系统思维不再抱有幻想。1967 年，他成为一名社会工作者。在他从事公众服务职业的早期，他对传统的干预方式感到失望，他认为这种方式既无效又没有人性。怀特被社会学家米歇尔·福柯（Michel Foucault）和欧文·戈夫曼（Erving Goffman）以及人类学家（和传播学理论家）格雷戈里·贝特森（Gregory Bateson）的工作所吸引。他对人们如何理解他们的世界产生了兴趣，他关于叙事疗法的主要思想就是从这个主题中产生的。怀特一直担任南澳大利亚一家诊所的联合主任，直到 2008 年去世。

戴维·埃普斯顿最初是一位家庭治疗师，他和怀特一样，对人类学（及其叙事隐喻的概念）和文学有着长期的兴趣。埃普斯顿是一个优秀的故事叙述者，并且还以**书信写作**（他认为这种写作比谈话有更持久的影响力）的创新性叙述技巧、可以从一个案主传递到另一个案主的**资料集合**（信件和磁带），以及为改写个人故事的人建立**支持社区**而闻名。埃普斯顿现在是新西兰一家家庭治疗中心的联合主任。

283

二、主要概念

叙事理论的前提是，人们的生活和人际关系是由他们的生活故事和基于这些故事发展起来的生活方式所塑造的（Payne，2005）。他们的故事总是独一无二的，但在某种程度上与他们社区的其他人共享，并且反映了这些社区的价值体系。叙事理论忽略了系统的概念，将从个体角度讲述的生命故事放在首位。每个人的身份概念，或"自我"，本质上都是流动的。也就是说，身份是我们在特定时间点定义自己的方式。我们是谁是一个矛盾、变化和斗争不断的问题；是一个动态的"存在"过程，而不是一个连续的过程。这与本书中其他许多假设"自我"多变但或多或少具有凝聚力和连续性的理论截然不同。从叙事的角度来看，所有人都有能力创造新的故事，赋予故事以新的自我意识。从业者对叙事理论的操作方式多种多样。下面是对其主要思想的总结。

（一）个人叙事

个人叙事的概念是这个理论的核心，在本章前面已有描述。具体来说，任何个人叙事都包括一个选择性感知的过程。有些故事情节占主导地位，在人的心灵中确立主要的主题，对不符合主导故事情节的经验的解释可能会被抑制。因此，叙事总是带有偏见和选择性的。马丁（Martin）的案例提供了一个例子。

马丁是一名30岁的单身白人男性，在一家家具公司的销售部有一份不错的工作。他的缓刑监督官把他转介给了社会工作者，以帮助他控制自己的暴烈脾气。马丁最近在一次假日烧烤会上与一位邻居发生冲突，并造成严重伤害，之后被判侵犯人身罪。马丁曾因扰乱治安和在酒吧里打架而多次被捕。一名前女友曾因他涉嫌虐待行为而向他发出限制令。马丁承认他很快就会变得心烦意乱，转而诉诸暴力，而不是用其他方法解决冲突。事实上，他拒绝接受别人关于他有时会"软弱"和"情绪化"的评论。马丁是一个能干的推销员，但他的上司告诉他，他的演讲有时过于咄咄逼人。他们建议他学会在顾客面前更加放松。

在一年的时间里，马丁与社会工作者［特伦斯（Terrance），一个30岁的白人男性］见了10次面。社会工作者对马丁讲述他的人生故事很感兴趣，也对他目前在个人目标方面的看法很感兴趣。特伦斯问马丁对自己有多满意。社会工作者很容易看出马丁的身份与强壮、健壮、强势的男性形象捆绑在一起。这些似乎都是从他的父亲（流水线工人）和哥哥那里学来的，他们对生活都有着相似的看法。特伦斯让马丁参与了一个分析他对自己和男人在家庭和社会中的角色的假设的过程。马丁承认，他对自己的个性并不完全满意，但他总是忽略了自己的其他倾向，因为他认为这些倾向在他的家人和朋友中是不可接受的。

马丁的例子说明了文化价值观如何影响一个人的个人叙事，以及它们如何导致问题行为。另一个例子是，在美国社会中，来自特定社会经济阶层的女性曾经——现在仍然是——被认为应该顺从于男性。这种文化规范导致了许多女性的抑郁（Kelley，1996）。更普遍的是，自尊心较低的人可能会保持这一特点，因为他们的思想和谈话的主题都带有自我退化的特征（可能使用"精神疾病"的语言）。他们继续在不知不觉中构建生活叙事，把自己描绘成具有某种局限性。这些故事往往是自我延续的，因为他们的语言习惯，也因为文化价值观的影响，可能会阻碍其他的思维方式。

（二）解构

叙事理论的另一个中心概念是**解构**，这是一个源于后现代主义的术语。它指的是社会工作者和案主对案主有关知识和理解的主张进行分析，以便发现表面诉求中所体现出来的潜在假设。它类似于自我心理学的洞察力概念，只是它更广泛地指代案主对社会条件和权力关系的认识，这些社会条件和权力关系影响着他或她对知识的个人假设。解构涉及探索根深蒂固的文化假设，这些假设会导致问题的发生。这是一个揭示和挑战关于世界**应该**如何存在的假设的过程，从而为**能够**如何发展这个世界开辟了新的可能性。这一概念将在本章后面详细说明。

（三）重建或重新编写

从本质上讲，**重新编写**是一个总结叙事干预工作的术语。有时被称为**重建**，指的是案主在社会工作者的帮助下，发展出一种符合其个人目标的新的个人叙事的过程。这一过程是基于案主对限制性文化影响的认识增强和解放、对独特结果的探索（个人叙事与占主导地位的问题故事不一致的某些方面）、对"闪光时刻"的探索（对强调优势的新个人真理的认识），以及考虑新故事情节的可能性。值得注意的是，重新编写的个人叙事不仅会影响案主当前和未来的身份认同感，还会影响案主的过去，因为过去的事件现在可以从一个新的不同的角度来看待。

（四）庆祝/连接

285

庆祝/连接的过程是指案主在他或她熟悉的社交世界中与其他人重新建立联系，并可能在庆祝和确认新身份的过程中招募其他人（Epston & White，1995）。为了支持重建的生活故事，社会工作者和案主会考虑如何庆祝和证实案主的新叙事。本章稍后将介绍实现此目的的三种策略。

三、问题和改变的性质

从叙事理论的角度来看，让案主寻求专业帮助的问题，是充满自我诋毁信念的个人叙事导致的情感或物质痛苦的状况。通过重新聚焦的过程，社会工作者可以帮助案主构建不同的生活叙事或故事，以不同的角度来描述它们。案主可以制定不同的过去和未来的故事，并为自己设计独特的结果。在这个过程中，从业者非常重视案主对语言的使用。他或她总是对案主选择表达的经验要素，以及给予这种体验的语言或意义保持警觉。重要的是要强调，叙事疗法从业者不会通过创造新的"虚构小说"来帮助案主忽略或遗忘问题。案主发现的许多问题都是具体的，必须通过具体的行动来解决。如果一个家庭没有足够的钱来养活自己，就必须帮助它重新获得必要的资源。但是，生活叙事**总是**会影响案主称之为挑战的体验，以及他们如何应对这些挑战。

作为这个问题的最后一点，从业者应确保案主明白他或她不是问题——而**问题**就是问题。这指的是前面提到的**外化**过程，它帮助案主将他或她的"核心自我"（尽管这个概念显然是模棱两可的）与呈现的问题情境分离开来。例如，社会工作者可能会劝阻案主不要认为自己是一个"不安全的人"，而可能会说她是"被不安全感所困扰"。

回到马丁的案例，案主很快承认他对自己不满意。他经常陷入困境，失去朋友。社会工作者让马丁检查他与愤怒的终身关系——愤怒从何而来，为何在他的日常生活中挥之不去。马丁最终意识到愤怒不是他生活的必要组成部分，他可以发展另一种生活方式，关注自己和世界的其他方面。马丁是一个善于思考的人，在特伦斯的鼓励下，他可以看到自己可能会发展出一种新的身份，从中做出其他的选择，并为自己的未来考虑更广泛的可能性。马丁发现自己被禁锢在一种刻板的生活模式中，而这种生活模式并不是必须如此的。他可以重新编写自己的人生故事。

286 综上所述，叙事疗法与其说是为了解决问题，不如说是为了以下目的：

- 从有问题的生活模式中唤醒案主。
- 将案主从外部强加的约束中解放出来使其获得自由。
- 帮助案主编写有尊严和能力的故事。
- 招募支持其他人作为案主新生活故事的听众。

叙事疗法的性质使其适合于各种案主群体，但也有一些案主的情况使他们不太可能从这种方法中获益。以下适合叙事疗法的案主人群：

- 各种类型的幸存者（创伤、疾病、虐待），因为他们经常渴望重新评估生活。
- 在与社会压迫有关的身份问题上苦苦挣扎的男同性恋、女同性恋和变性案主。
- 所有受压迫群体的成员，以及自称的"局外人"。
- 携带从外部施加的"标签"（例如诊断）的人员。
- 移民和移民家庭，因为他们努力融合他们的原有文化和新的文化。
- 经历任何类型的生活转变的人，因为这些事件需要调整，并导致对生活目标和价值观的反思和决策。
- 少年性犯罪者（他们面临的挑战是发展新的身份）。
- 任何有自我困惑的案主，因为这种方法专注于个人身份的重新塑造。
- 自尊心低的人，可以帮助他们重新解读人生故事中的事件，从而获得更强的胜任感。
- 可能希望参与生活回顾的老年人，包括身患绝症和面对临终关怀的案主。
- 癌症（和其他长期疾病）患者的照顾者。
- 寄养儿童，他们正在创作身份和家庭的新故事。
- 处理创伤的儿童，包括与自然灾害有关的创伤。

叙事干预本身可能对于以下人群不是那么适用：

- 需要行为控制或监控的人员，或有再次犯罪风险的人员（如恋童癖者）。
- 单一问题案主，如在预算或时间管理方面寻求帮助的人员。
287
- 紧急危机中需要个人和物质支持以稳定局势的人。

■ 任何向社会工作者提出问题的案主；也就是说，社会工作者自己的话语（价值观）干扰了他或她参与叙事过程的能力（例子可能包括某些类型的罪犯，但实际上可能包括任何类型的案主，因为所有社会工作者都有偏见）。

可以使用相对非正式的叙事治疗过程的实践**环境**包括学校、临终关怀机构、大学咨询中心、家庭咨询计划、住宿环境、导师/同伴计划、监狱、药物滥用康复设施和其他住院环境。

四、评估和干预

（一）社会工作者/案主关系

社会工作者的角色是帮助案主构建新的生活叙事，以一种不同的、更积极的视角来描绘它们。社会工作者采取"考古学"的立场，不去研究案主历史的细节，而是去了解案主生活故事的"基石"（信仰、假设和价值观）。

社会工作者/案主关系不同于传统理论中的关系，因为从业者放弃了专家的角色和合作者的职能。为了达到这一目的，社会工作必须反思他或她作为从业者的"首选自我描述"，以及从此可能与案主建立权力差异的方式（Richert，2003）。社会工作者引导案主进入叙事治疗过程，并邀请他们在干预展开的过程中提出问题或发表评论，从而揭开这种关系的神秘面纱。通过这种方式，案主被赋予了塑造咨询对话的共同责任。案主可以在社会工作者的可用性的现实限制范围内，自由地与社会工作者见面，可以是经常的，也可以是很少的。社会工作者进一步拒绝给病人贴上"正常""不正常"或"精神错乱"的标签，因为这是一种压迫性的做法。在一项对 6 对案主和从业者的研究中，格拉法纳基和麦克劳德（Grafanaki & McLeod，1999）从叙事角度确定了三种适当的从业者参与类别。其中包括从业者作为案主讲述他或她的生活故事的**听众**，以及新故事情节的**协商者**和**共同构造者**。在下面的示例中，这些角色的运作方式将变得更加清晰。

（二）评估

因为叙事干预被认为是咨询性的而非治疗性的，所以评估阶段相对简短（Brown & Augusta-Scott，2007；Payne，2005）。案主被邀请分享他或她提出的问题。为了了解案主如何看待自己，社会工作者请案主描述他们的担忧，以及他们通常如何利用时间和应对挑战。社会工作者询问案主的优势、才能和成就，以此作为一种为建设性聚焦搭建舞台的手段。没有标准的诊断程序（社会工作者机构规定的除外）。取而代之的是，从业者认为案主具有共享的个人经验，并可以以此为基础重建自我。案主被鼓励将自己视为生活故事中的主角，而不是受害者。这种评估方法与以人为本的治疗有很多共通之处（第三章），它也尊重每个案主都具有独特的生活经验和潜力，并且值得给予积极的关注和肯定。

评估的内容可归纳如下：

- 使用外化的对话（这个人不是问题之所在）。
- 描绘问题对个人的影响。
- 描绘个人对问题的影响（优势、例外、能力）。
- 确定案主是否赞许目前的情况。

（三）干预

如上所述，社会工作者倾向于迅速进入干预阶段。我们认为干预可以划分成以下五个阶段。

（四）规范化和强化

第一次干预与案主评估重叠。社会工作者鼓励案主描述她是如何理解和处理问题的。与以解决方案聚焦疗法的干预方式类似，社会工作者帮助案主将问题外化，这样她的整个自我形象就不会受到影响。（同样，案主不是问题所在；问题就是问题。）这有助于案主避免将自己定义为受害者，或感觉自己被问题"吞噬"。社会工作者避免与案主进行线性的问题解决过程。

从业者下一步邀请案主描述她生活中其他相关的挑战以及她如何处理它们。社会工作者使用积极的倾听技巧，询问案主最重要的生活优先事项和价值观。社会工作者鼓励案主将问题概念化为她生活的一个方面，一个可能更依赖于外部因素而不是内部因素的方面——其中一些因素可能是案主目前所不知道的。在他们的谈话中，社会工作者从案主的角度仔细地验证所呈现问题的重要性。作为人们对一个共同问题持有不同观点的例子，道尔顿（Dalton，1997）研究了 23 个新母亲的叙事，发现她们都处在一个从自己的角度重新定义母亲的过程中，与分配给女性的传统社会角色并不相同。

289

（五）反思（解构）

社会工作者帮助案主分析她对自我和世界的假设，以揭示呈现的问题所代表的基本思想和社会关系。从业者帮助案主挑战关于世界**应该**是什么样子的假设，从而打开新的可能性。这与认知重构（认知理论）和洞察力发展（自我心理学和关系理论）的概念相似，不同之处在于它强调案主对影响其自我假设的社会条件和权力关系的认识。社会工作者帮助识别出构成问题基础的价值观和偏见。这个任务是通过询问案主的行为和信仰对她个人的影响的问题，还有关于她生命中最重要的事情的问题完成的。

考虑文化和政治问题

随着案主叙事的发展，社会工作者鼓励案主考虑可能影响其思维的任何社会力量，并将其生活和人际关系从案主认为具有压迫性的知识和故事中分离出来。这些治疗性的互动并不符合案主的"首选"故事，因为社会工作者拒绝（可以说）作为一个接受案主典型故事的受众。社会工作者的行动为案主提供了新的对话方式，案主的故事也开始发生变化。

使用前面提到的暴力案主的例子，社会工作者建议马丁考虑，他的世界面临的压力之一可能是社会对男性统治的期望。这个想法最初让马丁感到困惑，但他最终接受了这个意见，并认识到这可能是他文化学习的一部分，并且通过潜移默化，把自己封闭在了与人交往的其他可能方式之外。

（六）增强改变（重新编写或重建）

社会工作者帮助案主放弃那些刻板叙事的结果，并鼓励案主"设想"或考虑有关过去和未来的替代故事。这有时被称为"重建"，因为案主做出的关于他或她想成为的人的决定是基于对自我更真实的价值观，而不是来自诸如传统性别规范等任意外部因素的价值观。社会工作者帮助案主识别生活故事中代表问题已解决故事的"例外"的部分，并为个人叙事确定"首选结果"。

这进一步推进了在前一阶段开始的反思过程，但社会工作者可能会积极帮助案主认识到他或她可以利用的资源，以促进他或她对自己处境的新的思考方式。这些资源（如人员、事件和实践）可能存在于案主的环境中，但也可能通过观看面临类似挑战的人的视频或电影、个人日志以及给可能增加案主自我理解的重要他人写信来获得认可。这些实践都可以帮助案主以新颖的方式反映他们的情况。例如，戴蒙德（Diamond，1997）发现，对于接受药物成瘾治疗的人来说，给朋友、亲戚，甚至给自己写关于康复过程的日志，能够帮助他们改变对问题的态度和与他人的关系。另一项针对 17 名接受普通心理治疗服务的人的研究发现，写日记可以帮助参与者表达情感，提高他们对个人资源和机构的意识，将他们的问题从自己身上分离出来，减少症状和问题行为，并获得一种赋权感（Keeling & Bermudez，2006）。

通过讨论和运用这类技巧，社会工作者鼓励案主根据替代选择的和优先偏爱的身份重新编写她的人生故事，并帮助案主考虑可能与重要他人的期望相冲突的生活前景。这个过程对莱蒂（Lettie）很有帮助。莱蒂是一位被诊断患有精神分裂型人格障碍的案主，被认定为"古怪"而且"不适合"做母亲。在与她分居的丈夫去世后，莱蒂的婆婆寻求孩子的抚养权。莱蒂的认知抽象能力有限，但在社会工作者的肯定下，她开始明白，她的社会地位（失业的单身母亲）促成了其他人（和她自己）的假设，即她没有能力负责任地为人父母。这位社会工作鼓励莱蒂采取自我辩护的立场，并支持她参与法律程序。莱蒂最终能够感知和表达她自己的能力，证明了那些社会偏见是没有根据的。

旁观者问题，即社会工作者要求案主考虑他或她的改变如何被他人察觉和评估，这有助于案主在新身份中感到安全。案主并不希望终止与这些人的关系，但她可能想让他们知道她所经历的变化。案主可能还想扩大她的社会交往以包括新的人群。这就导向了干预的最后阶段。

（七）庆祝和连接

社会工作者帮助案主制订计划来维持新的叙事或新的自我意识。这个"新"的人可能和进入干预的那个人很相似，但是她可能已经做出了她想让别人知道的改变。对这一问题的关注是叙事治疗结束阶段的一部分。

291　在**咨询**过程中，社会工作者通过反思性对话和任务引导案主，帮助她将新的生活叙事置于一个广泛的社会背景中。通过回顾"历史记录"，如治疗笔记、录像带、录音带或干预期间撰写的日志，社会工作者帮助案主认识到自己的优势和资源的发展，并让自己的步伐跟上她的新知识（Bello，2011）。社会工作者挑战案主，让她考虑到，有了这些新知识，她的生活可能会有什么新的方向。从业者可以通过允许其故事作为未来临床干预的示例，来邀请案主间接地帮助其他案主。案主常常很高兴地知道，他们的旅程可能会对其他人有所帮助。

个人声明涉及案主与重要他人就其获得新身份而散发的相关书面信息。案主可以选择为此目的给某些人写信。本着确认听众能见证案主新的自我理解的精神，案主可能会加入支持她新的生活地位的俱乐部或组织。埃普斯顿和怀特（Epston & White，1995）引用了一些患有"精神疾病"的案主的例子，他们选择加入倡导组织来维护自己的尊严，以对抗与他们的标签相关的公众污名。**加入**活动也可能包括一些简单的事情，比如案主对文学产生兴趣（欣赏别人的故事），并成为图书俱乐部的成员。

庆祝活动是对案主发展新生活叙事的特殊纪念活动。根据案主的具体情况，可以采取多种形式。它们可能包括在重要他人参加的典礼上颁发奖品或奖励。这些纪念活动对儿童和青少年特别有效。从业者可能是也可能不是庆典的直接参与者——他的角色可能最突出地包括帮助案主设计合适的庆典。例如，马丁的社会工作者建议他想办法庆祝自己的成就。这位案主花了几个星期考虑这个问题。他回忆说，在超级碗比赛结束后，他看到一名橄榄球运动员走过电视屏幕，然后大声宣布："为了庆祝胜利，我要去迪士尼乐园。"马丁很享受这个自我嘲弄的想法，即模仿那个"男子汉气概"运动员的形象，并带着父母和两个兄弟去迪士尼乐园游玩。他认为这将为他提供一个愉快的方式来加强他与家人的关系。他也想利用这段时间让他的家人看到他的崭新的、更"耐心"的自我。

因为叙事治疗是相对结构化的，所以它的结束被认为是完成咨询的自然过程。通常情况下，案主和从业者不会做出最终决定来结束他们的工作。他们可能会在没有时间框架限制的情况下为偶尔的咨询敞开大门（Freedman & Combs, 1996）。当然，就像任何干预一样，一些案主可能会意外地退出叙事治疗。在这些时候，从业者可能会决定向案主发送一封信，在信中他或她会总结他们一起工作的过程，强调案主可能在这一过程中获得了什么，并且继续努力实现已经确定的目标（Laub & Hoffman, 2002）。

五、灵性和叙事理论

292

叙事理论特别乐于探索案主生活中的灵性问题。回顾灵性是一个人对终极价值、意义和承诺的追求，叙事理论希望帮助人们创作符合他们个人愿望的生活故事，这几乎总是触及灵性问题。在讲述他们的生活故事时，案主被鼓励谈论和探索他们的宗教或世俗信仰体系的本质，以及他们的社会关注（包括对事业或社会群体的承诺）。一些存在主义思想家断言，意义可以在创造性的追求中找到，例如艺术、音乐、文学和创作的新方法。在自我怀疑或绝望的时候，案主的精神状态通常会成为那个人思考的焦点，而叙事社会工作者的问题和评论会鼓励案主更多地意识到或考虑他或她的生活是如何体现这些个人理想的。社会工作者不会试图将案主的思维引向任何特定的方向，而是准备帮助案主了解和接受他或她对自我及其在世界上的地位的最基本信念。

六、关注社会正义问题

与本书中的任何其他理论相比，叙事理论可以被归类为"社会正义理论"。社会工作者总是考虑案主系统如何容易受到文化叙事的影响，这些文化叙事包括种族主义、年龄歧视和性别歧视等压迫性力量。也就是说，从业者帮助案主考虑与社会条件相关的、饱受问题困扰的故事。通过这种方式，他们可以鼓励案主通过获得新的信息、服务、资源、平等机会以及更多地参与集体决策，来应对社会条件和变化。为了有效地提供叙事治疗，社会工作者必须了解压迫以及文化和种族多样性。在考虑问题的根源时，社会工作者可以尝试给案主机会，让他们从某些文化假设中解放出来。这有助于案主识别和挑战那些普遍存在于其社会中的未经检验的"生活处方"。叙事理论的社会公正方面进一步体现在，它努力促进社区对案主的支持。

一个可以使用叙事疗法解决的社会正义问题的例子，是针对二战期间被拘禁的日裔美国人的孩子展开的工作（Nagata，1991）。在当时被监禁的人中，超过60%是美国公民，他们中的许多人在不到一周的时间内就被驱逐，不得不放弃商业、财产和个人财产。这些日裔美国人平均在集中营里生活了2～3年，他们被带刺的铁丝网包围着，由武装警卫看守。这些人感到特别受伤害，因为他们被自己的国家拒绝了。这种巨大的创伤成为后世几代日裔美国人无意识的组织原则。事实上，几乎所有的孩子都报告说，他们的父母对他们在集中营的经历保持沉默，这种沉默抑制了家庭内部的交流，并产生了一种不祥和隐秘的感觉。他们的孩子也比那些父母没有被拘禁的孩子感到更脆弱。

被拘禁的日裔美国人的孩子往往会报告家庭沟通不足、自尊问题（在父母被贬低后，他们被迫证明自己的"价值"）、有限的职业选择（同样，他们内化了向父母和更广泛的美国文化"证明"自己的需要）、自信问题（他们的父母在更大的文化中塑造出一种自我保护的被动性），最后是身份问题。孩子们被培养成要与他们的日裔美国同龄人"黏在一起"，而不是融入美国主流文化。

在叙事治疗中，探索上述的拘禁主题对后代的成员可能是有用的，因为不是所有的人都意识到他们的父母被拘禁与他们自己生活故事之间的相关性。事实上，这些案主要么公开否认这种关系，要么呈现出一种限制性的生活叙事，忽略了他们文化过去的这一方面。社会工作者可以帮助案主展现潜在的拘禁主题，方法是吸引人们关注案主生活中的事件和属性，这些事件和属性不能用他们当前的叙事来解释，或者挑战他们最初分享的故事的完整性。

现在我们将考虑两个叙事干预的例子，一个是针对某个特定的案主，另一个更普遍地关注一类呈现的问题。

七、案例说明

（一）临终关怀案主

叙事理论强调反思和寻找意义，非常适合临终关怀患者构建自己的临终故事。此外，它适合使用相对较少的会谈，并在较长一段时间内进行。对于临终关怀患者来说，导致死亡的疾病可能不幸地成为主导故事情节（Young，2010）。随着家庭和专业护理人员越来越多地与患者打交道，共同创造的现实是，患者就是疾病，而不是受疾病折磨的人。减少威胁并增强个人对过程的控制感的干预，对精神和身体健康可以产生积极影响（Aldwin，2007）。

　　凯利（Kelly）太太 86 岁，死于卵巢癌。她病了 7 个月，和结婚 60 年的丈夫住在家里。这对夫妇有两个女儿，其中一个住在城里，经常和父母在一起；另一个和家人有过冲突的历史，住在更远的地方，不太经常来拜访。凯利先生，也是 86 岁，是一个充满爱心但专横跋扈的供养人，他习惯于做出所有重大的家庭决定并照顾他的妻子和女儿。当年轻的社会工作者帕姆（Pam）开始了解这个家庭时，她意识到凯利太太希望在生命的最后几周里更多地掌控自己的生活。她希望有时间"准备"，而她的丈夫尽管心怀好意，但在这个过程中却有些打扰。帕姆调解了这对夫妇之间的问题，并帮助凯利先生消除了无助和恐惧的情绪。

　　通过倾听和反思性提问，社会工作者希望帮助凯利太太评估她的生活和处境的"现实"，并调动她的潜在优势，来挑战疾病的力量。这位社会工作者并没有教授应对策略，而是计划倾听并找出凯利太太创造性应对的例子。帕姆通过要求案主"告诉我你的名字的故事"开始叙述过程。这引出了凯利太太对她的原生家庭的漫长回忆。社会工作者要求案主反思她的家庭成员所拥有的特殊才能和品质。凯利太太很会说话，当回忆起她生命中重要的人物和事件时，她变得越来越活跃。社会工作者后来向凯利太太要了一份清单，上面列出了三件曾经赋予她生命意义和目的的事情。这引发了一场关于工作、爱情、艺术、自然以及凯利太太非常私人的话题的对话。后来，帕姆问道："你的疾病是如何改变你生命中有意义的事情的？"并再次请凯利太太说出三件仍然美丽的东西和三件仍然让她开怀大笑的事情。

　　起初，凯利太太似乎不确定与任何人交谈的价值。"谈话疗法"不容易被她那一代人所接受。然而，不久之后，这位案主就一直保持着互动，并且似乎很享受这种反思的邀请。随着她对每个上了年纪的家庭成员的描述（他们都已经去世了），凯利太太似乎对自己更加清晰了，也更加认同自己是一个独一无二的个体。她是九个孩子中的一个，她说自己被姐姐宠坏了，因此从小就胆怯而安静。在结婚后她延续了这种个性模式，允许她的丈夫，后来是她的女儿，来做出所有的家庭决策。凯利太太对此并不后悔，但她现在意识到，自己的自理能力比别人认为的要强。

　　社会工作者也认为，凯利太太那一代的女性通常不被鼓励独立工作。她与凯利太太分享了她在 70 多岁和 80 多岁女性身上所注意到的一种规律。她们接受配偶的照顾，这似乎延续了她们对如何应对生活挑战的设想。她们承认在她们的生活中发生了一些困难的事件，但错误地认为自己受到了庇护。她们没有意识到自己在承受压力时所扮演的角色。在凯利太太回顾过去的时候，这一主题变得显而易见。

294

在重建阶段，社会工作者询问凯利太太对未来的希望。即使已经失去了治愈的希望，许多至关重要的希望仍然存在，包括希望活在任何一个充满喜悦和目标的时刻，也许还有希望被人记住。凯利太太想在她生命的最后几个月里变得更加活跃。她与女儿们几乎没有任何联系，她想和她们见面，让她们和解并认识到家庭关系的重要性。她想满怀信心地告诉丈夫，他要在她死后活下来，继续为自己和女儿们创造美好的生活。帕姆肯定了这些优先事项，并帮助凯利太太安排了充足的私人时间与家人在一起。她祝贺凯利太太所做的努力，案主说："我喜欢我做新事情时的感觉。这让我觉得自己很重要。"

在完成这些任务后，凯利太太体验到了与他人更紧密的联系，也许更重要的是，她与比自己更伟大的事物之间的联系更加紧密。随着病情的恶化，她开始要求更多的独处时间来思考她自己的灵性问题。与社会工作者的关系开始后的第五个星期，凯利太太去世了。她们一共有六次会谈，每次 30 分钟到 2 小时不等。在她去世的时候，凯利太太已经修改了她的人生故事，将力量和安静的智慧融入其中，她还成功地拉近了家里其他三个成员之间的距离。

尽管这与本案例无关，但叙事疗法可以使患者与整个临终关怀小组合作，对抗疾病的影响。治疗的主要驱动力（医生）和接受治疗的人之间常常是脱节的。家庭和案主渴望真诚的交流，能够提供同理心，并且能够认识到他们独特的品质（Farber，1999）。在一定程度上由于时间限制和他们的训练，医生可能会显得麻木不仁和专制，只关注生存而不是生活质量。他们可能会发现，想要宣扬"好死胜过赖活着"是很困难的。通过促进患者和家属的互惠和个性化关注，叙事疗法可以成为传统医疗服务的有益补充。

（二）青少年性犯罪者

"黎明"（Daybreak）是一个针对 11～17 岁的青少年性罪犯的住宿治疗项目。干预聚焦于与案主过去的创伤、过去遭受的迫害、行为问题、认知扭曲和性犯罪者常见的防御机制有关的问题。这些问题在性犯罪者中很常见。治疗包括个人和团体治疗、家庭治疗、生活技能指导和活动、教育小组、音乐和戏剧治疗、学业教育计划和结构化娱乐活动。

叙事疗法是干预措施的一部分，它可以帮助青少年将自己与饱受问题困扰的故事区分开来，并开辟道路，使他们能够绕开困扰他们的问题。通过这种方法，案主可以重新构建生活中的意义和经验，从而对他们自己和他们的未来产生更具建设性的看法。对于那些只看到自己生活故事中消极方面的年轻人来说，这一点尤为重要。在"黎明"项目中，许多案主很难看清他们过去的违法行为和他们所遭受的虐待。案主经常说他们被虐待是因为他们是"坏"人。通过探索他们独特的结果（表现"良好"行为的证据），社会工作者可以为青少年提供机会来发展一个不同的故事，一个不受虐待主导的故事。

虽然"黎明"项目使用的是一种主要基于认知行为的治疗方法，但叙事方法存在于以"我的人生故事"开头的 14 个目标治疗模块中。完成"人生故事"目标为罪犯和他们的社会工作者提供了一个机会，让他们更深入地了解罪犯过去的经历以及他们对这些经历的解释。在案主向同龄人和社会工作者介绍的过程中，"人生故事"目标是一种不具威胁性的支持案主的方式。它帮助案主识别可能导致他或她犯罪的重大生活事件，帮助专业人士了解犯罪者的世界观、自我概念、时间利用和应对方式。它是案主和治疗师之间治疗关系发展的一个开始阶段。

接下来的治疗目标也包含了叙事方法。青少年性犯罪者往往表现出一些特质，例如适应力强、足智多谋和有智慧，但是由于社会对他们行为的主导性负面构念，他们无法从自己身上看到这些特质。通过叙事方法，案主面对自己的自我假设，并被鼓励与社会工作者一起更充分地探索自己的信念和感受，反过来，社会工作者努力打破那些文化假设和与之相关的负面情绪。

该项目中一名 15 岁的男性案主雅各布（Jacob）抱怨说，他感觉抑郁，睡眠困难，无法集中精力学习和治疗。他说，没有人喜欢他，他觉得自己一文不值。他还说，这些情绪使他陷入了虐待的循环，因为它们使他想起他在母亲手中遭受的精神虐待。

雅各布在第一次会谈时表现得情绪低落，沉默寡言，不想说话。他的社会工作者雷纳尔多（Renaldo）询问他的感受，他说自己很伤心和疲倦。社会工作者问他为什么感到疲倦，雅各布回答说他整夜都在读书。他说他书中的一个角色死了，因此他"感到胸口疼痛"。他们探究了雅各布对阅读的热情。雅各布说，他喜欢读书以逃避"地狱"。当他谈到读书的内容时，他的心情似乎好了一些。

通过使用隐喻，雷纳尔多试图让雅各布表达他的一些情感。他解释说书中的人物具有某些能力，并且能够飞行。雅各布希望自己能像他们一样飞行。社会工作者问他为什么会这样想，雅各布回答说，有了特殊的能力，他可以改变过去发生的事情，飞行会让他感到自由。雅各布和雷纳尔多谈论了一些使案主感到"无法飞行"的事情，例如他遭受的性虐待、他对妹妹的虐待，以及犯罪行为对家庭的影响。他们用飞行这个比喻来帮助雅各布谈论他如何能改变现在的事物，帮助他"长出翅膀"。雅各布说，成功完成治疗后，他就可以回家，让父亲开心。他们一致认为，这将是他长出翅膀的第一步，并决定共同研究一份"特殊能力"清单，雅各布可能已经拥有这些能力，可以让他专注于自己的治疗。他似乎很喜欢这种隐喻的想法。

在随后的会谈中，雅各布说，他用了他的一些"特殊能力"，包括与同龄人和社会工作者一起处理那些使他感到悲伤或无能的愤怒情绪，并提前睡觉而不是整晚熬夜阅读，因为这会导致他感到很沮丧。雅各布说，这些改变行为让他心情更好，并使他能够亲近他的同伴。从这一点开始，他接受的"黎明"干预进程开始有所改善。

八、有效性的证据

对于文献中描述的许多类型的问题，叙事治疗已经被发现是有帮助的。虽然叙事从业者拒绝给案主贴标签，但是心理学文献和论文检索的结果显示该理论适用于依恋障碍、饮食失调、身体形象障碍、创伤后应激障碍、抑郁、口吃、药物滥用、惊恐障碍、青少年行为问题、儿童适应问题（作为游戏治疗的一个组成部分）、与暴力伴侣生活问题、一般人际关系问题和精神疾病。这些干预措施对家庭、团体和个人都很有用。现有的许多关于叙事治疗的研究都是定性的，以个案研究和小型便利样本为特色。我们将在这里考虑这两种类型的研究。

（一）结果研究

定量研究方法与叙事理论并不矛盾，下文列举了几个例子。一名研究人员对经历亲子冲突的 6 个家庭应用了一套叙事技巧（包括外化、相对影响提问、确定独特的结果和解释、促进新叙事的传播、分配会谈间期任务）（Besa，1994）。6 个家庭中有 5 个家庭的关系有所改善。在对 49 名曾参与叙事治疗的药物使用治疗中心出院患者的后续研究中，发现患者的新生活叙事已经融入出院后的生活之中（Kuehnlein，1999）。

两项随机研究聚焦于患病人群。在一项研究中，70 名患有严重先天性心脏病的婴儿的母亲被分配到干预组和对照组，治疗组接受心理教育、父母技能培训和叙事治疗（McCusker et al.，2010）。六次小组干预包括一次专门讨论个人叙事发展的会谈，尽管该主题已纳入其他几次会谈。6 个月后，实验组的母亲继续在教养实践、焦虑、担忧和健康状况评估方面取得显著进展。（问题是，无法评估每种干预措施的单独效果。）在另一项实验中，234 名患有癌症的成年人被分配到三个治疗组。其中一组接受每周一次的特殊叙事治疗（需要编写关于癌症如何影响他们生活的书面故事），一组参与完成一项疼痛问卷，第三组是无治疗对照组（Cepeda et al.，2008）。三次会谈的结果显示，在干预前后，所有三组患者的疼痛强度和幸福感都是相似的，但在叙事治疗组中，表现出高度情绪披露的患者疼痛明显减轻，幸福感水平明显提高——相比那些叙事较少情绪化的人。

针对创伤后应激障碍患者，也已经有几项结果研究。一项实验研究将 26 名卢旺达种族屠杀幸存孤儿随机分为两组，一组接受叙事暴露疗法（关注创伤事件），另一组接受人际关系治疗（Schall，Elbert，& Neuner，2009）。这两项干预措施都包括四次每周一次的会谈，并且都以一次以小组为基础的引导性哀悼会谈结束。虽然两组在干预结束后的结果测量上没有显著差异，但实验组在 6 个月的随访中明显减少了创伤后应激障碍的症状，而且几乎没有符合该障碍的标准。对创伤后应激障碍幸存者叙事暴露疗法的系统性综述（包括 482 名参与者的 8 项研究）得出的结论是，与其他疗法、等候名单控制或"照常治疗"相比，叙事干预能显著减轻症状（McPherson，2012）。在更普遍的创伤后应激障碍人群中，研究人员检查了 20 名患者在完成干预后的叙事，试图在 8 名改善的患者和 12 名没有改善的患者之间发现不同的叙事风格（van Minnen，Wessel，Dijkstra，& Roelofs，2002）。得到改善的患者显示出"紊乱性思维"的显著下降，并且对其内部事件的敏感性增加。

关于叙事疗法治疗抑郁症的有效性已经有很多研究。在另一项关于癌症经验的研究中，72 名以成年女性为主的抑郁症患者被随机分配到两组，一组接受叙事治疗外加抗抑郁药物治疗，另一组接受相同药物的"常规护理"（Vega et al.，2011）。在干预结束时，实验组在疼痛、整体健康和整体生活质量方面有了显著的改善，没有出现抑郁症状。实验组的治疗保留率也较高。另一项针对 47 名患有抑郁症的成年人的研究发现，8 次叙事治疗就能改善症状，无论是在治疗刚结束时还是 3 个月后（Vromans & Schweitzer，2011）。另外两项比较研究支持叙事疗法对老年抑郁症患者的有效性。共有 106 名老年人参与了一项准实验研究，其中一组接受综合回忆和叙事治疗（Bohlmeijer，Westerhof，& Emmerick-de Jong，2008）。这一包含 8 次会谈的干预每周都会讨论成员对其过去生活问题的回答。结果是实验组参与者的负面自我评价下降，对社会关系的正面评价增加，对过去的积极评价增加，对未来的负面评价减少。最后，一项随机、多点试验将 202 名患者分配到治疗组和对照组，评估了生命回顾和叙事治疗作为晚期抑郁症早期治疗的有效性（Korte，Bohlmeijer，Cappeliez，Smit，& Westerhof，2012）。在治疗后和 9 个月的随访中，叙事干预均能有效减轻症状。

（二）过程研究

接下来介绍的是对叙事干预过程的研究，所有这些研究都包含了不止一个案主。最近，一项纵向研究针对 47 名存在各种问题的成年人，考察了在叙事治疗期间人格改变的证据，这些证据来自案主对这一过程的书面描述（Adler，2012）。结果表明，在所有参与者中，"机构"（采取行动）主题，不仅是"身份一致性"的感觉，还与心理健康的改善有关。两位作者强调了关于儿童游戏治疗背景下叙事干预的重要性。一项对游戏治疗过程中六盘录像带的研究表明，在游戏治疗中儿童使用交替出现的快乐/中立和愤怒的故事，象征着创伤事件的主题（Kanters，2002）。科克尔（Cockle，1993）在一项对 10 名接受沙盘游戏治疗的儿童的研究中指出，5 名"成功应对"的儿童认为他们的世界是平衡的，并在处理逆境时表现出足智多谋。5名"困难应对"的儿童把他们的世界描述成贫瘠和危险的，他们的故事缺乏足智多谋的元素。

安德鲁和麦克马伦（Andrew & McMullen，2000）对"愤怒"的叙事进行了考察，他们在一个心理治疗中心审查了19位成人案主讲述的109个愤怒经历的录音带。研究人员确定了五种常见的愤怒主题，并断言这证实了早期关于具有相似背景人群生活中共同剧本的研究。关于饮食失调可能常见的主题，范怀尔（von Wyl，2000）分析了在对7名厌食症患者和8名贪食症患者（来自住院精神病治疗中心）进行访谈时的故事，并得出结论，这两种疾病所代表的主要冲突是不同的。

巴伯、福尔茨、德鲁贝斯和兰迪斯（Barber，Foltz，DeRubeis，& Landis，2002）研究了一个假设：患有精神病性障碍的案主在描述与母亲、父亲、最好的同性朋友和浪漫伴侣的关系时表现出一致的叙事主题。在这项研究中，93名案主被要求讲述每个人的故事，独立的评委根据愿望的强烈程度、他人的反应和自我的反应对这些人进行评价。他们发现，不同叙事之间的人际主题存在很大差异，并得出结论：案主叙事比研究人员想象的更难预测。这种案主陈述的不可预测性与叙事理论的假设是一致的。

前面描述的"过程"研究说明了叙事理论家对案主理解会话内的叙事活动如何感兴趣。一些研究人员开发了一些工具，帮助从业者与案主一起回顾自己的叙事过程。叙事过程编码系统是研究对个体案主进行干预的叙事序列的一种方法示例（Angus，Levitt，& Hardtke，1999）。这是一部指导研究人员通过研究会话脚本来记录主题转换和三种叙事过程的手册，包括对案主的外部事件、内部事件和反思的引用。在微观层面上，编码系统有助于围绕叙事、情节和叙事过程风格概述社会工作者与案主之间的互动。在宏观层面上，它有助于展示特定的叙事如何与案主的人生故事联系在一起。

九、对理论的批评

叙事理论对许多社会工作者具有吸引力，因为它关注案主赋权和社会变革活动。但是，它受到了一些批评。首先，叙事治疗可能不适合对与基本需求获取有关的人进行干预（Williams & Kurtz，2003）。这些类型的案主代表了社会工作专业传统案主群体中的很大一部分。叙事理论相对缺乏结构，强调主观印象，对于那些面临失业、缺乏医疗保健或住房不足等问题的案主来说可能没有帮助。一旦最初的问题得到了解决，它可能会用于这些案主，以帮助他们重新考虑他们的人生历程。

其他的批评源自叙事理论对身体、心理、认知和道德发展的一般理论的拒绝。一些人认为，如果没有这样一套指导原则，从业者就不可能帮助人们改变（Nichols，2009）。换句话说，一个临床社会工作者真的能避免任何有关人的本性和他们如何改变的假设吗？一种相关的批评与叙事理论对身份或自我的概念化有关（Zielke & Straub，2008）。具体来说，与流动的社会结构相比，自主权有多大？本书中的大多数其他理论提供了关于人性的更广泛的观点，可以在干预过程中作为指导。

叙事理论拒绝给案主贴上标签，因为这种标签武断地强加了外部社会群体的迫害。许多社会工作者接受过培训，将一些案主问题概念化为"疾病"或"失调"。叙事理论因鼓励从业者忽视这些严重问题而受到批评。例如，当与患有精神分裂症的案主一起工作时，叙事从业者可能不太可能鼓励使用药物并挑战"妄想"观念。

任何从业者在治疗时保持中立都是不可能的，而且叙事从业者可能会在无意中强加自己的价值观，去影响案主如何塑造他或她的故事（Gottlieb & Lasser，2001）。社会工作者可能倾向于宣传一个代表某一特定话语的故事，并将案主不符合该故事的内心声音边缘化。一位女权主义从业者，与一位经历过多次家庭暴力的案主合作，她可能希望案主以一种强调生活方式选择的方式重塑她的个人叙事，而不是回到虐待她的配偶身边，并以微妙的方式采取相应的行动（Allen，2012）。威奇（Wyche，1999）进一步指出，在从业者属于不同种族、阶层或性别的情况下，社会工作者对案主叙事的解释的有效性可能受到限制。在任何实践方法中，偏见都是一个潜在的问题，但是叙事理论对它（偏见）可能特别开放，因为没有原则可以作为对社会工作者活动的检查。

叙事理论弱化了系统思维（White & Epston，1990）。这种对系统作用的最小化在社会工作专业中尤其明显突出，在这个专业中，"人在环境中"的视角非常重视家庭、团体、组织和社区的相互影响。

对叙事治疗的最后一个批评是，它的过程与临床社会工作实践中管理式护理的兴起是不一致的——后者是与叙事理论同时出现的一种新发展（Kelley，1998）。管理式护理需要DSM诊断和基于循证方法的预先批准的干预计划，而在叙事治疗中，重点是社会工作者和案主通过对话共同创造新的现实。

十、总结

叙事理论的基础思想是后现代社会思想发展的产物，尽管它们也与公众服务行业其他长期发展的观念有关，例如多元文化主义、优势视角、社会正义和案主赋权。叙事理论对从事直接实践的专业人员的影响是巨大的，因为它提供了一个有用的替代方法，可以干预呈现的许多类型的问题。叙事疗法甚至进入了医学领域。古德里奇（Goodrich，2006）写道，通过更密切地倾听患者的故事，更深入地反思他们的医疗经历，医生可以更清楚地了解每个患者的情况，采纳患者和家人对疾病的看法，从而提供更加个性化和全面的护理。

然而，从业者完全接受叙事理论并不总是可行的，因为其相对非结构化的方法与许多机构环境中关于结构化服务提供的严格政策无法相容。未来社会工作者面临的一个挑战是，确定该方法可能对哪些类型的案主有益，考虑如何灵活地将该理论应用到各种机构中，并通过定性和定量方法进一步证明其有效性。

302

十一、讨论的话题

1. 叙事疗法被认为具有咨询性和非正式的性质。它是否适用于要求从业者就会谈时间和干预持续时间等事项进行结构调整的机构？

2. 想想社会工作者所看到的案主类型，对他们来说叙事干预是不是合适？有什么区别？是否可以在不违反其方法性质的前提下将叙事干预措施纳入其他临床干预措施之中？

3. 请分享来自实地安置机构的案主的例子，他们的问题可能与文化压迫的价值观和做法有关。讨论社会工作者如何帮助案主探索（解构）这些影响。

4. 与上述观点相关，讨论如何帮助这些案主构建不反映文化压迫的新生活故事，以及社会工作者在这一过程中的角色。

5. 在叙事干预结束时，有哪些方法可以帮助不同类型的案主"庆祝"他们的新生活故事？

十二、角色扮演的设想

1. 把全班分成两人一组。每一对中的一个成员（案主）认为一种个人信仰在他或她的身份发展中具有很大的影响。选择可能包括种族、教育、宗教、性别、社会阶层、血统或文化。扮演社会工作者的学生为案主提供一个机会，让案主谈论信仰及其对案主生活的影响。社会工作者应该饶有兴趣和好奇地倾听，并鼓励案主探索信仰对其生活的影响。学生从业者帮助案主关注家庭、工作、灵性、人际关系、历史、未来和案主的生活状况。在后续的课堂讨论中，案主应该讨论会话对他的身份感的影响，以及社会工作者做了哪些对这个过程有用的事情。

2. 跟有特定问题但愿意与社会工作者详细探讨的案主一起，实践叙事从业者喜欢的非正式的、非指导性的评估。

3. 练习将案主的问题外化而不为他们的行为开脱责任的方法，特别是对于那些倾向于责备他人的案主群体（如青少年违法犯罪者、滥用药物者和殴打配偶者）。

4. 针对各种类型的案主实践解构干预。在接下来的课堂讨论中，有两个例子可以提供有趣的对比，一个是遭受过虐待的女性，另一个是遭受过打击的男性。 *303*

5. 在单独的角色扮演活动中，与在上述练习中相同的案主一起练习重建干预。

十三、理论大纲

焦点	个人叙事决定了一个人对自我和世界的理解
主要倡导者	阿贝尔斯夫妇，克罗克特，迪克森，埃普斯顿，弗里德曼，蒙克，凯利，佩恩，怀特，齐默尔曼
起源与社会背景	存在主义 后现代主义 社会建构主义 多元文化主义
个人的本性	经历从根本上是模棱两可的 人们将自己的生活安排成故事，赋予其意义 根据与主流生活叙事的一致性，新经验被过滤进或过滤出故事情节 叙事是与重要他人共同构建的 文化规范对生活叙事有重大贡献 有些故事情节占主导地位，而另一些则受到压制 人们有能力开发新的、更有能力的故事
主要概念	个人叙事 解构 重新编写/重建 庆祝/连接
问题的性质	充满负面假设的叙事所导致的情感或物质痛苦 可能会压迫人的文化习俗的副产品
改变的性质	意识到关于自我和世界的武断的信念和假设 审查文化强化的假设，这可能是有限的 重塑一个人的生活和人际关系

干预的目标	从有问题的生活模式中唤醒案主 将案主从外部强加的约束中解放出来 帮助案主重新编写有尊严和能力的故事 为案主的新生活故事招募重要他人作为听众（和支持）
社会工作者/案主关系的性质	一个合作的氛围 社会工作者放弃"专家"的立场 社会工作者作为考古学家 拒绝贴标签和划分正常和异常行为 欢迎案主就干预过程提出问题和评论
干预的原则	承认问题 规范化和强化 外化问题 鼓励案主探索他或她的生活故事 在案主生活中询问有关个人意义的问题 社会工作者告诉案主，他们是自己人生故事中的主角 反思（解构） 确定构成问题的基础的价值观和偏见 使案主能够将自己生活与被认为具有压迫性的知识和故事区分开来 帮助案主放弃充满问题的故事 鼓励案主以自己喜欢的身份重新编写生活故事 通过例外问题开辟新的可能性 展望（讨论可替代选择的未来） 鼓励案主考虑可能与重要他人的期望相冲突的生活观点
评估的问题	帮助案主制订计划以维持新的叙事 帮助案主与熟悉的社会环境中的其他人建立联系，这些人将庆祝并认可新的叙事 为将来偶尔的咨询敞开大门 询问案主如何花费他或她的时间来努力学习如何看待自己 询问自己的优势、才能和成就，以此为建设性聚焦做好准备

304

305

第十三章

危机理论与干预

我衡量我遇到的每一桩悲伤
用眯缝、探索的眼睛；
我纳闷它像我的一般沉重，
还是身量较为轻盈。*

研究**危机理论**为我们整合本书中描述的许多理论观点提供了一种手段。危机理论有时被描述为**人类行为的理论**，有时被描述为**临床实践的理论**。它既适用于研究人类对高压力情境的反应，也适用于对经历危机的案主的干预原则。在这最后一章中，我们将同时考虑危机理论的这两个方面，但是更密切地关注干预原则。这些课题对于学习很重要，因为无论机构设置如何，所有理论背景的社会工作者都经常与处于危机中的人们一起工作。

危机可以定义为对事件（真正的伤害、威胁或挑战）作为难以忍受的困难的感知或体验（James & Gilliland，2013）。危机是一个人对正常运作模式的偏离，他或她不能通过常规的应对方法来处理事件。这个人要么缺乏如何处理这种情况的知识，要么因为感到不知所措，缺乏集中精力的能力。我们每个人在生活中都会遇到危机。当我们面对之前没有经历过的严重压力时，危机往往会产生。压力源可能是生理上的（一种重大疾病）、人际关系上的（失去所爱的人）、环境上的（失业或自然灾害），或存在意义上的（关于生命价值和目的的内在冲突）。

危机干预可以用于一系列呈现的问题，如性侵犯、医疗疾病、战斗压力、创伤后应激障
碍、移民、自杀意念、药物依赖、个人丧失、学校暴力、伴侣暴力和家庭压力（James &

---

* Dickinson，E. (1927). *The Pamphlet Poets*. New York：Simon and Schuster.

Gilliland，2013；Lantz & Walsh，2007）。当它强调案主成长的可能性时，它代表了一种优势视角，即使在可怕的情况下也是如此。社会工作者必须建立案主的优势，以帮助他们适应危机并从中成长。

基于优势的危机干预方法建立在以下假设之上（Chazin，Kaplan，& Terio，2000）：

1. 在危机事件中，每个人的反应都是独一无二的，帮助过程也应该是个性化的。

2. 每个人都是自己康复过程中的"专家"。社会工作者为已经存在的东西提供便利——发现优势和应对技能，并与支持资源建立联系。

3. 自然恢复过程需要在没有人为干预的情况下尽可能多地进行。"帮助"，无论是心理急救还是实际援助，都应该无缝地融入一个自然的过程。

一、起源与社会背景

社会工作者自其职业生涯早期就开始进行危机干预（Golan，1987）。事实上，社会工作专业的出现就是为了响应社会的需求，帮助越来越多的经历高压力状况的公民。史密斯学院在 1918 年开设了它的第一个暑期课程，用以培训工人技能，帮助患炮弹休克症的士兵康复。1906 年，社会工作者还在纽约市建立了第一个自杀预防中心，即全国拯救生命联盟（National Save-a-Life League）。多年来，社会工作者帮助了那些在大萧条时期遭受破坏的家庭，帮助了无家可归、离家出走和贫穷的人（通过旅行者援助协会），帮助了二战期间生活受到破坏的人（通过家庭服务机构）。在那些年里，社会工作者通常更喜欢长期的干预，但是，随着案件数量和候补名单的增加，他们有效地采取了短程的工作方法（Parad，1965）。

正式的危机理论是在精神病学、心理学和社会学领域发展起来的。它出现在 20 世纪 40 年代，主要是基于精神病学家埃里克·林德曼（Erich Lindemann）和杰拉尔德·卡普兰（Gerald Caplan）的工作，他们两人都供职于麻省总医院（Roberts，2000）。林德曼和他的同事在波士顿椰子林夜总会火灾后提出了危机干预的概念，那次火灾造成 493 人死亡。他们的想法是基于对幸存者以及死者亲属和朋友的悲伤反应的观察。林德曼发现了常见的危机（悲伤）反应，包括躯体痛苦、内疚、愤怒、行为模式紊乱以及对死者的长久缅怀。他的结论是，悲伤反应的时间长短和结果取决于人们是否有时间哀悼、适应变化的环境，并最终发展出新的关系。

军事精神病学家一直试图预测士兵在战场上的行为，并使那些不堪压力的人们迅速恢复。林德曼的思想在第二次世界大战期间被改编为军事干预方法。当在接近突发事件的地点（前线）对士兵进行治疗时，当精神科医生只关注眼前的情况时，当士兵在相对较短的时间内返回战斗状态时，发现危机干预的结果是最积极的（Golan，1987）。

卡普兰（Caplan，1990）扩展了林德曼在 20 世纪四五十年代的工作。他对移民母亲和孩子的研究影响了他的想法。他对危机理论的主要贡献在于，所有人都很容易受到发展转型期间的危机反应的影响，例如进入青春期和成年期。卡普兰指出了两种类型的危机：正常的生活转变和危险事件。他是第一个将动态平衡概念与危机干预联系起来并描述了危机反应的阶段的人，这将在后面介绍。值得注意的是，发展理论家，如埃里克森（Erikson，1968），在 20 世纪五六十年代也假设了人类发展中心理社会危机的正常性。此外，社会学领域对危机理论也做出了重要贡献，该领域的学者研究了家庭压力事件，如婚姻、父母身份、老化等对家庭结构和成员互动的影响。

20 世纪 60 年代，社会工作者莉迪娅·拉波波特（Lydia Rapoport）曾指出将自我心理学、学习理论等各种干预方式应用于危机干预的重要性。她强调快速评估的重要性，以及从业者随时可以与案主接触的重要性。后来，娜奥米·戈兰（Naomi Golan，1978）强调，在最困难的危机时期，人们最容易接受帮助，当案主以这种方式受到激励时，密集、短暂的干预措施会更加成功。

20 世纪 60 年代，自杀预防运动迅速发展，最初主要是电话热线。1966—1972 年，自杀预防中心的数量在全国范围内从 28 个增加到近 200 个。对危机干预计划的最大推动来自社区心理健康运动，其中 24 小时危机计划是必要的组成部分。到 1980 年，包括这些单位在内的中心数量增加到近 800 个。

20 世纪 70 年代，社会对提供危机干预服务的兴趣激增，原因主要有两个（Myer，2001）。其中一个原因是美国和其他现代国家的地理流动性日益增强，许多人因此缺乏与核心家庭的联系和其他主要社会支持。迈尔引用了美国每年发生的 1.3 亿次情境性危机事件的证据。第二个原因是科学界对心理创伤与长期神经系统疾病之间联系的新认识（Aupperle，Melrose，Stein，& Paulus，2012）。今天，心理健康中心和医院里的危机项目仍在继续。大多数社会工作者在学校或者其他机构接受危机干预培训，因为人们认识到各种类型的案主都可能经历危机。

二、主要概念

309

（一）压力

压力可以定义为环境或内部需求超过个人应付资源的事件（Lazarus & Lazarus，1994）。事件可能是**生物性的**（身体系统的紊乱，如患病）、**心理性的**（评估压力源所涉及的认知和情感因素，如对重要关系结束的恐惧）或**社会性的**（如社会单位的解体、城镇里主要工厂的关闭）。本章主要关注的心理压力可以归纳为三类：

- **伤害**是指已经发生的破坏性事件的影响。
- **威胁**可能是最常见的心理压力形式。指人察觉到一个尚未发生的事件可能造成伤害。
- **挑战**包括一个人评价为机会的事件，而不是发出警报的情况。它指人被动员起来与障碍做斗争，这一点类似于威胁，但是态度不同。面对威胁，一个人很可能会采取防御措施。而在挑战的状态下，一个人会对将要承担的任务感到兴奋和自信。

一个人的压力体验的性质与生理结构和之前管理压力的经验有关（Pervanidou，2008）。承受压力的脆弱性也与一个人在社会结构中的地位有关；一些社会地位（包括贫困、种族主义和机会被剥夺）比其他地位面临更多的不利情况（McEwen，2012）。虽然一个事件可能会给一个人带来危机，但对另一个人来说却不是，而有些压力源是如此严重，以至于它们几乎被所有人认为是危机。

创伤性压力指的是对自己或他人造成实际或可能造成严重伤害或死亡的事件（American Psychiatric Association，2000）。这些包括**自然**灾害（如洪水、龙卷风和地震）和**技术**灾害（如核灾害）、**战争及其相关问题**，以及**个人创伤**，如被强奸或袭击（Aldwin，2007）。许多创伤幸存者经历了一系列被称为**创伤后应激障碍**的症状（American Psychiatric Assvciation，2000）。这些症状包括对创伤事件的持续重现、对与创伤事件相关的刺激的持续回避，以及持续的高唤醒状态。创伤后应激障碍的症状可能在事件发生后一周内出现，也可能在事件发生后的 30 年后出现！完全或部分从症状中恢复是可能的，但不确定（几乎50％的幸存者继续经历一些长期症状），这支持了及时的专业干预的重要性（Bisson & Andrew，2007）。

（二）危机

危机一词在本章前面已经做了定义。具体来说，危机的经历分为三个阶段（Caplan，1990）。首先，一个人的紧张程度突然急剧上升。其次，这个人试图应付压力，但没有成功，这进一步增加了紧张感，并且产生了被压垮的感觉。在这个时候，这个人非常乐于接受帮助。第三，在大约 4 周内，危机会得到解决，要么是消极的解决（采用不健康的应对解决方案），要么是积极的解决（成功地处理了危机并且可能增强了个人能力）。在一个人的危机经历中，最可能出现的负面情绪包括焦虑、内疚、羞愧、悲伤、羡慕、嫉妒和厌恶（Zyskinsa & Heszen，2009）。

危机可以分为三种类型（Lantz & Walsh，2007）。由于正常生命历程中的事件创造的变化会导致极端的反应，**发展性**危机就会出现。这些例子包括大学毕业、孩子的出生、中年职业生涯的转变，以及晚年从主要工作中退休。如果人们在处理埃里克森（Erikson，

1968）和吉特米安（Gittemian，2009）列出的典型挑战时遇到困难，那么他们可能会在这些时候经历危机。**情境性**危机指的是一个人无法预测或控制的不寻常的特殊事件。这些例子包括身体伤害、性侵犯、失业、疾病和亲人的死亡。**存在性**危机的特征是不断升级的内部冲突，这些冲突与生活目标、责任、独立、自由和承诺有关。这些例子包括对过去生活选择的悔恨、对生命毫无意义的感受，以及对基本价值观或精神信仰的质疑。

危机中的案主可能会遵循三个一般模式（James & Gilliland，2013）。在**成长模式**中，案主从事件中恢复过来，然后，通常在从业者的帮助下，发展出新的技能和优势。在**平衡模式**中，案主恢复到危机前的功能水平，但没有体验到增强的社会功能。在**冻结的危机模式**中，案主并没有改进，而是做出了一些调整，可能使用一些有害的策略（比如滥用药物），使他或她处于长期困扰的状态。

压力体验是否会变成危机取决于个人的应对能力，我们现在开始来讨论这个概念。

应对和适应

应对代表一个人努力掌控压力的需求（Folkman，2009）。它包括构成这些努力的思想、感受和行动。适应涉及一个人在其生活方式中所做的相关的、长期的调整。

生理应对　压力和应对的生理学观点强调人体会试图保持身体的平衡或稳定的功能状态（Koolhaas，de Boer，Coppens，& Buwalda，2010）。压力源于感知到紧急情况时身体，特别是神经和激素系统的任何需求。身体对压力源的反应被称为**一般适应综合征**。它分三个阶段发生。在**警报**阶段，身体会意识到威胁。在**阻抗**阶段，身体试图维持或恢复体内平衡。这是人体的一种积极反应，其中内啡肽和免疫系统的特异细胞会对抗压力和感染。在第三个阶段，**疲惫**，身体终止应对努力，因为它无法维持不平衡状态。免疫系统是为适应压力而构建的，但压力的累积会逐渐耗尽免疫系统的资源。慢性压力的常见后果包括胃和肠道疾病、高血压、心脏病和一些情绪障碍。

心理应对　压力管理的心理方面可以通过两种不同的角度来看待。一些理论家认为应对能力是一种稳定的人格特征或**特质**；另一些人则认为这是一种短暂的**状态**——一个随时间而变化的过程，取决于具体环境（Matthieu & Ivanoff，2006；Lazarus，1993）。那些认为应对是一种心理特质的人把它看作一种后天的防御方式，也即一系列自动响应，使我们能够最大限度地减少感知到的威胁。那些将应对视为一种状态或过程的人则注意到，应对策略的变化取决于我们对威胁的看法。环境对我们运用有效应对机制的感知和实际能力有影响。这两种角度可以整合在一起；也就是说，应对可以被概念化为一种压力管理的通用模式，它融合了在不同环境下的灵活性。

一个人的应对努力可能是**以问题为中心**或**以情感为中心**。以问题为中心的应对策略，包括对抗和解决问题的策略，其作用是改变压力情境。当我们认为情境可以通过行动来控制时，这种方法往往会占主导地位。在以情感为中心的应对（疏远、回避和重新评估威胁）中，外部环境不会改变，但我们的行为或态度会随之改变。当我们认为压力条件是不

311

可改变的时候，以情感为中心的应对可能会占据主导地位。人们可以在不同时间有效地使用这两种通用方法中的任何一种。美国文化倾向于崇拜以问题为中心的应对和独立运作的自我，不信任以情感为中心的应对和所谓的"关系应对"。关系应对考虑到能使他人——比如家庭、孩子和朋友——以及自我生存机会最大化的行动（Hardie，Kashima，& Pridmore，2005）。女权主义理论家提出，女性比男性更有可能采用协商和忍让的关系应对策略。此外，权力不平衡和种族主义以及性别歧视等社会力量影响着个人的应对策略。社会工作者必须小心，不要认为某种应对方式优于另一种应对方式。

人们在应对危机的方式和应对日常压力的方式上表现出一些相似之处，但也有一些不同之处（Yeager & Roberts，2005）。因为人们在危机情况下往往控制力较低，所以主要的应对策略是情绪麻木，或有限的情绪表达。他们还更多地利用了否认的防御机制。向别人吐露心声显得更加重要。应对的过程需要更长的时间，反应可能会延迟数月。对终极价值和生命意义的追求越来越重要，个人身份的转变也更为常见。尽管创伤性压力有许多负面影响，但重要的是要认识到幸存者有时会将这种经历报告为积极的。在这种"成长"模式中（Lantz & Walsh，2007），案主利用他们的经验在他们的生活中发现新的优势、技能、行为模式、洞察力和人生意义。

312

如下文所述，强大的社会支持系统可以帮助人们避免危机或从危机中恢复过来。

社会支持

社会支持 可以定义为，为人们提供帮助或积极依恋感受的人际互动和人际关系（Hobfoll，1996）。危机干预的一个关键功能应该包括案主与正式或自然支持资源的联系。由于正规服务的范围和可用性受到限制，案主对自然支持的利用非常重要。最重要的是，自然的支持促进了案主生活的正常化。许多人认为他们的支持网络是不够的。那些经历过"边缘化"问题的人，比如慢性的精神疾病和生理疾病，往往比那些面临更普遍挑战的人拥有更小的人际网络。

有许多可能的社会支持来源。例子包括案主主观感知到的来自家人和朋友的支持（Lakey & Orehek，2011），以及能够提供倾听、情感支持、现实证实和个人帮助的可用的其他人（Richman，Rosenfeld，& Hardy，1993）。支持性关系通常出现在不同类别的**群体**中，如核心家庭、大家庭、朋友、邻居、正式的社区关系、学校同侪、工作同事、教会伙伴、娱乐团体和专业协会（Peralta，Cuesta，Martinez-Larrea，Serrano，& Langarica，2005）。在各种不同的群体中建立联系是可取的，因为这表明一个人在生活的许多领域都得到了支持。理想情况下，一个人的支持系统应该能够提供**物质**支持（食物、衣服、住所和其他具体物品）、**情感**支持（所有人际支持）和**工具**支持（由临时联系人提供的服务，如杂货商、发型师和房东）（Walsh & Connelly，1996）。

社会支持如何帮助应对 经历危机会使一个人产生一种情绪唤起，从而降低他或她的认知效率（Caplan，1990）。在压力下，一个人在集中注意力和协调环境方面的效率会降低。社会支持通过以下方式帮助弥补这些缺陷：

- 促进有序的世界观。
- 促进希望。
- 促进及时撤离和主动出击。
- 提供指导。
- 提供与社会世界的沟通渠道。
- 确认个人身份。
- 提供物质帮助。
- 通过安慰和肯定来抑制痛苦。
- 确保充足的休息。
- 动员其他个人支持。

关于社会工作者如何评价案主的社会支持水平，目前尚无共识，但是一个有用的模型建议收集四种类型的信息（Walsh，1994）。社会工作者要求案主列出在过去一到两周内与他或她有过互动的所有人。接下来，社会工作者要求案主从列表中抽取出他或她认为在很大程度上支持他或她的人。然后要求案主描述那些重要的其他人最近提供的具体支持行为。最后，社会工作者要求案主评估从每个来源获得的支持的充分性。基于此评估，社会工作者可以识别案主的社会支持，并针对特定的集群区域进行开发。

三、评估和干预

（一）概述

危机干预要求社会工作者注意以下列出的，改编自伊顿、罗伯茨（Eaton & Roberts，2009）和科温（Corwin，2002）的结构化阶段。

快速建立建设性的社会工作者/案主关系。社会工作者必须通过接纳、共情和口头安慰的方式迅速与不堪重负的案主建立联系。社会工作者必须向案主传达一种乐观和希望，以及他或她协助解决危机的能力。社会工作者必须积极地帮助案主聚焦并做出决定，而且如果适当和可行的话，社会工作者也可以亲自或通过电话与案主的重要他人建立关系。

引导和鼓励案主表达痛苦的情绪，帮助案主感到更平静，更好地控制自己的情绪，并更好地专注于眼前的挑战。

评估必须迅速，但要足够彻底，以形成一项精心设计的干预计划。社会工作者调查各种诱发因素、危险事件对案主的意义、案主当前的适应能力，以及案主的潜力和实际支持系统。然而，请注意，全面彻底的评估并不是危机干预的第一步，因为案主的迫切需求最初更为紧迫。关于评估的一些细节将在后面描述。

恢复认知功能。在初步评估之后，社会工作者与案主分享他或她（可能是暂时的）关于危机的原因和案主反应的意义的结论。这在一定程度上规范了案主的体验，并帮助他或她采取主动解决问题的态度，而不是最初的回避策略。

规划和实施干预措施。根据情况的不同，社会工作者可以从许多干预措施中进行选择。所有这些都必须包含时间限制、结构、此时此地的定位以及高水平的从业者活动。它们必须包括社会工作者对案主持续的安慰和鼓励，增强他或她将当前压力与过去功能模式联系起来的能力，以及促进改进的应对方法。当案主重新获得安全感、控制感和支持感时，社会工作者的活动水平就会降低。

环境工作根据需要为案主提供物质和社会支持。这涉及转介和联系，如果需要，还包括从业者对案主使用其他系统的倡导。

结束和随访。为了帮助提供预期指导，社会工作者可能会回顾危机事件以及案主从中学到的东西，作为预防未来危机的一种手段。然而，关于创伤后情况汇报的有效性，有一些令人沮丧的证据表明原因在于这种活动会使受害者对病理学可能性变得敏感（Yifeng, Szumilas, & Kutcher, 2010；Rose, Bisson, Churchill, & Wessely, 2002）。与此相反，一项研究发现，"高度回避型患者"似乎受益于创伤后信息的提供，因此，对于至少一部分创伤幸存者来说，创伤后汇报似乎是一种有用的策略（Gist & Devilly, 2002）。

（二）评估

危机评估的目的是收集案主与他或她的重要他人关于危机的信息，以帮助案主尽快调动资源。因为它必须快速完成并保持重点，所以它不如其他类型的实践中的评估深入。随着干预的进行，社会工作者对案主的了解也越来越多，案主的心理状态也越来越稳定。以下问题应该作为评估的一部分：

- 案主可以识别与危机发生相关的哪些因素？
- 案主情感、认知和行为功能的当前质量如何？哪些功能区域受到的负面影响最大？
- 案主是否有自杀倾向？
- 案主是否需要立即接受医学或精神病学治疗？
- 案主当前的功能水平与危机前的情况相比如何？
- 案主过去是否有过严重的创伤、疾病、反常或药物滥用问题？
- 案主的优势是什么？生活领域稳定吗？
- 案主在管理困境方面的现实选择是什么？
- 案主的正式、非正式和潜在的社会支持系统是什么？

- 案主的进步是否存在财务、社会或个人障碍？

结构化评估过程的一个例子是**分类评估模型**（Myer，2001）。它在情感、认知和行为方面评估危机反应。这些领域中的每一个都包含三种可能存在问题的反应。在情感领域，这些包括愤怒/敌意、焦虑/恐惧和悲伤/忧郁。认知领域包括案主将事件视为违规、威胁或损失。行为领域的反应包括案主接近、回避或静止不动的行为模式。

（三）自杀评估

在开始讨论危机干预之前，重要的是要解决自杀预防的问题。自杀是美国第十大死因（American Foundation for Suicide Prevention，2010）。还有报道称，每 20 名青少年中就有 1 人符合抑郁症的标准（March，Franklin，& Foa，2005）。抑郁被认为是自杀的主要因素，自杀是 15～19 岁青少年的第三大死亡原因（Bertera，2007）。

在各个年龄段的人群中，有许多因素与自杀的风险相关（Bertera，2007；James & Gilliland，2013；Miller & Glinski，2000）。女性比男性更有可能尝试自杀，但男性更有可能成功完成自杀行为。老年人和青少年比其他年龄段的人更容易尝试自杀。分居或离婚的人比已婚的人更容易自杀。罹患癌症等严重疾病的人比健康的人更有可能企图自杀。其他有自杀风险的人是那些经历慢性疼痛、患有慢性精神疾病、曾经尝试过自杀、经历过抑郁并希望"结束痛苦"的人，以及正在经历任何类型的危机的人。

自杀评估的风险和保护因素模型包括社会工作者对以下五个方面的关注（Högberg & Hällstrom，2008）：

- 案主的生活史信息——人口统计、发育、心理健康和医疗。
- 个人信息——案主的一般认知、情感和自我功能。
- 案主痛苦的具体症状。
- 人与环境的相互作用——对案主而言具有重要意义的任何生活转变、失败事件、发展孤立或社会支持崩溃。
- 保护性因素——案主目前的社会支持、职业支持、生活目标感、社会技能和照顾儿童的需要。

社会工作者向案主的陈述是成功干预过程的关键（Högberg & Hällstrom，2008）。社会工作者与案主的关系是一种强有力的、相互尊重的合作关系，在这种合作中，社会工作者传达了对案主和案主自杀意念含义的共情理解，并且不对自杀的可能性采取判断性的立场。社会工作者向案主保证，除非自我伤害的危险迫在眉睫，否则他或她不会采取任何违背案主意愿的行动。社会工作者肯定案主的感受，但帮助案主将这些感受与他们对自我毁灭行为的影响区分开来。社会工作者促进一种安全和尊重的氛围，并允许案主以他或她自己的步调进行。

（四）干预

危机干预的具体策略必须借鉴其他实践理论。也就是说，危机理论并不建议采取独特的干预措施。本节的其余部分考虑了社会工作者的干预选择，所有这些选择都来自本书前面提出的理论。

危机干预的两个独特之处是，社会工作者会与案主及其重要他人进行短期但有时是密集的接触，以及社会工作者会积极利用环境建立联系和支持。基于这个原因，有必要回顾一个公认但未得到充分重视的专业角色：临床个案管理者。

临床个案管理

个案管理是一种服务交付方法，其重点是利用跨机构系统的资源，为案主开发促进成长的环境支持（Walsh，2009）。在临床个案管理中，社会工作者将临床从业者的人际交往技能与环境架构的行动导向相结合。它包括以下四个重点领域的 13 项活动（Kanter，1996）：

- **初始阶段**——参与、评估和计划。
- **环境关注**——将案主与社区资源联系起来，与家人和护理人员协商，维护和扩展社交网络，与医生和医院合作，以及社会倡议。
- **案主关注**——间歇性心理治疗、生活技能发展和心理教育。
- **案主环境焦点**——监控案主在服务体系内的活动和进度。

除了前面描述的建立关系的技能，个案管理所需的实践技能还包括社会工作者从事以下工作的能力（Kanter，1996，1995）：

- 识别案主不断变化的能力和不断变化的需求。
- 对案主的优势、局限性和症状形成一个现实的观点。
- 对案主参与的强度进行持续的判断。
- 滴定支持以最大限度地提高案主的自我导向能力。
- 区分对危机的生理和心理反应。
- 帮助案主的重要他人应对危机情况。
- 了解社会因素对案主胜任感的影响。
- 理解案主有意识和无意识的动机行为。
- 在这项经常密集的工作中保持适当的关系界限。

假设社会工作者几乎总是在危机工作中提供个案管理干预，我们现在考虑从本书提出的六个理论中提取各种具体的临床干预，这些理论可以作为这个过程的一部分。这些干预措施与特定类型的危机无关，因为它们的使用至少在一定程度上反映了从业者的偏好。

317

自我心理学

自我维持技术（Woods & Hollis, 2000）可以帮助案主动员起来解决他们的危机，更清楚地理解他们的动机和行动。这些策略对于那些需要支持性关系以及需要通过宣泄和反思来处理他们的痛苦的案主特别有用。社会工作者的具体策略包括**维持**（发展和维持积极的关系）、**探索/描述/宣泄**（鼓励案主表达情绪以减轻压力和客观地对待问题）和**个人-情境反思**（针对当前困难的解决方案）。从业者还可以为案主提供教育，通常是关于环境资源和直接影响的教育，特别是当案主暂时无法对自我护理进行良好的判断时。从业者几乎肯定会使用**结构化**技术，将案主的关注点分解为可管理的单元。

性侵犯　玛丽·埃伦（Mary Ellen），一名 21 岁的急诊医疗技师，曾经遭受过男性的性侵犯。她对自己的评价很低。尽管她的本意是好的，但她经常与那些不关心她、辱骂她的男人建立关系。当时，玛丽·埃伦正和一个女室友住在一起，她和一个叫戴尔（Dale）的年轻人约会了几个星期。这种关系很愉快，但很肤浅。然而，有一天晚上，戴尔醉醺醺地出现在她的公寓里。他大声喧哗，而且咄咄逼人，经过短暂的争论，玛丽·埃伦叫他离开。相反，他变得更加愤怒。戴尔威胁玛丽·埃伦，如果拒绝和他做爱就会伤害她，从而强迫她和他发生了性关系。后来他迅速离开了。玛丽·埃伦的室友回到家中，知道发生了什么事，把她心烦意乱的朋友送到了医院。

经过一次简短的体检后，玛丽·埃伦去找社会工作者劳拉（Laura）做心理健康评估。在强奸危机的情况下，劳拉总是用自我心理学的技术进行干预，比如维持和探索/描述/宣泄。她认为，最初向强奸受害者表达接受和同情是很重要的，她们通常在事件发生后感觉被贬低。社会工作者也使用结构化技术来窄化案主的思想焦点，如果情绪的宣泄显示案主几近崩溃的话。在随后的会谈中，劳拉总是教育案主进行自我照顾以及（可能）起诉罪犯的选择，并利用直接影响引导她们找到资源（如支持性朋友、医疗和咨询专家）。劳拉会给每个案主长达几个小时的时间，并总是安排她们与一个亲密的朋友或家人一起离开。

玛丽·埃伦天生就是一个安静的人，她学会了将抑制自己的消极情绪作为应对策略。考虑到这一点，劳拉和她的案主坐在一起，平静地肯定了她在事件中清白无罪的陈述。玛丽·埃伦逐渐开始分享恐惧和焦虑的感觉，但她强调自己有能力"处理它"。社会工作者认可当事人的优势，但也提醒她许多女性遭遇强奸的短期和长期影响。她向案主说明了可供她使用的资源。玛丽·埃伦感觉到了劳拉的接纳，开始畅所欲言，并最终承认了她对戴尔和所有男人的愤怒。案主哭着描述了她对感情的沮丧，以及她对回家的恐惧。劳拉与案主进行了个人-情境反思，案主希望探索她与男性破坏性关系的模式。在玛丽·埃伦再次安静下来之后，劳拉帮助她把注意力集中在她可以采取的安全措施上。她帮助案主制订计划，让朋友和家人在附近，并防止将来与戴尔接触。玛丽·埃伦和她的室友一起离开了，她同意几天后回到门诊部接受更长时间的咨询。

行为理论

行为干预对于那些其危机与生活中的有问题的强化模式（奖励和惩罚）相关的案主而言是有用的（Thyer & Wodarski，2007）。当案主（或重要他人）的特定行为导致危机出现时，这些技术非常有用，因此需要对其进行调整以解决问题。社会工作者的目标行为可能涉及**生活技能**训练、**放松**训练、**应对技巧**训练、**果敢**训练或**系统脱敏**。所有的行为干预都是高度结构化的，这对那些感到不知所措和失控的人很有帮助。

癫痫 一个冬天的早晨，五年级学生斯科特·欧文斯（Scott Owens）在数学课上癫痫发作。老师和其他学生惊恐地看着这场大灾难，11 岁的男孩在地板上翻滚了好几分钟。后来，斯科特被带到护士站，在那里休息，恢复健康，然后和妈妈一起回家。第一次发作标志着癫痫的开始，需要对斯科特进行持续监测和药物治疗。在等待最初的医学测试结果时，斯科特两周后在学校第二次癫痫发作。医学治疗将很快消除斯科特生命中的癫痫。然而，这种疾病的确给他带来了一场危机。

斯科特觉得自己在学校里癫痫发作很丢脸。他担心他的同学认为他是个怪人，或者是一个脆弱、危险的孩子。他还担心自己的健康状况，怀疑自己是否患有脑瘤（尽管医学测试显示他没有脑瘤）。他的家人和老师都很支持他，但斯科特变得沮丧、孤僻（甚至不去打篮球），并且心事重重。他的恐惧是显而易见的，因为他有一种新的倾向，就是很容易对日常的挫折感到焦虑不安。当然，斯科特的一些同龄人的确避开他并且侮辱他。像许多 11 岁的男孩一样，斯科特没有说出自己的感受，但他周围的成年人对他行为的突然变化感到担忧。

学校社会工作者钱德拉（Chandra）迅速与斯科特的老师和家长一起制订了一项基于行为的危机干预计划。钱德拉认为，如果能够温和而持续地鼓励斯科特参与健康行为，那么他就能帮助自己度过这场危机。这些健康行为，如成年人所确定的，包括谈论（至少一点儿）他的情况、参加日常活动（包括学校功课和体育运动）、花时间和朋友在一起、参加家庭聚餐（家庭中主要的共同活动）和每周日去教堂。社会工作者此前曾询问斯科特自己的优先事项，但他拒绝回应。钱德拉要求斯科特的父母和老师记录这些活动的"目标"（癫痫发作前）水平，以及癫痫发作后这些行为的水平和质量。钱德拉随后帮助各方决定如何加强斯科特恢复先前活动的努力。她强调说，他们应该避免惩罚斯科特的问题行为，因为那样可能会让他的感觉更糟。

在会谈中，他们一致同意：（a）向斯科特提供有关癫痫及其可控性的信息；（b）要求医生向斯科特提供那些保持正常生活的癫痫患者的例子；（c）监督他使用抗癫痫药物；（d）鼓励斯科特恢复体育活动；（e）强调学业成功的重要性，并期望他在这方面表现良好；（f）与斯科特最好朋友的父母交谈，告知他们斯科特的情况。虽然没有社会工作者帮助时斯科特的老师和家长很可能也会专注于这些活动，但这种结构化的方法使它们更快、更一致地得到应用。后来，斯科特被邀请到房间里，以便他们能和他分享这个计划。这是为了向斯科特证实，他们关心他，并相信他能适应自己的健康状况。

斯科特是一个适应性很强的孩子，他在几周内对行为干预做出了积极的回应。他觉得自己倍受关心，而他所得到的有关他的病症的信息帮助他形成了一个更加平衡的视角。他从未分享过对这种情况的许多感受，但他确实恢复了正常的活动。他没有进一步癫痫发作，他的同学们最终似乎忘记了五年级的几次发作。

认知理论

危机的特征可能是强烈的情绪反应，而这种情绪反应是由案主对生活状况的主观、负面的评价所促成的。这种发展性危机的例子包括搬出父母的家、失去亲密的关系，或者开始大学后的生活。即使一场危机显然是由某种物质上的匮乏，案主对自我和世界的核心信念也会影响他或她应对危机的能力。由于这些原因，认知干预可能可以有效地帮助案主解决危机。这类认知干预的步骤如下（Beck, 1995）：

- 评估案主的认知假设，并识别可能导致危机爆发和持续存在的任何扭曲。
- 当案主表现出清晰的思维模式时，教育不知所措的案主关于危机管理的方法，并实施解决问题的过程（案主没有陷入危机时，社会工作者需要更具指导性）。
- 当案主表现出明显的认知扭曲时，确定引发关键性误解的情况，确定如何最有效地用新思维模式替代这些错误，并实施纠正任务。

社会工作者通过重点问题来评估案主与危机问题相关的假设的有效性，比如："案主对危机情况的重要性的信念背后的**逻辑**是什么？""支持案主观点的**证据**是什么？""对于案主的看法，还有**其他**可能的**解释**吗？""特定的**信念**如何影响案主对与危机相关的事件、情绪或行为的重视程度？"

可用于认知干预的策略可分为三类。第一类是**认知重构**，当案主的思维模式被扭曲，并导致问题发展和持续时使用。一些技术包括**教育**、**ABC（事件/思想/情感）审查**，以及**点/对位技术**。第二类是**解决问题**，这是一种结构化的方法，可以帮助那些没有经历认知扭曲但仍在与某些生活挑战做斗争的案主。第三类是**认知应对**。从业者帮助案主学习和练习新的或更有效的方法来处理压力和消极情绪。一些技术包括**自我指导训练**和**沟通技能发展**。

许多社会工作者在与危机中的案主合作时，将认知理论和行为理论的干预方法结合起来。认知干预有助于案主开发新的思维方式，行为方法有助于通过有效的新行为强化案主的新思维模式。

持枪的女子 贝基（Becky）是一个流动危机干预小组的成员，她陪同四名警察来到了凯特·卡特（Kate Carter）的家。凯特·卡特30岁，她威胁要开枪自杀。当天早些时候，凯特被未婚夫抛弃，原因是争吵和肢体冲突。她拨打了精神健康中心的紧急电话，说她的未婚夫已经永远离开了。凯特感到绝望。她说她很软弱，没有吸引力，不讨人喜欢。贝基和凯特谈过，她估计这位案主有自残的危险，但她的电话是一种建设性的寻求帮助行

320

321 为。根据她的临床经验，贝基进一步假设，处于这种危机中的人只关注他们的消极的自我信念。贝基在这些情境中使用了认知干预，温和地指出案主的扭曲，并帮助他们回忆生活中的积极方面。

凯特拿着枪在小房子里。她和贝基通电话时朝天花板开了几枪，警察刚到的时候又开了一枪。她命令所有的人都待在户外，但愿意通过紧闭的门来交谈。贝基和案主谈话时保持着安全的距离。社会工作者耐心、冷静，而且善于交谈。她尽可能多地了解凯特。她了解到，凯特在她的成年生活中经历过几次紧张的亲密关系，在她看来，她一直被抛弃。贝基也意识到这位案主有点依赖别人，有点歇斯底里，但她没有试图做出任何正式的诊断。

贝基在整个谈话过程中发表评论并提出问题，以挑战隐藏在案主自杀想法和感受之下的扭曲思维。例子包括："凯特，你的关系没有成功，这并不意味着你的一生都是失败的。"（过度概括）"你似乎相信你未婚夫对你的所有批评。但你们在一起已经两年了。我相信他也看到了你的优点。你能认出它们中的任何一个吗？"（选择性抽象）"为什么你认为分手都是你的错？难道你认为他和这些问题没有任何关系吗？"（个人化）"我不认识任何一个人，他的生活全都好或者全都坏。而你似乎认为你现在一切全都不好。"（二元思维）

案主最终平静下来，同意去一个地区性的精神病院进行评估。她在医院住了四天，然后被释放出来，和她的姐姐住在一起。贝基给凯特做了几个星期的心理咨询，直到她的情绪稳定下来，她才能够制订一些短期计划，恢复她以前的生活方式。社会工作者继续支持案主的倡议，并挑战她的扭曲思维。其中一些已经在对形势的反应中浮出水面，但另一些则似乎植根于核心信念。

结构家庭理论

在住房、收入、食物、犯罪、暴力和医疗等问题上，家庭和个人都可能遭受危机。在这些情况下，**结构家庭干预**通常是适当的。结构理论假设，家庭内部适当的权威、规则、角色和子系统的建立和维持，可以促进成员之间的生产性行为（Minuchin, Nichols, & Lee, 2007）。社会工作者关注的是加强家庭单位的基本组织，以便其成员能够建设性地解决他们的紧迫问题。结构理论通常适用于处于危机中的家庭，因为它着重于即使在情感动荡的情况下也可以实现具体的目标。

322 在家庭评估期间，社会工作者必须（除了提供个案管理服务）找出任何有问题的结构特征，例如配偶或他人之间的脆弱联系、家庭各子系统之间的冲突、任何成员的疏远或纠缠，以及可能导致危机的家庭以外的联盟。随后的干预可能包括下列任何一项：

- 使危机的某些方面**正常化**，以便家庭成员能够对当前情况形成更加自信的态度。
- **沟通技能发展**，其中社会工作者用清晰的说话和倾听方法指导家庭成员更好地沟通他们对情况的需求、想法和感受。
- **支持家庭系统的优势**，对危机期间的家庭功能方面给予称赞。
- 鼓励家庭成员**制定角色**（通过角色扮演），而不是描述他们处理危机的新旧方法。

- 帮助家庭通过讨论和共同决策来**修改规则**，以更好地适应危机形势。
- **明确每个成员**在家庭中的**适当的角色**。
- 给成员**分配任务**，让其在会谈间期完成，以"实践"应对危机的家庭组织调整。

紧急庇护所　由于几个月时间没有支付房租，霍尔顿（Holton）一家面临着被赶出公寓的危险。这个家庭由母亲黛布拉（Debra，31岁）、父亲唐纳德（Donald，27岁）、孩子萨莎和斯科特（Sasha，8岁；Scott，6岁）组成，他们无处可去。在过去的几个月里，由于经济和婚姻方面的压力越来越大，唐纳德逃避到了朋友们的圈子里，让黛布拉尽其所能打理家务。唐纳德每天喝得酩酊大醉，黛布拉开始辱骂孩子们。反过来，孩子们在学校的表现也很差，并且在附近打架斗殴。在被驱逐的恐慌中，黛布拉拨打了911，并迅速通过电话与紧急庇护所（ES）联系上了。

同一天，庇护所的社会工作者瓦莱丽（Valerie）会见了霍尔顿夫妇。庇护所有一个空缺，这家人被安置住在那里。与结构家庭干预相关，安置的条件是：（a）父母双方都会参加ES育儿班，学习更有效的方法，以建立对子女的适当期望；（b）与瓦莱丽一起参与夫妻咨询，就他们的家庭关系和角色做出决定；（c）参加求职活动（庇护所提供托儿服务）；（d）确保他们的孩子每天都准备好上学；（e）对孩子进行适当的管教。该机构的其他期望是，这个家庭将前往社会服务部进行经济福利和住房评估，不使用任何药物，遵守宵禁，并在机构工作人员认为适当时使用精神科服务。

得到ES的安置，霍尔顿一家感到极大的安慰。物质危机局势得到缓解使所有人都平静了下来，尽管家庭关系仍然很紧张。唐纳德和黛布拉仍然经常吵架，虽然孩子们表现得很好，但他们似乎都避开了父母双方。瓦莱丽注意到，就像她在这种情况下经常做的那样，一旦家庭在物质上变得舒适，他们参加庇护所的成长活动的动机就会减弱。她需要严格要求唐纳德和黛布拉参加他们的课程和辅导。这家人在中心住了60天，然后他们获得了一套补贴公寓。唐纳德和黛布拉的关系仍然存在冲突，但唐纳德找到了一份工作，在家庭收入预算方面变得更有条理。这对夫妇就育儿策略达成了一些重要的协议，这些协议不涉及体罚。当霍尔顿一家搬出庇护所时，瓦莱丽担心，家庭凝聚力的主要责任将再次落在黛布拉身上，但他们所有人都取得了重大的进展。

解决方案聚焦疗法

在以解决方案为中心的危机干预中，社会工作者和案主关注问题的**解决方案**或**例外情况**，而不是问题本身（Corcoran，2000）。它的重点是帮助案主识别和扩大自己的优势，以便更好地利用现有资源作为危机的解决方案。当案主有能力组织和指导他或她的思想和行为时，这种方法在危机中是有用的。在以解决方案为中心的危机干预中，社会工作者需要采取以下措施：

- **接受案主对危机的看法。**
- 通过面向未来的问题在案主心中**建立积极的情感和希望**，例如："当我们的工作成功时，你会有什么不同？"

- 与案主合作，**选择特定的、具体的和优先的目标**。
- 将案主在危机中的积极行为**归功于案主**。
- 询问**增强优势的应对问题**。（"迄今为止，你如何能够很好地处理这种情况？"）
- 询问案主生活中与危机情况有关的**其他人的期望行为**。
- 探讨案主在危机情况下的负面情绪和行为的**例外情况**。（"你是否有时认为自己能解决问题？为什么会这样？"）
- 询问**奇迹问题**，以确定可纳入解决方案任务的变化指标。（"如果你早上醒来的时候，你的问题消失了，但是你却不知道，你会注意到有什么不同吗？"）
- 从案主那里引出**以解决方案为中心的任务**，在该任务中，他或她将优势应用于新的和现有的资源上，以测试危机的解决方案。
- 案主在危机解决方面的进展，可以通过在数字连续体上缩放变化来衡量。

324
　　怀孕危机　　戈登（Gordon）和阿德里安娜（Adrienne），一对20多岁的已婚夫妇，正期待着他们3个月后的第一个孩子。虽然他们的婚姻很牢固，但阿德里安娜患有分裂情感障碍，用她丈夫的话说，这是"心理上很脆弱"。之前有过两次发作（怀孕前期），阿德里安娜因为妄想症而变得如此焦虑，以至于她无法独自走出他们的公寓。她通常对药物治疗反应良好，但即使如此，她还是尽量减少生活中的压力，依靠丈夫的支持，花很多时间待在家里。这对夫妇最近搬到了戈登老家附近。阿德里安娜还没有在新城市接受心理健康服务。

　　怀孕一直很顺利，直到第七个月，阿德里安娜又开始出现精神病性症状。戈登把她带到当地的心理健康机构寻求帮助，但经过评估，医生和社会工作者面临一个两难的境地。在分娩前给阿德里安娜用药对孩子是危险的。然而，阿德里安娜的症状恶化了，她请求救助。她谈到自己的生命受到威胁，说每天下午当她丈夫在工作的时候，有入侵者试图闯入她的房子。她打电话给警方寻求帮助，但他们不再愿意回应"疯子"的电话。戈登试图提供支持，但强调他需要继续工作。社会工作者桑迪（Sandy）召集这对夫妇、医生和案主的婆婆开会，制订一项干预计划。

　　桑迪认为需要一种干预策略，家庭和机构工作人员可以为阿德里安娜提供足够的支持，让她不用吃药就能度过怀孕的最后几个月。因为这对夫妇在过去成功地控制了阿德里安娜的症状（尽管有药物治疗），桑迪开发了一种针对当前危机的以解决方案为中心的方法。他首先重新审视了阿德里安娜的焦虑，指出怀孕是一段艰难的时期，所有的女性在接近分娩时都需要额外的帮助。他相信阿德里安娜和她的家人曾经能够控制她的症状，然后问了一些应对问题，比如："你在过去做了什么来帮助阿德里安娜感觉更安全？你最近做了什么有用的事情？"

　　桑迪和医生得知戈登每天晚上都待在家里，他每天都回家吃午饭。阿德里安娜的公婆每天下午都来探望她。这个家庭承认这种程度的接触是过度的，他们都变得情绪枯竭。桑迪认为阿德里安娜对什么时候需要帮助有很好的判断力。通过诸如"你的家人关心你并且希望继续帮助你，我们只需要找出最好的方法来解决这个问题"这样的评论，他向痛苦的案主灌输积极的情绪，社会工作者询问了案主在危机情况下承受压力的例外情况，他问："你是否有过能够顶住焦虑的时候？你是怎么做到的？"阿德里安娜和戈登一致认为，在下午她看某些电视节目时，或者在愉快的日子里，当她可以在公园里散步时，她是最舒服自在的。

桑迪承认，她的丈夫、嫂子、婆婆和辅导员在任何时候都与她在一起可能是不可行的。于是社会工作者促成了一场讨论，在讨论中，这家人最终商定了一份接触时间表。公婆会带着阿德里安娜一起去做家务（从而在为她提供支持的同时完成自己的任务），戈登会在每天的午餐时间给家里打电话，社会工作者每周两次拜访阿德里安娜，每周给她打一次电话。如果戈登对症状有疑问或觉得有必要重新考虑药物治疗方案，医生同意接受他的电话。阿德里安娜同意在阳光明媚的日子里去散步，如果她有足够的精力的话。这些都是以解决方案为中心的任务，在这些任务中，家庭利用他们现有的资源来处理危机，桑迪同意每周与戈登和阿德里安娜会面，检查任务执行情况。

这个计划很成功，因为阿德里安娜没有服用精神药物就生下了她的孩子（一个女儿）。然而，这对所有相关人员来说都是一个艰难的过程，因为阿德里安娜挑战了这个计划的极限，尤其是每天给机构和家庭成员打很多电话。由于持续出现妄想，阿德里安娜变得更加苛刻，但在相互支持下，"团队"维持了现状。阿德里安娜在分娩后立即接受了适当的药物治疗。

叙事理论

叙事理论主张人们将自己的生活和自我理解安排成一系列的故事，赋予自己一种感觉上的连贯性和意义（Goodson，2013）。当每个人发展出一条主导的"故事情节"时，新的经历会被过滤进或过滤出，这取决于它们是否与正在进行的生活叙事相一致。人们在生命过渡期间经历的许多危机（离婚、孩子离家、亲人去世等）可能因生活叙事而变得复杂，这些叙事排除了自我理解和未来行动的某些可能性。叙事干预虽然由于其非结构化、节奏缓慢而不适用于大多数危机情况，但通过发展一个新的叙事和新的身份，叙事干预可以帮助人们在艰难的过渡期内更好地控制自己的生活。

叙事疗法是一个案主通过反思来理解他或她的人生故事，然后修改这个故事以包含未来行动的新可能性的过程。干预通常遵循以下阶段：

■ **正常化和增强**。社会工作者鼓励案主描述他或她如何理解和处理危机情况，并确认案主处理危机的资源。

■ **反思（解构）**。社会工作者帮助案主分析他或她对自我和世界的假设，以揭示受危机影响的基本思想和社会关系。社会工作者帮助案主识别确定他或她对危机的理解背后的价值观，以及促成案主对自我假设的社会条件。

■ **增强改变（重建）**。社会工作者帮助案主"放弃"那些由于刻板叙事而产生的关于自我的故事，考虑关于过去、现在和未来的替代故事，并就他或她现在想要成为的人做出决定。

326

■ **庆祝和连接**。社会工作者帮助案主制订计划，通过与他人的新的或调整后的关系，在危机解决后维持新的叙事或新的自我意识。

"空巢" 韦斯利（Wesley）是一位 42 岁的离异手表修理工，他和 21 岁的独子本（Ben）住在一所小房子里。韦斯利已经离婚 10 年了。他的妻子当时有严重的药物滥用问题，为了逃避与家人、朋友和雇主之间的问题，她移居去了遥远的地方。韦斯利得到了他们儿子的监护权，是一位尽职尽责的父亲。这位手表修理工在儿子小的时候，总是为家庭矛盾而感到内疚，离婚后，他就高度参与了本的生活。本曾是一名优秀的高中生和大学生，主修工程学。现在，他在美国另一个地区的一家著名工程公司接受了一份工作。韦斯利为他的儿子感到骄傲，并送给他一辆新车作为礼物。

韦斯利一直担心他儿子搬走的那一天。他围绕这个年轻人组织了自己的生活，却忽略了自己对其他陪伴的需求。他儿子飞去新家的那一天，韦斯利变得很沮丧。他连续一个星期每天哭泣，睡不好觉。他继续工作，是一位案主把他推荐到当地一家心理健康机构进行咨询。一位名叫布拉德（Brad）的社会工作者被派去和韦斯利一起工作。他很快就评估出案主正处于危机之中。韦斯利没有自杀倾向，但感到空虚，缺乏方向感。布拉德对案主采取了叙事疗法的立场，邀请韦斯利讲述和探讨他至今为止的婚姻和养育子女的故事。韦斯利和布拉德的关系似乎很好，布拉德比他年轻不了多少。布拉德鼓励韦斯利描述他曾经和想要成为的人。他鼓励案主谈论他生活的各个方面。韦斯利承认他在婚后放弃了很多个人爱好，最后他决定恢复其中的一些爱好。布拉德帮助韦斯利明白，他的年龄并不会妨碍他发展与女性的关系，韦斯利在婚姻结束后就避免了这一点。几个星期后，韦斯利开始重新定义自己，他不仅仅是一个家长，他也是一个手艺人和户外运动爱好者，他对人有很大的兴趣，这是他在过去一段时间内没有意识到的。他仍然非常想念儿子，但他觉得自己的工作更有成效，他加入了一个徒步旅行俱乐部，还在当地一所社区大学教授手表维修课程。

四、灵性和危机理论

在危机时刻，人们倾向于利用他们的宗教资源（如果他们有这样的信仰和从属关系），或者在更广泛的意义上，反思他们最根深蒂固的价值观和承诺，这一点并不奇怪。事实上，危机可能本质上是灵性意义上的（或存在意义上的），其特征是与生活目标和承诺相关的内心冲突（对过去生活选择的悔恨、对生活毫无意义的感觉，以及对基本价值观或精

神信仰的质疑）。在每一种情况下，案主的世界都是颠覆性的，当案主面对危机对他们精 *327*
神生活的影响时，他们可能会感到安慰或困惑。

社会工作者必须准备好帮助处于危机中的案主表达他们的灵性关注，提供积极的倾
听，也许还应将案主与适当的资源联系起来，帮助他们渡过难关。对于有正式宗教信仰
的案主，社会工作者应共情聆听，并协助案主与宗教专业人士联系，以获得更正式的协
助。社会工作者可以帮助那些与存在价值观做斗争的案主面对这一困境的事实，同时也
保持解决问题的希望。紧张的危机时期可能不是让案主对他们的灵性方面进行批判性反
思的时候，**除非**案主表达了这样做的愿望。在案主稳定下来之后，这种干预就可能是适
当的。

正如卡普兰（Caplan，1990）所指出的，危机支持的目标包括促进希望、保证和确认
案主的认同感，以及动员其他人的支持。前两项直接涉及社会工作者动员灵性方面的能
力，以促进危机解决。本章所包含的大多数干预策略可以促进这一目标的实现。

五、关注社会正义问题

社会工作者危机干预技能的发展，在很大程度上符合促进社会正义的职业价值。这是
因为所有人，以及所有类型的案主，一生中都很容易受到与不公正相关的危机的影响。此
外，通过危机干预中常见的连接、转介和倡议活动，社会工作者可以代表弱势的案主发起
变革活动，这些案主经历了与贫穷、失业和歧视等问题相关的危机。这些活动可以促进案
主获得与他们生活中重要事件相关的信息、服务和资源。社会工作者也有责任发展关于文
化和种族多样性的知识，以便他们能够更好地了解来自特殊人群的案主的体验及其从危机
中恢复的独特方式。

六、有效性的证据

很难评估跨项目和案主类型的危机干预的有效性。每一次危机都是不同的，危机的性
质（事件、案主对该事件的感知以及案主的资源）对于确定其过程和结果具有重要意义。
由于缺乏跨项目的统一理论和实践原则，危机干预评估变得更加复杂。也许正是由于这些
原因，关于这一课题的大规模研究成果很少。一些文献综述发现，危机干预对于稳定严重 *328*
精神疾病患者（Joy，Adams，& Rice，2006）以及提高药物依从性（Haynes，Ackloo，

Sahota，McDonald，& Yao，2008）是有效的。

科科伦和罗伯茨（Corcoran & Roberts，2000）对文献进行了荟萃分析，并承认，尽管案主始终对危机干预服务表示满意，但其他的结果指标或许能更好地确定这些服务及其治疗因素的长期影响。在评估性文献中，只有四个危机干预领域比在奇闻逸事中更具代表性：犯罪受害、自杀预防、精神病突发事件和儿童虐待。关于儿童性虐待受害者援助的两项研究（包括咨询和物质援助）发现，父母对这些服务感到满意，并报告了积极的家庭变化。对警察危机小组（包括官员和精神卫生工作者）对家庭暴力呼救的三项评估确定，警察能够实施更多的逮捕，大多数受害者表示，干预有助于他们的调整。在 14 项研究中，研究人员发现，自杀预防中心的存在与不同城市的自杀企图之间始终存在负相关关系，特别是在 15～24 岁的人群中。最近一份关于自杀预防策略的系统性综述显示，已经建立了一些最佳实践（van der Feltz-Comelius et al.，2011）。这些措施包括培训全科医生识别和治疗抑郁症和自杀倾向，提高高危人群的护理便利性，以及限制获得自杀工具。

在 10 项研究中发现，精神病突发事件服务对于减少住院率和提升对精神健康益处的感知是有效的。这些服务对抑郁症患者有效，特别是那些没有并发性人格障碍的患者。它们似乎对女性、老年人和来自较高社会经济阶层的群体更为有益。对一个危机项目进行了四年的跟踪调查后发现，唯一需要进一步干预的案主是那些有既往治疗史的人（Mezzina & Vidoni，1996）。在针对患有严重精神疾病（精神分裂症、双相情感障碍和抑郁症）的患者的项目中，很少有患者再次住院治疗，大多数患者对服务表示满意。短期（三天）住院患者危机干预计划可以有效缓解症状，并能防止精神疾病患者长期住院治疗（Ligon & Thyer，2000）。心理健康中心针对儿童和青少年的项目也使入院人数减少。治疗依从性和家庭支持的存在常常被认为是积极结果的重要因素。

家庭保护服务是针对可能遭受虐待或忽视的儿童的强化家庭咨询和个案管理计划。这些服务的目标是防止在家庭外安置和改善家庭功能。在对这些项目的 11 项评估研究中，所有这些项目都包含了危机干预成分，研究人员一致发现，家庭外安置的发生率很低。有趣的是，似乎并不是所有情况下家庭功能的质量都得到了改善，家长对项目的态度和安置结果之间并不总是存在正相关关系。然而，这些研究结果好坏参半，因为最近的一篇文献综述发现，关于这一主题的研究相对较少（O'Reilly，Wilkes，Luck，& Jackson，2010）。一项针对相关项目类型的研究发现，基于社区的儿童危机干预成功地维持了儿童在家庭中的生存，提高了家庭的适应性和凝聚力，但只是在短期内有效（Evans et al.，2003）。在一个相关主题上，一项荟萃分析发现了明确的证据，表明对遭受过创伤的儿童和青少年进行早期心理干预有助于他们的积极调整（Kramer & Landolt，2010）。

由于在危机干预中有许多不可控的因素，评估它们的相对有效性需要创造性地使用研究设计（Dziegielewski & Powers，2000）。一组研究人员撰写了一篇关于移民危机精神病学项目的文章，他们敦促制定评估策略，以控制项目的可变性、转介类型和项目理念

(Ferris，Shulman，& Williams，2001)。在评价过程中更广泛地纳入服务接受者也可能有助于澄清影响因素。

七、对理论的批评

危机干预可能包含了许多实践理论的要素，因此不可能受到对本书中其他理论的"主题"批评的影响。没有从业者质疑危机干预是一种必不可少的实践方式。然而，可以批评的是，危机理论作为一种人类行为理论，强调所有人在经历危机时经历的统一阶段。我们需要的是将跨文化知识更广泛地应用到危机经历和恢复问题上。能够有效指导危机从业者工作的相关属性，包括有关不同文化群体的状况和经验的知识、实施文化上适当的危机干预措施的技能，以及针对不同类型案主的危机干预经验（Canada et al.，2007；Kiselica，1998）。危机从业人员必须始终质疑的常见假设是，个人（而不是家庭或社会团体）应成为危机干预的焦点，案主对他人的依赖是一种不受欢迎的特征，正式服务优于案主的自然支持。随着社会工作者为理解不同文化群体的危机经历制定更广泛的指导方针，危机干预中的评估和规划过程将变得更加恰当地以案主为中心。

八、总结

所有社会工作从业者都必须做好提供危机干预服务的准备，无论其案主群体或实践环境如何。尽管一些机构有特殊的危机计划，但任何案主都可以经历发展性危机、情境性危机或存在性危机。社会工作者实施危机干预的具体方法可以是多种多样的，但它们必须始终与案主的痛苦程度相适应，并具有快速评估、持续时间短、关注少数问题和从业者的职业水准较高等特点。危机干预对于一些社会工作者来说也是独一无二的，因为它通常需要与其他专业人员和案主的重要他人合作进行紧张的工作。本章讨论了压力、危机和应对的性质，以及危机干预的各种策略，所有这些策略都来自本书前面的章节。

330

九、讨论的话题

1. 分享你或你认识的人（不是案主）所经历的危机的例子。危机的性质是什么？这个人（或团体）是如何反应的，以及哪些因素似乎会影响反应？

2. 心理压力可分为伤害、威胁或挑战。在直接实践中，找出这几种压力感知的例子。案主感知情境的方式如何影响他们的反应？案主在这方面的看法通常是否现实？

3. 本章从六种实践理论的角度描述了危机干预策略。考虑适合这些干预观点的案主情况的其他示例。

4. 所有危机干预措施都具有快速评估、持续时间短、关注少数问题和从业者职业水准较高等特点。回顾本章中的案例说明，阐述这些特征是如何显现的。

5. 讨论社会工作者如何在危机中帮助案主处理灵性问题（当案主希望这样做时），同时保持精神"中立"的立场。

十、角色扮演的设想

将以下每个场景的角色扮演分为两部分进行组织。首先，社会工作者和案主是第一次见面。其次，社会工作者和案主已经见过两次面，现在正在进行最后的对话（案主可能正在终止干预或被转介给另一个从业者以获得持续的帮助）。像往常一样，使用社会工作者、案主和观察者/助理的角色，并根据需要纳入其他详细信息。

1. 一位 52 岁的职业母亲，有一个配偶和两个孩子（25 岁和 20 岁），她得知自己患有胰腺癌，很可能活不了 1 年。

331 2. 一个四口之家（父亲 46 岁，母亲 45 岁，两个女儿 16 岁和 11 岁）因飓风破坏失去了家园。他们必须暂时分开，住在不同的地方（朋友和亲戚的家，以及庇护所）。

3. 一个青少年得知他的单身父亲即将入狱。他将和另一个城市的姑妈住在一起，他认识她，但并不亲近。

在每次角色扮演之后，讨论社会工作者的行为、他们使用的理论和他们工作的现场效果。

十一、理论大纲

焦点	人类生活中经历的危机的性质和类型
主要倡导者	林德曼，卡普兰，帕拉吉，拉波波特，戈兰

起源与社会背景	城市环境中压力的影响 关于社会灾难的正式研究 对作战环境下士兵行为的研究 自杀预防运动 社区精神健康中心法案 地理流动性（与自然支持分离） 意识到创伤和神经功能之间的联系
个人的本性	危机阶段的普遍性（事件、失败应对、积极或消极调整）
主要概念	危机（发展性、情境性、存在性） 压力（包括一般适应综合征） 危机应对（成长、平衡、冻结） 应对和适应性（生理和心理） 以问题为中心的应对 以情感为中心的应对 社会支持（物质、情感、工具）
发展的概念	压力的经历 获得的应对方式
问题的性质	超过应付能力的生理、心理和社会事件
改变的性质	成长，平衡，"冻结危机"
干预的目标	使案主恢复到危机前的功能水平 提高案主在危机前的应变技能
社会工作者/案主关系的性质	密集型（案主易受伤害，乐于接受帮助） 社会工作者是活跃的 案主和社会工作者专注于具体任务 社会工作者可能与案主的重要他人、其他专业人员互动
干预的原则	临床个案管理 自我心理学 行为理论 认知理论 结构家庭理论 解决方案聚焦 叙事
评估的问题	案主可以识别与危机发生相关的哪些因素？ 案主情感、认知和行为功能的当前质量如何？哪些功能区域受到的负面影响最大？ 案主是否有自杀倾向？ 案主是否需要立即接受医学或精神病学治疗？ 案主当前的功能水平与危机前相比如何？ 案主过去是否有过严重的创伤、疾病、反常或药物滥用问题？ 案主的优势是什么？生活领域稳定吗？ 案主目前可以选择哪些应对压力的替代方案？ 案主可用的支持系统是什么（正式的和非正式的）？有什么潜在的支持？ 案主的进步是否存在财务、社会或个人障碍？

332

Abbass, A., Town, J., & Driessen, E. (2012). Intensive short-term dynamic psychotherapy: A systematic review and meta-analysis of outcome research. *Harvard Review of Psychiatry, 20*(2), 97–108.

Abels, P., & Abels, S. L. (2002). Narrative social work with groups: Just in time. In S. Henry, J. F. East, & C. L. Schmitz (Eds.), *Social work with groups: Mining the gold* (pp. 57–73). New York: Haworth Press.

Adams, J. F., Piercy, F. P., & Jurich, J. A. (1991). Effects of solution-focused therapy's "formula first-session task" on compliance and outcome in family therapy. *Journal of Marriage and Family Therapy, 17*(3), 277–290.

Addams, J. (1910). *Twenty years at Hull House.* New York: Macmillan.

Adler, J. M. (2012). Living into the story: Agency and coherence in a longitudinal study of narrative identity development and mental health over the course of psychotherapy. *Journal of Personality and Social Psychology, 102*(2), 367–389.

Agostinelli, G., Brown, J. M., & Miller, W. R. (1995). Effects of normative feedback on consumption among heavy-drinking college students. *Journal of Drug Education, 25,* 31–40.

Ainsworth, M. S., Blehar, M. C., & Waters, E. (1978). *Patterns of attachment: A psychological study of the strange situation.* Oxford, England: Lawrence Erlbaum.

Albarracín, D., Gillette, J. C., Earl, A. N., Glasman, L. P., Durantim, M. P., & Ho, M-H. (2005). A test of major assumptions about behavior change: A comprehensive look at the effects of passive and active HIV-prevention interventions since the beginning of the epidemic. *Psychological Bulletin, 131*(6), 856–897.

Aldwin, C. M. (2007). *Stress, coping, and development: An integrative perspective* (2nd ed.). New York: Guilford Press.

Allen, M. (2012). *Narrative therapy for women experiencing domestic violence.* Philadelphia: Jessica Kingsley Publishers.

Allen-Meares, P. (1995). *Social work with children and adolescents.* White Plains, NY: Longman.

Aman, L. A. (2001). Family systems multigroup therapy for ADHD children and their families. *Dissertation Abstracts International, 6i*(10-B), 5548.

American Foundation of Suicide Prevention. (2010). *Facts and figures: National statistics.* www.afsporg/understanding-suicide/facts-and-figures. Accessed: September 1, 2012.

American Psychiatric Association (2000). *Diagnostic and statistical manual of mental disorders* (4th ed.). Washington, DC: Author.

Andreae, D. (1996). Systems theory and social work treatment. In F. J. Turner (Ed.), *Social work treatment* (4th ed.) (pp. 601–616). New York: Free Press.

Andrew, G., & McMullen, L. M. (2000). Interpersonal scripts in the anger narratives told by clients in psychotherapy. *Motivation & Emotion, 24*(4), 271–284.

Angus, L., Levitt, H., & Hardtke, K. (1999). The Narrative Process Coding System: Research applications and implications for psychotherapy practice. *Journal of Clinical Psychology, 55*(10), 1255–1270.

Aponte, H. J., & DiCesare, E. J. (2002). Structural family therapy. In J. Carlson & D. Kjos (Eds.), *Theories and strategies of family therapy* (pp. 1–18). Boston: Allyn & Bacon.

Aponte, H. J., Zarski, J. J., Bixenstine, C., & Cibik, P. (1991). Home/community-based services: A two-tier approach. *American Journal of Orthopsychiatry, 61*(3), 403–408.

Applegate, J. S. (1990). Theory, culture, and behavior: Object relations in context. *Child and Adolescent Social Work Journal, 7*(2), 85–100.

Appleyard, K., Egeland, B., van Dulmen, M. H., & Sroufe, L. A. (2005). When more is not better: The role of cumulative risk in child behavior outcomes. *Journal of Child Psychology and Psychiatry, 46*(1), 235–245.

Armitage, C. J. (2006). Evidence that implementation intentions promote transitions between the stages of change. *Journal of Counseling and Clinical Psychology, 74*(1), 141–151.

Atherton, C. R., & Bolland, K. A. (2002). Postmodernism: A dangerous illusion for social work. *International Social Work, 45*(4), 421–433.

Aupperle, R. L., Melrose, A. J., Stein, M. B., & Paulus, M. P. (2012). Executive function and PTSD: Disengaging from trauma. *Neuropharmacology, 62*(2), 686–694.

Baker, A., Lee, N. K., Claire, M., Lewin, T. J., Grant, T., Pohlman, S., Saunders, J. B., Kay-Lambkin, F., Constable, P., Jenner, L., & Carr, V. J. (2005). Brief cognitive behavioural interventions for regular amphetamine users: A step in the right direction. *Addiction, 100*(3), 367–378.

Balter, R. (2012). Using cognitive-behavioral therapy with clients who identify with more than one minority group: Can one size fit all? In R. Nettles & R. Balter (Eds.), *Multiple minority identities: Applications for practice, research, and training* (pp. 117–140). New York: Springer Publishing Co.

Bambery, M., & Porcerelli, J. H., (2006). Psychodynamic therapy for oppositional defiant disorder: Changes in personality, object relations, and adaptive function after six months of treatment. *Journal of the American Psychoanalytic Association, 54*(4), 1334–1339.

Bandura, A. (1977). *Social learning theory.* Englewood Cliffs, NJ: Prentice-Hall.

Bankoff, S. M., Karpel, M. G., Forbes, H. E., & Pantalone, D. W. (2012). A systematic review of dialectical behavior therapy for the treatment of eating disorders. *Eating Disorders: The Journal of Treatment & Prevention, 20*(3), 196–215.

Bara, B. G. (1995). *Cognitive science: A developmental approach to the simulation of the mind.* Hove, U.K.: Lawrence Erlbaum.

Barber, J. P., Foltz, C., DeRubeis, R. J., & Landis, J. R. (2002). Consistency of interpersonal themes in narratives about relationships. *Psychotherapy Research, 12*(2), 139–158.

Barker, S. L., & Floersch, J. E. (2010). Practitioners' understanding of spirituality: Implications for social work education. *Journal of Social Work Education, 46*(3), 357–370.

Barkley, R. A. (2000). Commentary: Issues in training parents to manage children with behavior problems. *Journal of the American Academy of Child & Adolescent Psychiatry, 39*(8), 1004–1007.

Barkley, R. A., Guevremont, D. C., Anastopoulos, A. D., & Fletcher, K. E. (1992). A comparison of three family therapy programs for treating family conflicts in adolescents with attention-deficit hyperactivity disorder. *Journal of Consulting and Clinical Psychology, 60*(3), 450–462.

Barlow, C. A., Blythe, J. A., & Edmonds, M. (1999). *A handbook of interactive exercises for groups.* Needham Heights, MA: Allyn & Bacon.

Bartle-Haring, S. (1997). The relationships among parent-child-adolescent differentiation, sex role orientation, and identity development in late adolescence and early adulthood. *Journal of Adolescence, 20*(5), 553–565.

Basham, K. K. (1999). Therapy with a lesbian couple: The art of balancing lenses. In J. Laird (Ed.), *Lesbians and lesbian families* (pp. 143–177). New York: Columbia University Press.

Baucom, D. H., Epstein, N., Rankin, L. A., & Burnett, C. K. (1996). Understanding and treating marital distress from a cognitive-behavioral orientation. In K. Dobson & K. Craig (Eds.), *Advances in cognitive-behavioral therapy* (pp. 210–236). Thousand Oaks, CA: Sage.

Becerra, M. D., & Michael-Marki, S. (2012). Applying structural family therapy with a Mexican-American family with children with disabilities: A case study of a single-parent mother. *Journal of Applied Rehabilitation Counseling, 43*(2), 17–24.

Beck, A. T. (1967). *Depression: Clinical, experimental, and theoretical aspects.* New York: Hoeber.

Beck, A. T. (1988). *Love is never enough.* New York: Harper and Row.

Beck, J. S. (1995). *Cognitive therapy: Basics and beyond.* New York: Guilford Press.

Bell, L. G., Bell, D. C., & Nakata, Y. (2001). Triangulation and adolescent development in the U.S. and Japan. *Family Process, 40*(2), 173–186.

Bello, N. D. (2011). Narrative case study: Using the client as her own witness to change. *Journal of Systemic Therapies, 30*(2), 11–21.

Beresford, T. P. (2012). *Psychological adaptive mechanisms: Ego defense recognition in practice and research.* New York: Oxford University Press.

Berlin, S. B. (2002). *Clinical social work practice: A cognitive-integrative perspective.* New York: Oxford University Press.

Bernall, G., & Rodriguez, M. M. D. (2012). *Cultural adaptations: Tools for evidence-based practice with diverse populations.* Washington, DC: American Psychological Association.

Bertera, E. M. (2007). The role of positive and negative social exchanges between adolescents, their peers, and family as predictors of suicide ideation. *Child & Adolescent Social Work Journal, 24*(6), 523–538.

Bertolino, B., & O'Hanlon, B. (2002). *Collaborative, competency-based counseling and therapy*. Boston: Allyn & Bacon.

Besa, D. (1994). Evaluating narrative family therapy using single-system research designs. *Research on Social Work Practice, 4*(3), 309–325.

Beutler, L. E., Forrester, B., Gallagher-Thompson, D., Thompson, L., & Tomlins, J. B. (2012). Common, specific, and treatment fit variables in psychotherapy outcome. *Journal of Psychotherapy Integration, 22*(3), 255–281.

Beyebach, M., Sanchez, M. S. R., de Miguel, J. A., de Vega, M. H., Hernandez, C., & Morejon, A. R. (2000). Outcome of solution-focused therapy at a university family therapy center. *Journal of Systemic Therapies, 19*(1), 116–128.

Binks, C. A., Fenton, M., McCarthy, L., Lee, T., Adams, C. E., & Duggan, C. (2006). Psychological therapies for people with borderline personality disorder. *Cochrane Database of Systematic Reviews 2006, Issue 1.* Art No CD005652. DOI 10 1002/14651858. CD 005652.

Bisman, C. D., & Hardcastle, D. A. (1999). *Integrating research into practice: A model for effective social work.* Belmont, CA: Wadsworth.

Bisson, J., & Andrew, M. (2007). Psychological treatment of post-traumatic stress disorder (PTSD). *The Cochrane Database of Systematic Reviews, (3),* CD003388.

Blatt, S. J., & Ford, R. Q. (1999). The effectiveness of long-term, intensive inpatient treatment of seriously disturbed, treatment-resistant young adults. In H. Kaley & M. Eagle (Eds.), *Psychoanalytic theory as health care: Effectiveness and economics in the 21st century* (pp. 221–238). New York: Routledge.

Bloom, J. M., Woodward, E. N., Susmaras, T., & Pantalone, D. W.

(2012). Use of dialectical behavior therapy in inpatient treatment of borderline personality disorder: A systematic review. *Psychiatric Services, 63*(9), 881–888.

Boehm, A., & Staples, L. H. (2002). The functions of the social worker in empowering: The voices of consumers and professionals. *Social Work, 47*(4), 449–460.

Bohlmeijer, E. T., Westerhof, G. J., & Emmerick–de Jong, M. (2008). The effects of integrative reminiscence therapy on meaning in life: Results of a quasi-experimental study. *Aging & Mental Health, 12*(5), 639–646.

Borden, W. (2009a). Comparative theories. In A. R. Roberts (Ed.). *Social workers' desk reference* (2nd ed.), pp. 259–263. New York: Oxford University Press.

Borden, W. (2009b). *Contemporary psychodynamic theory and practice.* Chicago: Lyceum.

Bowen, M. (1991a). Alcoholism as viewed through family systems theory and family psychotherapy. *Family Dynamics of Addiction Quarterly, 1*(1), 94–102.

Bowen, M. (1991b). Family reaction to death. In F. Walsh & M. McGoldrick (Eds.), *Living beyond loss: Death in the family* (pp. 79–92). New York: Norton.

Bowen, M. (1978). *Family therapy in clinical practice.* Northvale, NJ: Jason Aronson.

Bowen, M. (1959). The family as the unit and study of treatment: I. Family psychotherapy. *American Journal of Orthopsychiatry, 31,* 40–60.

Boyle, S. W., Hull, G. H., Mather, J. H., Smith, L. L, & Farley, O. W. (2009). *Direct practice in social work* (2nd ed.). Boston: Allyn & Bacon.

Bozarth, J. D., Zimring, F. M., & Tausch, R. (2002). Client-centered therapy: The evolution of a revolution. In

D. J. Cain (Ed.), *Humanistic psychotherapies: Handbook of research and practice* (pp. 147–188). Washington, DC: American Psychological Association.

Bozeman, B. N. (2000). The efficacy of solution-focused therapy techniques on perceptions of hope in clients with depressive symptoms. *Dissertation Abstracts International, 61*(2–3), 1117.

Bradley, P. D., Bergen, L. P., Ginter, E. J., Williams, L. M., & Scalise, J. J. (2010). A survey of North American marriage and family therapy practitioners: A role delineation study. *American Journal of Family Therapy, 38*(4), 281–291.

Brausch, A. M., & Girresch, S. K. (2012). A review of empirical treatment studies for adolescent nonsuicidal self-injury. *Journal of Cognitive Psychotherapy, 26*(1), 3–18.

Brodie, D. A. (2005). Motivational interviewing to promote physical activity for people with chronic heart failure. *Journal of Advanced Nursing, 50* (5), 518–527.

Bromley, E., & Braslow, J. T. (2008). Teaching critical thinking in psychiatric training: A role for the social sciences. *American Journal of Psychiatry, 165*(11), 1396–1401.

Brown, C., & Augusta-Scott, T. (Eds.). (2007). *Narrative therapy: Making meaning, making lives.* Thousand Oaks, CA: Sage.

Brown, J. A. (2011). Restless bedfellows: Taling Bowen theory into a child-focused adolescent treatment unit in Australia. In O. C. Bregman & C. M. White (Eds.), *Bringing systems thinking to life: Expanding the horizons for Bowen family systems theory* (pp. 319–328). New York: Routledge/Taylor & Francis.

Brownell, J. (1986). *Building active listening skills.* Englewood Cliffs, NJ. Prentice-Hall.

Bryck, R. L., & Fisher, P. A. (2012). Training the brain: Practical applications of neural plasticity from the intersection of cognitive neuroscience, developmental psychology, and prevention science. *American Psychologist, 67*(2), 87–100.

Buckley, W. (1967). *Sociology and modern systems theory.* Englewood Cliffs, NJ: Prentice-Hall.

Buehler, C., Franck, K. L., & Cook, E. C. (2009). Adolescents' triangulation in marital conflict and peer relations. *Journal of Research on Adolescence, 19*(4), 669–689.

Burke, B., Arkowitz, H., & Dunn, C. (2002). The efficacy of motivational interviewing and its adaptations: What we know so far. In W. R. Miller & S. Rollnick (Eds.), *Motivational interviewing* (2nd ed.) (pp. 217–250). New York: Guilford Press.

Burns, M. J. (1997). The effectiveness of a brief, inpatient group therapy program with sexually abused women. *Dissertation Abstracts International, 57*(9-B), 5908.

Butler, A. C., & Beck, J. S. (2001). Cognitive therapy outcomes: A review of meta-analyses. *Journal of the Norwegian Psychological Association, 37,* 698–706.

Butterworth, S., Linden, A., McClay, W., & Leo, M. C. (2006). Effect of motivational interviewing–based health coaching on employees' physical and mental health status. *Journal of Occupational Health Psychology, 11*(4), 358–365.

Cacioppo, J. T., Bernston, G. G., Sheridan, J. F., & McClintock, M. K. (2000). Multilevel integrative analyses of human behavior: Social neuroscience and the complementing nature of social and biological approaches. *Psychological Bulletin, 126*(6), 829–843.

Canada, M., Heath, M. A., Money, K., Annandale, N., Fischer, L., & Young, E. L. (2007). Crisis intervention for students of diverse backgrounds: School counselors' concerns. *Brief Treatment and Crisis Intervention, 7*(1), 12–24.

Cancrini, L., Cingolani, S., Compagnoni, F., Costantini, D., & Mazzoni, S. (1988). Juvenile drug addiction: A typology of heroin addicts and their families. *Family Process, 27*(1), 261–271.

Caplan, G. (1990). Loss, stress, and mental health. *Community Mental Health Journal, 26*(1), 27–48.

Caplan, G. (1989). Recent developments in crisis intervention and the promotion of support services. *Journal of Primary Prevention, 10*(1), 3–25.

Carlson, E. A. (1998). A prospective longitudinal study of attachment disorganization/disorientation. *Child Development, 69*(4), 1107–1128.

Carmin, C. N. (1995). Necessary, but still not sufficient. *PsycCRITIQUES, 40*(5), 459–460.

Carroll, K. (1998). *A cognitive-behavioral approach: Treating cocaine addiction.* http://www.drugabuse.gov/TXManuals/CBT/CBTl.html. Downloaded on August 28, 2001.

Carroll, K. M. (1995). Methodological issues and problems in the assessment of substance use. *Psychological Assessment, 7*(3), 349–358.

Carroll, M. A. (1994). Empowerment theory: Philosophical and practical difficulties. *Canadian Psychology, 35*(4), 376–381.

Carter, B., & McGoldrick, M. (Eds.). (1999). *The expanded family life cycle: Individual, family, and social perspectives.* Boston: Allyn & Bacon.

Cassin, S. E., von Ranson, K. M., Heng, K., Brar, J., & Wojtowicz, A. E. (2008). Adapted motivational interviewing for women with binge eating disorder: A randomized controlled trial. *Psychology of Addictive Behaviors, 22*(3), 417–425.

Cattaneo, L. B., & Chapman, A. R. (2010). The process of empowerment: A model for use in research and practice. *American Psychologist, 65*(7), 646–659.

Cepeda, L. M., & Davenport, D. S. (2008). Person-centered therapy and solution-focused brief therapy: An integration of present and future awareness. *Psychotherapy: Theory, Research, Practice, Training, 43*(1), 1–12.

Chamberlain, P., & Rosicky, J. G. (1995). The effectiveness of family therapy in the treatment of adolescents with conduct disorders and delinquency. *Journal of Marital and Family Therapy, 21*(4), 441–459.

Chambless, D. L. (1998). Empirically validated treatments. In G. P. Koocher, J. C. Norcross, & S. S. Hill (Eds.), *Psychologists' Desk Reference* (pp. 209–219). New York: Oxford University Press.

Chambless, D. L., & Ollendick, T. H. (2001). Empirically supported psychological interventions: Controversies and evidence. *American Review of Psychology, 52*, 685–716.

Chazin, R., Kaplan, K., & Terio, S. (2000). The strengths perspective in brief treatment with culturally diverse clients. *Crisis Intervention & Time-Limited Treatment, 6*(1), 41–50.

Clarkin, J. F., Foelsch, P. A., Levy, K. N., Hull, J. W., Delaney, J. C., & Kernberg, O. F. (2001). The development of a psychodynamic treatment for patients with borderline personality disorder A preliminary study of behavior change *Journal of Personality Disorders, 15*(6), 487–495.

Clarkin, J. F., Levy, K. N., Lenzenweger, & Kernberg, O. F. (2007). Evaluating three treatments for borderline personality disorder: A multiwave study. *The American Journal of Psychiatry, 164*(6), 922–928.

Coates, J., & Schiff, J. W. (2011). Special issue on social work, spirituality, and social practices: Conclusion. *Journal of Religion and Spirituality in Social Work: Social Thought, 30*(3), 320–323.

Coates, J., & Sullivan, R. (2006). Achieving competent family practice with same-sex parents: Some promising directions. In J. J. Bigner (Ed.), *An Introduction to GLBT Family Studies* (pp. 245–270). New York: Haworth Press.

Cockburn, J. T., Thomas, F. N., & Cockburn, O. J. (1997). Solution-focused therapy and psychosocial adjustment to orthopedic rehabilitation in a work hardening program. *Journal of Occupational Rehabilitation, 7*(2), 97–106.

Cockle, S. (1993). Sandplay: A comparative study. *International Journal of Play Therapy, 2*(1), 1–17.

Cocoli, E. (2006). Attachment dimensions, differentiation of self, and social interest: A structured equations modeling investigation of an interpersonal-maturational model. *Dissertation Abstracts International, Section B: The Sciences and Engineering, 67*(6-B), 3343.

Coe, J. E. (1999). Developmental perspectives on women's experiences of loneliness. *Dissertation Abstracts International, 59*(8-A), 3206.

Coleman, S. B., Avis, J. M., & Turin, M. (1990). A study of the role of gender in family therapy training. *Family Process, 29*(4), 365–374.

Comella, P. A. (2011). Observing emotional functioning in human relationship systems: Lessons from Murray Bowen's writings. In O. C. Bregman & C. M. White (Eds.), *Bringing systems thinking to life: Expanding the horizons for Bowen family systems theory* (pp. 3–30). New York: Routledge/Taylor & Francis.

Comes-Diaz, L., & Jacobsen, F. M. (1991). Ethnocultural transference and countertransference in the therapeutic dyad. *American Journal of Orthopsychiatry, 61*(1), 392–402.

Connolly, C. M. (2004). Clinical issues with same-sex couples A review of the literature. In J. J. Bigner & J. L. Wetchler (Eds.), *Relationship therapy with same-sex couples* (pp. 3–12). New York: Haworth Press.

Connors, G., Donovan, D., & DiClemente, C. (2001). *Substance abuse treatment and stages of change: Selecting and planning interventions.* New York: Guilford Press.

Conte, H. R. (1997). The evolving nature of psychotherapy outcome research. *American Journal of Psychotherapy, 51*(1), 445–448.

Cook, C. R., Gresham, F. M., Kern, L., Barreras, R. B., Thornton, S, & Crews, S. D. (2008). Social skills training for secondary students with emotional and/or behavioral disorders: A review and analysis of the meta-analytic literature. *Journal of Emotional and Behavioral Disorders, 16*(3), 131–144.

Cook, L. (2007). Perceived conflict, sibling position, cut-off, and multigenerational transmission in the family of origin of chemically dependent persons: An application of Bowen family systems theory. *Journal of Addictions Nursing, 18*(3), 131–140.

Cooper, J. (2012). Cognitive dissonance theory. In P. A. M. Van Lange, A. W. Kruglanski, & T. E. Higgins (Eds.), *Handbook of theories of social psychology,* vol.1 (pp. 377–397). Thousand Oaks, CA: Sage.

Cooper, M. (2003). Between freedom and despair: Existential challenges and contributions to person-centered and experiential therapy. *Person-Centered* and *Experiential Psychotherapies, 2*(1), 43–56.

Cooper, M., & McLeod, J. (2011). Person-centered therapy: A pluralistic perspective. *Person-Centered and Experiential Psychotherapies, 10*(3), 210–223.

Cooper, M. G., & Lesser, J. G. (2002). *Clinical social work practice: An integrated approach.* Boston: Allyn & Bacon.

Corcoran, J. (2005). *Building strengths and skills: A collaborative approach to working with clients.* New York: Oxford University Press.

Corcoran, J. (2000). Brief solution-focused therapy. In N. Coady & P. Lehman (Eds.), *Theoretical perspectives in direct social work practice: An eclectic-generalist approach* (pp. 326–343). New York: Springer.

Corcoran, J., & Nichols-Casebolt, A. (2004). Risk and resilience ecological framework for assessment and goal formulation. *Child & Adolescent Social Work Journal, 21*(3), 211–235.

Corcoran, J., & Roberts, A. R. (2000). Research on crisis intervention and recommendations for future research. In A. R. Roberts (Ed.), *Crisis intervention handbook: Assessment, treatment, and research* (2nd ed.) (pp. 453–486). New York: Oxford University Press.

Corcoran, J., & Stephenson, M. (2000). The effectiveness of solution-focused therapy with child behavior problems. A preliminary report. *Families in Society, 18*(5), 468–474.

Corcoran, J., & Walsh, J. (2010). *Clinical assessment and diagnosis in social work practice* (2nd ed.). New York: Oxford University Press.

Corcoran, K., & Videka-Sherman, L. (1992). Some things we know about effective social work. In K. Corcoran (Ed.), *Effective practice for common client problems* (pp. 15–27). Chicago: Lyceum.

Cornelius-White, J. H. D. (2002). The phoenix of empirically-supported therapy relationships: The overlooked person-centered bias. *Psychotherapy: Theory, Research, Practice, Training, 39*(3), 219–222.

Corwin, M. (2002). *Brief treatment in clinical social work practice.* Pacific Grove, CA: Brooks/Cole.

Cournoyer, B., & Powers, G. (2002). Evidence-based social work: The quiet revolution continues. In A. R. Roberts & G. J. Greene (Eds.), *Social workers' desk reference* (pp. 798–807). New York: Oxford University Press.

Coyne, J. C. (1994). Possible contributions of "cognitive science" to the integration of psychotherapy. *Journal of Psychotherapy Integration, 4*(4), 401–416.

Crepaz, N., Passin, W. F., & Herbst, J. H. (2008). Meta-analysis of cognitive-behavioral interventions on HIV-positive persons' mental health and immune functioning. *Health Psychology, 27*(1), 4–14.

Crimone, M. W., & Hester, D. (2011). Across the generations: The training of clergy and congregations. In O. C. Bregman & C. M. White (Eds.), *Bringing systems thinking to life: Expanding the horizons for Bowen family systems theory* (pp. 197–207). New York: Routledge/Taylor & Francis.

Crisp, B. R. (2010). *Spirituality and social work.* Burlington, VT: Ashgate Publishing Co.

Crits-Cristoph, P. (1998). Training in empirically validated treatments: The division 12 APA task force recommendations. In K. S. Dobson & K. D. Craig (Eds.), *Empirically supported therapies: Best practice in professional psychology* (pp. 3–25). Thousand Oaks, CA: Sage.

Cusinato, M. (2012). Existentialism. In L. L'Abate (Ed.), *Paradigms in theory construction* (pp. 317–338). New York: Springer.

Dahl, R., Bathel, D., & Carreon, C. (2000). The use of solution-focused therapy with an elderly population. *Journal of Systemic Therapies, 19*(A), 45–55.

Dallos, R., & Vetere, A. (2012). Systems theory, family attachments, and processes of triangulation: Does the concept of triangulation offer a useful bridge? *Journal of Family Therapy, 34*(2), 117–137.

Dalton, T. A. (1997). Listening to maternal stories: Reconstructing maternal-child relations to include the voices of mothers. *Dissertation Abstracts International, 58*(1-A), 0290.

Davies, D. (2000). Person-centered therapy. In D. Davies & C. Neal (Eds.), *Therapeutic perspectives on working with lesbian, gay, and bisexual clients* (pp. 91–105). Maidenhead, England: Open University Press.

Davis, M., Eshelman, E. R., & McKay, M. (2008). *The relaxation and stress workbook* (6th ed.). New York: MJF Books.

Day, P. J. (2000). *A new history of social welfare* (3rd ed.). Boston: Allyn & Bacon.

Dejong, P., & Berg, I. K. (2008). *Interviewing for solutions* (3rd ed.). Pacific Grove, CA: Brooks/Cole.

de Shazer, S. (1994). *Words were originally magic.* New York: Norton.

de Shazer, S. (1985). *Keys to solution in brief therapy.* New York: Norton.

Dewey, J. (1938). *Logic: The theory of inquiry.* New York: Holt.

Diamond, J. P. (1997). Narrative means to sober ends: Language, interpretation, and letter writing. *Dissertation Abstracts International, 57*(10-A), 4542.

Diguer, L., Pelletier, S., Hébert, É., Descôteaux, J., Rousseau, J., & Daoust, J. (2004). Personality organizations, psychiatric severity, and self and object representations. *Psychoanalytic Psychology, 21*(2), 259–275.

Dingledine, D. W. (2000). Standing in the shadows: Adult daughters of alcoholic mothers. *Dissertation Abstracts International, 61*(5-A), 2037.

Dodge, T. D. (2001). An investigation of the relationship between the family of origin and selected career development outcomes. *Dissertation Abstracts International, 62*(2-B), 1140.

Dolgoff, R., Loewenberg, F. M., & Harrington, D. (2008). *Ethical decisions for social work practice* (8th ed.). Itasca, IL: F. E. Peacock.

Dorfman, R. A. (1996). *Clinical social work: Definition, practice, and vision.* New York: Brunner/Mazell.

Draycott, S., & Dabbs, A. (1998). Cognitive dissonance 2: A theoretical grounding of motivational interviewing. *British Journal of Clinical Psychology, 37,* 335–364.

Dunn, C., Deroo, L., & Rivara, F. (2001). The use of brief interventions adapted from motivational interviewing across behavioral domains: A systematic review. *Addiction, 96,* 1725–1742.

Dunn, E. C., Neighbors, C., & Larimer, M. E. (2006). Motivational enhancement therapy and self-help treatment for binge eaters. *Psychology of Addictive Behaviors, 20*(1), 44–52.

Dysinger, R. H., & Bowen, M. (1959). Problems for medical practice presented by families with a schizophrenic member. *American Journal of Psychiatry, 116,* 514–517.

Dziegielewski, S. F., & Montgomery, D. H. (1999). Gender issues in family therapy. In C. Franklin & C. Jordan (Eds.), *Family practice: Brief systems methods for social work* (pp. 321–340). Pacific Grove, CA: Brooks/Cole.

Dziegielewski, S. F., & Powers, G. T. (2000). Designs and procedures for evaluating crisis intervention. In A. R. Roberts (Ed.), *Crisis intervention handbook: Assessment, treatment, and research* (2nd ed.) (pp. 487–511). New York: Oxford University Press.

Eakes, G., Walsh, S., Markowski, M., & Cam, H. (1997). Family-centered brief solution-focused therapy with chronic schizophrenia: A pilot study. *Journal of Family Therapy, 19*(1), 145–158.

Eaton, Y. M., & Roberts, A. R. (2009). Front-line crisis intervention. In A. R. Roberts (Ed.), *Social workers' desk reference* (2nd ed.) (pp. 207–215). New York: Oxford University Press.

Edmonson, C. R. (2002). Differentiation of self and patterns of grief following the death of a parent. *Dissertation Abstracts International, Section B: The Sciences and Engineering, 62*(12-B), 5960.

Ehrenreich, J. H. (1985). *The altruistic imagination: A history of social work and social policy in the United States.* Ithaca, NY: Cornell University Press.

Elliott, C., & Metcalf, L. (2009). *The art of solution-focused therapy.* New York: Springer.

Ellis, A. (1962). *Reason and emotion in psychotherapy.* New York: Stuart.

Ellis, A., & McLaren, C. (1998). *Rational emotive behavior therapy: A therapist's guide,* vol. 2. Atascadero, CA: Impact Publishers, Inc.

Emerson, R. W. (1958). *Emerson: A modern anthology.* Boston: Houghton Mifflin.

Entin, A. D. (2001). Pets in the family. *Issues in Interdisciplinary Care, 3*(1), 219–222.

Epps, S., & Jackson, B. (2000). *Empowered families, successful children.* Washington, DC: APA.

Epston, D., White, M. (1995). Termination as a rite of passage: Questioning strategies for a therapy of inclusion. In R. A. Neimeyer & M. J. Mahoney (Eds.), *Constructivism in psychotherapy,* (pp. 339–354). Washington, DC: American Psychological Association.

Erikson, E. (1968). *Identity: Youth and crisis.* New York: W. W. Norton.

Evans, M. E., Boothroyd, R. A., Armstrong, M. I., Greenbaum, P. E., Brown, E. C., & Kuppinger, A. D. (2003). An experimental study of the effectiveness of intensive in-home crisis services for children and their families: Program outcomes. *Journal of Emotional and Behavioral Disorders, 11*(1), 93–104.

Everett, J. E., Homstead, K., & Drisko, J. (2007). Frontline worker perceptions of the empowerment process in community-based agencies. *Social Work, 52*(1), 161–170.

Eysenck, H. J., & Rachman, S. (1965). *The causes and cures of neurosis: An introduction to modern behavior therapy based on learning theories and the principles of conditioning.* London: Routledge & Kegan Paul.

Farber, S. (with Romer, A.). (1999). An interview with Dr. Stuart Farber: Living with a serious illness: A workbook for patients and families [Electronic version]. *Innovations in End-of-Life Care, 1,* 2–13.

Farmer, R. L. (2009). *Neuroscience and social work practice.* Thousand Oaks, CA: Sage.

Farson, R. E. (1965). *Science and human affairs.* Palo Alto, CA: Science and Behavior Books.

Feaster, D. J., Mitrani, V. B., Burns, M. J., McCabe, B. E., Brincks, A. M., Rodriguez, A. E., Asthana, D., & Robbins, M. S. (2010). A randomized controlled trial of structural ecosystems therapy for HIV medication adherence and substance abuse relapse prevention. *Drug and Alcohol Dependence, 111*(3), 227–234.

Feldman, E. L. (1998). Loneliness and physician utilization in a primary care population. *Dissertation Abstracts International, 59*(1-A), 0322.

Fenichel, G. H. (Ed.). (1994). *Psychoanalysis at 100: An issues in ego psychology book*. Lanham, MD: University Press of America.

Ferris, L. E., Shulman, K. L., & Williams, J. I. (2001). Methodological challenges in evaluating mobile crisis psychiatric programs. *The Canadian Journal of Program Evaluation, 16*(1), 27–40.

Festinger, L. (1962). *A theory of cognitive dissonance*. Palo Alto, CA: Stanford University Press.

Fischer, J. (1976). *The effectiveness of social casework*. Springfield, IL: Charles C. Thomas.

Fischer, J. (1973). Is casework effective? A review. *Social Work, 18*, 5–20.

Folkman, S. (2009). Commentary on the special section "Theory-based approaches to stress and coping": Questions, answers, issues, and next steps in stress and coping research. *European Psychologist, 14*(1), 72–77.

Flanagan, L. M. (2011). Object relations theory. In J. Berzoff, L. Flanaga, & P. Hertz (Eds.), *Inside out and outside in* (pp. 118–157). New York: Rowan and Littlefield.

Fong, R., & Furuto, S. (Eds.). (2001). *Culturally competent practice: Skills, interventions, and evaluations*. Boston: Allyn & Bacon.

Foucault, M. (1966). *The order of things: An archaeology of the human sciences*. New York: Vintage.

Frank, J. D., & Frank, J. B. (1993). *Persuasion and healing: A comparative study of psychotherapy* (3rd ed.). Baltimore: Johns Hopkins University Press.

Frankl, V. E. (1988). *The will to meaning: Foundations and applications of logotherapy*. New York: Meridian.

Franklin, C., Hopson, L., & Barge, C. T. (2003). Family systems. In C. Jordan & C. Franklin (Eds.), *Clinical assessment for social workers: Quantitative and qualitative methods* (2nd ed.) (pp. 255–311). Chicago: Lyceum.

Franklin, C., Biever, J., Moore, K., Clemons, D., & Scamardo, M. (2001). The effectiveness of solution-focused therapy with children in a school setting. *Research on Social Work Practice, 11*(4), 411–434.

Franklin, C., Trepper, T. S., Gingerich, W., & McCollum, E. E. (2012). *Solution-focused therapy: A handbook of evidence-based practice*. New York: Oxford University Press.

Fraser, M. W. (2004). Intervention research in social work: Recent advances and continuing challenges. *Research on Social Work Practice, 14*(1), 210–222.

Freedberg, S. (2007). Re-examining empathy: A relational-feminist point of view. *Social Work, 52*(1), 251–259.

Freedman, J., & Combs, J. (1996). *Narrative therapy: The social construction of preferred realities*. New York: W. W. Norton.

Freeman, A. (2004). *Clinical applications of cognitive therapy*. New York: Kluwer Academic/Plenum Publishers.

Furlong, M., McGilloway, S., Bywater, T. Hutchings, J., Smith, A. M., & Donnelly, M. (2012). Behavioural and cognitive-behavioral group-based parenting programmes for early-onset conduct problems in children aged 3 to 12 years. *Cochrance Database of Systematic Reviews, 2*, CD008225.

Furukawa, T. A., Watanabe, N., & Churchill, R. (2007). Combined psychotherapy plus antidepressants for panic disorder with or without agoraphobia. *Cochrance Database of Systematic Reviews, 1,* CD004364.

Furman, R. (2002). Jessie Taft and the functional school: The impact of our history. *Canadian Journal of Social Work, 4*(1), 7–13.

Gambrill, E. (2011). Evidence-based practice and the ethics of discretion. *Journal of Social Work, 11*(1), 26–48.

Gambrill, E., & Gibbs, L. (2009). *Critical thinking for helping professionals: A skills-based workbook* (3rd ed.). New York: Oxford University Press.

Gambrill, E. D. (1994). Concept and methods of behavioral treatment. In D. K. Granvold (Ed.), *Cognitive and behavioral treatment: Methods and applications* (pp. 32–62). Pacific Grove, CA: Brooks/Cole.

Gates, S., McCambridge, J., Smith, L. A., & Foxcroft, D. R. (2006). Interventions for programs for prevention of drug use by young people delivered in nonschool settings. *Cochrane Database of Systematic Reviews, 1,* CD005030.

Gensterblum, A. E. (2002). Solution-focused therapy in residential settings. *Dissertation Abstracts International, 62*(7-B), 3377.

Georgetown Family Center (2012). http://www.georgetownfamily center.org/index.html.

Gerhardt, S. (2004). *Why love matters: How affection shapes a baby's brain.* Philadelphia: Routledge/Taylor and Francis.

Gest, S. D., & Davidson, A. J. (2011). A developmental perspective on risk, resilience, and prevention. In M. K. Underwood & L. H. Rosen (Eds.), *Social development: Relationships in infancy, childhood, and adolescence* (pp. 427–454). New York: Guilford Press.

Gibbs, J. T. (1998). African American adolescents. In J. T. Taylor & L. N. Huang (Eds.), *Children of color: Psychological interventions with culturally diverse youth* (pp. 171–214). San Francisco: Jossey-Bass.

Gilligan, C. (1982). *In a different voice.* Cambridge, MA: Harvard University Press.

Gilliland, B. E., & James, R. K. (2005). *Crisis intervention strategies* (5th ed). Belmont, CA: Brooks/Cole.

Gingerich, W. J., & Eisengart, S. (2000). Solution-focused brief therapy: A review of the outcome research. *Family Process, 39*(4), 477–498.

Gist, R., & Devilly, G. J. (2002). Post-trauma debriefing: The road too frequently traveled. *Lancet, 360*(9335), 741–742.

Gitterman, A. (2009). The life model. In A. R. Roberts (Ed.), *Social workers' desk reference* (2nd ed.) (pp. 231–235). New York: Oxford University Press.

Glade, A. C. (2005). Differentiation, marital satisfaction, and depressive symptoms: An application of Bowen theory. *Dissertation Abstracts International, Section B: The Sciences and Engineering, 66*(6S), 3408.

Golan, N. (1987). Crisis intervention. In A. Minahan (Ed.), *Encyclopedia of social work* (pp. 360–372). Silver Spring, MD: NASW.

Golan, N. (1978). *Treatment in crisis situations.* New York: Free Press.

Goldberg, E. H. (1989). Severity of depression and developmental levels of psychosocial functioning in

8–16-year-old girls. *American Journal of Orthopsychiatry, 59*(2), 167–178.

Goldfried, M. R., & Wolfe, B. E. (1998). Toward a more clinically valid approach to therapy research. *Journal of Consulting and Clinical Psychology, 66*(1), 143–150.

Goldstein, E. G. (2009). The relationship between social work and psychoanalysis: The future impact of social workers. *Clinical Social Work Journal, 37*(1), 7–13.

Goldstein, E. G. (2008). Ego psychology theory. In B. A. Thyer, K. M. Sowers, & C. N. Dulmus (Eds.), *Comprehensive handbook of social work and social welfare, vol. 2: Human behavior in the social environment* (pp. 135–162). Hoboken, NJ: John Wiley & Sons.

Goldstein, E. G. (2001). *Object relations theory and self psychology in social work practice.* New York: Free Press.

Goldstein, E. G. (1995). *Ego psychology and social work practice* (2nd ed.). New York: Free Press.

Goldstein, E. G., & Noonan, M. (1999). *Short-term treatment and social work practice.* New York: Free Press.

Goldstein, H. (1990). The knowledge base of social work practice: Theory wisdom, analogue, or art? *Families in Society, 11,* 32–43.

Goodrich, T. J. (2006). A new department. *Family Systems & Health, 24*(1), 218–219.

Gonzalez, J. E., Nelson, J. R., & Gutkin, T. B. (2004). Rational emotive therapy with children and adolescents: A meta-analysis. *Journal of Emotional and Behavioral Disorders, 12*(4), 222–235.

Goodson, I. F. (2013). *Developing narrative theory: Life histories and personal representation.* New York: Routledge/ Taylor & Francis Group.

Gorey, K., Thyer, B. A., & Pawluck, D. (1998). The differential effectiveness of social work interventions: A meta-analysis. *Social Work, 43*(1), 269–278.

Gottlieb, M. C., & Lasser, J. (2001). Competing values: A respectful critique of narrative research. *Ethics and Behavior, 11*(1), 191–194.

Gould, R. L., Coulson, M. C., & Howard, R. J. (2012). Efficacy of cognitive behavioral therapy for anxiety disorders in older people: A meta-analysis and meta-regression of randomized controlled trials. *Journal of the American Geriatrics Society, 60*(10), 1817–1830.

Grafanaki, S., & McLeod, J. (1999). Narrative processes in the construction of helpful and hindering events in experiential psychotherapy. *Psychotherapy Research, 9*(1), 289–303.

Granvold, D. K. (1994). Concepts and methods of cognitive treatment. In D. K. Granvold (Ed.), *Cognitive and behavioral treatment: Methods and applications* (pp. 3–31). Pacific Grove, CA: Brooks/Cole.

Gray, P. (2005). *The ego and analysis of defense* (2nd ed.). Northvale, NJ: Jason Aronson.

Green, B., & Boyd-Franklin, N. (1996). African American lesbians: Issues in couples therapy. In J. Laird & R. J. Green (Eds.), *Lesbians and gays in couples and families: A handbook for therapists* (pp. 251–271). San Francisco: Jossey-Bass.

Green, D. L., Choi, J. J., & Kane, M. N. (2010). Coping strategies for victims of crime: Effects of the use of emotion-focused, problem-focused, and avoidance-oriented coping. *Journal of Human Behavior in the Social Environment, 20*(6), 732–743.

Green, R. J. (2007). Gay and lesbian couples in therapy: A social justice perspective. In E. Aldarondo (Ed.), *Advancing social justice through clinical practice* (pp. 119–149). Mahwah, NJ: Lawrence Erlbaum.

Green, R. J., & Mitchell, V. (2002). Gay and lesbian couples in therapy: Homophobia, relational ambiguity, and social support. In A. S. Gurman & N. S. Jacobson (Eds.), *Clinical handbook of couple therapy* (3rd ed) (pp. 546–568). New York: Guilford Press.

Greenan, D. E., & Tunnell, G. (2003). *Couple therapy with gay men.* New York: Guilford Press.

Greenberg, M., Speltz, M., DeKlyen, M., Jones, K. (2001). Correlates of clinic referral for early conduct problems: Variable- and person-oriented approaches. *Development & Psychopathology, 13,* 255–276.

Greene, R. R. (2008). Risk and resilience theory: A social work perspective. In R. R. Greene (Ed.), *Human behavior theory and social work practice* (3rd ed.) (pp. 315–342). Piscataway, NJ: Transaction Publishers.

Grenyer, B. F. S., & Laborsky, L. (1996). Dynamic change in psychotherapy: Mastery of interpersonal conflicts. *Journal of Consulting and Clinical Psychology, 64*(1), 411–416.

Gresham, F. M. (2005). Methodological issues in evaluating cognitive-behavioral treatments for students with behavioral disorders. *Behavioral Disorders, 30*(1), 213–225.

Guerin, P. J., & Guerin, K. (2002). Bowenian family therapy. In J. Carlson & D. Kjos (Eds.), *Theories and strategies of family therapy* (pp. 126–156). Boston: Allyn & Bacon.

Guerin, P. J., Fogarty, T. F., Fay, L. F., & Kautto, J. G. (1996). *Working with relationship triangles: The one-two-three of psychotherapy.* New York: Guilford Press.

Gutierrez, L., Parsons, R., & Cox, E. O. (2003). *Empowerment in social work practice: A sourcebook.* Pacific Grove, CA: Brooks/Cole.

Haby, M. M., Tonge, B., Littlefield, L., Carter, R., & Vos, T. (2004). Cost-effectiveness of cognitive behavioural therapy and selective serotonin reuptake inhibitors for major depression in children and adolescents. *Australian and New Zealand Journal of Psychiatry, 38*(8), 579–591.

Haimeri, D., Finke, J., & Luderer, H. (2009). Person-centered and experiential therapy of depression. *International Journal of Psychotherapy, 13*(2), 18–25.

Hale, N. G. (1995). *The rise and crisis of psychoanalysis in the United States: Freud and the Americans, 1917–1985.* London: Oxford University Press.

Hamilton, G. (1951). *Theory and practice of social case work* (2nd ed.). New York: Columbia University Press.

Hammond, R. T., & Nichols, M. P. (2008). How collaborative is structural family therapy? *The Family Journal, 16*(1), 118–124.

Hardie, E., Kashima, E. S., & Pridmore, P. (2005). The influence of relational, individual, and collective self-aspects on stress, uplifts, and health. *Self and Identity, 4*(1), 1–24.

Hargie, O. D. W. (Ed.). (1997). *The handbook of communication skills.* New York: Routledge.

Harper, K. V., & Lantz, J. (2007). *Cross-cultural practice: Social work with diverse populations* (2nd ed). Chicago: Lyceum.

Harris, A. (2012). Transference, countertransference, and the real relationship. In G. O. Gabbard, B. E. Litowitz, & P. Williams (Eds.),

Textbook of psychoanalysis (2nd ed.), (pp. 255–268). Arlington, VA: American Psychiatric Publishing.

Harris, J. N., Hay, J., Kuniyuki, A., Asgari, M. M., Press, N., & Bowen, D. J. (2010). Using a family systems approach to investigate cancer risk communication within melanoma families. Psycho-Oncology, 19(1), 1102–1111.

Hartmann, H. (1958). Ego psychology and the problem of adaptation. New York: International Universities Press.

Hauser, S. T., & Safyer, A. W. (1995). The contribution of ego psychology to developmental psychopathology. In D. Cicchetti & D. J. Cohen (Eds.), Developmental psychopathology, Volume 1: Theory and methods (pp. 555–580). New York: Wiley.

Haynes, R. B., Ackloo, E., Sahota, N., McDonald, H. P., & Yao, X. (2008). Interventions for enhancing medication adherence. Cochrane Database of Systematic Reviews, 2, CD000011.

Helgeson, V., Reynolds, K., & Tomich, P. (2006). A meta-analytic review of benefit finding and growth. Journal of Consulting and Clinical Psychology, 74, 797–816.

Hepworth, D., Rooney, R., Rooney, G. D., Strom-Gottfried, K., & Larsen, J. (2012). Direct social work practice: Theory and skills (8th ed.). Belmont, CA: Brooks/Cole.

Hertlein, K. M., & Killmer, J. M. (2004). Toward differential decision-making: Family systems theory with the homeless clinical population. American Journal of Family Therapy, 32(1), 255–270.

Himle, J. A., Rassi, S., Haghighatgou, H., Krone, K. P., Nesse, R. M., & Abelson, J. (2001). Group behavioral therapy of obsessive-compulsive disorder: Seven- vs twelve-week outcomes. Depression and Anxiety, 13(4), 161–165.

Hinshaw, S. P., Klein, R. G., & Abikoff, H. B. (2002). Childhood attention deficit hyperactivity disorder: Nonpharmacological treatments and their combination with medication. In P. E. Nathan & J. M. Gordon (Eds.), A guide to treatments that work (2nd ed.), (pp. 3–23). London: Oxford University Press.

Hobfoll, S. E. (1996). Social support: Will you be there when I need you? In N. Vanzetti & S. Duck (Eds.), A lifetime of relationships (pp. 46–74). Belmont, CA: Brooks/Cole.

Hodges, V. G. (1994). Home-based behavioral intervention with children and families. In D. K. Granvold (Ed.), Cognitive and behavioral treatment: Methods and applications (pp. 90–107). Pacific Grove, CA: Brooks/Cole.

Hofmann, S. G. & Reinecke, M. A. (Eds.) (2010). Cognitive-behavioral therapy with adults: A guide for assessment, conceptualization, and intervention. Boston: Cambridge University Press.

Högberg, G., & Hällstrom, T. (2008). Active multimodal psychotherapy in children and adolescents with suicidality: Description, evaluation, and clinical profile. Clinical Child Psychology and Psychiatry, 13(1), 435–448.

Høglend, P., Hersoug, A. G., Bøgwald, K., Amlo, S., Marble, A., Sørbye, Ø., Røssberg, J. I., Ulberg, R., Gabbard, G. O., & Crits-Christoph, P. (2011). Effects of transference work in the context of therapeutic alliance and quality of object relations. Journal of Consulting and Clinical Psychology, 79(5), 697–706.

Hollis, F. H. (1964). Casework: A psychosocial therapy. New York: Random House.

Hooper, L. M., & DePuy, V. (2010). Mediating and moderating effects of differentiation of self on depression symptomatology in a rural community sample. *The Family Journal, 18*(4), 358–368.

Horvath, A. O. (1994). Research on the alliance. In A. O. Horvath & L. S. Greenberg (Eds.), *The working alliance: Theory, research, and practice* (pp. 259–286). New York: Wiley.

Howe, L. T. (1998). Self-differentiation in Christian perspective. *Pastoral Psychology, 46*(5), 347–362.

Howells, J. G., & Guirguis, W. R. (1985). *The family and schizophrenia*. New York: International Universities Press.

Hull, C. (1943). *Principles of behavior*. New York: Appleton-Century-Crofts.

Hunter, T. J. (1998). Naturalistic inquiry of alcoholic families from ethnically diverse backgrounds. *Dissertation Abstracts International, 59*(1-B), 0418.

Illick, S. D., Hilbert-McAllister, G., Jefferies, S. E., & White, C. M. (2003). Toward understanding and measuring emotional cutoff. In P. Titelman (Ed.), *Emotional cutoff: Bowen family systems theory perspectives* (pp. 199–217). New York: Haworth Press.

Ingram, R. E. (Ed.). (1986). *Information processing approaches to clinical psychology*. Orlando, FL: Academic Press.

Irwin, M. R., Cole, J. C., & Nicassio, P. M. (2006). Comparative meta-analysis of behavioral interventions for insomnia and their efficacy in middle-aged adults and in older adults 55+ years of age. *Health Psychology, 25*(1), 3–14.

Jackson, M. S., & Feit, M. D. (2011). Connecting practice and research: A social work paradigm of working collaboratively with underserved populations. *Journal of Human Behavior in the Social Environment, 21*(7), 711–714.

Jackson, R., Asimakopoulou, K., & Scammel, A. (2007). Assessment of the transtheoretical model as used by dietitians in promoting physical activity in people with type 2 diabetes. *Journal of Human Nutrition and Dietetics, 20*(1), 27–36.

Jakobsen, J. N., Hansen, J. L., Storebo, O. J., Simonson, E., & Gluud, C. (2011). The effects of cognitive therapy versus "no intervention" for major depressive disorder. *PLoS ONE, 6*(12), 1–11.

James, R. K., & Gilliland, B. E. (2013). *Crisis intervention strategies* (7th ed.). Pacific Grove, CA: Brooks/Cole.

Jankowski, P. J., & Hooper, L. M. (2012). Differentation of self: A validation study of the Bowen theory construct. *Couple and Family Psychology: Research and Practice, 1*(3), 226–243.

Johnson, H. C. (1991). Theories of Kernberg and Kohut: Issues of scientific validation. *Social Service Review, 65*(1), 403–433.

Johnson, T. W., & Keren, M. S. (1998). The families of lesbian women and gay men. In M. McGoldrick (Ed.), *Re-visioning family therapy: Race, culture, and gender in clinical practice* (pp. 320–329). New York: Guilford Press.

Josephson, L. (1997). Clinical social work practice with young inner-city children who have been sexually abused: An object relations approach. *Dissertation Abstracts International, 58* (1-A), 0291.

Joy, C. B., Adams, C. E., & Rice, K. (2006). Crisis intervention for people with severe mental illnesses. *Cochrane Database of Systematic Reviews, 4,* CD001087.

Kanter, J. (1996). Case management with long-term patients. In S. M. Soreff (Ed.), *Handbook for the treatment of the seriously mentally ill* (pp. 259–275). Seattle, WA: Hogrefe & Huber.

Kanter, J. (Ed.). (1995). *Clinical issues in case management*. San Francisco: Jossey-Bass.

Kanters, A. L. (2002). Resolution of symbolic play therapy narratives of traumatic events: Exposure play therapy. *Dissertation Abstracts International, 62*(10-B), 4790.

Kassop, M. (1987). Salvador Minuchin: A sociological analysis of his family therapy theory. *Clinical Sociology Review, 5,* 158–167.

Kazdin, A. (2000). *Behavior modification in applied settings* (6th ed.). Pacific Grove, CA: Brooks/Cole.

Keddell, E. (2009). Narrative as identity: Postmodernism, multiple ethnicities, and narrative practice approaches in social work. *Journal of Ethnic & Cultural Diversity in Social Work: Innovation in Theory, Research & Practice, 18*(3), 221–241.

Keeling, M. L., & Bermudez, M. (2006). Externalizing problems through art and writing: Experiences of process and helpfulness. *Journal of Marital and Family Therapy, 32*(4), 405–419.

Keller, B. D. (2007). Beyond individual differences: The role of differentiation of self in predicting the career exploration of college students. *Dissertation Abstracts International, Section B: The Sciences and Engineering, 68*(1-B), 649.

Kelley, P. (1998). Narrative therapy in a managed care world. *Crisis Intervention, 4*(2–3), 113–123.

Kelley, P. (1996). Narrative theory and social work practice. In F. Turner (Ed.), *Social work treatment* (4th ed.) (pp. 461–479). New York: Free Press.

Kerr, K. B. (1984). Issues in aging from a family theory perspective. In *The best of the family 1978–1983* (pp. 243–247). New Rochelle, NY: Center for Family Learning.

Kerr, M. E., & Bowen, M. (1988). *Family evaluation: An approach based on Bowen theory*. New York: W. W. Norton.

Kierkegaard, S. (1954). *Fear and trembling and the sickness unto death*. Garden City, NY: Double Day.

Killick, S., & Allen, C. (1997). "Shifting the balance": Motivational interviewing to help behaviour change in people with bulimia nervosa. *European Eating Disorders Review, 5*(1), 35–41.

Kim, J. M. (2003). Structural family therapy and its implications for the Asian American family. *The Family Journal, 11*(4), 388–392.

Kim-Appel, D. (2003). The relationship between Bowen's concept of differentiation of self and psychological symptom status in individuals age 62 years and older. *Dissertation Abstracts International, 63*(7-A), 2461.

Kindred, M. (2011). *A practical guide for working with reluctant clients in health and social care*. Philadelphia: Jessica Kingsley Publishers.

Kipps-Vaughan, D. (2000). The integration of object relations family therapy and cognitive behavior therapy: The development of a treatment protocol for increasing anger control in male adolescents with externalizing behavior difficulties. *Dissertation Abstracts International, 61*(3B), 1639.

Kirschenbaum, H., & Henderson, V. L. (Eds.). (1989). *The Carl Rogers reader*. Boston: Houghton Mifflin.

Kirschenbaum, H., & Jourdan, A. (2005). The current status of Carl Rogers and the person-centered approach. *Psychotherapy: Theory, Research, Practice, Training, 42*(1), 112–124.

Kiselica, M. S. (1998). Preparing Anglos for the challenges and joys of multiculturalism. *The Counseling Psychologist, 26*, 5–21.

Klein, D. M., & White, J. M. (1996). *Family theories: An introduction.* Thousand Oaks, CA: Sage.

Kliem, S., Kröger, C., & Kosfelder, J. (2010). Dialectical behavior therapy for borderline personality disorder: A meta-analysis using mixed-effects modeling. *Journal of Consulting and Clinical Psychology, 78*(6), 936–951.

Knauth, D. G., Skowron, E. A., & Escobar, M. (2006). Effects of differentiation of self on adolescent risk behavior. *Nursing Research, 55*(5), 336–345.

Knudson-Martin, C. (2002). Expanding Bowen's legacy to family therapy: A response to Home and Hicks. *Journal of Marital and Family Therapy, 28*(1), 115–118.

Kohlberg, L. (1969). *Stages in the development of moral thought and action.* New York: Holt, Rinehart, & Winston.

Koolhaas, J. M., de Boer, S. F., Coppens, C. M., & Buwalda, B. (2010). Neuroendocrinology of coping styles: Towards understanding the biology of individual variation. *Frontiers in Neuroendocrinology, 31*(3), 307–321.

Korte, J., Bohlmeijer, E. T., Cappeliez, P., Smit, F., & Westerhof, G. J. (2012). Life review therapy for older adults with moderate depressive symptomatology: A pragmatic randomized controlled trial. *Psychological Medicine, 42*(6), 1163–1173.

Krabbendam, L., & Aleman, A. (2003). Cognitive rehabilitation in schizophrenia: A quantitative analysis of controlled studies. *Psychopharmacology, 169*(3–4), 376–382.

Kramer, D. N., & Landolt, M. A. (2010). Characteristics and efficacy of early psychological interventions in children and adolescents after single trauma: A meta-analysis. *European Journal of Psychotraumatology, 1,* 1–24.

Kramer, R. (1995). The birth of client-centered therapy: Carl Rogers, Otto Rank, and the beyond. *Journal of Humanistic Psychology, 35*(4), 54–110.

Kramer, S., & Akhtar, S. (Eds.). (1991). *The trauma of transgression: Psychotherapy of incest victims.* Northvale, NJ: Jason Aronson.

Krasuski, T. (2010). Quality of life and family relations in patients with anorexia nervosa. *Acta Neuropsychologica, 8*(3), 234–243.

Kuehnlein, I. (1999). Psychotherapy as a process of transformation: Analysis of posttherapeutic autobiographical narrations. *Psychotherapy Research, 9*(1), 274–288.

Kunzendorf, R. G., McGlone, M., Huliman, D., Boulia, K., Portuese, J., Dinsmore, T., & Bramhill, E. (2004). Reframing cognitive therapy to integrate recent research on emotion, imagery, and self-talk. *Imagination, Cognition, and Personality, 23*(4), 309–323.

Kurtz, P. D. (1972). American philosophy. In P. Edwards (Ed.), *The encyclopedia of philosophy,* Vol. 1 (pp. 83–93). New York: Macmillan.

Kvarfordt, C. L., & Sheridan, M. J. (2007). The role of religion and spirituality in working with children and adolescents: Results of a national survey. *Journal of Religion & Spirituality in Social Work, 26*(1), 1–23.

Laird, J. (1993). Lesbian and gay families. In F. Walsh (Ed.), *Normal family processes* (2nd ed.) (pp. 282–328). New York: Guilford Press.

Lakey, B., & Orehek, E. (2011). Relational regulation theory: A new approach to explain the link between perceived social support and mental health. *Psychological Review, 118*(3), 482–495.

Lally, J. R. (2011). The link between consistent caring interactions with babies, early brain development, and school readiness. In E. Zigler, W. S. Gilliam, & W. S. Barnett (Eds.), *The pre-K debates: Current controversis and issues* (pp. 159–162). Baltimore: Paul H. Brooks Publishing.

Lantz, J. (1996). Cognitive theory and social work treatment. In F. J. Turner (Ed.), *Social work treatment* (4th ed.) (pp. 94–115). New York: Free Press.

Lantz, J. (1978). Cognitive theory and social casework. *Social Work, 31,* 361–366.

Lantz, J., & Walsh, J. (2007). *Short-term existential intervention in clinical practice.* Chicago: Lyceum.

Larson, J. H., & Wilson, S. M. (1998). Family of origin influences on young adult career decision problems: A test of Bowenian theory. *American Journal of Family Therapy, 26*(1), 39–53.

Larson, J. H., Benson, M. J., Wilson, S. M., & Medora, N. (1998). Family of origin influences on marital attitudes and readiness for marriage in late adolescents. *Journal of Family Issues, 19*(6), 750–769.

Lastona, M. D. (1990). A family systems approach to adolescent depression. *Journal of Psychology and Christianity, 9*(4), 44–54.

Laub, B., & Hoffmann, S. (2002). Dialectical letters: An integration of dialectical cotherapy and narrative therapy. *Psychotherapy: Theory, Research, Practice, Training, 39*(2), 177–183.

Lazarus, I. S. (2010). A transpersonal feminist approach to family systems. *International Journal of Transpersonal Studies, 29*(2), 121–136.

Lazarus, R. S. (1993). Coping theory and research: Past, present, and future. *Psychosomatic Medicine, 55,* 234–247

Lazarus, R. S., & Lazarus, B. N. (1994). *Passion and reason: Making sense of our emotions.* New York: Oxford University Press.

Leahy, R. L. (1996). *Cognitive therapy Basic principles and applications.* Northvale, NJ: Jason Aronson.

Lee, J. A. B. (2001). *The empowerment approach to social work practice: Building the beloved community* (2nd ed.). New York: Columbia University Press.

Lee, M. (2002). *Working with Asian American populations: A treatment guide.* Columbus, OH: Asian American Community Services.

Leffel, R. J. (2000). Psychotherapy of schizophrenia. *Dissertation Abstracts International, 60*(S–B), 4232.

Leichsenring, F. (2005). Are psychodynamic and psychoanalytic therapies effective? A review of empirical data. *International Journal of Psychoanalysis, 86*(1), 841–868.

Leichsenring, F., & Leibing, E. (2007). Psychodynamic psychotherapy: A systematic review of techniques, indications, and empirical evidence. *Psychology and Psychotherapy Theory, Research, Practice, Training, 80*(1), 217–228.

Leichsenring, F., Rabung, S., & Leibing, E. (2004). The efficacy of short-term psychodynamic psychotherapy in specific psychiatric disorders: A meta-analysis. *Archives of General Psychiatry, 61*(12), 1208–1216.

Lengermann, P. M., & Niebrugge-Brantley, J. (2000). Contemporary feminist theory. In G. Ritzer (Ed.), *Modern sociological theory* (6th ed.), (pp. 307–355). Boston: McGraw-Hill.

Levant, R. F., & Silverstein, L. B. (2001). Integrating gender and family systems theories The "both/and" approach to treating a postmodern couple. In S. H. McDaniel & D. D. Lusterman (Eds.), *Casebook for integrating family therapy: An ecosystem approach* (pp. 245–252). Washington, DC: American Psychological Association.

Levine, H. A. (2002). Intrapsychic and symptomatic change in patients with borderline psychopathology. *Dissertation Abstracts International, 62*(12-B), 5969.

Levinson, D. J. (1978). *The seasons of a man's life.* New York: Knopf.

Levy, K., & Scala, J. W. (2012). Transference, transference interpretations, and transference-focused psychotherapies. *Psychotherapy, 49*(3), 391–403.

Ligon, J., & Thyer, B. A. (2000). Community inpatient crisis stabilization in an urban setting: Evaluation of changes in psychiatric symptoms. *Crisis Intervention and Time-limited Treatment, 5*(3), 163–169.

Lindgren, A., Werbart, A., & Phillips, B. (2010). Long-term outcome and post-treatment effects of psychoanalytic psychotherapy with young adults. *Psychology and Psychotherapy: Theory, Research, Practice, Training, 83*(1), 27–43.

Linehan, M. M. (1993). *Cognitive-behavioral treatment of borderline personality disorder.* New York: Guilford Press.

Lipchik, E. (2002). *Beyond technique in solution-focused therapy: Working with emotions and the therapeutic relationship.* New York: Guilford Press.

Livingstone, T. (2008). The relevance of a person-centered approach to therapy with transgendered or transsexual clients. *Person-Centered and Experiential Psychotherapies, 7*(2), 135–144.

Loftis, R. H. (1997). A comparison of delinquents and nondelinquents on Rorschach measures of object relationships and attachment: Implications for conduct disorder, antisocial personality disorder, and psychopathology. *Dissertation Abstracts International, 5S*(5-B), 2720.

Long, J. (2004). Review of couples therapy with gay men. *Journal of*

Feminist Family Therapy, 16(1), 83–84.

Lovett, B. B. (2007). Sexual abuse in the preschool years: Blending ideas from object relations theory, ego psychology, and biology. *Child & Adolescent Social Work Journal, 24*(6), 579–589.

Luborsky, L., & Crits-Christoph, P. (1990). *Understanding transference: The CCRT method (the core conflictual relationship theme).* New York: Basic Books.

Lubove, R. (1965). *The professional altruist: The emergence of social work as a career 1880–1930.* Cambridge, MA: Harvard University Press.

Luke, M. (2011). In S. Degges-White & N. L. Davis (Eds.), *Integrating the expressive arts into counseliing practice: Theory-based interventions* (pp. 157–182). New York: Springer Publishing.

Lussier, J. P., Heil, S. H., Mongeon, J. A., Badger, G. J., & Higgins, S. T. (2006). A meta-analysis of voucher-based reinforcement therapy for substance use disorders. *Addiction, 101,* 192–203.

Lynch, T. R., Chapman, A. L., Rosenthal, M. Z., Kuo, J. R., & Linehan, M. M. (2006). Mechanisms of change in dialectical behavior therapy: Theoretical and empirical observations. *Journal of Clinical Psychology, 62*(4), 459–480.

Macdonald, A. J. (1997). Brief therapy in adult psychiatry: Further outcomes. *Journal of Family Therapy, 19*(1), 213–222.

Madden-Derdich, D. A., Estrada, A. U., Updegraff, K. A., & Leonard, S. A. (2002). The boundary violations scale: An empirical measure of intergenerational boundary violations in families. *Journal of Marital & Family Therapy, 28*(2), 241–254.

Maddi, S. R. (1996). *Personality theories: A comparative analysis* (6th ed.). Pacific Grove, CA: Brooks/Cole.

Magai, C. (1996). Personality theory: Birth, death, and transfiguration. In R. D. Kavanaugh, B. Zimmerberg, & S. Fein (Eds.), *Emotion interdisciplinary perspectives* (pp. 171–202). Mahwah, NJ: Lawrence Erlbaum.

Mahler, M. S., Pine, F., & Bergman, A. S. (1975). *The psychological birth of the human infant*. New York: Basic Books.

Malm, M. (1996). Introduction to the special section on attachment and psychopathology: 2. Overview of the field of attachment. *Journal of Consulting and Clinical Psychology, 64*(1), 237–243.

Manning, M. C., Cornelius, L. J., & Okundaye, J. N. (2004). Empowering African Americans through social work practice: Integrating an Afrocentric perspective, ego psychology, and spirituality. *Families in Society, 85*(2), 229–235.

Maloney-Schara, A. (1990). Biofeedback and family systems psychotherapy in the treatment of HIV infection. *Biofeedback and Self-Regulation, 15*(1), 70–71.

March, J. S., Franklin, M., & Foa, E. (2005). Cognitive-behavioral psychotherapy for pediatric obsessive-compulsive disorder. In E. D. Hibbs & P. S. Jensen (Eds.), *Psychosocial treatments for child and adolescent disorders: Empirically based strategies for clinical practice* (2nd ed.) (pp. 121–142). Washington, DC: American Psychological Association.

Marcus, E. R. (1999). Modern ego psychology. *Journal of the American Psychoanalytic Association, 47*(3), 843–871.

Marijuana Treatment Project Research Group. (2004). Brief treatments for cannabis dependence: Findings from a randomized multisite trial. *Journal of Consulting and Clinical Psychology, 72*(3), 455–466.

Marks, I. M. (1987). *Fears, phobias, and rituals: Panic, anxiety, and their disorders.* New York: Oxford University Press.

Martino, S., Carroll, K. M., Kostas, D., Perkins, J., & Rounsaville, B. J. (2002). Dual diagnosis motivational interviewing: A modification of motivational interviewing for substance-abusing patients with psychotic disorders. *Journal of Substance Abuse Treatment, 23*, 297–308.

Martino, S., Carroll, K. M., Nich, C., & Rounsaville, B. J. (2006). A randomized controlled pilot study of motivational interviewing for patients with psychotic and drug use disorders. *Addiction, 101*(10), 1479–1492.

Mattaini, M. A. (2008). Ecosystems theory. In B. A. Thyer, K. M. Sowers, & C. N. Dulmus (Eds.), *Comprehensive handbook of social work and social welfare, Vol. 2: Human behavior in the social environment* (pp. 355–377). Hoboken, NJ: John Wiley & Sons.

Matthieu, M. M., & Ivanoff, A. (2006). Using stress, appraisal, and coping theories in clinical practice: Assessments of coping strategies after disasters. *Brief Treatment and Crisis Intervention, 6*(4), 337–348.

Masson, J. (1989). *Against therapy.* London: Collins.

May, R. (1982). The problem of evil: An open letter to Carl Rogers. *Journal of Humanistic Psychology, 22*(3), 10–21.

McCambridge, J., & Strang, J. (2004). The efficacy of single-session motivational interviewing in reducing drug consumption and perceptions of drug-related risk and harm among young people. Results from a multi-site cluster randomized trial. *Addiction, 99*(1), 39–52.

McCusker, C. G., Doherty, N. N., Molloy, B., Rooney, N., Mulholland, C., Sands, A., Craig, B., Stewart, M., & Casey, F. (2010). A controlled trial of early interventions to promote maternal adjustment and development in infants born with severe congenital heart disease. *Child Care, Health, & Development, 36*(1), 110–117.

McEwen, B. S. (2012). Brain on stress: How the social environment gets under the skin. *PNAS Proceedings of the National Academy of Sciences of the United States of America, 109*(Suppl. 2), 17180–17185.

McGoldrick, M. (1996). *The legacy of unresolved loss: A family systems approach*. New York: Newbridge Communications.

McGoldrick, M. (Ed.). (1998). *Re-visioning family therapy*. New York: Guilford Press.

McGoldrick, M., & Carter, B. (2001). Advances in coaching: Family therapy with one person. *Journal of Marital & Family Therapy, 27*(3), 281–300.

McGoldrick, M., Gerson, R., & Petry, S. (2008). *Genograms: Assessment and intervention* (3rd ed.). New York: W. W. Norton.

McKnight, A. S. (2003). The impact of cutoff in families raising adolescents. In P. Titelman (Ed.), *Emotional cutoff: Bowen family systems theory perspectives* (pp. 273–287). New York: Haworth.

McLendon, D., McLendon, T., & Petr, C. G. (2005). Family-directed structural therapy. *Journal of Marital and Family Therapy, 31*(4), 327–339.

McLendon, T., McLendon, D., Petr, C. G., Kapp, S. A., & Mooradian, J. (2009). Family-directed structural therapy in a therapeutic wilderness family camp: An outcome study. *Social Work in Mental Health, 7*(5), 508–527.

McPherson, J. (2012). Does narrative exposure therapy reduce PTSD in survivors of mass violence? *Research on Social Work Practice, 22*(1), 29–42.

Mead, G. H. (1934). *Mind, self and society*. Chicago: University of Chicago Press.

Meichenbaum, D. (1999). *Cognitive-behavior modification: An integrative approach*. Cambridge, MA: Perseus Publishing.

Meichenbaum, D. (1977). *Cognitive-behavior modification: An integrative approach*. New York: Plenum.

Meichenbaum, D., & Deffenbacher, J. (1988). Stress inoculation training. *Counseling Psychologist, 16,* 69–90.

Metcalf, L. (1998). *Solution-focused group therapy: Ideas for groups in private practice and schools*. New York: Free Press.

Metcalf, L., & Thomas, F. (1994). Client and therapist perceptions of solution-focused brief therapy: A qualitative analysis. *Journal of Family Psychotherapy, 5*(4), 49–66.

Metzger, J. W. (1997). The role of social support in mediating the well-being of children placed in kinship foster care and traditional foster care. *Dissertation Abstracts International, 58*(6-A), 2394.

Meuser, T. M. (1997). An integrative model of personality, coping, and appraisal for the prediction of grief involvement in adults: A dissertation study. *Dissertation Abstracts International, 57*(8-B), 5336.

Meyer, C. H. (1970). *Social work practice: The urban crisis*. New York: Free Press.

Mezzina, R., & Vidoni, D. (1996). Beyond the mental hospital: Crisis intervention and continuity of care in Trieste: A four-year follow-up study in a community mental health centre. *International Journal of Social Psychiatry, 41,* 1–20.

Michael, K. D., Curtin, L., Kirkley, D. E., Jones, D. L., & Harris, R. (2006). Group-based motivational interviewing for alcohol use among college students: An exploratory study. *Professional Psychology Research and Practice, 37*(6), 629–634.

Miller, A. L., & Glinski, J. (2000). Youth suicidal behavior: Assessment and intervention. *Journal of Clinical Psychology, 56*(9), 1132–1152.

Miller, R. B., Anderson, S., & Keala, D. K. (2004). Is Bowen theory valid? A review of basic research. *Journal of Marital & Family Therapy, 30*(4), 453–466.

Miller, S. D., Duncan, B. L., & Hubble, M. A. (2005). Outcome-informed clinical work. In J. C. Norcross & M. R. Goldfried (Eds.), *Handbook of psychotherapy integration* (2nd ed.) (pp. 84–102). New York: Oxford University Press, 2005.

Miller, W., & Rollnick, S. (2013). *Motivational interviewing: Preparing people to change addictive behavior* (3rd ed.). New York: Guilford Press.

Mindell, J. A. (1999). Empirically supported treatments in pediatric psychology: Bedtime refusal and night waking in young children. *Journal of Pediatric Psychology, 24*(6), 465–481.

Minuchin, S. (1984). *Family kaleidoscope.* Cambridge, MA: Harvard University Press.

Minuchin, S. (1974). *Families and family therapy.* Cambridge, MA: Harvard University Press.

Minuchin, S., Lee, W., & Simon, G. M. (1996). *Mastering family therapy: Journeys of growth and transformation.* New York: Wiley.

Minuchin, S., Nichols, M. P., & Lee, W. Y. (2007). *Assessing families and couples: From symptom to system.* Boston: Allyn & Bacon.

Minuchin, S., Montalvo, B., Guerney, B., Rosman, B., & Schumer, F. (1967). *Families of the slums.* Cambridge, MA: Harvard University Press.

Minuchin, S., Rosman, B. L., Baker, L., & Liebman, R. (1978). *Psychosomatic families: Anorexia nervosa in context.* Cambridge, MA: Harvard University Press.

Mitchell, M. D., Gehrman, P., Perlis, M., & Umscheid, C. A. (2012). Comparative effectiveness of cognitive behavioral therapy for insomnia: A systematic review. *BMC Family Practice, 13*(1), 40–50.

Mitchell, S. A. (1988). *Relational concepts in psychoanalysis.* Cambridge, MA: Harvard University Press.

Mitrani, V. B., Feaster, D. J., McCabe, B. E., Czaja, S. J., & Szapocznik, J. (2005). Adapting the structural family systems rating to assess the patterns of interaction on families of dementia caregivers. *The Gerontologist, 45*(4), 445–455.

Mitrani, V. B., McCabe, B. E., Burns, M. J., & Feaster, D. J. (2012). Family mechanisms of structural ecosystems therapy for HIV-seropositive women in drug recovery. *Health Psychology, 31*(5), 591–600.

Mitte, K. (2005). Meta-analysis of cognitive-behavioral treatments for generalized anxiety disorder: A comparison with pharmacotherapy. *Psychological Bulletin, 131*(5), 785–795.

Montgomery, P., Bjornstad, G. J., & Dennis, J. A. (2006). Media-based behavioural treatments for behavioural problems in children. *Cochrance Database of Systematic Reviews, 1,* CD002206.

Moore, S. T. (1990). Family systems theory and family care: An examination of the implications of Bowen theory. *Community Alternatives: International Journal of Family Care, 22*(1), 75–86.

Morgenstern, J., Irwin, T., Wainberg, M. L., Parsons, J. T., Muench, F., Bux, D. A., Kahler, C. W., Marcus, S., & Schulz-Heik, J. (2007). A randomized controlled trial of goal choice interventions for alcohol use disorders among men who have sex with men. *Journal of Counseling and Clinical Psychology, 75*(1), 72–84.

Moyers, T., & Rollnick, S. (2002). A motivational interviewing perspective on resistance in psychotherapy. *JCLP/In Session Psychotherapy in Practice, 58,* 185–193.

Mueser, K. T., Rosenberg, S. D., & Rosenberg, H. J. (2009). *Treatment of posttraumatic stress disorder in special populations: A cognitive restructuring program.* Washington, DC: American Psychological Association.

Mullahy, P. (1970). *The beginnings of modern American psychiatry: The ideas of Harry Stack Sullivan.* Boston: Houghton Mifflin.

Murphy, S. L., & Khantzian, E. J. (1996). Addiction as a "self-medication" disorder: Application of ego psychology to the treatment of substance abuse. In A M. Washton (Ed.), *Psychotherapy and substance abuse: A practitioner's handbook* (pp. 161–175). New York: Guilford Press.

Murray, T. L., Daniels, M. H., & Murray, C. E. (2006). Differentiation of self, perceived stress, and symptoms severity among patients with fibromyalgia syndrome. *Families, Systems, & Health, 24*(1), 147–159.

Myer, R. A. (2001). *Assessment for crisis intervention: A triage assessment model.* Belmont, CA: Wadsworth.

Myers, L. L., & Thyer, B. A. (1997). Should social work clients have the right to effective treatment? *Social Work, 42*(1), 288–298.

Nagata, D. K. (1991). Transgenerational impact of Japanese-American internment: Clinical issues in working with children of former internees. *Psychotherapy: Theory, Research, Practice, Training, 28*(1), 121–128.

National Association of Social Workers (2008). *Code of Ethics.* Washington, DC: Author.

Nelson, C. A. (1999). How important are the first three years of life? *Applied Developmental Science, 3*(4), 235–238.

Nelson, T. S., & Kelley, L. (2001). Solution-focused couples group. *Journal of Systemic Therapies, 20*(4), 47–66.

Nevo, I., & Slonim-Nevo, V. (2011). The myth of evidence-based practice: Toward evidence-informed practice. *British Journal of Social Work, 41,* 1176–1197.

Nichols, M. P. (2009). *The essentials of family therapy* (4th ed.). Boston: Allyn & Bacon.

Nichols, M. P., & Schwartz, R. C. (2007). *Family therapy: Concepts and methods* (5th ed.). Boston: Allyn & Bacon.

Nims, D. R. (1998). Searching for self: A theoretical model for applying family systems to adolescent group work. *Journal for Specialists in Group Work, 23* (1), 133–144.

Nolan, P. (1994). Therapeutic response in improvisational music therapy: What goes on inside? *Music Therapy Perspectives, 12*(1), 84–91.

Norcross, J. C., & Wampold, B. E. (2011). Evidence-based therapy relationships: Research conclusions and clinical practices. *Psychotherapy, 48*(1), 98–102.

Nugent, W. R. (1987). Use and evaluation of theories. *Social Work Research and Abstracts, 23,* 14–19.

O'Connell, B. (2005). *Solution-focused therapy* (2nd ed.). Thousand Oaks, CA: Sage.

O'Connor, M. K. (2002). Using qualitative research in practice evaluation. In A. R. Roberts & G. J. Greene (Eds.), *Social workers' desk reference* (pp. 777–781). New York: Oxford University Press.

O'Kearney, R. T., Anstey, K., von Sanden, C., & Hunt, A. (2006). Behavioural and cognitive behavioral therapy for obsessive compulsive disorder in children and adolescents. *Cochrance Database of Systematic Reviews, 4,* CD004856.

O'Reilly, R., Wilkes, L., Luck, L., & Jackson, D. (2010). The efficacy of family support and family preservation services on reducing child abuse and neglect: What the literature reveals. *Journal of Child Health Care, 14*(1), 82–94.

Ornduff, S. R. (1997). TAT assessment of assessment of object relations: Implications for child abuse. *Bulletin of the Menninger Clinic, 61*(1), 1–15.

Pallesen, S., Nordhux, I. H., & Kvale, G. (1999). Nonpharmacological interventions for insomnia in older adults: A meta-analysis of treatment efficacy. *Psychotherapy: Theory, Research, Practice, Training, 35*(4), 472–482.

Parad, H. J. (Ed.). (1965). *Crisis intervention: Selected readings.* New York: Family Services Association of America.

Parsons, R. J. (1991). Empowerment: Purpose and practice principles in social work. *Social Work with Groups, 14*(1), 7–21.

Parsons, T. (1977). On building social system theory: A personal history. In T. Parsons (Ed.), *Social systems and the evolution of action theory.* New York: Free Press.

Pavlov, I. P. (1927). *Conditioned reflexes.* London: Oxford University Press.

Payne, M. (2005). *Modern social work theory* (3rd ed). Chicago: Lyceum.

Peralta, V., Cuesta, M. J., Martinez-Larrea, A., Serrano, J. F., & Langarica, M. (2005). Duration of untreated psychotic illness: The role of premorbid social support networks. *Social Psychiatry and Psychiatric Epidemiology, 40*(5), 345–349.

Perkins, R. (2006). The effectiveness of one session of therapy using a single-session therapy approach for children and adolescents with mental health problems. *Psychology and Psychotherapy: Theory, Research, Practice, Training, 79*(1), 215–227.

Perlman, F. T., & Brandell, J. R. (2010). Psychoanalytic theory. In J. R. Brandell (Ed.), *Theory and practice in clinical social work* (2nd ed.) (pp. 41–80). Thousand Oaks, CA: Sage.

Perlman, H. H. (1979). *Relationship: The heart of helping people.* Chicago: University of Chicago Press.

Perris, C. (1992). Integrating psychotherapeutic strategies in the treatment of young severely disturbed patients. *Journal of Cognitive Psychotherapy, 6*(1), 205–219.

Persson, L-G., & Hjalmarson, A. (2006). Smoking cessation in patients with diabetes mellitus: Results from a controlled study of an intervention programme in primary healthcare in Sweden. *Scandanavian Journal of Primary Health Care, 24*(1), 75–80.

Pervanidou, P. (2008). Biology of post-traumatic stress disorder in childhood and adolescence. *Journal of Neuroendocrinology, 20*(5), 632–638.

Peterson, P. L., Baer, J. S., Wells, E. A., Ginzler, J. A., & Garrett, S. B. (2006). Short-term effects of a brief motivational intervention to reduce alcohol and drug risk among homeless youth. *Bulletin of the Society of Psychologists in Addictive Behaviors, 20*(1), 254–264.

Pham, M. (2006). Differentiation and life change events in a chemical dependent population. *Dissertation Abstracts International, Section B: The Sciences and Engineering, 67*(4-B), 2237.

Piaget, J. (1977). *The development of thought: Equilibration of cognitive structures.* New York: Viking Press.

Pionek-Stone, B., Kratochwill, T. R., Sladezcek, I., & Serlin, R. C. (2002). Treatment of selective mutism: A best-evidence synthesis. *School Psychology Quarterly, 17*(1), 168–190.

Piper, W. E., McCallum, M., Joyce, A. S., Azim, H. F., & Ogrodniczuk, J. S. (1999). Follow-up findings for interpretive and supportive forms of psychotherapy and patient personality variables. *Journal of Counseling and Clinical Psychology, 67*(2), 267–273.

Polansky, N. A. (1986). "There is nothing so practical as a good theory." *Child Welfare, 65,* 3–15.

Polkinghorne, D. E. (2004). Narrative therapy and postmodernism. In L. E. Angus & J. McLeod (Eds.), *The handbook of narrative and psychotherapy: Practice, theory, and research* (pp. 53–67). Thousand Oaks, CA: Sage.

Pollard, J., Hawkins, D., Arthur, M. (1999). Risk and protection: Are both necessary to understand diverse behavioral outcomes in adolescence? *Social Work Research, 23,* 145–158.

Pomeroy, E. C., Green, D. L., & Van Laningham, L. (2002). Couples who care: The effectiveness of a psychoeducational group intervention for HIV senodiscordant couples. *Research on Social Work Practice, 12*(1), 238–252.

Popper, K. R. (1968). *Conjectures and refutations: The growth of scientific knowledge.* New York: Harper and Row.

Prazeres, A. M., de Souza, W. F., & Fontenelle, L. F. (2007). Cognitive-behavior therapy for obsessive-compulsive disorder: A systematic review of the 1st decade. *Revista Brasihena de Psiquiaatria, 29*(3).

Prochaska, J., & Norcross, J. (1994). *Systems of psychotherapy: A transtheoretical analysis* (3rd ed). Pacific Grove, CA: Brooks/Cole.

Project MATCH Research Group. (1998). Matching alcoholism treatments to client heterogeneity: Project MATCH three-year drinking outcomes. *Alcoholism: Clinical & Experimental Research, 22,* 1300–1311.

Project MATCH Research Group. (1997). Matching alcoholism treatments to client heterogeneity: Project MATCH posttreatment drinking outcomes. *Journal of Studies on Alcohol, 58,* 7–29.

Prouty, G. (1998). Pre-therapy and pre-symbolic experiencing: Evolutions in person-centered/experiential approaches to psychotic experience. In L. S. Greenberg, J. C. Watson, & G. Lietaer (Eds.), *Handbook of experiential psychotherapy* (pp. 388–409). New York: Guilford Press.

Qualls, S. H., & Williams, A. A. (2013). Foundations of caregiver family therapy. In S. H. Qualls & A. A. Williams (Eds.), *Caregiver family therapy: Empowering families to meet the challenges of aging* (pp. 11–43). Washington, DC: American Psychological Association.

Quick, E. K. (2008). *Doing what works in brief therapy: A strategic solution focused approach.* Burlington, MA: Academic Press.

Racite, J. A. (2001). Marital satisfaction and level of differentiation in distressed and non-distressed couples. *Dissertation Abstracts International, Section A: Humanities and Social Sciences, 62*(2-A), 792.

Radochonski, M. (1998). Family therapy following loss of sight in an adult member. *Polish Psychological Bulletin, 19*(1), 167–171.

Ramisch, J. L, McVicker, M., & Sahin, Z. S. (2009). Helping low-conflict divorced persons establish appropriate boundaries using a variation of the miracle question: An integration of solution-focused theapy and structural family therapy. *Journal of Divorce & Remarriage, 50*(7), 481–495.

Redondo, S., Sanchez-Meca, J., & Garrido, V. (1999). The influence of treatment programmes on the recidivism of juvenile and adult offenders: A European meta-analytic review. *Psychology, Crime, and Law, 5*(3), 251–278.

Regehr, C., & Glancy, G. (2010). *Mental health social work practice in Canada.* Ontario, Canada: Oxford University Press.

Reid, W. J., & Epstein, L. (Eds.). (1977). *Task-centered practice.* New York: Columbia University Press.

Reid, W. J., & Hanrahan, P. (1982). Recent evaluations of social work: Grounds for optimism. *Social Work, 27*(4), 328–340.

Reimer, W. L., & Chatwin, A. (2006). Effectiveness of solution-focused therapy for affective and relationship problems in a private practice context. *Journal of Systemic Therapies, 25*(1), 52–67.

Reisch, M. (2000). Social policy and the great society. In J. Midgley, M. B. Tracy, & M. Livermore (Eds.), *The handbook of social policy* (pp. 127–142). Thousand Oaks, CA: Sage.

Reuterlov, H., Lofgren, T., Nordstrom, K., Ternston, A., & Miller, S. D. (2000). What is better? A preliminary investigation of between-session change. *Journal of Systemic Therapies, 19*(1), 111–115.

Richardson, M. S. (1994). Agency/empowerment in clinical practice. *Journal of Theoretical and Philosophical Psychology, 14*(1), 40–49.

Richert, A. J. (2003). Living stories, telling stories, changing stories: Experiential use of the relationship in narrative therapy. *Journal of Psychotherapy Integration, 13*(1), 188–210.

Richman, J. M., Rosenfeld, L. B., & Hardy, C. J. (1993). The social support survey: A validation study of a clinical measure of the social support process. *Research on Social Work Practice, 3*(3), 288–311.

Richmond, M. (1917). *Social diagnosis.* New York: Sage.

Ritzer, G., & Goodman, D. J. (2004). *Modern sociological theory* (6th ed.). Boston: McGraw-Hill.

Roberts, A. R. (2000). An overview of crisis theory and crisis intervention. In A. R. Roberts (Ed.), *Crisis intervention handbook: Assessment, treatment, and research* (2nd ed) (pp. 3–30). New York: Oxford University Press.

Roberts, N. H. D. (2003). Bowen family systems theory and its place in counseling psychology *Dissertation Abstracts International, 63*(12S), 6105.

Roberts, A. R., & Yeager, K. R. (Eds.) (2004). *Evidence-based practice manual: Research and outcome measures in health and human services.* New York: Oxford University Press.

Robins, C. J. (2002). Dialectical behavior therapy for borderline personality disorder. *Psychiatric Annals, 32*(10), 608–616.

Rodwell, M. K. (1998). *Social work constructivist research.* New York: Garland.

Rogers, C. R. (1986a). A client-centered/person-directed approach to therapy. In I. Kutash & A. Wolf (Eds.), *Psychotherapist's casebook* (pp. 197–208). San Francisco: Jossey-Bass.

Rogers, C. R. (1986b). Carl Rogers on the development of the person-centered approach. *Person-Centered Reviews, 1*(3), 257–259.

Rogers, C. R. (1961). *On becoming a person.* Boston: Houghton Mifflin.

Rogers, C. R. (1957). The necessary and sufficient conditions of therapeutic personality changes. *Journal of Consulting Psychology, 21,* 95–103.

Rogers, C. R. (1951). *Client-centered therapy.* Boston: Houghton Mifflin.

Rogers, C. R. (1942). *Counseling and psychotherapy.* Boston: Houghton Mifflin.

Rogers, C. R. (1939). *The clinical treatment of the problem child.* Boston: Houghton Mifflin.

Rogers, C. R. and Dymond, R. (Eds.). (1954). *Psychotherapy and personality change.* Chicago: University Press.

Romanucci-Ross, L., De Vos, G. A., & Tsuda, T. (2006). *Ethnic identity: Problems and prospects for the twenty-first century* (4th ed.). Lanham, MD: Alta Mira Press.

Rooney, R. H. (1992). *Strategies for work with involuntary clients.* New York: Columbia University.

Rootes, K. M. H., Jankowski, P. T., & Sandage, S. J. (2010). Bowen family systems theory and spirituality: Exploring the relationship between triangulation and religious questing. *Contemporary Family Therapy: An International Journal, 32*(2), 89–101.

Rosario, H. L. (1998). The descriptive quality of object representation and idealization in a clinical Puerto Rican sample. *Dissertation Abstracts International, 59*(8-A), 3212.

Rose, S., Bisson, J., Churchill, R., & Wessely, S. (2002). Psychological debriefing for preventing posttraumatic stress disorder (PTSD). *Cochrane Database of Systematic Reviews, 2,* CD000560.

Rosen, A., & Proctor, E. K. (2002). Standards for evidence-based social work practice: The role of replicable and appropriate interventions, outcomes, and practice guidelines. In A. R. Roberts & G. J. Greene (Eds.), *Social workers' desk reference* (pp. 743–747). New York: Oxford University Press.

Rosen, C. S. (2009). Is the sequencing of change process by stage consistent across health problems? A meta-analysis. *Health Psychology, 19*(6), 593–604.

Rosenthal, R. N. (2004). Overview of evidence-based practice. In A. R. Roberts & K. R. Yeager (Eds.), *Evidence-based practice manual: Research and outcome measures in health and human services* (pp. 20–28). New York: Oxford University Press.

Rothbaum, F., Rosen, K., Ujiie, T., & Uchida, N. (2002). Family systems theory, attachment theory, and culture. *Family Process, 41*(3), 328–350.

Saleebey, D. (2008). The strengths perspective: Putting possibility and hope to work in our practice. In B. W. White, K. M. Sowers, & C. Dulmus (Eds.), *Comprehensive handbook of social work and social welfare, Vol. 1: The profession of social work* (pp. 123–142). Hoboken, NJ: John Wiley & Sons Inc.

Sands, R. G. (1984). Crisis intervention and social work practice in hospitals. *Health and Social Work, 8(4),* 253–261.

Santa Ana, E. J., Wulfert, E., & Nietert, P. J. (2007). Efficacy of group motivational interviewing (GMI) for psychiatric inpatients with chemical dependence. *Journal of Consulting and Clinical Psychology, 75*(5), 816–822.

Santisteban, D. A., Coatsworth, J. D., Perez-Vidal, A., Mitrani, V., Jean-Gilles, M., & Szapocznik, J. (1997). Brief structural/strategic family therapy with African American and Hispanic high-risk youth. *Journal of Community Psychology, 25*(5), 453–471.

Sartre, J. P. (1956). *Being and nothingness.* New York: Philosophical Library.

Satir, V. (1964). *Conjoint family therapy.* Palo Alto, CA: Science and Behaviour Books, Inc.

Sawin, K. J., & Harrigan, M. P. (1995). *Measures of family functioning for research and practice.* New York: Springer.

Scaturo, D. J., Hayes, T., Sagula, D., & Walter, T. (2000). The concept of codependency and its context within family systems theory. *Family Therapy, 27*(1), 63–70.

Schall, S., Elbert, T., & Neuner, F. (2009). Narrative expossure therapy versus interpersonal psychotherapy. *Psychotherapy & Psychosomatics, 78*(5), 298–306.

Schamess, G., & Shilkrit, R. (2011). Ego psychology. In J. Berzoff, L. M. Flanagan, & P. Hertz (Eds.), *Inside out and outside in: Psychodynamic clinical theory and psychopathology in contemporary multicultural contexts* (3rd ed.) (pp. 62–96). Lanham, MD: Rowman & Littlefield.

Schermer, V. L., & Klein, R. H. (1996). Termination in group psychotherapy from the perspectives of contemporary object relations theory and self psychology. *International Journal of Group Psychotherapy, 46*(1), 99–115.

Schneider, E. L. (1990). The effect of brief psychotherapy on the level of the patient's object relations. *Dissertation Abstracts International, 51*(4-A), 1391.

Scope, A., Booth, A., & Sutcliffe, P. (2012). Women's perceptions and experiences of group cognitive behaviour therapy and other group interventions for postnatal depression: A qualitative synthesis. *Journal of Advanced Nursing, 68*(9), 1909–1919.

Scott, K. L., & Wolfe, D. A. (2003). Readiness to change as a predictor of outcome in batterer treatment. *Journal of Counseling and Clinical Psychology, 71*(5), 879–889.

Seagram, B. M. C. (1998). The efficacy of solution-focused therapy with young offenders. *Dissertation Abstracts International, 58*(10-B), 5656.

Seida, J. K., Ospina, M. B., Karkhaneh, M., Hartling, L., Smith, V., & Clark, B. (2009). Systematic reviews of psychosocial interventions for autism: An umbrella review. *Developmental Medicine & Child Neurology, 51*(2), 95–104.

Sexton, T. L., & Whiston, S. C. (1994). The status of the counseling relationship: An empirical review, theoretical implications, and research directions. *The Counseling Psychologist, 22*(1), 6–78.

Shadish, W. R., & Baldwin, S. A. (2005). Effects of behavioral marital therapy: A meta-analysis of randomized controlled trials. *Journal of Counseling and Clinical Psychology, 73*(1), 6–14.

Sharp, I. R., Herbert, J. D., & Redding, R. E. (2008). The role of critical thinking skills in practicing clinical psychologists' choice of intervention techniques. *The Scientific Review of Mental Health Practice: Objective Investigations of Controversial and Unorthodox Claims in Clinical Psychology, Psychiatry, and Social Work, 6*(1), 21–30.

Shattuck, P. T., & Grosse, S. D. (2007). Issues related to the diagnosis and treatment of autism spectrum disorders. *Mental Retardation and Developmental Disabilities, 13,* 129–135.

Shedler, J. (2010). The efficacy of psychodynamic psychotherapy. *American Psychologist,* February–March, 98–109.

Sheridan, M. J. (2009). Ethical issues in the use of spiritually based interventions in social work practice: What we are doing and why. *Journal of Religion and Spirituality in Social Work: Social Thought, 28*(1–2), 99–126.

Sheridan, M. J., Bullis, R. K., Adcock, C. R, Berlin, S. D., & Miller, P. C. (1992). Practitioners' personal and professional attitudes and behaviors toward religion and spirituality: Issues for education and practice. *Journal of Social Work Education, 28,* 190–203.

Shorey, H. S., & Snyder, C. R. (2006). The role of adult attachment styles in psychopathology and psychotherapy outcomes. *Review of General Psychology, 10*(1), 1–20.

Siev, J., & Chambless, D. L. (2007). Specificity of treatment effects: Cognitive therapy and relaxation for generalized anxiety and panic disorders. *Journal of Consulting and Clinical Psychology, 75*(4), 513–522.

Sim, T., & Wong, D. (2008). Working with Chinese families in adolescent drug treatment. *Journal of Social Work Practice, 22*(1), 103–118.

Skinner, B. F. (1953). *Science and human behavior.* New York: Macmillan.

Skowron, E. A. (2005). Differentiation of self and child abuse potential in young adulthood. *The Family Journal, 13*(1), 281–290.

Skowron, E. A. (2004). Differentiation of self, personal adjustment, problem solving, and ethnic group belonging among persons of color. *Journal of Counseling & Development, 82*(4), 447–456.

Smedslund, G., Berg, R. C., Hammerstrøm, K. T., Steiro, A., Leiknes, K. A., Dahl, H. M., & Karlsen, K. (2011). Motivational interviewing for substance abuse. *Cochrane Database of Systematic Reviews, 5,* CD008063.

Smith, M. T., Perlis, M. L., Park, A., Smith, M. S., Pennington, J., Giles, D. E., & Buysse, D. J. (2002). Comparative meta-analysis of pharmacotherapy and behavior therapy for persistent insomnia *American Journal of Psychiatry, 159*(1), 5–10.

Spaulding, E. C. (1999). Unconsciousness-raising: Hidden dimensions of heterosexism in theory and practice with lesbians. In J. Laird (Ed.), *Lesbians and lesbian families* (pp. 11–25). New York: Columbia University Press.

Specht, H., & Courtney, M. (1994). *Unfaithful angels: How social work has abandoned its mission.* New York: Free Press.

Spiegler, M. (1993). *Contemporary behavior therapy* (2nd ed.). Pacific Grove, CA: Brooks/Cole.

Spitalnick, J. S. & McNair, L. D. (2005). Couples therapy with gay and lesbian clients: An analysis of important clinical issues. *Journal of Sex and Marital Therapy, 31,* 43–56.

Stanton, M., & Todd, T. (1979). Structural family therapy with drug addicts. In E. Kaufman & P. Kaufman (Eds.), *The family therapy of drug and alcohol abuse.* New York: Gardner.

St. Clair, M. (1999). *Object relations and self-psychology: An introduction* (3rd ed). Pacific Grove, CA: Brooks/Cole.

Steelman, L. C., Powell, B., Werum, R., & Carter, S. (2002). Reconsidering the effects of sibling configuration: Recent advances and challenges. *Annual Review of Sociology, 28,* 243–269.

Steinberg, M. L., Ziedoms, D. M., Krejci, J. A., & Brandon, T. H. (2004). Motivational interviewing with personalized feedback: A brief intervention for motivating smokers with schizophrenia to seek treatment for tobacco dependence. *Journal of Consulting and Clinical Psychology, 72*(4), 723–728.

Stith, S. M., McCollum, E. E., Rosen, K. H., & Locke, L. D. (2003). Multicouple group therapy for domestic violence. In F. W. Kaslow (Ed.), *Comprehensive handbook of psychiatry: Integrative/eclectic,* Vol. 4 (pp. 499–520). New York: Wiley.

Strack, K. M., Deal, W. P., & Schulenberg, S. E. (2007). Coercion and empowerment in the treatment of individuals with serious mental illness: A preliminary investigation. *Psychological Services, 4*(1), 96–106.

Stewart, R. E., & Chambless, D. L. (2009). Cognitive-behavioral therapy for adult anxiety disorders in clinical practice: A meta-analysis of effectiveness studies. *Journal of Consulting and Clinical Psychology, 77*(4), 595–606.

Stewart, R. E., Stirman, S. W., & Chambless, D. L. (2012). A qualitative investigation of practicing psychologists' attitudes toward research-informed practice: Implications for dissemination strategies. *Professional Psychology: Research and Practice, 43*(2), 100–109.

Sullivan, H. S. (1962). *Schizophrenia as a human process.* New York: W. W. Norton.

Suomi, S. J. (2005). Mother-infant attachment, peer relationships, and the development of social networks in rhesus monkeys. *Human Development, 48*(1–2), 67–79.

Swainson, M., & Tasker, F. (2006). Genograms redrawn: Lesbian couples define their families. In J. J. Bigner (Ed.), *An introduction to GLBT family studies* (pp. 89–115). New York: Haworth Press.

Sylvia, L. G., Tilley, C. A., Lund, H. G., & Sachs, G. S. (2008). Psychosocial interventions: Empirically-derived treatments for bipolar disorder. *Current Psychiatry Reviews, 4*(2), 108–113.

Szapocznik, J., Arturo, M. E., & Cohen, R. (1989). Structural versus psychodynamic child therapy for problematic Hispanic boys. *Journal of Consulting and Clinical Psychology, 57*(5), 571–578.

Takahashi, T., Lipson, G., & Chazdon, L. (1999). Supportive-expressive group psychotherapy with chronic mental illness, including psychosis. In V. L. Schermer & M. Pines (Eds.), *Group psychotherapy of the psychoses: Concepts, interventions, and contexts* (International Library of Group Analysis, 2). Philadelphia: Jessica Kingsley Publishers.

Tatrow, K., & Montgomery, G. H. (2006). Cognitive-behavioral therapy techniques for distress and pain in breast cancer patients: A metaanalysis. *Journal of Behavioral Medicine, 29*(1), 17–27.

Taylor, C. (1972). Psychological behaviorism. In P. Edwards (Ed.), *The encyclopedia of philosophy*, Vol. 6 (pp. 516–520). New York: Macmillan.

Taylor, E. R. (2009). Sandtray and solution-focused therapy. *International Journal of Play Therapy, 18*(1), 56–68.

Taylor, S. (1996). Meta-analysis of cognitive-behavioral treatment for social phobia. *Journal of Behavior Therapy and Experimental Psychiatry, 27*(1), 1–9.

Thomas, E. J. (Ed). (1974). *Behavior modification procedure: A sourcebook.* New Brunswick, NJ: Aldine Transaction.

Thomas, E. J. (1968). Selected sociobehavioral techniques and principles: An approach to interpersonal helping. *Social Work, 13*(1), 12–26.

Thomlinson, R. J. (1984). Something works: Evidence from practice effectiveness studies. *Social Work, 29*, 51–57.

Thorndike, E. L. (1911). *Animal intelligence: Experimental studies.* New York: Hafner.

Thorne, B. (1992). *Carl Rogers.* London: Sage.

Traynor, W., Elliot, R., & Cooper, M. (2011). Helpful factors and outcomes in person-centered therapy with clients who experience psychotic processes: Therapists' persepectives. *Person-Centered and Experiential Psychotherapies, 10*(2), 89–104.

Thyer, B., & Pignotti, M. (2011). Evidence-based practices do not exist. *Clinical Social Work Journal, 39*(4), 328–333.

Thyer, B. A., & Bursinger, P. (1994). Treatment of clients with anxiety disorders. In D. K. Granvold (Ed.), *Cognitive and behavioral treatment: Methods and applications* (pp. 272–284). Pacific Grove, CA: Brooks/Cole.

Thyer, B. A., & Wodarski, J. S. (Eds.). (2007). *Social work in mental health: An evidence-based approach.* Hoboken, NJ: Wiley.

Thyer, B. A., & Wodarski, J. S. (Eds.). (1998). *Handbook of empirical social work practice. Vol. 1: Mental disorders.* New York: Wiley.

Timmer, S. G., & Veroff, J. (2000). Family ties and the discontinuity of divorce in Black and White newlywed couples. *Journal of Marriage and the Family, 62*(1), 349–361.

Tisdale, T. C, Key, T. L., Edwards, K. J., & Brokaw, B. F. (1997). Impact of treatment on God image and personal adjustment, and correlations of God image to personal adjustment and object relations development. *Journal of Psychology and Theology, 25*(1), 227–239.

Titelman, P. (Ed.). (1998). *Clinical applications of Bowen family systems theory.* New York: Haworth.

Tolman, E. (1948). Cognitive maps in rats and man. *Psychological Review,* 189–208.

Tong, R. T. (1998). *Feminist thought* (2nd ed.). Boulder, CO: Westview Press.

Treasure, J., Katzman, M., Schmidt, U., Troop, N., Todd, G., & de Silva, P. (1999). Engagement and outcome in the treatment of bulimia nervosa: First phase of a sequential design comparing motivation enhancement therapy and cognitive behavioral therapy. *Behaviour Research and Therapy, 37,* 405–418.

Tuber, S. (1992). Empirical and clinical assessments of children's object relations and object representations *Journal of Personality Assessment, 58*(1), 179–197.

Turchiano, T. P. (2000). A meta-analysis of behavioral and cognitive therapies for children and adolescents with attention deficit hyperactivity and/or impulsivity disorders. *Dissertation Abstracts International, 60*(11-B), 5760.

Turner, F. J. (Ed.) (2011). *Social work treatment* (5th ed). New York: Free Press.

Tzeng, O. C. S., & Jackson, J. W. (1991). Common methodological framework for theory construction and evaluation in the social and behavioral sciences. *Genetic, Social, and General Psychology Monographs, 117*(1), 49–76.

Uhinki, A. (2001). Experiences of therapeutic assessment with couples. *Journal of Projective Psychology & Mental Health, 8*(1), 15–18.

Ungar, M. (2004). The importance of parents and other caregivers to the resilience of high-risk adolescents. *Family Process, 43*(1), 23–41.

Updegraff, K. A., Madden-Derdich, D. A., Estrada, A. U., Sales, L. J., & Leonard, S. A. (2002). Young adolescents' experiences with parents and friends: Exploring the connections. *Family Relations, 51*(1), 72–80.

U.S. Department of Health and Human Services (2001). *Culture, race, and ethnicity: A supplement to mental health: A report of the surgeon general.* Retrieved 2007, from http://www.surgeon general.gov/library/mentalhealth.cre/.

Van, H. L., Henriksen, M., Schoevers, R. A., Peen, J., Abraham, R. A., & Dekker, J. (2008). Predictive value of object relations for therapeutic alliance and outcome in psychotherapy for depression: An exploratory study. *Journal of Nervous and Mental Disease, 196*(9), 655–662.

van Belle, H. (1980). *Basic intent and therapeutic approach of Carl Rogers.* Toronto: Radix Books.

van der Feltz-Cornelius, C. M., Sarchiapone, M., Postuvan, V., Volker, D., Roskar, S., Grum, A. T., Carli, V., McDaid, D., O'Connor, R., Maxwell, M., Ibelshauer, A., Van Audenhove, C., Scheerder, G., Sisask, M., Gusmao, R., & Hergerl, U. (2011). Best practice elements of multilevel suicide prevention strategies: A review of systematic reviews. *Crisis: The Journal of Crisis Intervention and Suicide Prevention, 32*(6), 319–333.

Vandiver, V. L. (2002). Step-by-step practice guidelines for using evidence-based practice and expert consensus in mental health settings. In A. R. Roberts & G. J. Greene (Eds.), *Social workers' desk reference* (pp. 731–738). New York: Oxford University Press.

van Kalmthout, M. (2008). Meaning in a Godless universe: A challenge for person-centered therapy. *Person-Centered and Experiential Psychotherapies, 7*(1), 56–69.

van Minnen, A., Wessel, I., Dijkstra, T., & Roelofs, K. (2002). Changes in PTSD patients' narratives during prolonged exposure therapy: A replication and extension. *Journal of Traumatic Stress, 15*(1), 255–258.

Vega, B. R, Palao, A. Torres, G., Hospital, A., Benito, G., Perez, E., Dieguez, M., Castelo, B., & Bayon, C. (2011). Combined therapy versus usual care for the treatment of depression in oncologic patients: A randomized controlled trial. *Psycho-Oncology, 20*(9), 943–952.

Von Bertalanffy, L. (1968). *General system theory* (rev. ed.). New York: George Braziller, Inc.

von Held, H. (1987). Supportive group therapy for outpatients with borderline personality disorder. *Praxis der Psychotherapie und Psychosomatik, 30*(5), 236–242.

Von Wyl, A. (2000). What anorexic and bulimic patients have to tell: The analysis of patterns of unconscious conflict expressed in stories about everyday events. *European Journal of Psychotherapy, 3*(1), 375–388.

Vromans, L. P., & Schweitzer, R. D. (2011). Narrative therapy for adults with major depressive disorder: Improved symptoms and interpersonal outcomes. *Psychotherapy Research, 21*(1), 4–15.

Wagner, C. C., & Ingersoll, K. S. (2012). *Motivational interviewing in groups.* New York: Guilford Press.

Wakefield, J. C. (1995). When an irresistible epistemology meets an immovable ontology. *Social Work Research, 19*(1), 9–17.

Walker, M. W. (2007). Differentiation of self and partner violence among individuals in substance abuse treatment. *Dissertation Abstracts International, Section B: The Sciences and Engineering, 67*(12–B), 7393.

Walsh, F. (Ed.). (2003). *Normal family processes: Growing diversity and complexity.* New York: Guilford Press.

Walsh, J. (2011). Countertransference with clients who have schizophrenia. *Families in Society, 92*(4), 377–382.

Walsh, J. (2009). Clinical case management. In A. R. Roberts (Ed.), *Social workers' desk reference* (2nd ed.) (pp. 755–759). New York: Oxford University Press.

Walsh, J. (2007). *Endings in clinical practice: Ensuring closure across service settings* (2nd ed). Chicago: Lyceum.

Walsh, J. (1995). The impact of schizophrenia on the client's religious beliefs: Implications for families. *Families in Society, 76*(9), 551–558.

Walsh, J. (1994). Social support resource outcomes for the clients of two community treatment teams. *Research in Social Work Practice, 4*, 448–463.

Walsh, J., & Connelly, P. R. (1996). Supportive behaviors in natural support networks of people with serious mental illness. *Health and Social Work, 21*(A), 296–303.

Walsh, J., & Harrigan, M. P. (2003). The termination stage in Bowen's family systems theory. *Clinical Social Work Journal, 31*(4), 383–394.

Walsh, J. E. (2004). Does structural family therapy really change the family structure? An examination of process variables. *Dissertation Abstracts International: Section B: The Sciences and Engineering, 64*(12-B), 6317.

Walters, G. D. (2000a). *Beyond behaviorism: Construction of an overarching psychological theory of lifestyles.* Westport, CT: Praeger.

Walters, G. D. (2000b). Behavioral self-control training for problem drinkers: A meta-analysis of randomized control studies. *Behavior Therapy, 31*(1), 135–149.

Waska, R. (2007). Projective identification as an inescapable aspect of the therapeutic relationship. *Psychoanalytic Social Work, 14*(2), 43–64.

Watson, J. B. (1924). *Psychology, from the standpoint of a behaviorist.* Philadelphia: J. B. Lippincott.

Weakland, J., & Jordan, L. (1992). Working briefly with reluctant clients: Child protective services as an example. *Journal of Family Therapy, 14*, 231–254.

Webb, S. J., Monk, C. S., & Nelson, C. A. (2001). Mechanisms of postnatal neuro-biological development: Implications for human development. *Developmental Neuropsychology, 19*(1), 147.

Webster-Stratton, C. (2001). Incredible Years parents and children training series Available from Incredible Years, Seattle, WA (www.incredibleyears.com).

Wei, M., Vogel, D., Ku, T., & Zakalik, R. A. (2005). Adult attachment, affect regulation, negative mood, and interpersonal problems: The mediating role of emotional rectivity and emotional cutoff. *Journal of Counseling Psychology, 52*(1), 14–24.

Werner, C., & Altman, I. (2000). Humans and nature: Insights from a transactional view. In S. Wapner, J. Demick, T. Yamamoto, & H. Minami (Eds.), *Theoretical perspectives in environment-behavior research: Underlying assumptions, research problems, and methodologies* (pp. 21–37). New York: Kluwer Academic.

Werner, M. L. (1983). Ego activation on the treatment of acutely depressed outpatients. *Journal of the American Academy of Psychoanalysis, 10*(A), 493–513.

Westbrook, R. (2010). The making of a democratic philosopher: The intellectual development of John Dewey. In M. Cochran (Ed.), *The Cambridge companion to Dewey* (pp. 13–33). New York: Cambridge University Press.

Westert, G. P., & Groenewegen, P. P. (1999). Medical practice variations: Changes in the theoretical approach. *Scandinavian Journal of Public Health, 21*, 173–180.

Wetchler, J. L. (2004). A heterosexual therapist's journey toward working with same-sex couples. In J. J. Bigner & J. L. Wetchler (Eds.), *Relationship therapy with same-sex couples* (pp. 137–145). New York: Haworth Press.

Wettersten, K. B., Lichtenberg, J., & Mallinckrodt, B. (2005). Associations between working alliance and outcome in solution-focused brief therapy and interpersonal therapy. *Psychotherapy Research, 15*(1–2), 35–43.

White, M., & Epston, D. (1990). *Narrative means to therapeutic ends.* New York: Norton.

White, R. W. (1963). *Ego and reality in psychoanalytic theory: A proposal regarding independent ego entities.* New York: International Universities Press.

Wiener, N. (1948). *Cybernetics.* New York: Wiley.

Wilkins, P., & Gill, M. (2003). Assessment in person-centered therapy. *Person-Centered and Experiential Psychotherapies, 2*(3), 172–187.

Williams, N. R., & Kurtz, P. D. (2003). Narrative family interventions. In A. C. Kilpatrick & T. P. Holland (Eds.), *Working with families An integrative model by level of need* (pp. 174–195). Boston: Allyn & Bacon.

Wilson, G. T. (2000). Behavior therapy. In R. J. Corsini & D. Wedding (Eds.), *Current psychotherapies* (6th ed.) (pp. 205–240). Itasca, IL: F. E. Peacock.

Winnicott, D. W. (1975). *Collected papers: From paediatrics to psycho-analysis.* New York: Basic Books.

Witkin, S., & Gottschalk, S. (1988). Alternative criteria for theory evaluation. *Social Service Review, 62,* 211–214.

Wodarski, J. S., & Bagarozzi, D. A. (1979). *Behavioral social work.* New York: Human Sciences Press.

Wolpe, J. (1958). *Psychotherapy by reciprocal inhibition.* Palo Alto, CA: Stanford University Press.

Wood, S. A. (2000). Object relations, alexithymia, symptoms of psychological distress, and methadone treatment outcomes. *Dissertation Abstracts International, 61*(5-A), 2043.

Woods, M. E., and Hollis, F. H. (2000). *Casework A psychosocial therapy* (5th ed.). New York: McGraw-Hill.

Wyche, K. F. (1999). Interpreting the life narrative: Race, class, gender, and historical context. *Psychology of Women Quarterly, 23*(1), 323–326.

Wykes, T., Huddy, V., Cellard, C., McGurk, S. R., & Czobor, P. (2011). A meta-analysis of cognitive remediation for schizophrenia: Methodology and effect sizes. *American Journal of Psychiatry, 168*(5), 472–485.

Yalom, I. D. (1980). *Existential psychotherapy.* New York: Basic Books.

Yeager, K. R., & Gregoire, T. K. (2000). Crisis intervention application of brief solution-focused therapy in addictions. In A. R. Roberts (Ed.), *Crisis intervention handbook: Assessment, treatment, and research* (2nd ed.) (pp. 275–306). New York: Oxford University Press.

Yeager, K. R., & Roberts, A. R. (2005). Differentiating among stress, acute stress disorder, acute crisis episodes, trauma, and PTSD: Paradigm and treatment goals. In A. R. Roberts (Ed.), *Crisis intervention handbook: Assessment, treatment, and research* (3rd ed.) (pp. 90–119). New York: Oxford University Press.

Yifeng, W., Szumilas, M., & Kutcher, S. (2010). Effectiveness on mental health of psychological debriefing for crisis intervention in schools. *Educational Psychology Review, 22*(3), 339–347.

Young, E. (2010). Narrative therapy and elders with memory loss. *Clinical Social Work Journal, 38*(2), 193–202.

Zayas, L. H., Drake, B., & Jonson-Reid, M. (2011). Overrating or dismissing the value of evidence-based practice: Consequences for clinical practice.

Clinical Social Work Journal, 39(4), 400–405.

Zayas, L. H., Drake, B., & Jonson-Reid, M. (2011). Overrating or dismissing the value of evidence-based practice: Consequences for clinical practice. *Clinical Social Work Journal, 39,* 400–405.

Zeigler-Driscoll, G. (1979). The similarities in families of drug dependents and alcoholics In E. Kaufman & P. Kaufman (Eds.), *The family therapy of drug and alcohol abuse.* New York: Gardner.

Zielke, B., & Straub, J. (2008). Culture, psychotherapy, and the diasporic self as transitoric identity: A reply to social constructionist and postmodern concepts of narrative psychotherapy. In T. Sugiman, K. J. Gergen, W. Wagner, W., & Y. Yamada, Y. (Eds.), *Meaning in action: Constructions, narratives, and representations* (pp. 49–72). New York: Springer.

Zimmerman, M. A. (2000). Empowerment theory: Psychological, organizational, and community levels of analysis. In J. Rappaport & E. Seidman (Eds.), *Handbook of community psychology* (pp. 43–65). New York: Kluwer Academic/Plenum.

Zimmerman, T. S., Prest, L. A., & Wetzel, B. E. (1997). Solution-focused couples therapy groups: An empirical study. *Journal of Family Therapy, 19*(1), 125–144.

Zimmerman, T. S., Jacobsen, R B., MacIntyre, M., & Watson, C. (1996). Solution-focused parenting groups: An empirical study. *Journal of Systemic Therapies, 15*(4), 12–25.

Zimring, F. M., & Raskin, N. J. (1992). Carl Rogers and client/person-centered therapy. In D. K. Freedheim, H. J. Freudenberger, J. W. Kessler, S. B. Messer, D. R. Peterson, H. H. Strupp, & P. L. Wachtel (Eds.), *History of psychotherapy: A century of change* (pp. 629–656). Washington, DC: American Psychological Association.

Zyskinsa, J., & Heszen, I. (2009). Resources, coping with stress, positive emotions, and health. Introduction. *Polish Psychological Bulletin, 40*(1), 1–5.

主题索引

（所注页码为英文原书页码，即本书边码）

A

ABC model，181，182-183 ABC 模型

Absolute dependence，95 绝对依赖

Actualizing tendency，37-38 实现倾向

Adaptation，310 适应

Additive models，23 加法模型

ADHD，165，226 注意缺陷多动障碍

Adolescents 青少年；另见 Families 家庭

  cognitive therapy，188-189 认知疗法

  crisis therapy，328 危机疗法

  family emotional systems therapy，131-139 家庭情感系统治疗

  motivational interviewing，270-272 动机访谈

  narrative therapy，295-297 叙事疗法

  object relations therapy，96，101-104，109 客体关系治疗

  solution-focused therapy，246-248，250 解决方案聚焦疗法

  structural family therapy，225-226 结构家庭治疗

  suicide and，315 自杀

Advice intervention，69-70 建议干预

Affective domain，315 情感领域

Affective instability，194 情感不稳定

Agency culture，1-2，9-10 机构文化

Aggressive children case，158-161 攻击性儿童案例

Agreement with a twist，262 扭曲同意

AIDS/HIV，166，249 艾滋病/艾滋病毒

Alarm stage，310 警报阶段

Alcohol abuse 酗酒；见 Substance abuse 物质滥用

Alcoholics Anonymous，258 匿名戒酒者小组

Alliances，122，124-125，207 联盟

Ambivalence，257，262 矛盾心理

American Psychological Association（APA）美国心理学会

  best practices，12 最佳实践

  direct practice evaluation，8，12 直接实践评价

  interpersonal distress，97 人际问题

  practitioner/client relationship，49-50 从业者/案主关系

  probably efficacious clinical intervention，164，195 可能有效的临床干预

  well-established clinical intervention，164，195 行之有效的临床干预

Amplified reflection，262 扩增反映

Analytic theory，57，115 解析理论

Anger，73-75 愤怒

Anger narratives，299 愤怒叙事

Animal models，87 动物模型

Anorexia，225，299 厌食症

Antecedents，151，154 前因

Anxiety 焦虑

  behavior theory, 161–164 行为理论

  conditioning and, 150 条件作用

  ego psychology, 70, 71 自我心理学

  existential concerns and, 29 存在性问题

  family systems theory, 116–119, 127, 140 家庭系统理论

Anxious-ambivalent infant attachment style, 88 焦虑-矛盾型婴儿依恋

Applied behavior analysis, 146, 156 应用行为分析

Arbitrary inference, 178, 192 任意推断

Assessment 评估

  behavioral, 153–155 行为

  cognitive, 180–181 认知

  crisis, 313–315 危机

  ego psychology, 65–66 自我心理学

  family emotional systems, 122–127 家庭情感系统

  motivational interviewing, 260 动机干预

  narrative, 287–288 叙事

  object relations, 99 客体关系

  person-centered, 40 以人为本

  solution-focused, 238–242 解决方案聚焦

  structural family, 214–215 结构家庭

Assimilation, 175 同化

Attachment, 88–89 依恋

Attention deficit/hyperactivity disorder, 165, 226 注意缺陷多动障碍

Attributions, causal, 177–178 归因

Authenticity, 67 真实性

Authority, executive, 205 执行权威

Autism, 95 自闭

Autonomous functions, 61 自主功能

Avoidant infant attachment style, 88 回避型婴儿依恋

B

Baseline, 158 基线

Behavior Research and Therapy, 148 《行为研究与治疗》

Behavior theory, 146–170 行为理论

  assessment, 153–155 评估

  case illustrations, 158–164 案例说明

  cognitive theory and, 183, 192–195 认知理论

  criticisms of, 166 批评

  effectiveness evidence, 164–166 有效性的证据

  intervention, 4–6, 155–156, 318–319 干预

  major approaches, 146 主要方法

  major concepts, 149 主要概念

  nature of problems and change, 149–152 问题和改变的性质

  origins and social context, 147–148 起源与社会背景

  overview, 146–147, 167, 168–170 概述

  social justice issues and, 157–158 社会正义问题

  spirituality and, 156–157 灵性

Behavioral domain, 315 行为领域

Behavioral rehearsal, 152, 193 行为预演

Behavioral Therapy (BT), 79 行为疗法

Beliefs, 29, 175–176 信念

Best practices criteria, 12 最佳实践标准

Best research evidence, 15 最佳研究证据

Biological coping, 310–311 生理应对

Boundaries, 206, 212–213 边界

Brainstorming, 185, 264 头脑风暴

Brief therapy models, 234, 235 短程治疗模型

Building Strengths and Skills: A Collaborative Approach to Working with Clients, 175 《构建优势和技能：与案主合作的协作方法》

Bulimia, 299 贪食症

C

Career decision-making and families, 140 职业决策和家庭

Case study method, 11, 78–80, 106–107 个案研究方法

Case theories, 3 个案理论

Causal attributions, 177–178 归因

Causality, circular, 115 循环因果关系

CBT, 79 认知行为疗法

Celebration/connection, 285, 290-291, 326 庆祝/连接

Challenges as stress, 309 挑战作为压力

Change plans, developing, 263-264 发展改变计划

Change talk, 258 改变话题

Children 孩子/儿童；另见 Families 家庭

    abuse of, 328 虐待

    behavior therapy, 164-165 行为疗法

    crisis therapy, 328 危机疗法

    narrative therapy, 299 叙事疗法

    object relations, 88-89, 94-96, 97, 109 客体关系

    solution-focused therapy, 248, 250 解决方案聚焦疗法

    structural family therapy, 225-226 结构家庭治疗

Choice, 280 选择

Circular causality, 115 循环因果关系

Clarifying free choice, 263 澄清自由选择

Classical conditioning, 147, 149, 150-151 经典条件作用

Client empowerment, 25-28, 73, 279 案主赋权

Client values, 15 案主价值观

Client-centered therapies, 37 以案主为中心的治疗；另见 Motivational interviewing 动机访谈，Solution-focused therapy 解决方案聚焦疗法

Client-Centered Therapy 34《当事人中心疗法》

Client-worker relationship 案主-社会工作者关系

    behavior theory, 153-155 行为理论

    cognitive theory, 179-180 认知理论

    crisis theory, 313 危机理论

    ego psychology, 66-67 自我心理学

    family emotional systems theory, 122-123 家庭情感系统理论

    motivational interviewing, 259-260 动机干预

    narrative theory, 287 叙事理论

    object relations theory, 92-93, 98-99, 100 客体关系理论

    solution-focused therapy, 237-238 解决方案聚焦疗法

    structural family theory, 214 结构家庭理论

Clinical case management, 316-317 临床个案管理

Clinical practice 临床实践；见 Direct social work practice 社会工作直接实践

Clinical Social Work Practice：A Cognitive-Integrative Perspective, 175《临床社会工作实践：认知-整合视角》

Clinical Treatment of the Problem Child, The, 34《问题儿童的临床治疗》

Clusters, 312 集群

Code of Ethics, 13, 19-20, 72《伦理守则》

Co-dependency, 128 相互依赖

Coercive cycle, 158 强制循环

Cognitions, 172 认知

Cognitive capacity, improving, 193 改善认知能力

Cognitive coping, 183-185 认知应对

Cognitive deficits, 177 认知缺陷

Cognitive dissonance, 174, 256-257 认知失调

Cognitive distortions, 178 认知扭曲

Cognitive domain, 154, 315 认知领域

Cognitive errors, 177 认知错误

Cognitive mediation, 146, 171 认知中介

Cognitive restructuring, 181-183, 189-190 认知重构

Cognitive theory, 147, 171-201 认知理论

    assessment, 180-181 评估

    behavior theory, 183, 192-195 行为理论

    case illustrations, 188-192 案例说明

    criticisms of, 196-197 批评

    effectiveness evidence, 195-196 有效性的证据

    intervention, 181-186, 319-321 干预

    major concepts, 175-177 主要概念

    nature of problems and change, 177-179 问题和改变的性质

    origins and social context, 172-175 起源与社会

背景

overview, 171—172, 197, 199—201 概述

social justice issues, 187 社会正义问题

solution-focused therapy and, 234 解决方案聚焦疗法

spirituality and, 186—187 灵性

worker/client relationship, 179—180 社会工作者/案主关系

Cognitive Therapy and the Emotional Disorders, 174《认知疗法与情绪障碍》

Cognitive-behavioral therapy, 79 认知行为疗法

Cohesion scale, family, 127 家庭凝聚力量表

Collaboration 协作；见 Client-worker relationship 案主-社会工作者关系

Collective reinforcers, 157 集体强化物

Communication 沟通

skills training, 184—185, 190—192, 216—217 技能训练

solution-focused therapy, 234 解决方案聚焦疗法

structural family theory, 208, 213 结构家庭理论

Competence, 59, 71—72 胜任

Compulsive behaviors, 151 强迫行为

Conceptualization, 175 概念化

Conditional positive regard, 38 有条件的积极关注

Conditioning, 147—148, 149, 150—151 条件作用

Conditions of worth, 38 价值条件

Confrontation, 179 对抗

Congruence, 39, 41 一致性

Connectedness, 116 连通性

Conscious thinking, 172 有意识思维；另见 Cognitive theory 认知理论

Consequences, 154 后果

Constructs, 174 构念

Consultation in narrative therapy, 291 叙事疗法中的咨询

Coping, 152, 310—312 应对；另见 Defense mechanisms 防御机制

Coping, cognitive, 183—185 认知应对

Coping defense mechanism, 62, 98 应对防御机制

Core beliefs, 175—176 核心信念

Corticotropin-releasing hormone（CRH），87—88 促肾上腺皮质激素释放激素

Counseling and Psychotherapy：New Concepts in Practice, 34《咨询和心理治疗：实践中的新概念》

Countertransference, 67—68, 92, 94, 98 反移情

Covert modeling, 152 隐蔽模仿

Creative pursuits, 29 创造性追求

Crises, 235, 306, 309—313 危机

Crisis intervention 危机干预；另见 Crisis theory 危机理论

behavioral, 318—319 行为

clinical case management, 316—317 临床个案管理

cognitive, 319—321 认知

ego-sustaining, 317—318 自我维持

narrative, 325—326 叙事

overview, 307, 313—314, 316, 329—330 概述

solution-focused, 323—325 解决方案聚焦

structural family, 321—323 结构家庭

Crisis theory, 306—332 危机理论；另见 Crisis intervention 危机干预

assessment, 314—315 评估

case illustrations 案例说明；见具体的危机干预

criticisms of, 329 批评

effectiveness evidence, 327—329 有效性的证据

major concepts, 309—313 主要概念

origins and social context, 307—308 起源与社会背景

overview, 306—307, 329—330, 331—332 概述

social justice issues, 327 社会正义问题

solution-focused therapy and, 234—235 解决方案聚焦疗法

spirituality and, 326—327 灵性

worker/client relationship, 313 社会工作者/案主关系

Critical thinking, 10—11 批判性思考

Cultural knowledge and sensitivity，24 文化知识和敏感性

Cultures 文化

    behavior theory and，148 行为理论

    crisis theory and，329 危机理论

    defined，148 定义

    multiculturalism，24-25 多元文化主义

    narrative theory and，283-284，289，293 叙事理论

    structural family theory and，208-211 结构家庭理论

Curative factors，7-8 治疗因素

Cybernetics，115 控制论

D

Decisional balance，263 决策平衡

Decision-making in families，140，216 家庭决策

Deconstruction，284，289，325 解构

Defense mechanisms 防御机制；见具体的防御机制

    cause，56，59 原因

    complexity of，64 复杂性

    definition，56，61 定义

    evaluating，63-64 评估

    examples of，62-63，64 示例

Denial，62，64，97 否认

Dependence，95 依赖性

Depression 抑郁症

    cognitive theory，174，195，196 认知理论

    crisis theory，315，328 危机理论

    ego psychology，72-73，79 自我心理学

    family emotional systems theory，130 家庭情感系统理论

    narrative theory，298-299 叙事理论

    object relations theory，107 客体关系理论

    solution-focused therapy，250 解决方案聚焦疗法

Description intervention，68-69 描述干预

Desensitization，193 系统脱敏

Detriangulation，124-125 去三角化

Developmental crises，310 发展性危机

Developmental reflection，68，70-71，100，125 发展性反思

Developmental theories；发展理论；见 Ego psychology 自我心理学，Object relations theory 客体关系理论

Diabetes, psychosomatic，225 心身糖尿病

Diagnostic school，57 诊断学派

Dialectical behavior theory，147 辩证行为理论

Dialectical behavior therapy (DBT)，194-195 辩证行为疗法

Dichotomous thinking，178 二元思维

Differentiation 差异

    definition，95 定义

    family emotional systems theory and，113-114，139-141 家庭情感系统理论

    of self，117-118 自我

Direct influence intervention，68，69-70 直接影响干预

Direct social work practice 社会工作直接实践

    best practices criteria，12 最佳实践标准

    client empowerment in，25-28 案主赋权

    definition，19 定义

    evidence-based，12-15 循证

    multiculturalism and，24-25 多元文化主义

    risk and resilience framework，22-24 风险性与保护性框架

    spirituality in，28-31 灵性

    strengths-oriented，20-22 以优势为导向

    value base of，19-20 价值基础

Disengagement，207，213 疏离

Disorganized infant attachment style，88-89 紊乱型婴儿依恋

Displacement，62，63 移置

Distortions，64，177，178 扭曲

Distraction，161 分散注意力

Domains, behavior analysis，154 行为分析领域

Double-sided reflection，262 双面反映

Drives, innate，59，71-72 与生俱来的驱力

E

Eating disorders 饮食障碍；见 Anorexia 厌食症，Bulimia 贪食症

Eclecticism, 9 折中主义

Ecobehavioral assessment, 148, 154 生态行为评估

Eco-maps, 154–155 生态图

Education (intervention), 68, 70, 126 教育（干预）

Ego definition and functions, 56, 60–61 自我定义与功能

Ego psychology, 55–84 自我心理学

　assessment, 65–66 评估

　case illustrations, 73–78 案例说明

　criticisms of, 80 批评

　effectiveness evidence, 78–80 有效性的证据

　endings, 71 结束

　intervention, 4–5, 64–65, 66–71, 317–318 干预

　major concepts, 58–64 主要概念

　nature of problems and change, 64–65 问题和改变的性质

　origins and social context, 56–58 起源与社会背景

　overview, 55–56, 81, 82–84 概述

　social justice issues, 72–73 社会正义问题

　spirituality and, 71–72 灵性

　worker/client relationship, 66–67 社会工作/案主关系

Ego relatedness, 95 自我关联

Ego-modification technique, 68, 70 自我修正技术

Ego-sustaining techniques, 68, 317–318 自我维持技术

Emergency shelter case, 322–323 紧急庇护所案例

Emotional cutoff, 120–121 情感切断

Emotional domain, 154 情感领域

Emotional fusion, 120–121, 210 情感融合

Emotional life, 59–60, 113, 120, 196 情感生活

Emotion-focused coping, 311 以情感为中心的应对

Emotions in cognitive theory, 172 认知理论中的情感

Empathy, 41, 66–67, 92, 100, 256 共情

Empiricism, 147 经验主义

Empowerment, 25–28, 73, 279 赋权

Empty nest case, 326 空巢期

Enmeshment, 128, 207, 213 纠缠

Environment, 61, 95, 116 环境

Environmental domain, 154 环境领域

Environmental empowerment, 25 环境赋权

Equilibrium pattern in crises, 310 危机中的平衡模式

Ethnocultural transference and countertransference, 92, 94 民族文化移情与反移情

Evidence-based practice, 12–15 循证实践

Executive authority, 205 执行权威

Exhaustion stage, 310–311 疲惫阶段

Existential crises, 310 存在性危机

Existentialism, 279–280 存在主义

Experiential intervention, 204 体验干预

Exploration intervention, 68–69 探索干预

Exposure therapy, 150, 162 暴露疗法

External boundaries, 206 外部边界

External interactions, 218 外部互动

External systems influences on families, 211–212 外部系统对家庭的影响

Extemalization of problem, 239, 285, 288 问题的外化

Externalization of thinking, 126 思维的外化

Extinction, 160 消退

Eysenck, Hans, 148 汉斯·艾森克

F

Facilitative environment, 94 促进性环境

Fading, 156 消退

False self, 91 虚假的自我

Families 家庭；另见 Family emotional systems theory 家庭情感系统理论，Structural family theory 结构家庭理论

　aspects, 211–212 方面

cognitive therapy, 190-192 认知疗法

crisis intervention, 321-323, 328-329 危机干预

narrative therapy, 297-298 叙事疗法

solution-focused therapy, 250 解决方案聚焦疗法

stages, 131, 211, 213 阶段

Families of the Slums, 203《贫民窟家庭》

Family Adaptability and Cohesion Scale, 127 家庭适应性和凝聚力量表

Family Assessment Device (FAD), 217-218 家庭评估量表

Family emotional systems theory, 113-145 家庭情感系统理论

assessment, 122-127 评估

case illustrations, 128-139 案例说明

criticisms of, 141 批评

effectiveness evidence, 139-141 有效性的证据

intervention, 122-127 干预

major concepts, 117-122 主要概念

nature of problems and change, 122 问题和改变的性质

origins and social context, 115-116 起源与社会背景

overview, 113-114, 141-142, 143-145 概述

social justice issues, 128 社会正义问题

solution-focused therapy and, 234 解决方案聚焦疗法

spirituality and, 127 灵性

Family Environment Scale, 226 家庭环境量表

Feedback principle, 116 反馈原则

Feminism, 93, 118, 301, 311 女权主义

Flexibility, 63, 205, 207-208 灵活性

Flooding, 162 满灌疗法

Formula first-session task, 241, 250 公式化的首次会谈

Frozen crisis pattern, 310 冻结的危机模式

Fully functioning person, 39 功能完备的人

Functional behavior analysis, 153 功能行为分析

Functional school, 57-58 功能学派

Functionalism, 115 功能主义

Fusion, 120-121, 210 融合

Future orientation, 63-64, 237 未来导向

G

Gender differences, 141 性别差异

Gender feminism, 93 性别女权主义

General adaptation syndrome, 310-311 一般适应综合征

General reality adherence, 64 符合现实

General systems theory, 115-116, 234 一般系统理论; 另见 Systems theory/thinking 系统理论/思维

Genograms, 123-124, 126 家谱图

Genuineness, 41 真诚性

Good-enough mothering, 94 足够好的母亲

Grand theories, 3 宏观理论

Group therapy case, 104-105 小组治疗案例

Growth pattern in crises, 310, 311-312 危机中的成长模式

Guidance intervention, 69-70 指导干预

Guilt, 29 负罪感

H

Harm as stress, 309 伤害作为压力

Hierarchical organizations of personal constructs, 174 个人构念的层级组织论

High-probability behaviors, 159 高概率行为

HIV/AIDS, 166, 249 艾滋病毒/艾滋病

Holding environment, 95, 98, 100 抱持的环境

Hope, 29 希望

Hospice patients, 293-295 临终关怀患者

Hyperactivity, 88 过度激活

I

"I" messages/position, 126, 184-185 "我"信息/姿态

Id, 56 本我

Identity, sense of, 61 认同感

Imagining, 152 想象

Impulse control, 61 冲动控制

Incongruence，39 不一致

Independence，95－96 独立

Individuation，95 个体化

Infant omnipotence，94 婴儿的全能

Infants，87－89，94－95 婴儿；另见 Families 家庭

Information processing theory，173 信息处理理论

Information technology，115 信息技术

Innate drives，59，71－72 与生俱来的驱力

Insecure infant attachment style，88 不安全型婴儿依恋

Insight，increasing，125－126 提高洞察力

Insomnia，165－166 失眠

Intellectualization，62 理智化

Interactive models，23 交互模型

Internal boundaries，206 内部边界

Internal interpretations，171 内部解释

Interpersonal empowerment，25 人际赋权

Interpersonal (object) relations，61 人际（客体）关系

Interpersonal therapy and spirituality，186－187 人际关系治疗和灵性

Interpretation of Dreams，*The*，57《梦的解析》

Inter-subjectivity，92 主体间性

Intervention 干预；另见 Crisis intervention 危机干预

  behavior theory，155－156 行为理论

  cognitive theory，181－186 认知理论

  cognitive-behavioral，192－195 认知行为

  curative factors，7－8 治疗因素

  effectiveness research and evaluation，11－16 有效性研究和评估

  ego psychology，4－5，64－65，66－71 自我心理学

  family emotional systems theory，122－127 家庭情感系统理论

  motivational interviewing，260－264 动机访谈

  narrative theory，288 叙事理论

  object relations theory，92，100 客体关系理论

person-centered，41－42 以人为本

probably efficacious，164－165，195 可能有效

solution-focused therapy，238－242 解决方案聚焦疗法

spiritually-guided，30－31 灵性导向

structural family theory，215－218 结构家庭理论

theories and，4－6 理论

well-established，164－165，194－195 行之有效

Interviewing 访谈；见 Motivational interviewing 动机访谈

Introjection，62，89 内射

IPT 人际关系治疗；见 Interpersonal therapy and spirituality 人际关系治疗和灵性

Irrational beliefs，178－179 非理性信念

Isolation (punishment)，160 隔离（惩罚）

Isolation of affect，62 情感隔离

J

Japanese-Americans in World War II，292－293 二战中的日裔美国人

Johnson Administration，204 约翰逊政府

Joining activities，291 加入活动

Journalist case，244－245 记日志者案例

Judgment，61 判断

Juvenile sex offenders，295－297 青少年性犯罪者

K

Kennedy Administration，204 肯尼迪政府

L

Language in solution-focused therapy，236 解决方案聚焦疗法中的语言

LGBT families，208－211 同性恋、双性恋和变性人家庭

Life Story objective，296 人生故事目标

Listening skills，185 倾听技巧

Logical positivism，148，173 逻辑实证主义

Logotherapy，72 意义疗法

M

Magnification，178 放大

Manipulation，157 操纵

Manual-based intervention，197 基于手册的干预

Manuals 手册

    best practices，12 最佳实践

    defined，14 定义

    narrative theory，300 叙事理论

Marital conflicts/satisfaction 婚姻冲突/满意；**另见** Families 家庭

    behavior theory，166 行为理论

    family systems theory，119，128-131，140-141 家庭系统理论

    solution-focused therapy，249 解决方案聚焦疗法

Masculinity，93 男子气

Mastery，59，71-72，152 掌控

Mental illnesses 精神疾病

    crisis intervention and，320-321，328 危机干预

    family emotional systems theory and，127 家庭情感系统理论

    narrative theory and，291 叙事理论

Mental Research Institute（MRI）brief therapy model，234 心理研究所短程治疗模型

Mid-range theories，3 中观理论

Minimization，178 缩小

Miracle question，240-241 奇迹问题

Misconceptions，177 错误观念

Modeling，148，149，151-152 模仿

Moderate behaviorism，148 温和的行为主义

Monkey nurturing practices，87 恒河猴养育实验

Mood disorders，248 心境障碍

Mothering，good-enough，94 足够好的母亲

Motivational enhancement therapies，255，264-267 动机增强治疗

Motivational interviewing，255-277 动机访谈

    assessment，260 评估

    case illustrations，268-272 案例说明

    criticisms of，273-274 批评

    effectiveness evidence，272-273 有效性的证据

    intervention，260-264 干预

    major concepts，256-258 主要概念

    nature of problems and change，259 问题和改变的性质

    origins and social context，256-258 起源与社会背景

    overview，255-256，274，275-277 概述

    social justice issues，268 社会正义问题

    spirituality in，267 灵性

    worker-client relationship，259-260 社会工作者-案主关系

Motives，174 动机

Motor theories，173，176-177 动机理论

Multiculturalism，24-25，279 多元文化主义；**另见** Cultures 文化

Multigenerational perspective，117 多代视角

Mutuality，92 相互性

Myths，family，211 家庭神话

N

Narrative Means to Therapeutic Ends，282《治疗目的的叙事方式》

Narrative Process Coding System，300 叙事过程编码系统

Narrative theory，278-305 叙事理论

    assessment，287-288 评估

    case illustrations，293-297 案例说明

    criticisms of，300-301 批评

    effectiveness evidence，297-300 有效性的证据

    intervention，288，325-326 干预

    major concepts，283-285 主要概念

    nature of problems and change，285-287 问题和改变的性质

    origins and social context，279-282 起源与社会背景

    overview，278-279，301-302，303-305 概述

    social justice issues，292-293 社会正义问题

    spirituality and，292 灵性

    worker/client relationship，287 社会工作者/案主关系

Neural plasticity，87 神经可塑性

Non-directive therapy，36 非指导性治疗

Normalizing，215，288-289，325 正常化

Nuclear family emotional system，117，119 核心家庭情感系统

Nurturing，effects of early，87-88 早期养育的影响

O

Object constancy，91，96 客体恒定性

Object relations theory，85-112 客体关系理论

 assessment，99 评估

 case illustrations，101-106 案例说明

 contemporary concepts，89，96 当代概念

 criticisms of，108 批评

 developmental concepts，93-96 发展概念

 effectiveness evidence，78-80，106-107 有效性的证据

 intervention，100 干预

 major concepts，89-93 主要概念

 nature of problems and change，96-98 问题和改变的性质

 origins and social context，86-89 起源与社会背景

 overview，85-86，108，110-112 概述

 social justice issues，101 社会正义问题

 spirituality and，71-72 灵性

 worker-client relationship，92-93，98-99，100-101 社会工作者-案主关系

Objects，defined，85，90 客体的定义

Obsessive compulsive disorder，165，196 强迫症

Older adults 老年人

 behavior therapy，161-164 行为疗法

 crisis intervention，326 危机干预

 family emotional systems theory，131-139 家庭情感系统理论

 narrative therapy，298 叙事疗法

 solution-focused therapy，250 解决方案聚焦疗法

Omnipotence，infant，94 全能的婴儿

On Becoming a Person，34 《个人形成论》

Operant conditioning，147，148，149，151 操作性条件作用

Orientation，future *vs.* past，63-64 未来导向与过去导向

Outcome studies（narrative theory），297-299 结果研究（叙事理论）

Outpatient settings，249 门诊设置

Overgeneralization，178 过度概括

P

Parallel processes，173 并行过程

Parenting 养育；见 Families 家庭

 attachment theory，88-89 依恋理论

 behavior theory，158-161 行为理论

 cognitive theory，189-190 认知理论

 crisis intervention，328-329 危机干预

 family emotional systems theory，141 家庭情感系统理论

 good-enough mothering，94-95 足够好的母亲

 narrative theory，297-298 叙事理论

 projection，120 投射

 risk and resilience framework and，22-24 风险性和保护性框架

 skills development，151，158，161 技能发展

 solution-focused therapy，246-248，249-250 解决方案聚焦疗法

 structural family theory，225-226 结构家庭理论

Part objects，90 部分客体

Partializing intervention，70 局部化干预

Past orientation，63-64 过去导向

Perceived control，26 认知控制

Perceptions，281-282 感知

Personal construct theory，174 个人建构论

Personal declarations，291 个人声明

Personal empowerment，25 个人赋权

Personal narratives，278，281，283-284 个人叙事

Personal values，19 个人价值观

Personality disorders 人格障碍；另见具体障碍

 dialectical behavior therapy，194-195 辩证行为疗法

narrative therapy，295-297 叙事疗法

object relations therapy，97，106 客体关系疗法

Personalization，178 个人化

Person-centered theory（PCT），33-54 以人为本的理论

　　actualizing tendency，37-38 实现倾向

　　assessment，40 评估

　　case illustrations，44-48 案例说明

　　congruence，39 一致性

　　criticisms，50-51 批评

　　effectiveness evidence，48-50 有效性的证据

　　intervention，41-42 干预

　　major concepts，37-39 主要概念

　　nature of problems and change，40 问题和改变的性质

　　origins and social context，34-37 起源与社会背景

　　outline，54 概要

　　overview，33-34，51-52 概述

　　self-concept，38-39 自我概念

　　social justice issues，43-44 社会正义问题

　　spirituality and，42-43 灵性

Person-centered therapy，37 以人为本的治疗

Person-in-environment perspective，26 人在环境中的视角

Person-situation reflection，4，68，69，125 个人-情境反思

Physical domain，154 身体领域

Political empowerment，26 政治赋权

Positive regard，39 积极关注

Positive self-regard，39 积极的自我关注

Positivism，148，173，197 实证主义

Postmodernism，279，280-281 后现代主义

Post-traumatic stress disorder，75-78，297，298，309 创伤后应激障碍

Poverty during the 1960s，204 20 世纪 60 年代的贫困

Power imbalances，212 权力失衡

Practice 实践；见 Direct social work practice 社会工作直接实践

Practice expertise，15 实践经验

Practice theories，3-6 实践理论；见 Theories 理论

Practicing stage of individuation，95 个性化的实践阶段

Practitioner/client relationship，research on，49-50 对从业者/案主关系的研究

Pragmatism，172-173 实用主义

Preconscious process，172 前意识过程

Pregnancy crisis case，324-325 怀孕危机案例

Premed student case illustration，44-47 医学预科学生的案例说明

Pre-session change questions，239 会前改变问题

Probably efficacious intervention，12，164-165，195 可能有效的干预

Problem tracking，216 问题跟踪

Problem-focused coping，311 以问题为中心的应对

Problem-solving training，185-186，188-189 问题解决训练

Process studies（narrative theory），300 过程研究（叙事理论）

Professional values，19 职业价值观

Projection，62，97，120 投射

Projective identification，97，98 投射认同

Protective influences，22-24 保护性影响

Psychoanalytic feminism，93 精神分析型女权主义

Psychoanalytic theory，57，58 精神分析理论

Psychodynamic theories，55-56，115，116 心理动力理论；另见 Ego psychology 自我心理学，Object relations theory 客体关系理论

Psychological Birth of the Human Infant，*The*，95《人类婴儿的心理诞生》

Psychological coping，311-312 心理应对

Psychological empowerment，26 心理赋权

Psychological stress，309 心理压力

Psychosocial development stages，65-66 心理社会发展阶段

Psychosomatic diabetes，225 心身糖尿病

Psychotherapy and Personality，34《心理治疗和人格》

PTSD，75-78，297，298，309 创伤后应激障碍

Punishments，149，151，153，157，160 惩罚

Q

Quality of object relations，106 客体关系质量

R

Radical behaviorism，148 激进行为主义

Randomized controlled therapy（RCT），79 随机对照治疗

Rapprochement，96 和解

Rational life，113 理性生活

Rationalization，62 合理化

Reactance，260，261-262 阻抗

Reaction formation，63 反向形成

Reason and Emotions in Psychotherapy，174《心理治疗中的理性与情感》

Reauthoring，284，289-290 赋权

Reconstruction，284，289-290，325 重建

Reflecting（deconstructing），289，325 反思（解构）

Reflection 反映/反思

amplified，262 扩增

developmental，68，70-71，100，125 发展性

double-sided，262 双面

person-situation，4，68，69，125 个人-情境

simple，262 简单

Reflective listening，185 反映性倾听

Reframing，238-239，263 重新定义

Regression，63 退行

Reinforcements，149-151，157，159 强化

Relabeling，215 重新标记

Relational coping，311 关系应对

Relational theory，91-93 关系理论

Relationship therapy，36 关系治疗

Relative dependence，95 相对依赖

Relaxation techniques，163 放松技巧

Repetition，215 重复

Representation，89-90 表征

Repression，63 抑制

Research 研究

effectiveness and evaluation，11-16 有效性与评价

empowerment and，27-28 赋权

person-centered therapy，48-50 以人为本的治疗

Resilience，22-24 保护性

Resistance，handling，261-262 应对阻抗

Resistance stage，310 阻抗阶段

Restructuring，cognitive，181-183，189-190 认知重构

Rigidity，63 刚性

Risk and resilience framework，22-24 风险性与保护性框架

Role reversals，217 角色转换

Role transitions，213 角色转换

Role-playing，186，215，217，218 角色扮演

Roles of family members，206-207 家庭成员的角色

Rules，206 规则

S

Scaling exercise，238 扩展练习

Schemas，174，175，177 图式

Schizophrenia，116，250 精神分裂症

Sculpting，216 雕塑

Secure infant attachment style，88 安全型婴儿依恋

Seizure disorder case，318-319 癫痫病例

Selective abstraction，178 选择性抽象

Self，differentiation of，117-118 自我的分化

Self，false，91 虚假的自我

Self-actualization，36，37-38 自我实现

Self-concept，38-39 自我概念

Self-efficacy，260，263-264 自我效能

Self-instruction skills development，184 自我指导技能发展

Self-motivational statements，261 自我激励陈述

Self-objects，90-91 自我客体

Sensory theory，173 感官理论

Separation，87，93，95 分离

Sex offenders，188，295-297 性侵犯者

Sexual abuse，98，328 性虐待

Sexual assault case，317-318 性侵犯案例

SFT 解决方案聚焦疗法，见 Solution-focused therapy 解决方案聚焦疗法

Shame，29 羞耻感

Shaping，158-159 塑造

Shifting focus，262 转移焦点

Short-term psychodynamic psychotherapy，79 短程心理动力学心理治疗

Siblings' birth order，121 兄弟姐妹的出生顺序

Simple reflection，262 简单反映

Situational crises，310 情境性危机

Sleep problems，165-166 睡眠问题

Social concerns，29 社会关注

Social constructivism，281-282 社会建构主义

Social Diagnosis，57《社会诊断》

Social domain，154 社会领域

Social institutions，204 社会机构

Social justice 社会正义

    behavior theory，157-158 行为理论

    cognitive theory，187 认知理论

    as core value，20 作为核心价值

    crisis theory，327 危机理论

    ego psychology，72-73 自我心理学

    family emotional systems theory，128 家庭情感系统理论

    motivational interviewing，268 动机干预

    narrative theory，292-293 叙事理论

    object relations theory，101 客体关系理论

    person-centered theory，43-44 以人为本的理论

    solution-focused therapy，243 解决方案聚焦疗法

    structural family theory，219 结构家庭理论

Social learning theory，146，171 社会学习理论

Social phobia，165 社交恐惧症

Social reinforcements，159 社会强化

Social skills development，161，193 社交技能发展

Social support，184，312-313 社会支持

Social Work，174《社会工作》杂志

Social work origin，56-58 社会工作起源

Social work practice 社会工作实践，见 Direct social work practice 社会工作直接实践

Societal emotional processes，121-122 社会情感过程

Societal values，19 社会价值观

Sociology influence，203，204，233，309 社会学影响

Socratic questioning，180，187 苏格拉底式提问

Solution-focused therapy，233-254 解决方案聚焦疗法

    assessment，238-242 评估

    case illustrations，244-248 案例说明

    criticisms of，251 批评

    effectiveness evidence，248-250 有效性的证据

    intervention，238-242，323-325 干预

    major concepts，235-236 主要概念

    nature of problems and change，236-237 问题和改变的性质

    origins and social context，233-235 起源与社会背景

    overview，233，251，252-254 概述

    social justice issues，243 社会正义问题

    spirituality and，243 灵性

    worker/client relationship，237-238 社会工作者/案主关系

Somatization，63 躯体化

Space manipulation，216 空间操纵

Spectator questions，290 旁观者问题

Spirituality 灵性

    behavior theory and，156-157 行为理论

    in clinical practice，28-31 临床实践

    cognitive theory and，186-187 认知理论

    crisis theory and，326-327 危机理论

    definition，42 定义

    ego psychology and，71-72 自我心理学

family emotional systems theory, 127 家庭情感系统理论

  interpersonal therapy and, 186-187 人际治疗

  in motivational interviewing, 267 动机访谈

  narrative theory and, 292 叙事理论

  object relations theory and, 71-72 客体关系理论

  person-centered theory, 42-43 以人为本的理论

  solution-focused therapy and, 243 解决方案聚焦疗法

  in structural family theory, 218 结构家庭理论

Splitting, 90, 96-97 分裂

Stimulus regulation, 61 刺激调节

Stimulus-response model, 146 刺激—反应模型

STPP, 79 短程心理动力学心理治疗

Strengths-oriented practice, 20-22, 307 以优势为导向的实践

Strengths-reinforcing coping questions, 239 增强应对能力的问题

Stress, 87-88, 309 压力

Stress management skills, 216 压力管理技能

Structural Family Systems Ratings Scale, 218 家庭系统结构评分量表

Structural family theory, 202-232 结构家庭理论

  assessment, 214-215 评估

  case illustrations, 219-225 案例说明

  criticisms of, 227-228 批评

  effectiveness evidence, 225-227 有效性的证据

  intervention, 215-218, 321-323 干预

  major concepts, 205-212 主要概念

  nature of problems and change, 212-214 问题和改变的性质

  origins and social context, 203-204 起源与社会背景

  overview, 202-203, 228, 230-232 概述

  social justice issues, 219 社会正义问题

  spirituality in, 218 灵性

  worker/client relationship, 214 社会工作者/案主关系

Structural functionalism, 204 结构功能主义

Structuring intervention, 70 结构干预

Sublimation, 63 升华

Substance abuse 物质滥用

  behavior therapy, 166 行为治疗

  family systems therapy, 128-131, 140 家庭系统治疗

  motivational interviewing, 256, 268-270, 272-273 动机访谈

  narrative therapy, 297 叙事疗法

  solution-focused therapy, 250 解决方案聚焦疗法

  structural family therapy, 226-227 结构家庭治疗

Subsystems, 205, 212 子系统

Suicide crisis theory, 308, 315-316, 320-321, 328 自杀危机理论

Superego, 56 超我

Support group case illustration, 47-48 支持小组案例说明

Supporting system strengths, 215 支持系统优势

Surprise task, 241 惊喜任务

Sustainment intervention, 68, 69, 100 维持干预

Symbiosis, 95, 116 共生

Symbolic interactionism, 279 符号互动主义

Systematic desensitization, 148, 150, 161-162, 164 系统脱敏

Systems theory/thinking 系统理论/思维；**另见** Family emotional systems theory 家庭情感系统理论

  cognitive theory, 197 认知理论

  narrative theory, 301 叙事理论

  overview, 115-116 概述

  solution-focused therapy, 234, 235, 236 解决方案聚焦疗法

T

Task-centered Practice, 174《以任务为中心的实践》

Tasks, 158, 217, 240-242 任务

Theories 理论；**另见具体理论**

  best suited to develop, 15-16 最适合发展

critical thinking and，10-11 批判性思考

curative factors，7-8 治疗因素

definition and types，2-3 定义和类型

effectiveness research，11-16 有效性研究

field agencies' use of，1-2 实践机构的使用

functions of，6-7 功能

intervention and，4-6 干预

person-centered，33-54 以人为本

practice，3-6 练习

selecting，8-10 选择

Thought process regulation，61 思维过程监管

Threats as stress，309 威胁作为压力

Time measures，218 时间测量

Time-out，160 超时

Token economies，159-160 代币法

Traits，174 特质

Transference，67-68，92，94，98 移情

Transitional objects，95 过渡客体

Transtheoretical Stages of Change model，257 跨理论阶段的改变模型

Traumatic stress，309 创伤性压力

Triage assessment model，314-315 分类评估模型

Triangulation 三角关系

in alcoholic families，128-129 酗酒家庭

career decision problems and，140 职业决策问题

detriangulation，124-125 去三角化

emotional fusion，118-119 情感融合

opinions on marriage and，141 对婚姻的看法

overview，118-119，207 概述

sibling position and，121 兄弟姐妹的出生顺序

True self，91 真正的自我

TSOC model，257 跨理论阶段的改变模型

U

Unconditional positive regard，38，41 无条件积极关注

Unconscious process，172 无意识的过程

Undoing，63 抵消

Uniqueness，279-280 独特性

V

Validation（listening skill），185 验证（倾听技巧）

Values，18-20 价值观

Ventilation intervention，68-69 宣泄干预

Verifiability principle，173 可验证性原则

W

Well-established intervention，164-165，194-195 行之有效的干预措施

Whole objects，90 完整客体

Wholeness，116 整体性

Will to meaning，72 追求意义的意志

Working alliance，15，237 工作联盟

北京市版权局著作权合同登记号　图字：01-2016-8794

图书在版编目（CIP）数据

社会工作直接实践理论：第三版/（美）约瑟夫·沃尔什（Joseph Walsh）著；章军译. --北京：中国人民大学出版社，2022.3

（社会工作经典译丛）

ISBN 978-7-300-30164-8

Ⅰ. ①社… Ⅱ. ①约… ②章… Ⅲ. ①社会工作 Ⅳ. ①C916

中国版本图书馆 CIP 数据核字（2022）第 011535 号

"十五"国家重点图书出版规划项目

社会工作经典译丛

主编　隋玉杰　副主编　范燕宁

社会工作直接实践理论（第三版）

［美］约瑟夫·沃尔什　著

章军　译

Shehuigongzuo Zhijie Shijian Lilun

出版发行	中国人民大学出版社	
社　　址	北京中关村大街 31 号	**邮政编码**　100080
电　　话	010 - 62511242（总编室）	010 - 62511770（质管部）
	010 - 82501766（邮购部）	010 - 62514148（门市部）
	010 - 62515195（发行公司）	010 - 62515275（盗版举报）
网　　址	http://www.crup.com.cn	
经　　销	新华书店	
印　　刷	涿州市星河印刷有限公司	
规　　格	185mm×235mm　16 开本	**版　　次**　2022 年 3 月第 1 版
印　　张	23.25 插页 2	**印　　次**　2022 年 3 月第 1 次印刷
字　　数	472 000	**定　　价**　79.00 元

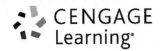

Supplements Request Form（教辅材料申请表）

Lecturer's Details（教师信息）			
Name： （姓名）		Title： （职务）	
Department： （系科）		School/University： （学院/大学）	
Official E-mail： （学校邮箱）		Lecturer's Address/Post Code： （教师通信地址/邮编）	
Tel： （电话）			
Mobile： （手机）			

Adoption Details（教材信息） 原版☐ 翻译版☐ 影印版 ☐	
Title：（英文书名） Edition：（版次） Author：（作者）	
Local Publisher： （中国出版社）	
Enrolment： （学生人数）	Semester： （学期起止日期时间）

Contact Person & Phone/E-Mail/Subject：
（系科/学院教学负责人电话/邮件/研究方向）
（我公司要求在此处标明系科/学院教学负责人电话/传真及电话和传真号码并在此加盖公章。）

教材购买由 我☐ 我作为委员会的一部分☐ 其他人☐〔姓名： 〕决定。

Please fax or post the complete form to（请将此表格传真至）：

CENGAGE LEARNING BEIJING
ATTN：Higher Education Division
TEL：(86) 10-82862096/95/97
FAX ：(86) 10 82862089
EMAIL：asia. infochina@cengage. com
www. cengageasia. com
ADD：北京市海淀区科学院南路 2 号
融科资讯中心 C 座南楼 12 层 1201 室 100190

Note：Thomson Learning has changed its name to CENGAGE Learning.

VERIFICATION FORM / CENGAGE LEARNING

出教材学术精品　育人文社科英才
中国人民大学出版社读者信息反馈表

尊敬的读者：

感谢您购买和使用中国人民大学出版社的＿＿＿＿＿＿＿＿一书，我们希望通过这张小小的反馈卡来获得您更多的建议和意见，以改进我们的工作，加强我们双方的沟通和联系。我们期待着能为更多的读者提供更多的好书。

请您填妥本表后，寄回或传真回复我们，对您的支持我们不胜感激！

1. 您是从何种途径得知本书的：
   ❏书店　❏网上　❏报刊　❏朋友推荐

2. 您为什么决定购买本书：
   ❏工作需要　❏学习参考　❏对本书主题感兴趣
   ❏随便翻翻

3. 您对本书内容的评价是：
   ❏很好　❏好　❏一般　❏差　❏很差

4. 您在阅读本书的过程中有没有发现明显的专业及编校错误，如果有，它们是：＿＿＿＿＿

＿＿

＿＿

5. 您对哪些专业的图书信息比较感兴趣：＿＿＿＿＿＿＿＿＿＿＿＿＿＿＿＿＿＿＿＿＿＿

＿＿

6. 如果方便，请提供您的个人信息，以便于我们和您联系（您的个人资料我们将严格保密）：

   您供职的单位：＿＿＿＿＿＿＿＿＿＿＿＿＿＿＿＿＿＿＿＿＿＿＿＿＿＿＿＿

   您教授的课程（教师填写）：＿＿＿＿＿＿＿＿＿＿＿＿＿＿＿＿＿＿＿＿＿＿

   您的通信地址：＿＿＿＿＿＿＿＿＿＿＿＿＿＿＿＿＿＿＿＿＿＿＿＿＿＿＿＿

   您的电子邮箱：＿＿＿＿＿＿＿＿＿＿＿＿＿＿＿＿＿＿＿＿＿＿＿＿＿＿＿＿

请联系我们：

电话：（010）62515637

传真：（010）62510454

E-mail：gonghx@crup.com.cn

通信地址：北京市海淀区中关村大街 31 号　　100080

中国人民大学出版社人文出版分社